DES FONTAINES 1994

DE LA TRÈS RÉVÉRENDE ...

par

M. HERVIN
Aumônier du Saint-Sacrement

et

M. MARIE DOURLENS
Curé d'Hérevesnes

PARIS
LIBRAIRIE DE BRAY ET RETAUX
82, rue Bonaparte

VIE ABRÉGÉE

DE LA TRÈS RÉVÉRENDE MÈRE

MECHTILDE DU SAINT-SACREMENT

FONDATRICE DE L'INSTITUT
DES BÉNÉDICTINES DE L'ADORATION PERPÉTUELLE
DU TRÈS-SAINT-SACREMENT

IMPRIMERIE DU PAS-DE-CALAIS
ARRAS

CATHERINE DE BAR
en religion
LA MÈRE MECHTILDE DU SAINT-SACREMENT

VIE ABRÉGÉE

DE LA TRÈS RÉVÉRENDE MÈRE

MECHTILDE DU SAINT-SACREMENT

FONDATRICE DE L'INSTITUT

DES BÉNÉDICTINES DE L'ADORATION PERPÉTUELLE
DU TRÈS-SAINT-SACREMENT

PAR

M. HERVIN

Chanoine, Aumônier du Saint-Sacrement d'Arras

ET

M. MARIE DOURLENS

Curé d'Haravesnes

PARIS

LIBRAIRIE DE BRAY ET RETAUX, ÉDITEURS

82, rue Bonaparte, 82

—

1883

Droits de traduction et de reproduction réservés.

APPROBATIONS

Lettre de Monseigneur l'Évêque d'Arras.

Arras, le 22 Février 1883.

Monsieur l'Aumônier,

J'ai lu avec un grand intérêt et presque en entier votre ouvrage : *Vie de la Mère Mechtilde du Saint-Sacrement* ; et je viens vous témoigner ma satisfaction.

Vous vous êtes proposé, en écrivant pour l'édification des Religieuses du Saint-Sacrement une nouvelle vie de leur sainte Mère, de fondre ensemble, en les complétant l'une par l'autre, les biographies de la Mère Mechtilde, cette femme d'un grand esprit, d'un grand courage, d'un grand cœur, qui, au XVIIe siècle, travailla efficacement à briser la glace janséniste, et, par une grâce particulière de Dieu, sut se soustraire aux dangers que créaient aux âmes en ce temps-là les erreurs de Port-Royal et le faux mysticisme de Mme Guyon.

Vous avez voulu faire profiter vos lecteurs de documents nouveaux recherchés par vous avec le plus grand soin.

Rien de plus intéressant que ce que vous avez écrit sur la famille de votre humble et noble héroïne, sur sa jeunesse, sa vie agitée et voyageuse, son excessive misère, ses dangers de toute sorte pendant les guerres qui désolaient alors la Lorraine et l'Alsace.

Nous serions heureux de savoir, dans le même détail, l'histoire intime de ses séjours en Normandie.

Vous nous la montrez à Paris d'abord presque mendiante et fugitive, puis se faisant une part de plus en plus large dans l'estime des hommes pieux, acquérant la confiance complète et même l'admiration des personnages les plus illustres de la Cour, du Clergé et de la Ville.

Elle devient, avec le concours et les conseils de l'autorité ecclésiastique et les libéralités de nobles familles, fondatrice des Religieuses du Saint-Sacrement de la rue Cassette, et elle voit bientôt, sous son heureuse direction, son œuvre se répandre et la fondation de sept monastères.

Comme vous vous êtes surtout proposé l'édification des âmes et de faire connaître la nature, le but, l'excellence de l'Adoration perpétuelle du jour et de la nuit du Saint Sacrement, vous avez recherché, dans les écrits de la Mère Mechtilde, tout ce qui pouvait convenir à ce but ; et si votre livre a un réel intérêt historique, il frappe plus encore par la haute piété qu'il respire.

Les personnes pieuses et surtout les Dames du Saint-Sacrement ne le trouveront assurément pas trop long ; et je regretterais presque que dans une édition pour les personnes du monde vous ayez fait de nombreux retranchements, si je ne savais comme vous combien en ce siècle léger on est devenu impropre aux hautes et profondes considérations ayant pour objet les consolants et admirables mystères de notre sainte religion.

Je fais des vœux pour que votre livre se répande et produise les fruits que vous en attendez.

† GUILLAUME, *Évêque d'Arras.*

Lettre de Monseigneur l'Archevêque de Chambéry.

Chambéry, 13 Février 1883.

CHER MONSIEUR LE CHANOINE,

Lorsqu'il y a dix ans je vous priais d'écrire et de publier une nouvelle *Vie de la Mère Mechtilde du Saint-Sacrement*, je connaissais votre intelligence, votre piété, votre science approfondie des traditions de l'Institut auquel, par un visible effet de la divine Providence, vous avez été intimement uni, dès les premières années de votre sacerdoce.

Votre œuvre a réalisé toutes mes espérances, cher Monsieur le Chanoine ; et bien qu'elle vous ait causé de longs et pénibles labeurs, je me réjouis de vous l'avoir, en quelque sorte, imposée, puisque vous avez su faire revivre glorieusement, dans des pages d'un style sobre et pur, la figure de cette femme admirable qui a mérité d'être appelée la Thérèse de l'Ordre de saint Benoît.

Que le Dieu de l'Eucharistie si bien honoré et servi par la Vénérable Mère Mechtilde et par la légion immortelle des Vierges qui vivent de son esprit, bénisse votre bel ouvrage ! et qu'il vous donne à vous-même, cher Monsieur, l'unique récompense que vous ambitionnez : celle de propager son culte en perpétuant la mémoire de la sainte Fondatrice des Religieuses Bénédictines de l'Adoration perpétuelle du très-saint Sacrement !

Avec mes félicitations et mes remerciements, agréez, cher Monsieur le Chanoine, l'expression de mes sentiments respectueux et dévoués.

† FRANÇOIS DE SALES ALBERT,
Archevêque de Chambéry.

Lettre de Monseigneur l'Évêque de Luçon.

Luçon, le 18 Février 1883.

Mon cher Ami,

Je suis heureux de vous voir enfin communiquer au public la *Vie de la Mère Mechtilde du Saint-Sacrement*. Ce travail consciencieux, fruit de vos longues études et de la collaboration de M. l'abbé Dourlens, n'intéresse pas seulement la famille spirituelle qui continue l'œuvre admirable de l'Adoration perpétuelle et réparatrice, elle offre aussi attrait et profit à toutes les âmes chrétiennes.

Parmi les grandes et saintes figures que nous présente l'Eglise de France, dans la rénovation religieuse du XVIIe siècle, on aimera à contempler cette humble femme, supérieure par l'intelligence et par le cœur, capable de tous les héroïsmes ; entourée de l'estime du Grand Condé, de Charles IV duc de Lorraine, de Jean Sobieski roi de Pologne, de Louis XIV lui-même ; honorée de l'amitié des reines de France Anne d'Autriche et Marie-Thérèse, des reines de Pologne et d'Angleterre, et de la duchesse d'Orléans ; trouvant pour conseil et pour guides S. Vincent de Paul, M. Olier, M. Boudon, le Père Chrysostôme et M. de Bernières ; en rapport enfin avec les personnages de son époque les plus éminents et les plus pieux.

L'œuvre de la Mère Mechtilde n'occupe-t-elle pas également une place d'honneur au milieu de l'efflorescence si variée d'œuvres de sainteté dont se couronne sans cesse l'Eglise catholique?

Grouper autour de l'autel et du tabernacle des anges d'adoration et de louanges perpétuelles, des victimes volontaires d'expiation et de réparation, est-il rien de plus grand et de plus précieux au regard de la Foi?

Hélas ! combien il est nécessaire aujourd'hui de faire monter vers notre Dieu outragé les accents de la prière, la voix plus éloquente encore du sacrifice ! Aussi la vie de la Mère Mechtilde nous apporte comme un avertissement du Ciel.

Je ne louerai point la manière dont vous avez accompli votre travail : les éloges de l'amitié pourraient être suspects ; mais je vous remercie des enseignements que vous donnez à notre pauvre société et je fais des vœux pour que la *Vie de la Mère Mechtilde du Saint Sacrement* ranime parmi nous le culte de la divine Eucharistie, premier principe de régénération individuelle et sociale; et que ses exemples, répandus comme un parfum céleste, attirent vers la solitude du tabernacle, les âmes d'élite que tourmente la soif mystérieuse des immolations et du sacrifice.

Veuillez agréer, mon cher Ami, l'expression de mon plus affectueux dévouement en N.-S.

† Clov.-J[n], *Évêque de Luçon.*

DÉCLARATION.

Conformément aux décrets du 13 mars 1625 et du 5 juillet 1634, du Pape Urbain VIII, nous déclarons qu'en donnant à la très révérende mère Mechtilde ou à d'autres personnages dont il est parlé dans cette vie le titre de Saint, de Bienheureux ou de Vénérable, en rapportant les faits extraordinaires sur lesquels l'Eglise ne s'est pas encore prononcée, nous n'avons pas eu la pensée de prévenir le jugement du Souverain Pontife ni de préjuger des décisions qui sont exclusivement réservées au Saint-Siège. Nous avons employé ces qualifications pour suivre l'usage reçu parmi les fidèles.

Nous soumettons très sincèrement, très filialement au jugement du Souverain Pontife nos personnes et nos écrits et en particulier les appréciations et les faits renfermés dans cette vie ; nous désavouons à l'avance tout ce qui ne serait pas conforme à l'enseignement de la sainte Eglise notre Mère, dans l'obéissance de laquelle nous voulons vivre et mourir.

PRÉFACE

Il y a dans l'Église une admirable variété : les innombrables saints qu'elle propose à notre imitation ont chacun leur physionomie distincte et leur trait caractéristique. Ils paraissent sur la scène du monde à des heures différentes pour répondre à des besoins divers. Tous ne vivent que pour Jésus-Christ et n'ont d'autre modèle que lui; mais il est une vertu du divin Maître qui resplendit dans l'un avec plus d'éclat que dans l'autre ; il est un mystère, un état, que celui-ci, plus particulièrement que celui-là, est appelé à honorer et à reproduire. Quand, par un acte gratuit de sa miséricorde, Dieu fait choix des plus illustres d'entre eux pour créer des ordres nouveaux, la même diversité se retrouve au sein de l'unité dans les familles religieuses dont ils sont les fondateurs : elles observent toutes les mêmes conseils évangéliques, elles tendent toutes à la perfection par la pratique des mêmes vœux de pauvreté, de chasteté et d'obéissance; et cependant l'observaleur le plus inattentif est étonné de rencontrer des règles dissemblables et quelquefois des tendances opposées dans ces phalanges d'élite qui se soutiennent et concourent, en obéissant au même chef, à remporter la même victoire.

Dans cette introduction, nous déterminerons d'abord le caractère propre de l'ordre de l'Adoration perpétuelle; nous montrerons ensuite que la vénérable mère Mechtilde, sa fondatrice, eut pour trait distinctif d'être victime comme Jésus et pour mission spéciale de donner à Jésus des victimes, dont elle fut l'apôtre et le modèle. Enfin nous indiquerons les sources auxquelles nous avons puisé en écrivant cette vie.

Tous les siècles de foi, obéissant au précepte du Maître, « il faut prier et prier sans cesse, » ont cru à la nécessité de la prière; ils ont rendu hommage à sa merveilleuse efficacité et l'ont regardée comme l'œuvre la plus méritoire et la plus féconde. Nos pères encourageaient les âmes généreuses qui se consacraient à ce glorieux exercice; ils leur abandonnaient une partie de leurs richesses, pour recevoir en retour le pardon de leurs péchés et la rosée des célestes bénédictions. Les rois reconnaissaient que la prière désarme la colère de Dieu et triomphe de sa toute-puissante volonté. Constantin-le-Grand sollicitait humblement les prières de saint Antoine. Philippe-Auguste, assailli près des côtes de Sicile par une horrible tempête, rassurait ses soldats en leur disant : « Il est minuit; c'est l'heure où les moines de Clairvaux se lèvent pour chanter matines; ils vont prier pour nous, leurs saintes prières apaiseront le Christ et nous arracheront au péril. »

A la fin du IV.e siècle, saint Alexandre d'Orient voulut que la prière fût perpétuelle dans les monastères qu'il fonda à Constantinople, à Antioche, à Chalcis, et sur les bords de l'Euphrate. Les chœurs de religieux se succédaient pour chanter l'office divin; et à toutes les heures du jour et de la nuit, Dieu était loué par ces courageux veilleurs : c'est le nom que le peuple leur donnait. Les Acémètes (hommes qui ne dorment point), eurent des imitateurs en Occident : les Bénédictins de Saint-Maurice en Valais étaient divisés en neuf chœurs qui successivement chantaient les psaumes. Quelques années plus tard, le *Laus perennis* s'établissait aux monastères de Saint-Denis, de Saint-Riquier, de Luxeuil, de Saint-Bénigne de Dijon, de Saint-Martin de Tours, de Saint-Germain de Paris, de Saint-Pierre de Corbie, de Saint-Médard de Soissons, de Saint-Marcel de Châlons. Saint Amé et saint Romaric à Remiremont, sainte Salaberge à Saint-Jean de Laon, imposaient à leurs filles le chant perpétuel des heures canoniales. Divisées en sept chœurs, elles répétaient continuellement la louange divine et la prière publique ne souffrait aucune interruption.

Ce sera l'éternel honneur du Souverain Pontife Clément VIII d'avoir rétabli dans toutes les églises de Rome ces prières publiques dont les guerres du moyen-âge et les incursions des Normands avaient empêché la perpétuité. Les rois et les peuples étaient désunis; les Turcs, pleins d'audace et de fureur, malgré leur défaite à Lépante, menaçaient de tout dévaster et d'emmener les chrétiens en esclavage; l'incendie allumé par l'hérésie au centre de l'Europe s'étendait chaque jour. « Il est évident pour tous, disait le Saint-Père dans sa mémorable bulle *Graves et diuturnæ,* du 25 novembre 1592, que les hommes sont impuissants à conjurer le danger; leurs efforts seront inutiles et leurs bras sans vigueur si la grâce d'en haut ne les fortifie. Il faut donc prier, prier continuellement. » Et Clément VIII institue les prières des Quarante Heures. Il veut que le jour et la nuit, à quelque heure que ce soit, durant toute l'année, la prière s'élève comme l'encens en la présence du Seigneur : lorsqu'elle monte, la miséricorde divine descend sur nous prompte et abondante, malgré nos péchés, par l'aspersion du sang de l'Agneau sans tache que nous offrons sur l'autel, en demandant à Dieu le Père de regarder la Face de son Fils et de nous pardonner.

Ce que les Souverains Pontifes ont fait à

Rome, soixante ans plus tard la mère Mechtilde le fera dans ses monastères, et le Saint-Sacrement aura son *Laus perennis* et son *Jugis memoria*. Comme aux jours de Clément VIII, l'état de l'Europe chrétienne est lamentable. Aux dangers créés par les Turcs, se sont ajoutées les horreurs de luttes intestines; pendant trente années les protestants et les catholiques d'Allemagne ont vécu sous les armes; victoires, défaites, marches, retraites, se sont succédé; les villes ont été prises et reprises; partout la ruine et la confusion, partout d'horribles profanations ont marqué la trace des luthériens vainqueurs. La malheureuse Lorraine, vingt fois mise à sac, voit ses communautés religieuses dispersées aux quatre coins de la terre ; elles viennent chercher un refuge en France, mais Louis XIII meurt; la famine et l'agitation désolent le royaume très chrétien; la cour, les princes, le parlement, les nobles, les bourgeois, le peuple, forment autant de partis qui se heurtent, se croisent, se divisent, s'unissent pour se diviser encore. Ils appellent à leur secours les mercenaires depuis longtemps à la solde des princes Allemands. Ces bandes, sans discipline et sans frein, commettent partout de sacrilèges dévastations; et il semble que les mauvais jours, précurseurs de la fin du monde, ont commencé dans notre malheureux pays. Alors Dieu se choisit une fille généreuse qu'entourent quelques pauvres sœurs, exilées comme elle, et lui confie la mission de réparer sa gloire méconnue.

De toute éternité Dieu engendre son Verbe dans les splendeurs du sanctuaire des Cieux ; il lui communique tout ce qu'il est, tout ce qu'il a : sa substance, sa vie, sa divinité tout entière. Lorsqu'il l'introduit dans le monde, il ordonne à ses anges de l'adorer : *Adorent eum omnes angeli ejus;* et, dociles serviteurs, les anges le servent, l'accompagnent partout, multiplient devant lui les marques de respect. Seuls les hommes, auxquels ce Verbe adorable donne des témoignages d'une charité sans limites en demeurant par amour avec eux, le méconnaissent et l'outragent. Perpétuellement présent au Saint-Sacrement, il a droit à une perpétuelle adoration, et il ne rencontre que froideur, indifférence et mépris. Alors le Père céleste, voulant honorer d'autant plus son Fils qu'il le voit plus abaissé, suscite des âmes de foi et d'amour qui répondent à la touchante plainte du Maître : *Sustinui qui simul contristaretur et qui consolaretur, et non inveni.* (Ps. LXVIII, 21.) Elles viennent se donner à lui, passer leurs jours et leurs nuits à ses pieds, le consoler dans ses délaissements et ses tristesses. Comme les chérubins de l'arche, elles auront toujours la face tournée vers le divin Propitiatoire du Nouveau Testament ; comme les anges du ciel, elles se tiendront continuellement devant lui pour le louer, l'aimer, l'adorer : *Adorabunt de ipso semper*. Prêtre et médiateur, Jésus prie pour nous : avec lui elles prieront et solliciteront pour leurs frères les grâces que lui-même demande. Il est notre chef, il priera en elles ; avec lui et en lui elles rediront : « Mon Père, glorifiez votre Fils comme votre Fils vous glorifie. » Mais il est aussi notre Dieu, toujours présent au milieu de nous pour recevoir nos hommages, nos prières et nous donner ses grâces ; toujours elles l'adoreront, continuellement elles le prieront ; toujours, à tout instant, même dans le silence de la nuit, elles se tiendront à ses pieds, devant son tabernacle. Elles rendront un témoignage public de leur foi par de solennelles et incessantes adorations, et le peuple les appellera les Religieuses de l'Adoration perpétuelle. Et puisque Dieu a surtout glorifié son Fils dans les heures et les mystères où il s'est le plus abaissé, elles l'adoreront dans l'Eucharistie avec d'autant plus de respect que nulle part ailleurs Jésus n'a été plus humilié ; elles répareront avec d'autant plus d'amour, qu'à ces abaissements volontaires les hommes ajoutent plus de profanations et de sacrilèges.

Le monde les plaindra : lui qui admire les miracles de la charité de saint Vincent de Paul, ne comprendra pas les merveilles de cette perpétuité de présence devant le tabernacle. Mais les Filles du Saint-Sacrement, dédaignant ces vaines appréciations de la terre, rediront avec celle dont nous écrivons la vie : « Où est-on mieux qu'auprès d'un Père et d'un Époux ? Vivre avec Jésus, n'est-ce pas commencer sur la terre à vivre de la vie du ciel ? La première inclination de l'amour n'est-elle pas de demeurer avec ceux qu'on aime ? » Et le Père qui leur donne son Fils pour que ce Fils trouve en elles les hommages et l'amour qu'on lui refuse ailleurs, leur rendra au centuple ce qu'elles font pour sa gloire. Aussi on les appellera encore très justement les Bénédictines du Saint-Sacrement, « c'est-à-dire les bénies de Jésus dans l'Eucharistie. »

Fonder un ordre voué à l'Adoration perpétuelle, telle sera donc la mission spéciale de la mère Mechtilde. Mais pour exécuter ce pieux dessein, à quel guide se confiera-t-elle ? à quel enseignement s'attachera-t-elle ? Jésus silencieux au tabernacle sera sa lumière et remplira l'office de maître et de docteur. En effet, afin de reconnaître dignement les perfections infinies de son Père, de lui rendre les actions de grâces et tous les honneurs qui lui sont dus, de réparer l'offense faite à Dieu par le péché, le Sauveur a revêtu notre humanité ; il s'est substitué à l'homme coupable et impuissant ; il a voulu mourir attaché à une croix. Sur nos autels, il continue d'anéantir ses grandeurs et d'honorer son Père à notre place; il se sacrifie sans cesse pour détourner de notre tête les rigueurs de la justice divine, et il apparaît devant Dieu en l'état de victime. Ainsi la mère Mechtilde sera victime à l'exemple de Jésus; elle fera pour Jésus ce qu'il a fait pour son Père, et ce qu'il a fait pour les hommes.

La substitution est la loi de tous les sacrifices : un signe expressif, l'imposition des mains sur les victimes offertes, le rappelait aux enfants d'Israël qui offraient des holocaustes (Exod. XXIX, 10, 15), des hosties pacifiques (Levit. III, 2), ou des sacrifices pour le péché (Lev. IV, 4, 15, 24, 29). Les prophètes avaient dit de Notre-Seigneur : « Dieu a placé sur lui toutes nos iniquités; il s'est livré pour nous. » Comme Jésus, la mère Mechtilde se substituera à ses frères pour adorer au nom de ceux qui n'ont jamais rendu et qui peut-être seront assez malheureux pour ne rendre jamais aucun devoir au Dieu de l'Eucharistie; elle se substituera aux profanateurs et aux pécheurs afin de réparer les outrages commis envers la sainte Eucharistie. Par une faveur insigne et unique peut-être dans l'histoire de l'Église, elle obtiendra du Saint-Siège la confirmation authentique de cette glorieuse qualité de Victime immolée à la gloire du Très-Saint-Sacrement, et cent fois dans ses Constitutions approuvées *en forme spéciale,* ce titre sera rappelé. Le même Souverain Pontife Clément XI, qui a prescrit le culte à rendre pour l'Adoration Perpétuelle dans les églises de Rome, approuvera les règles que les Victimes doivent suivre comme Adoratrices et Réparatrices.

Adoratrices, elles vénèreront toutes les grandeurs, toutes les perfections du Dieu de l'Eucharistie, et en particulier cet amour poussé jusqu'aux dernières limites; mais en même temps elles offriront le sacrifice d'actions de grâces, de louange, de parfaite soumission à la divine volonté. Jamais elles n'adoreront Jésus autant qu'il est adorable; jamais elles ne le remercieront suffisamment de la bonté infinie qu'il fait paraître. Elles le prieront avec ferveur pour l'Église catholique, elles le supplieront de la gouverner lui-même, de la conserver dans toute la sainteté qu'il lui a acquise par son sang, de l'exalter, de la faire triompher de ses ennemis; d'extirper les erreurs et les fausses maximes qui corrompent la sainteté de l'Évangile, de graver dans tous les cœurs les lois de son amour, et d'envoyer dans sa maison des ouvriers qui travaillent avec zèle et charité à l'instruction des peuples. Elles prieront aussi pour le Souverain Pontife, les Cardinaux, les Évêques, pour ceux qui travaillent à la défense et à l'établissement de la foi dans les pays infidèles et dans le monde entier.

Réparatrices, elles doivent s'immoler à la justice du Père éternel à la place des pécheurs qui offensent Jésus au tabernacle, et porter la peine due aux opprobres et aux humiliations qu'il continuera d'y souffrir jusqu'à la consommation des siècles. Dans leur ardent désir de réparer la gloire de Jésus hostie, elles demandent à Dieu qu'il décharge sur elles sa colère ; et, dans l'attitude la plus suppliante, la corde au cou et le cierge à la main, elles font amende honorable au nom de tous les pécheurs, et surtout de ceux qui déshonorent plus criminellement le Très-Saint-Sacrement de l'Eucharistie. Et parce que Jésus-Christ est la seule victime digne d'être offerte à la Majesté divine, elles s'unissent à Jésus-Christ pour mourir et se sacrifier avec lui ; leur voix se joint à la voix de son sang, et demande la conversion de ceux qui le méconnaissent et l'outragent.

Associée à l'état de Victime, vouée aux deux grands actes de la vie d'une victime, l'adoration et la réparation, la mère Mechtilde s'imposera comme obligation spéciale d'imiter les vertus de Jésus victime. « Approchons toutes de lui, disait-elle à ses filles, et nous serons éclairées. »

Il est l'Agneau sans tache, il est la sainteté même : les victimes seront saintes et éviteront les moindres fautes, sinon elles seraient indignes d'être offertes à Dieu et incapables de satisfaire à sa justice.

La victime est par état vouée à la souffrance et à la mort; elle sera donc prête à souffrir toutes les peines dues à la divine justice pour les prévarications sacrilèges de ses frères. Jésus victime a souffert, il est mort le premier : les victimes tirent leur force de ses faiblesses, et leur vie de sa mort.

A une austère et continuelle pénitence, elles uniront une ardente et affectueuse piété. « Jésus nous a aimées; par amour il demeure avec nous, et il cache l'éclat de sa gloire pour nous donner accès auprès de lui : quand tous les hommes seraient de glace, nous devrions être dévorées par l'ardeur de la charité. Autrefois on enterrait toutes vivantes les gardiennes du feu sacré lorsque, par leur négligence, il venait à s'éteindre : les Filles du Saint-Sacrement qui laisseraient, par leur faute, éteindre le feu de l'amour divin, mériteraient-elles un moindre supplice? Brûlons; que l'amour de Jésus-Christ nous presse, qu'il nous pénètre, qu'il allume dans nos cœurs un brasier dévorant, et qu'en nous le Fils de Dieu trouve un dédommagement à la froideur dont tant de chrétiens paient ses bienfaits les plus magnifiques. » Comme les holocaustes de la loi ancienne, le feu de l'amour du Saint-Sacrement consumera entièrement ces victimes de la divine charité; comme les flambeaux qu'elles portent à la main, elles ne brûleront qu'en l'honneur du Saint-Sacrement.

C'est en participant au sacrifice de l'autel, c'est en mangeant la chair du Dieu victime, qu'elles deviendront elles-mêmes victimes et pratiqueront plus facilement les grandes lois du sacrifice et de l'amour. Aussi la mère Mechtilde expliquera-t-elle avec le plus grand soin à ses filles les grâces particulières attachées à l'assistance à la sainte messe et à la réception du sacrement de l'Eucharistie.

A l'heure où le jansénisme soufflera ses doctrines desséchantes, elle communiera tous les jours; elle acceptera à la communion quotidienne les plus ferventes de ses professes, quel que soit leur âge, quelles que soient leurs fonctions dans le monastère; elle exhortera toutes ses sœurs à se rendre dignes de recevoir tous les jours le Pain eucharistique; et ainsi les religieuses du Saint-Sacrement contenteront le désir qu'a Jésus de manger la Pâque avec elles, ainsi elles rendront leur union avec lui plus intime et plus étroite, ainsi elles arriveront à n'avoir plus d'autres pensées que les siennes et celles que sa grâce et son esprit leur inspireront.

La vie de la mère Mechtilde du Saint-Sacrement n'a encore été publiée qu'une fois : elle parut à Nancy en 1775, sans nom d'auteur; mais le privilège du roi qui en autorise l'impression l'attribue à M. l'abbé Duquesne, auquel on doit l'*Évangile médité*, l'*Année apostolique* et *les Grandeurs de Marie*. La piété de l'auteur, sa connaissance approfondie de nos saints livres, ne purent l'exempter des défauts que l'on reproche justement aux Baillet, aux Tillemont, aux Launoy, ses devanciers ou ses contemporains. Aussi l'œuvre de M. Duquesne, malgré un mérite réel, fut-elle peu goûtée par les filles de la mère Mechtilde du Saint-Sacrement.

Une nouvelle vie était donc ardemment et depuis longtemps désirée. Cédant à des instances nombreuses et pressantes, confiant en la protection de cette vénérée Mère, sûrs de l'indulgence de nos lecteurs, nous avons humblement tenté un nouvel essai.

Nous avons d'abord visité tous les lieux où la mère Mechtilde du Saint-Sacrement a passé. Les divers monastères qui s'honorent de l'avoir pour fondatrice et pour mère, nous ont ouvert leurs archives avec un empressement, une confiance qui nous ont profondément touchés, et nous voulons leur en témoigner ici notre vive reconnaissance.

Nous avons été assez heureux pour retrouver un très grand nombre de lettres, d'instructions, de conférences de la mère Mechtilde, plusieurs vies manuscrites, des mémoires très complets rédigés à la fin du XVIIe siècle et au commencement du XVIIIe, par les auteurs contemporains ou par les premières religieuses de l'Institut. Dans les archives des villes où il a été établi, nous avons rencontré d'autres documents du plus haut intérêt, que nous avons réunis et complétés les uns par les autres.

Entre tous ces matériaux, le premier, sinon dans l'ordre chronologique, au moins au point de vue de l'intérêt, est le compte-rendu que la mère Mechtilde fit en 1643 au père Jean Chrysostome, son confesseur, de ses premières années dans le monde et dans le cloître ; il fut apporté en 1823 au monastère d'Arras par la révérende mère Catherine de Jésus, dernière prieure de la maison de la rue Cassette avant la Révolution. Après ce compte-rendu, viennent plus de deux mille lettres dont la première est du mois d'octobre 1641 et la dernière du 18 février 1698. Ces lettres, dont cent cinquante sont autographes, renferment pour ainsi dire l'histoire de la mère Mechtilde écrite par elle-même ; elles nous permettent de suivre jour par jour les progrès de la grâce dans cette âme de choix, et la fidèle correspondance qu'elle y apportait.

La piété de ses filles avait recueilli religieusement les exhortations et même les entretiens de la vénérée mère ; ces riches matériaux sont dispersés comme les lettres dans deux ou trois cents manuscrits différents que nous avons classés avec soin, après avoir déterminé avec une scrupuleuse exactitude ceux qui étaient

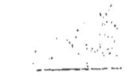

authentiques et ceux qui devaient être rejetés comme douteux ou apocryphes.

Du vivant même de la mère Mechtilde, Mlle Marguerite de l'Escale, en religion la mère Marguerite de la Conception, qui fut plusieurs années prieure de Rambervillers, écrivit des *Mémoires pour servir à mettre au jour la vie de la vénérable mère Mectilde du Saint-Sacrement*. Ces mémoires donnent, en suivant l'ordre chronologique, toute l'histoire de la mère Mechtilde, depuis 1614 jusqu'en 1655. Il est impossible de les lire sans partager l'admiration et l'enthousiasme de Mlle de l'Escale. C'est une enfant qui redit avec grâce et naïveté tout ce qui est à l'éloge d'une mère incomparable ; c'est une religieuse pleine de respect et de reconnaissance, qui s'étend longuement sur les vertus d'une sainte fondatrice. Elle unit d'ailleurs à un véritable culte pour sa mère, un plus grand amour pour la vérité ; elle se reprocherait comme une faute de la blesser ou de ne pas la dire tout entière. Elle raconte avec une grande aisance, elle peint quelquefois avec un rare talent, elle a même le trait mordant, mais elle reste toujours religieuse irréprochable ; et son travail est le plus complet, le plus intéressant et le plus parfait que nous ayons entre les mains.

D'autres mémoires furent rédigés par le père Guilloré de la Compagnie de Jésus, le père

Paulin, provincial des Pénitents de Nazareth, M. Boudon, le pieux archidiacre d'Evreux; par Mme la comtesse de Rochefort, Mme la comtesse de Châteauvieux, Mme la duchesse d'Aiguillon, Mme de Blémur, et d'autres membres de la communauté de la rue Cassette. A notre grand regret nous n'avons pu les retrouver. Toutefois M. l'abbé Berrant, contemporain et ami de la V. M. Institutrice avec laquelle il avait été étroitement lié, affirme les avoir tous résumés dans son *Petit abrégé de la Vie de la vénérable mère Catherine Mectilde du Saint-Sacrement, institutrice et première supérieure de l'Adoration perpétuelle du Très-Saint-Sacrement.*

Mlle de Vienville, petite-nièce de la mère Mechtilde du Saint-Sacrement, pensionnaire au monastère de la rue Cassette, mit à profit ses nombreux loisirs pour rédiger une vie plus complète que la précédente.

Dans une lettre autographe que nous avons sous les yeux, M. Gourdan, chanoine régulier de Saint-Victor, auteur de plusieurs ouvrages très estimés, rend hommage à la netteté, à la précision, à la sincérité de l'auteur : malheureusement nous n'avons plus que quelques chapitres de la première partie (1614-1651) du travail de Mlle de Vienville; la deuxième partie (1651-1698) est moins soignée à partir de 1658, et nous regrettons d'y avoir rencontré de nombreuses lacunes.

Nous avons encore retrouvé deux autres vies manuscrites dont nous ignorons les auteurs : la plus pieuse et la plus intéressante a été souvent citée dans cet ouvrage sous le titre d'*Anonyme ;* elle a un véritable mérite littéraire.

Un autre livre, plein d'intérêt, nous a fourni les plus précieux documents sur l'érection de l'Institut en congrégation, et sur les origines de la Congrégation. Est-il d'une religieuse de Rambervillers, est-il de Mme de Rochefort comme nous inclinerions à le croire d'après plus d'un passage de Mlle de Vienville ? C'est un problème historique que nous ne saurions actuellement résoudre.

Nous ne ferons que signaler l'oraison funèbre de la mère Mechtilde, prononcée à Toul par M. de Rabaumont, les *Annales* des monastères fondés par la vénérable Institutrice, et les biographies manuscrites des religieuses qui sont mortes quelques années après elle.

La mère Anne du Saint-Sacrement, deuxième supérieure des Bénédictines de l'Adoration perpétuelle de la rue Cassette, fit imprimer la première notice biographique de la mère Mechtilde ; pendant près de quarante années, cette religieuse avait été la confidente de ses secrets ; elle avait partagé avec elle les sollicitudes que lui donnait la direction de ses différents monastères : personne ne la connaissait plus intimement.

Dans son *Histoire des Ordres monastiques* publiée en 1712, le père Hélyot donna un court *Abrégé de la vie de la mère Mechtilde,* en s'appuyant « sur des mémoires communiqués par la mère M. de Jésus et Mlle de Vienville, nièces de la fondatrice ; mais les bornes de l'ouvrage ne lui permirent pas de raconter ses merveilleuses communications avec Dieu, les grâces particulières qu'elle en reçut, les mortifications et les austérités auxquelles elle se livra toute sa vie, et les miracles qui furent faits après sa mort ».

En 1719, le père Giry, provincial des Minimes, fit paraître à la suite de sa grande *Vie des Saints* une nouvelle notice plus complète que les précédentes. Les sources auxquelles il puisa furent « un grand nombre de mémoires très fidèles et plusieurs lettres de la vénérable mère Mechtilde qui nous ont été communiqués, dit-il, par le premier monastère de son Institut [1]. »

En résumé, nous n'avons rien négligé pour que cette nouvelle vie réponde à l'attente des filles de la mère Mechtilde, et donne à la vénérable fondatrice et à son œuvre leur véritable physionomie.

---

[1] Dans cette édition abrégée, que nous publions pour les personnes du monde, nous nous contenterons de cette indication générale des sources historiques ; nous renvoyons ceux de nos lecteurs qui désireraient contrôler l'exactitude de nos affirmations et la vérité des faits rapportés par nous à une *Vie* plus complète, spécialement destinée aux religieuses, et imprimée à Arras par la Société du Pas-de-Calais.

Nous avons cru qu'à l'heure où se multiplient partout les œuvres d'adoration et de réparation, il ne serait pas sans profit d'appeler l'attention des personnes pieuses sur cette âme d'élite. Dieu l'a suscitée pour glorifier son Fils présent dans le Sacrement de nos Autels, inaugurer l'œuvre de l'Adoration perpétuelle, servir de modèle et de docteur aux fidèles dans leurs rapports avec la divine Eucharistie, et les initier aux grandeurs et aux humiliations de Jésus dans son état de Victime.

Nous serons amplement récompensés de nos labeurs si notre travail atteint le but que nous nous sommes proposé. Puisse le pieux lecteur partager les joies intimes que nous avons éprouvées dans nos rapports de tous les jours avec cette fervente adoratrice de Jésus hostie, et croître dans la connaissance et dans l'amour du Très-Saint-Sacrement de l'Autel !

Arras, en la fête de sainte Scholastique, le 10 février 1883.

VIE

DE LA TRÈS-RÉVÉRENDE MÈRE

MECHTILDE DU SAINT-SACREMENT

FONDATRICE DE L'INSTITUT DES BÉNÉDICTINES DE L'ADORATION PERPÉTUELLE

CHAPITRE PREMIER

NAISSANCE DE LA MÈRE MECHTILDE DU SAINT-SACREMENT. SON ENFANCE.

1614-1624

Vers l'an 660, Déodatus, évêque de Nevers, quittant sa ville épiscopale, se dirigea vers les montagnes des Vosges, pour y vivre dans la solitude et la pratique de toutes les vertus. Il y trouva la persécution et fut obligé de se réfugier en Alsace. Quand il revint, il s'arrêta au confluent de la Meurthe et du ruisseau de Robache. Une hutte de branchages lui servit quelque temps d'asile, mais bientôt une foule d'hommes de toute condition étant venue se ranger sous sa conduite, le saint évêque jeta les fondements d'un vaste monastère, afin de leur donner un abri. Childéric II, roi d'Austrasie, lui concéda les immenses territoires qui entouraient cet établissement naissant; c'étaient des forêts presque impénétrables entrecoupées de ravins profonds et parsemées de vallées, dont des eaux putrides recouvraient perpétuellement le sol. D'invincibles obstacles semblaient donc se dresser devant les pieux solitaires; mais que ne peut le courage des hommes, quand il est soutenu par l'amour de Dieu? Peu à peu les forêts s'éclaircirent, les ravins se comblèrent; des travaux gigantesques facilitèrent l'écoulement des eaux, et ces lieux, autrefois si sauvages, commencèrent à être sillonnés par la charrue. Plus tard, quelques habitations se groupèrent autour du monastère que le Saint avait bâti; et ce village, par des agrandissements rapides, devint une ville à laquelle Déodatus, élevé sur les autels sous le vocable de Saint-Dié, eut la gloire de laisser son nom.

Il lui laissa aussi, comme un héritage, l'exemple de ses vertus. Son humilité si profonde, ses effrayantes mortifications, sa pureté virginale, son ineffable charité, ont, dans le cours des siècles, trouvé parmi ses enfants de nombreux imitateurs. Elles ont brillé en plusieurs d'entre eux d'un vif éclat; elles ont trouvé, en d'autres, leur complet épanouissement. La suite de ce récit démontrera, nous l'espérons du moins, qu'il faut placer au premier rang, dans cette glorieuse phalange, la femme héroïque, dont nous entreprenons d'écrire la vie. Elle naquit le dernier jour du mois de décembre de l'année 1614.

Son père, Jean de Bar, et sa mère, Marguerite Guillon, appartenaient à des familles connues en Lorraine par leur antique honneur, leur haute probité et leur tendre piété envers Dieu.

Six enfants devaient être les fruits de leur union. Celle qui est l'objet de ce livre était la troisième; elle fut baptisée le jour même de sa naissance et reçut le nom de Catherine. Ce nom était tout à la fois une bénédiction et un présage : il lui donnait pour patronnes sainte Catherine de Gênes, dont elle devait reproduire l'ardente charité, sainte Catherine de Sienne, qui allait lui être un modèle de vie intérieure, et sainte Catherine d'Alexandrie, à la suite de laquelle elle devait cueillir la double palme de la virginité et du martyre, car n'est-ce pas aussi un martyre que cette immolation volontaire et universelle qui ne se termine qu'à la mort ?

Cette enfant de bénédiction était si faible et si délicate qu'il fallut l'élever dans une molle couche de coton. Dieu, cependant, qui voulait que cette fleur charmante devînt l'un des ornements de son Église, écarta bientôt tous les dangers d'un souffle de sa puissance. Quelques mois s'étaient à peine écoulés que toute crainte avait cessé.

L'éducation d'un enfant doit commencer le jour où son premier regard s'ouvre à la vie. Il faut, pour ainsi dire, épier le moment où s'éveillent sa raison et son cœur, afin d'en diriger vers Dieu les premiers élans et les premières affections. C'est ce que fit la pieuse mère de Catherine. A vrai dire, l'âme de cette enfant prédestinée se dirigea instinctivement vers ce foyer d'amour, de bonté et d'intelligence, comme l'on voit certaines plantes se tourner d'elles-mêmes vers le soleil. Dès sa plus tendre enfance, elle aimait à se tenir à genoux devant l'image sacrée du Sauveur; ses petites mains se joignaient alors d'elles-mêmes, et de son cœur jaillissaient les plus naïves prières. Dieu, s'inclinant, répondait aux élans de cette piété précoce, et ses caresses redoublaient l'amour ardent de Catherine.

A l'âge de trois ans, c'est elle-même qui le raconte, elle fut saisie d'un si vif sentiment d'amour et d'un si grand désir de s'abandonner à Notre-Seigneur, qu'elle ne perdit jamais le souvenir de cette impression de la grâce. Depuis ce jour, elle se regarda comme appartenant au divin Maître, et se promit de vivre et de mourir pour lui.

Cet amour de Dieu se traduisait en elle par une indicible horreur pour le péché. Un jeune garçon ayant un jour prononcé devant elle des paroles qui lui semblèrent être des blasphèmes, elle lui offrit son déjeuner, à la condition qu'il cesserait ses propos. Le petit malheureux continua : elle le supplia de se taire et lui présenta tout l'argent qu'elle possédait. Poussé par l'esprit mauvais, cet impie parle plus mal encore. Alors n'y tenant plus, et enflammée d'un zèle qui double son courage, Catherine se précipite sur lui, et, plus de vingt fois, elle le frappe de toute la force de ses petits poings. Sa conscience lui reprocha vivement ce pieux excès, et, plusieurs fois dans la suite, elle confessa avec la plus amère douleur cette faute dont le principe est si louable.

Le plus cher objet de son culte était la Sainte Eucharistie ; et c'était un délicieux spectacle que de la voir, en face des autels, agenouillée près de sa mère, les yeux humblement baissés, et abîmée, comme un petit ange, dans sa prière. Le prêtre ouvrait-il le tabernacle, soudain elle se levait sur la pointe des pieds ; elle fixait de ses grands yeux humides et brillants de bonheur la sainte hostie ; elle la suivait d'un regard avide lorsqu'on la distribuait aux fidèles dans la sainte communion, et, aux heures d'exposition, on ne pouvait l'arracher de sa place, d'où, le cou tendu, l'œil enflammé, elle contemplait, dans toute la douceur de l'extase et d'une muette prière, le bien-aimé de son cœur.

Ses récréations enfantines portaient l'empreinte de sa piété et permettaient de présager ses futures destinées. Son plus grand plaisir était de bâtir de petits oratoires, d'y dresser des autels et d'y placer des images du Saint-Sacrement. En face de ces images, elle allumait des bougies qu'elle soufflait, rallumait et soufflait encore, pour faire, de la fumée, une espèce d'encens. Afin d'encourager sa dévotion, l'une de ses tantes lui acheta un *soleil*, un encensoir et tous les autres objets qui pouvaient lui convenir ; l'encens même ne fut pas oublié. La joie de Catherine fut à son comble : heureuses devinrent ses récréations ; elle les passa toutes désormais devant son *soleil*, tantôt balançant avec grâce son encensoir d'où s'élevait un nuage parfumé, tantôt faisant des révérences, des génuflexions et des prostrations avec un petit air si angélique et si dévot que c'était merveille à voir. D'autres fois elle priait longtemps à genoux et dans le plus profond silence, préludant ainsi à ce qui devait être plus tard ses plus chères occupations.

Et que disait le céleste Roi des âmes à sa petite servante, pendant qu'avec tant d'assiduité et de tendresse elle lui faisait sa cour? Il l'attirait avec une invincible douceur et fortifiait, dans son cœur si pur, le désir qu'elle semblait avoir reçu avec la vie, de se donner tout entière à lui en embrassant l'état religieux. Ce désir était déjà si vif en elle, que, lorsqu'elle hésitait à obéir ou laissait paraître quelque vivacité, on se contentait de lui dire, par menace ou réprimande : « Vous ne serez pas religieuse. » C'était le facile, mais infaillible moyen de triompher de ses répugnances d'enfant.

Une autre circonstance va nous révéler, dans toute leur vivacité, les généreuses aspirations de son âme et la naïve simplicité de sa foi.

Mme de Bar tomba subitement malade. La consternation de sa famille fit croire à Catherine que c'en était fait de sa mère, et que Dieu allait la rappeler à lui. Saisissant un moment où elle se trouvait seule, la pieuse enfant s'approcha doucement de son lit ; elle s'agenouilla, et les yeux pleins de larmes et les mains jointes : « Je vous prie, ma bonne maman, dit-elle, quand vous serez en Paradis, après que vous aurez fait la révérence à la Sainte-Trinité, de lui demander pour moi la grâce que je sois religieuse ; ensuite, vous vous tournerez vers la sainte Vierge et la supplierez qu'elle me prenne sous sa protection et qu'elle me serve de mère. » Mme de Bar fut conservée cette fois à la tendresse de sa famille ; mais elle se souvint plus tard, comme nous le verrons, de la prière que lui avait faite Catherine.

Tout, du reste, entretenait cette pieuse enfant dans ses saintes pensées. A cette époque de sa vie, la Providence fit tomber entre ses mains la formule des vœux du Tiers-Ordre de saint François. Cette formule devint aussitôt sa prière favorite : elle la récita dès lors plusieurs fois le jour, se dévouant ainsi à l'état de victime, sous les auspices de cet homme séraphique qui a été l'une des plus illustres victimes de l'amour crucifié.

Dieu ne tarda point à témoigner qu'il agréait son sacrifice, et lui envoya des épreuves que son amour semblait solliciter. Pendant six mois entiers, elle fut cruellement tourmentée d'un mal d'yeux, à la suite duquel elle perdit la vue. Les plus habiles médecins furent appelés : leurs remèdes ne firent qu'aggraver ses souffrances, et faire briller d'un plus vif éclat sa patience, sa résignation et son courage. Amère cependant était la douleur de Mme de Bar qui venait de perdre une de ses filles. Dans sa détresse, elle se tourna vers Celui qui seul tient en ses mains la santé et la vie.

La veille de l'Ascension, elle suivit avec sa chère enfant la procession des Rogations, implorant du plus profond de son cœur Jésus et ses Saints, et particulièrement ceux dont on portait les reliques. Parmi ces derniers, se trouvait sainte Odile, dont le nom est si cher à la Lorraine et à l'Alsace. Aveugle aussi dans son enfance, élevée dans la piété comme Catherine devait l'être, sa vie s'était consumée à l'ombre des autels, dans l'innocence et le sacrifice. Elle prit sous sa protection la petite malade, et c'est surtout à la puissante intervention de cette grande sainte que fut attribuée sa guérison. Quoi qu'il en soit, la procession n'était point encore terminée que Catherine avait recouvré la vue, et elle la conserva excellente jusqu'à la fin de sa vie.

Mais Dieu qui voulait éprouver sa foi, ne tarda point à la visiter de nouveau. A peine était-elle remise qu'elle fut subitement saisie d'une fièvre quarte qui la conduisit jusqu'aux portes du tombeau. Ses forces l'abandonnèrent, ses joues se creusèrent ; un feu intérieur semblait consumer son corps délicat. Mme de Bar suivait avec anxiété les progrès du mal et voyait avec une indicible douleur la mort s'emparer peu à peu de sa pauvre enfant. Dans cette extrémité, elle eut recours à son refuge ordinaire, à Dieu. Ayant appris par hasard, d'un religieux franciscain, les merveilleux effets dus aux images du saint Nom de Jésus, dont saint Jean de Capistran avait obtenu l'approbation en 1427, elle s'empressa d'en demander une. Sa foi ne fut point trompée : lorsque sa fille en eut fait usage, la fièvre la quitta.

Ces merveilles répétées rendirent plus ardent l'amour de Catherine pour son divin Protecteur. Jésus, dans son amour, l'avait délivrée des maladies dont elle souffrait ; elle voulut, par amour pour Jésus, s'imposer des souffrances volontaires. Bien souvent dans sa vie, la petite amante du divin Crucifié avait entendu le récit des effrayantes austérités des pénitents d'autrefois. Animée d'un saint zèle, elle voulut, si jeune encore, marcher sur les pas de ces athlètes du désert. Mais comment se procurer les haires, les cilices, les disciplines, sans éveiller la vigilante attention de sa mère? L'amour est ingénieux : une poignée de lacets ferrés deviendra son premier instrument de pénitence. Armée de cette discipline d'un nouveau genre, la pieuse enfant se découvre les épaules, et, s'unissant à Jésus souffrant, elle frappe à coups redoublés sa chair innocente ; mais elle est si inexpérimentée qu'elle se blesse gravement. Pendant plusieurs mois, elle porta une plaie qui lui causa les plus vives douleurs et lui attira, de la part de ses parents, des reproches pleins d'admiration.

Telles furent les prémices de cette vie qui devait être tout entière consacrée à la souffrance et à la mortification. Le printemps, dans ses bourgeons et ses fleurs, laisse pressentir ce que donnera l'automne. De même, l'enfance du juste annonce presque toujours les fruits de vertu que produira son âge mûr. Pour Mlle de Bar, prédestinée à l'état de réparatrice et de victime, ces fruits, comme ces fleurs, devaient être ceux que porte, depuis plus de dix-huit siècles, l'arbre sacré planté sur le Calvaire.

CHAPITRE II

SA PREMIÈRE COMMUNION. — SON ADOLESCENCE. — SA VOCATION.

1624-1631

Il tardait à notre sainte enfant de recevoir son Dieu, et il tardait à Dieu, si nous l'osons dire, de descendre dans ce cœur si pur et si généreux. Sa piété, son intelligence, son instruction, permirent d'avancer pour elle le jour béni entre tous, le jour de la première communion. Que se passa-t-il dans cette âme choisie, lorsque le divin amant des âmes lui donna ses premiers embrassements ? Nul autre qu'elle-même ne pourrait nous l'apprendre, et elle n'a point jugé à propos de le faire.

Parlant un jour à de jeunes pensionnaires qu'elle disposait à la première communion, elle leur dit : « De cette première action dépendent toutes les autres : quand la première communion est bien faite, on s'en ressent toute la vie. Je connais une personne qui a obtenu alors tout ce qu'elle demanda ; la grâce qu'elle reçut fut comme un germe qui en produisit une infinité d'autres par lesquelles elle fut conduite à la perfection où Dieu l'appelait. » Il est bien permis de présumer qu'elle parlait d'elle-même.

Quoi qu'il en soit, sa dévotion envers le Saint-Sacrement ne fit que s'accroître et devint pour elle le mobile des plus louables efforts. Le désir de reproduire en elle les vertus de Jésus, Victime dans l'Eucharistie, ne cessait de la porter à se vaincre, à s'humilier, à obéir. L'espérance de le recevoir entretenait en elle une inaltérable joie et la rendait capable des plus généreux sacrifices. Elle vint dès lors fréquemment s'asseoir au banquet de vie, et Jésus se montrait plus libéral et plus magnifique, à mesure qu'il était plus vivement désiré et plus ardemment aimé.

L'amour que les saints ont porté à Jésus, a toujours rejailli sur sa divine Mère : Catherine avait pour Elle une dévotion d'une ineffable tendresse. Marie était la confidente de ses peines et de ses joies ; toujours, près des autels qu'elle se plaisait à dresser en l'honneur du Saint-Sacrement, l'image de la Vierge avait sa place. La pieuse et naïve enfant aimait à la couronner de fleurs ; elle se plaisait à la saluer ; elle la couvrait de ses plus tendres baisers ; son esprit inventif s'ingéniait à découvrir de nouvelles manières de lui témoigner son amour. A peu de distance de Saint-Dié, était bâti, sur le penchant d'une colline, un modeste sanctuaire dédié à Notre-Dame d'Ortimont. Catherine, à qui l'on permettait d'aller seule à l'église des Capucins pour y entendre la sainte messe, partait un moment avant l'heure, courait au sanctuaire vénéré, saluait Notre-Dame, et, se faisant sa petite servante, elle balayait sa modeste demeure, ornait son autel de quelques fleurs, lui adressait de nouveau ses vœux, et revenait ensuite en toute hâte, afin de ne se point laisser découvrir. La Mère de Dieu cependant accompagnait ses pas et la couvrait de son ombre : jamais, dans ses pieuses courses, il ne lui arriva rien de fâcheux.

Avec l'amour de Dieu et de la Vierge, était née et se fortifiait dans son âme, une tendre charité pour les pauvres. Plus d'une fois on la surprit leur offrant les aliments qui lui étaient destinés, et s'imposant, pour les soulager, les plus dures privations. Combien de traits charmants ont réjoui les regards des anges, et sont, à cause des pieux stratagèmes dont elle usait, restés cachés aux yeux des hommes !

Son intelligence n'était pas moins vive que son cœur n'était sensible et bon. La facilité avec laquelle elle apprenait les choses les plus difficiles, tient du prodige. Ses progrès dans le dessin et la peinture furent si rapides, qu'après un mois de leçons elle fit d'elle-même, en se servant d'une glace, un portrait parfaitement ressemblant qu'elle offrit à l'une de ses amies. Elle devint en peu de temps excellente musicienne et fort habile dans les travaux à l'aiguille. Mme de Bar avait un talent tout particulier pour l'éducation ; elle voulut que sa fille s'adonnât à l'étude des langues et même du latin. L'enfant qui avait beaucoup d'attrait pour les sciences, mais plus de goût encore pour la piété, lui dit avec simplicité : « Si je m'applique à tout cela, j'oublierai Dieu ; il vaut mieux que je pense à lui et que je néglige le reste. » On la laissa faire, et Dieu la dédommagea si abondamment, en se communiquant à elle, que nous la verrons plus tard étonner, par l'éclat de ses lumières, les plus grands hommes de son temps.

Catherine grandissait ainsi en âge, en sagesse et en vertu. Tous ceux qui la voyaient étaient charmés de sa modestie et de la pureté virginale qui, de son cœur, se reflétait sur ses traits. Un religieux capucin, mort depuis en odeur de sainteté, la rencontrant un jour au milieu de plusieurs de ses compagnes, fut frappé de l'angélique candeur qui brillait dans ses yeux. Il la considéra longtemps en silence ; puis, s'adressant à la personne qui la conduisait, il dit, comme subitement inspiré : « Cette jeune fille sera un jour une sainte religieuse et une très-bonne supérieure. »

A vrai dire, Dieu semblait, dès cette époque, veiller sur elle avec un soin jaloux et une main mystérieuse changeait en vertu ce qui était un poison pour les autres. Ayant un jour, par méprise, lu quelques romans, non-seulement elle n'y remarqua aucun mal, mais elle y trouva même un sujet d'édification. Cette lecture, d'ordinaire si malsaine et qu'on ne saurait trop condamner, lui fournit l'occasion de produire un grand nombre d'actes d'amour de Dieu. En voyant les sacrifices que les héros de romans font aux objets de leur passion, elle ne pouvait se consoler d'être si peu généreuse à l'égard de Jésus, le céleste amant des âmes. Son cœur s'enflammait au désir de tout quitter et de tout sacrifier pour lui plaire. C'est ainsi que tout contribuait à développer en elle l'attrait qu'elle avait éprouvé, dès l'enfance, pour la vie religieuse.

Cet attrait devint enfin si puissant qu'elle résolut de s'en ouvrir à son directeur. La Providence, qui voulait la mettre à l'épreuve, permit qu'elle subît un refus ; l'homme de Dieu lui objecta la délicatesse de sa santé : « Vous ne résisterez point huit jours », lui dit-il. Catherine lui fit cette admirable réponse : « Eh bien ! est-ce donc peu de chose que d'être huit jours à Dieu. » Elle se soumit ; mais un combat terrible commença dès lors en elle. Attirée par son attrait, repoussée par l'obéissance, elle tomba bientôt dans un état de langueur qui fit craindre pour sa vie.

Ses parents cependant, ignorant ses desseins, songeaient à l'établir dans le monde. Ils avaient fait choix, pour cette enfant si aimée, d'un jeune homme d'une haute naissance, d'une grande fortune et d'un mérite réel. Tout semblait arrangé pour le mariage ; il ne manquait plus que le consentement de Catherine, quand une guerre éclata. Le jeune homme, contraint de partir, y fut tué, et Catherine recouvra sa liberté.

Dieu semblait vouloir la détacher de plus en plus de ce monde. Il rompit à cette époque le plus puissant lien qui l'y attachait : sa mère lui fut enlevée. Mme de Bar était une femme d'une haute vertu, d'un caractère énergique et d'une grande tendresse. Elle-même s'était chargée de l'éducation de ses enfants, et elle en était profondément aimée.

Le cœur brisé, mais résigné, Catherine alla se jeter aux pieds de la sainte Vierge et la conjura d'être désormais sa mère, lui promettant d'avoir toujours pour elle la confiance et la soumission d'un enfant. Elle tint parole : Marie, de son côté, accepta cette maternité.

Sa propre mère, du reste, ne l'abandonna pas ; et,

quelques jours après sa mort, elle lui apparut et lui annonça qu'elle s'était acquittée du message dont elle l'avait jadis chargée. Elle ajouta que ses prières étaient exaucées, qu'elle serait religieuse, mais, qu'avant de jouir de ce bonheur, Dieu lui enverrait de nouvelles épreuves Elles ne se firent pas attendre ; bientôt en effet, une fièvre violente la saisit, et la retint longtemps au lit.

Lorsqu'elle fut remise, elle fit part à son père du dessein qu'elle nourrissait depuis si longtemps de se donner entièrement à Dieu, en entrant en religion. M. de Bar répondit par un refus formel. La perte récente de sa femme, le mariage de sa fille aînée, lui rendaient plus chère que jamais la présence de Catherine sur laquelle il semblait avoir concentré ses affections ; il ne pouvait consentir à s'en séparer. Voyant son attrait persister, il s'efforça de le faire disparaître en lui faisant fréquenter le monde. Il encouragea même l'un de ses jeunes parents dans l'amour que celui-ci nourrissait pour sa fille. Catherine, s'en étant aperçue, fit part de ses pieux desseins à ce dernier, et lui parla avec tant de force et d'onction de la beauté et de l'excellence de la virginité, qu'elle lui persuada, comme autrefois Cécile à Valérien, de se consacrer à Dieu ; ce qu'il fit en entrant dans un ordre religieux.

Son père ne s'en obstinait pas moins à la faire aller dans le monde. Catherine obéissait ; mais, comme elle le disait plus tard : « Elle y était de corps sans pouvoir y fixer son esprit. Si elle voulait se faire violence pour faire à peu près comme les autres, le désir, qui dominait son cœur, l'emportait bientôt et prenait un tel ascendant sur ses sens même qu'elle restait insensible et comme immobile; en sorte qu'elle était contrainte de se retirer pour se livrer en liberté au mouvement qui la maîtrisait. »

Telle était la vivacité de ses désirs. Des circonstances les rendirent plus ardents encore. Une guerre terrible s'était allumée, en 1629, et l'Allemagne était le théâtre d'horreurs qu'on n'avait point vues depuis les temps barbares. Les villes étaient saccagées, les monastères brûlés, les églises pillées, les hosties jetées au vent ou odieusement profanées. Au récit des outrages faits à Jésus-Christ, dans son divin Sacrement, le zèle de Catherine s'enflamme. « Elle voudrait pouvoir venger les intérêts de son Dieu outragé, et porter la peine de tant de forfaits. » Cette idée ne la quittera plus ; elle deviendra l'inspiratrice de toute sa vie, et aura son entière réalisation dans la fondation de l'Institut de l'Adoration perpétuelle.

Comment triompher de l'opposition de son père et vaincre sa résistance ? Marguerite, sa sœur aînée, s'était mariée en 1626. Elle avait épousé Dominique l'Huillier, colonel dans les troupes de Charles IV, duc de Lorraine, et depuis gouverneur de la ville et du château de Bar. Elle s'efforce de le gagner à sa cause, en lui offrant de lui céder tous ses droits à la succession de sa mère, à condition qu'il fera toute la dépense, tant pour sa dot que pour les autres frais de sa profession religieuse. Le brave soldat n'était pas homme à se laisser gagner par l'intérêt : la proposition que lui fit sa belle-sœur ne fut pour lui qu'un motif de plus de s'opposer à sa résolution, et il la combattit de toutes ses forces.

Le frère et les sœurs de Catherine joignirent leurs larmes à ses sollicitations. M. de Bar lui-même cessa d'user de son autorité, pour faire appel au cœur de sa fille : il invoqua son âge avancé. C'en était trop pour cette âme aimante. Catherine tomba de nouveau malade, et son état inspira de sérieuses inquiétudes. Durant sa maladie, sa mère lui apparut de rechef, et, lui tendant la main, lui annonça encore une fois qu'elle serait religieuse. Mlle de Bar encouragée, renouvela ses instances près de son père ; et celui-ci, vaincu par la persévérance de sa fille, et aussi, disons-le, par le divin ravisseur d'âmes qu'on appelle Jésus, donna enfin son consentement.

CHAPITRE III

PRISE D'HABIT DE Mlle DE BAR. — NOVICIAT. — PROFESSION.

1631-1633

A six lieues de Saint-Dié, à Bruyères, dans le diocèse de Toul, se trouvait un monastère d'Annonciades dites des dix vertus de la très-sainte Vierge.

C'est à la porte de ce monastère que Catherine alla frapper, au mois de novembre 1631. On la lui ouvrit avec joie, car la réputation de ses vertus l'avait devancée dans cette maison.

Un saint religieux de l'ordre de Saint-François, le père Etienne, qui se trouva au couvent lors de son entrée, frappé de la générosité et de l'élan avec lesquels elle se donnait à Dieu, lui dit : « Ma fille, ayez un courage invincible et un cœur aussi grand que toute la terre, pour ne rien refuser à Dieu de ce qu'il demandera de vous. »

Cette courte et vive exhortation fit sur l'âme de la généreuse postulante une profonde émotion, et elle s'efforça aussitôt de la mettre en pratique.

Elle était à peine de quelques mois à Bruyères, qu'elle était devenue le modèle de la communauté. Aussi fut-elle admise à l'unanimité à recevoir le saint habit.

Elle fit part à sa famille de cette heureuse nouvelle, dans des termes qui attestaient sa joie et sa reconnaissance. M. de Bar vint, accompagné de son fils et de ses filles, assister au sacrifice de cette enfant qui lui était si chère.

Rarement victime plus digne d'être offerte à Dieu apparut sur cette terre : la Providence s'était plu à la parer de tous ses dons. Catherine entrait dans sa dix-septième année. D'un esprit vif et pénétrant, elle avait acquis sans efforts toutes les connaissances auxquelles pouvait prétendre à cette époque une personne de son âge et de son rang. Sa conversation parfois vive et enjouée, souvent sérieuse et solide, révélait un cœur plus grand encore que son intelligence. Si la douceur de ses sentiments était grande, rien n'égalait la générosité de son âme. Sa piété ajoutait à toutes ses qualités je ne sais quel charme qui n'est point de la terre. « Rien du reste, dit un contemporain, ne lui manquait de ce que le monde désire en celles qu'on y appelle des beautés accomplies. Les yeux, les traits du visage, le teint, la voix, la taille, tout en elle était gracieux et parfait. »

Lorsque la grille s'ouvrit, et que, revêtue de ses plus somptueux atours, couronnée de fleurs, le visage rendu plus beau par l'émotion et le regard brillant d'une joie céleste, elle s'avança de ce pas majestueux qui lui était propre, elle excita dans l'assistance un mouvement de surprise et d'admiration. Son vieux père l'accompagnait pâle et tremblant. Suivant la coutume du temps, le son des hautbois et des violons les suivit jusqu'au bas de l'autel. Il est peu de cérémonies plus touchantes et plus instructives que celle d'une prise d'habit; aussi nos lecteurs nous permettront-ils de les faire assister à celle de Mlle de Bar.

Elle est donc là, au pied de l'autel, cette victime parée pour le sacrifice, cette fiancée revêtue de beauté et de vertu, et qui, depuis si longtemps, aspire à être présentée au divin Epoux.

Le Saint-Sacrifice commence, et bientôt, à la voix de son ministre, le Roi de gloire descend, au milieu des nuages parfumés de l'encens, sur l'autel d'abord, puis dans le cœur de celle qui va se donner à Lui. Elle se lève, belle comme l'espérance : les désirs de son enfance et de son adolescence vont être comblés...

Mais voici que l'Eglise, cette mère prudente, se présente dans la personne du ministre de Jésus-Christ : elle sait que la jeunesse est l'âge des généreuses illusions. Ecoutons le dialogue tout à la fois simple et sublime qui s'engage entre elle et la jeune fiancée du Christ.

« D. Ma fille, que demandez-vous ?

R. Mon père, je demande le saint habit de religion dans l'ordre de la bienheureuse vierge Marie, appelé des dix Vertus ou de l'Annonciade.

D. Est-ce bien de votre plein gré et avec réflexion que vous formez cette demande ?

R. Oui, mon père, c'est avec une entière volonté et après y avoir sérieusement réfléchi.

D. Avez-vous une volonté sincère de vous soumettre aux règles de l'Ordre, et de vous exercer avec constance dans la pratique des vertus et des devoirs propres à cette sainte vocation ?

R. Oui, mon père, je me le propose fermement, moyennant la grâce de Dieu.

D. Mais savez-vous bien que, dès l'entrée au noviciat, vous devez promettre de garder l'obéissance avec la pauvreté, la chasteté et la clôture ?

R. Je le sais, mon père, et j'espère, avec la grâce de Dieu et l'aide de la vierge Marie, être fidèle à mes promesses.

D. Est-ce bien pour l'amour et le service de Jésus et de Marie, pour le salut de votre âme, et non pour des motifs humains, que vous demandez à être admise dans cette religion?

R. Oui, mon père, il me semble que tel est le témoignage de ma conscience.

— Eh bien, ma fille, puisque vous êtes sérieusement

résolue de prendre le saint habit de religion dans ce monastère, nous allons vous en ouvrir les portes ; mais avant, nous appellerons sur vous la grâce de Dieu et la protection de la sainte Vierge. » Et tous les assistants, le célébrant lui-même, tombent à genoux, implorant, en faveur de la pieuse postulante, l'Esprit qui donne la lumière et la force.

Le moment est venu ; la fiancée de Jésus se lève, brillante de bonheur, palpitante d'impatience. Elle porte, de la main gauche, un cierge allumé, symbole de l'amour ardent qui lui consume le cœur. De la main droite, elle saisit le bout de l'étole du ministre de Dieu, et, précédée de la croix, elle s'avance d'un pas ferme vers le lieu de son sacrifice, pendant que le peuple fait retentir les voûtes du temple de ses chants d'allégresse.

— « O mes sœurs, s'écrie le prêtre en frappant à la porte du cloître, ouvrez vos portes, et la servante de Jésus-Christ et de Marie entrera.

— Et qui est cette servante de Jésus-Christ roi, et de Marie sa mère? répond, de l'intérieur du cloître, une voix que l'on dirait partie des profondeurs du ciel.

— O mes sœurs, reprend le prêtre, ouvrez vos portes, et la servante de Jésus-Christ et de Marie, sa mère, entrera.

— Et qui est cette servante de Jésus-Christ Roi, et de Marie, sa mère? » réplique la même voix.

Ah ! s'il leur avait été permis de dévoiler les secrets du grand Roi, les anges se seraient écriés : « C'est une vierge privilégiée dont les mains sont restées innocentes, et dont le cœur brûle de la flamme du pur amour. C'est une colombe sans tache qui n'a pas trouvé où se reposer au milieu de la corruption du siècle et qui cherche un asile dans l'arche du salut. C'est une victime vouée au sacrifice qui vient demander qu'on l'immole. C'est un holocauste pour l'autel du Seigneur qui se consumera, à sa gloire, en répandant le parfum des plus suaves vertus. Ouvrez vos portes... »

Soudain la porte s'ouvre. Deux jeunes religieuses plus semblables, dans leurs gracieux costumes, à des anges qu'à des créatures humaines, s'avancent au devant de la fiancée du Christ. L'une tient entre ses mains une image de la vierge Marie, l'autre Jésus en croix.

La première lui dit :

« Venez, ma sœur, venez, et je vous mènerai au cellier du vin de votre Bien-Aimé. »

La seconde :

« Venez, ma bien-aimée, venez, montons au palmier de Jésus-Christ et cueillons ses fruits. »

Catherine, que sa famille a accompagnée jusqu'à la porte de la clôture, lui adresse un dernier adieu ; et, sans accorder une seule larme à la nature, elle franchit le seuil du cloître. Elle tombe à genoux devant la nouvelle mère que lui donne le ciel. Alors, la première des religieuses qui l'accompagnent, lui présente l'image de la Vierge, disant : « Recevez Marie, mère de Jésus-Christ, afin qu'elle vous conduise dans toutes vos voies. » La seconde s'avance à son tour : « Agissez courageusement, dit-elle, que votre cœur se fortifie et attendez le Seigneur. » En prononçant ces paroles, elle lui met la croix sur les épaules. Le clergé rentre et la porte se referme.

M. de Bar, dont les émotions ont toujours été croissantes, est vaincu : il chancelle, s'affaisse et tombe évanoui.

Les religieuses cependant, deux à deux, accompagnent leur nouvelle sœur jusqu'au chapitre, et, dans la chapelle, retentit le chant si bien adapté aux circonstances de l'*In Exitu Israël*. Dans ce psaume, on le sait, le prophète célèbre les merveilles dont Jéhovah signala la sortie d'Egypte. D'abord simple et majestueux, son récit s'anime peu à peu. Bientôt son âme haletante s'élance et s'abandonne à tous les mouvements de l'inspiration divine.

Tantôt revêtu de la pompe et de l'éclat des images les plus magnifiques, il fait fuir la mer, rebrousser les fleuves, bondir les montagnes, tressaillir les collines et trembler la terre à l'aspect du Seigneur. Tantôt, animé d'une vie surnaturelle, son sein lance de brûlantes apostrophes : il s'adresse aux vagues épouvantées, aux vallées que l'effroi a saisies. Il montre les flancs des rochers vomissant des torrents d'eau, à la voix du Dieu d'Israël. Puis son âme palpitante d'admiration, de crainte et d'amour s'exhale en une touchante prière. « Que ce ne soit point à nous, Seigneur, que ce ne soit point à nous, que vous donniez la gloire ; mais donnez-la à votre nom. Que les nations ne disent plus : Où est leur Dieu ? Car notre Dieu est dans le ciel et il fait tout ce qu'il veut. »

Et que font les dieux des nations, vains simulacres sans force et sans vertu, œuvres de la main des hommes? Après avoir, avec une ironie amère, décrit leur impuissance, le Psalmiste ajoute : « Ainsi n'est point le Dieu des chrétiens : il a une bouche, il prêche la vérité, et il adresse à l'homme des paroles d'espérance et de consolation. Il a des yeux et il contemple avec amour ses créatures. Il a des oreilles; c'est pour entendre leurs plaintes et leurs prières. Il a des mains; c'est pour panser les cicatrices de ses soldats. Il a des pieds; c'est pour courir au secours du faible et de l'indigent. Il a une voix ; c'est pour appeler à lui tous ceux qui s'égarent. Jamais il n'a trompé l'espoir de ses serviteurs. Il comble de ses dons et de sa bénédiction tous ceux qui lui sont soumis. »

« Les morts, conclue le prophète, ne vous loueront point, Seigneur, non plus que ceux qui habitent la région du silence ; mais nous qui vivons encore de la foi, dans ce siècle de mort et d'incrédulité, bénissons le Seigneur, aujourd'hui et toujours.»

Comme ces paroles devaient doucement retentir au cœur de Mlle de Bar pendant qu'elle aussi opérait le passage de cette Egypte, qu'on appelle le monde, dans la terre promise c'est-à-dire dans l'état religieux.

La voici de nouveau. Quelle transformation ! Son ondoyante chevelure a disparu; mais c'était là, suivant les saintes Écritures, la figure des pensées vaines et superflues, et désormais elle doit rejeter toutes les vanités du monde pour ne s'occuper plus que de Jésus son Époux.

Son visage apparaît encadré d'un voile d'une extrême blancheur, symbole de l'innocente pureté de son âme; il lui sera une sauvegarde contre les embûches du démon.

Une robe de couleur sombre a remplacé sa parure mondaine, et lui enveloppe le corps comme un suaire; image frappante de la vie pauvre et mortifiée à laquelle elle vient de se vouer.

Les bijoux n'étincellent plus sur son sein, mais sur son cœur brille la croix : elle lui rappellera sans cesse le sang qu'a versé pour elle son Bien-Aimé et les douleurs qu'il a endurées dans sa passion.

Une corde nouée de dix nœuds a remplacé la ceinture éclatante qui ceignait tout à l'heure sa taille charmante : c'est le symbole de la force dont elle a besoin pour persévérer dans la pratique des dix vertus évangéliques de Marie.

Le chapelet est suspendu à ses côtés ; douce chaîne qui l'enlace à sa mère du ciel ; emblème de l'esprit de prière, dont elle doit être sans cesse animée.

A une créature nouvelle, il faut un nom nouveau : Mlle de Bar s'appellera désormais sœur Catherine de Saint-Jean l'Évangéliste.

Quelques jours après sa vêture, un religieux de l'ordre de Saint-François, qui paraît avoir été l'un des directeurs de la maison de Bruyères, faisant une conférence aux novices, leur dit avec vivacité : « Mes sœurs, il ne faut qu'un très-court espace de temps pour prendre l'heureuse habitude de toutes les vertus et de la perfection. Pour y parvenir, voici trois moyens infaillibles : 1° n'avoir en vue que Dieu et faire tout pour lui seul ; 2° ne considérer que la volonté de Dieu dans tout ce qu'on fait ; 3° ce qu'on fait, le faire volontiers, promptement et gaiement. »

Ces paroles répondaient à une demande que la sœur de Saint-Jean s'était plus d'une fois posée dans le fond de son cœur : « Ah ! s'écria-t-elle avec un saint transport, quoi qu'il m'en coûte, j'en veux faire l'épreuve ; dès ce moment, je l'entreprends. O mon Dieu, faites-moi la grâce de réussir. »

Ses compagnes voulurent suivre son exemple et il s'établit entre elles une noble émulation. La nouvelle novice surpassa toutes les autres, et le divin Époux la récompensa de son zèle. Bientôt, selon ses propres expressions, elle se sentit si remplie de Dieu et tellement inondée de ses grâces, qu'elle se vit contrainte de le supplier de suspendre ou de modérer les faveurs dont il la comblait, pour lui laisser le loisir de remplir les emplois qui lui étaient confiés. On venait de la charger, quoique novice encore, de l'éducation de dix ou douze pensionnaires. Une d'entre elles dit que jamais on n'a porté le joug de la religion avec plus de gaieté et de ferveur ; qu'une joie sainte, toujours peinte sur son visage, animait toutes ses actions, toutes ses démarches, et ajoutait à ses grâces naturelles un charme surnaturel et divin qui faisait qu'on ne pouvait se défendre de l'aimer et de souscrire à ses avis.

Les consolations dont elle était comblée, lui étaient un motif de se mortifier chaque jour davantage. Pour se rendre plus agréable à son cœur, elle voulut s'offrir tout entière à lui par la souffrance. Dieu ne lui ménagea point, du reste, l'occasion de souffrir.

La peste d'Orient qui, depuis trois années, parcourait la Lorraine, répandant sur ses pas la terreur et la mort, s'abattit subitement sur le bourg de Bruyères, longtemps épargné. Plusieurs religieuses de l'Annonciade ne tardèrent pas à être atteintes. Le nombre des malades s'accrut peu à peu, et un jour vint où la sœur de Saint-Jean se trouva seule debout. Elle continua seule à chanter les offices commandés, suppléant par sa ferveur à l'absence de ses compagnes. En vain le démon, cherchant à l'effrayer, roulait derrière elle de petits cailloux lorsqu'elle descendait les escaliers; en vain il se présentait à elle sous la forme d'un dogue, les yeux ardents et la gueule béante : elle se riait de ses ruses et de sa rage, et accomplissait en paix son pieux ministère. Les infirmières tombèrent à leur tour : l'infatigable novice prit leur place et se multiplia pour secourir ses sœurs. Les malades accablées de violents maux de tête, couvertes de tumeurs et de taches livides, intérieurement dévorées d'une chaleur brûlante, tombaient fréquemment en défaillance et en syncope. Il lui fallait courir de l'une à l'autre, leur rendre les services les plus rebutants, et passer les nuits et les jours au milieu d'une atmosphère méphitique. La sœur de Saint-Jean soutint tout et résista à tout.

Mais si elle fut préservée de la contagion, elle n'en souffrit que plus d'une autre épreuve que Dieu lui envoya.

Elle tomba tout à coup dans un état affreux de

sécheresse et de désolation. Distraite jour et nuit par des travaux incessants, elle ne pouvait plus se recueillir en Dieu ni réfléchir à rien.

Sans consolation, sans soutien, elle se voyait privée de la participation des sacrements, et à peine même pouvait-elle assister à la messe les dimanches et les fêtes. Dans cette situation, elle se trouva saisie du dégoût le plus vif de son état : tout la rebutait, tout lui était à charge. Elle n'avait ni supérieure, ni maîtresse, ni guide, à qui elle pût ouvrir son cœur; rien ne la rappelait à Dieu.

Dans ce pénible état elle s'adressa à Marie et elle fut pleinement exaucée : « Je puis assurer, a-t-elle écrit, que c'est de la très-sainte Vierge que j'ai appris tout ce que je sais ; elle a toujours été depuis ma maîtresse, et elle n'a cessé de m'instruire de mes devoirs dans toutes les différentes situations où je me suis trouvée pendant ma vie. »

« Il ne faut pas croire cependant, remarque l'un de ses historiens, que notre jeune novice quitta pour cela la voie ordinaire. Cette voie, la plus sûre de toutes, ou plutôt la seule qui soit sûre, c'est la confiance aux supérieurs, la docilité à leurs avis, et l'obéissance à leurs ordres. Toute autre direction est plus que suspecte d'illusion : aussi la sœur de Saint-Jean recourut-elle toute sa vie avec candeur et ingénuité à leurs lumières. Tout ce qui pouvait la détourner ou la distraire de ses devoirs, elle allait aussitôt le déposer dans leur sein. »

Il ne fallut rien moins que cette confiance en ses supérieurs et cette docilité aveugle à leur égard, pour la décider à faire le pas décisif qui devait la séparer à jamais du monde. Elle avait de si bas sentiments d'elle-même qu'elle ne se croyait pas digne de se consacrer à Dieu. Ses compagnes rendaient hommage à ses vertus ; elle ne voyait que ses défauts. « Telle on a été novice, telle on sera professe, » lui avait-on dit. Cette parole ne cessait de retentir dans son âme. Craignant de n'être toute sa vie qu'une professe imparfaite, elle sollicita la faveur de s'engager en qualité de converse. Une autre raison la portait à faire cette demande : sa vue semblait lui faire défaut, et, à matines, les lettres de son bréviaire lui paraissaient renversées ; mais, ainsi qu'on le reconnut, ce n'était là qu'une ruse du démon. Ne pouvant obtenir ce que son humilité désirait, elle pria instamment sa supérieure de lui donner du moins le temps de travailler à acquérir quelque vertu. La mère Angélique, comme on le pense bien, demeura inflexible et la sœur de Saint-Jean se résigna.

L'époque de sa profession étant proche, et n'espérant plus obtenir de la pouvoir retarder, la sœur de Saint-Jean sollicita instamment la faveur de s'y préparer par une retraite de quarante jours. On le lui accorda. Comme Moïse au Sinaï, comme Notre-Seigneur au désert, elle les passa dans une continuelle oraison. Entièrement absorbée en Dieu, attentive à suivre constamment l'impulsion de la grâce, elle fut l'objet des plus tendres caresses du céleste Époux. Afin de se rendre de plus en plus digne de se donner à lui, elle redoubla ses austérités et en vint à traiter son corps comme s'il eût été de pierre ou de fer.

Marie, cependant, continua d'être pour elle, durant cette retraite, une véritable maîtresse. C'est cette divine Mère qui lui fit comprendre la grandeur, la sainteté et le bonheur de la vie religieuse : c'est d'elle qu'elle en apprit les charges et les obligations.

Pour mettre le comble à son amour, la très-sainte Vierge voulut la présenter elle-même à son divin Fils.

C'était la nuit qui précéda sa profession : la sœur de Saint-Jean prenait son repos. Tout à coup deux anges, revêtus de robes plus blanches que la neige, sortirent d'un nuage de feu et l'invitèrent à les suivre. Ils la conduisirent vers un trône d'or sur lequel était assise, environnée de gloire et de majesté, la reine du ciel et de la terre. Saisie d'étonnement et remplie de confusion, l'humble religieuse tombe à genoux et lui offre ses hommages et les vœux qu'elle doit prononcer le lendemain. Marie, plus mère encore que reine, abaisse sur sa fidèle servante, un regard plein d'une ineffable tendresse. Elle agrée ses vœux, les présente à son divin Fils ; Jésus sourit amoureusement à sa fiancée, et signe de son sang le contrat sacré par lequel elle va devenir son épouse.

Ivre de bonheur, la pieuse novice court à l'église du monastère et y passe aux pieds du divin Maître le reste de la nuit.

Le moment de la cérémonie arrive. Elle renouvelle pour les assistants toutes les émotions de la prise d'habit ; la sœur de Saint-Jean, absorbée en Dieu, semble n'être plus sur la terre. Elle contemple, dans le ravissement de son âme, les beautés infinies de son auguste Époux, et jouit des ineffables douceurs de son amour.

C'est pour ainsi dire à son insu qu'elle accomplit toutes les cérémonies extérieures prescrites par la sainte règle. Elle se lève, et, les mains jointes, elle se tourne vers les quatre parties du monde et ne s'arrête à aucune, signifiant par là qu'elle ne demeure attachée qu'à Dieu seul. Puis elle se prosterne, de manière à ce que sa face repose sur les pieds de l'image de Jésus en croix. On étend sur elle le drap des morts, et ses sœurs implorent pour elle la reine du ciel. Des chants au Saint-Esprit retentissent. Elle semble ne rien voir, ne rien entendre. Mais à son tour, elle prend la parole, et, d'une voix ferme, elle prononce ces mots sublimes par lesquels elle immole d'un seul coup tout ce que l'homme a de plus cher ici-bas :

« *Au nom de la Très-Sainte Trinité, Père, Fils, et Saint-Esprit, et de la très-digne Vierge Marie, mère de Dieu* : Moi, sœur Catherine de Saint-Jean l'Évangéliste, je promets, je jure à Dieu et à la vierge Marie, à tous les saints, à notre mère sainte Jeanne, et à vous, ma mère, d'observer, tout le temps de ma vie, la règle de la bienheureuse vierge Marie, vivant en chasteté, en clôture perpétuelle, en obéissance et sainte pauvreté, conformant mes mœurs à la règle, selon le genre d'obligation auquel les sœurs sont obligées dans la règle et par la règle. »

Pendant qu'elle prononce ces paroles, une couronne enflammée brille soudain au-dessus de sa tête. Les rayons qui s'en échappent, rejaillissent jusque sur les murailles intérieures du chœur. Les assistants ont peine à contenir leur admiration. Le bruit de cette merveille se répand au dehors et bientôt la ville entière retentit d'acclamations.

Cependant la jeune épouse du Christ reçoit les livrées de son céleste Epoux. On la revêt de la robe blanche, robe d'allégresse, symbole de la pureté qui doit être le vêtement de son âme ; elle prend le scapulaire rouge, image commémorative de la Passion ; elle reçoit la médaille, et la ceinture bleue lui est donnée comme gage de l'inviolable fidélité qu'elle vient de promettre à Jésus. Elle signe l'engagement irrévocable qu'elle vient de contracter, et le met sous la protection de Marie. On lui impose le voile qui doit lui rappeler qu'elle est morte au monde ; et enfin, on lui place au doigt l'anneau des épouses du Christ. Le chant du *Te Deum* retentit, et la sœur de Saint-Jean se retire dans sa cellule, redisant amoureusement au fond de son cœur ces paroles de nos saints livres : *Tu es pars hæreditatis meæ et calicis mei ; tu es qui restitues hæreditatem meam mihi.*

Pendant dix jours encore, elle savoura, dans une retraite si bien appelée le *Silence de l'Epoux*, la douceur des embrassements de son Bien-Aimé. Dieu seul sait ce qui se passa dans cette âme privilégiée durant ce silence absolu de toutes les créatures. Elle ne nous en a rien laissé par écrit, sans doute parce que, comme elle le dit dans une autre circonstance, « ce qui s'opérait en elle était au-dessus de toute expression. »

CHAPITRE IV

LA MÈRE DE SAINT-JEAN PROFESSE. — ELLE EST NOMMÉE SUPÉRIEURE A DIX-NEUF ANS.

1633-1635

L'une des fins essentielles de la vie religieuse est d'offrir à Dieu des victimes par la mortification qu'imposent les trois vœux. La mère de Saint-Jean considérait sous cet aspect son saint état, et c'était pour s'immoler qu'elle y était entrée.

Un grand foyer d'amour s'était allumé dans son cœur, au jour de sa profession. Elle s'appliqua à en nourrir chaque jour la flamme par les plus dures austérités. *Ego Dei sum*, je suis à Dieu: ces mots qu'elle écrivit sur sa manche, afin de les avoir constamment devant les yeux, et qu'elle grava en traits ineffaçables dans son cœur, lui furent un stimulant aux sacrifices les plus héroïques.

Elle sollicita de sa supérieure la permission de s'adonner aux exercices de la pénitence, selon toute l'étendue de la générosité qu'il plairait à Dieu de lui inspirer, et elle l'obtint. Impossible de dire le sacrifice qu'elle fit alors de son corps au divin Maître. Haires, cilices, cottes de mailles, disciplines, tout fut mis en usage. Elle recherchait la douleur avec une sorte d'avidité.

Afin de varier sans cesse ses souffrances, la fervente

religieuse s'ingéniait à trouver chaque jour de nouveaux moyens de se torturer. Elle avait les instruments divers de la sainte Passion : ils lui servirent à exercer sur sa chair innocente les tourments endurés par notre Sauveur. Tantôt, appuyée contre une colonne, elle renouvelait sur son corps délicat les atroces souffrances de la flagellation ; tantôt, elle se tenait suspendue, des heures entières, à une croix, unissant ses douleurs aux douleurs du divin Crucifié. Afin que chacun de ses pas, comme ceux de Jésus allant au Calvaire, fût une souffrance, elle avait mis des cailloux dans ses chaussures, et c'était avec une sorte de jouissance qu'elle en endurait les froissements.

Elle sut donner à ses mortifications une étendue qu'on peut dire universelle.

L'ardeur de la jeunesse et la vivacité de son tempérament lui rendaient extrêmement pénibles les rigueurs du jeûne : aussi tombait-elle souvent en défaillance. Jamais, cependant, elle ne se permit le plus léger adoucissement.

Elle avait obtenu de Dieu, nous l'avons vu, de ne trouver plus aucun goût aux aliments ; mais c'était peu pour elle de ne point sentir ce qui aurait pu la flatter, elle voulait trouver de l'amertume dans ce qu'elle prenait pour nourriture. Aussi y mettait-elle de la cendre ou de l'absinthe qu'elle savourait, en pensant au fiel et au vinaigre dont avait été abreuvé l'Homme-Dieu.

Sa constitution la portait au sommeil. Après sa profession, elle passa une grande partie de chacune de ses nuits en prières, et ne se coucha plus sans avoir autour d'elle une grosse chaîne toute hérissée de pointes, qui ne lui permettait qu'un repos interrompu et la tenait, pour ainsi dire, toujours en éveil.

A cette mortification de tous ses sens, elle joignait la mortification plus difficile et plus pénible de l'esprit. Toutes les occasions lui étaient bonnes pour s'humilier. Sa maxime favorite était que « l'épouse d'un Dieu crucifié ne doit être couverte que d'ignominies, rassasiée que d'opprobres, environnée que de croix. »

Morte à ses sens, n'ayant plus d'autre volonté que celle du divin Maître, elle marchait dans les voies de la perfection, les yeux constamment fixés vers le ciel. La terre semblait ne plus exister pour elle.

Tel était son détachement des choses de ce monde et son amour de la pauvreté religieuse, que son plaisir le plus doux était de manquer de tout. « L'extrême indigence où le malheur des temps avait réduit toutes les communautés de la Lorraine, remarque l'un de ses historiens, lui fournissait de fréquentes occasions de se satisfaire ; mais les besoins qu'elle éprouvait, elle les partageait avec ses sœurs, et ils ne pouvaient dès lors suffire à son cœur. Elle se fit une loi de ne rien demander, et Dieu permit souvent qu'elle fût oubliée dans la distribution des choses les plus nécessaires. »

Parlant plus tard à ses filles de l'excellence de la pauvreté, il lui échappa cet aveu : « Dès les premières années que j'ai été en religion, mon attrait pour la pauvreté était tel, que je ne concevais de félicité que dans un parfait dénûment. N'avoir rien, ne posséder rien, ne désirer qu'une seule et unique chose qui est Dieu, est-il en effet au monde un plus parfait bonheur ? Dès qu'on me parlait de la perfection ou des moyens d'y arriver, je disais aussitôt : Eh quoi ! oubliez-vous donc l'entière pauvreté, le dépouillement parfait ? Pour moi, j'y trouve des charmes que je ne puis exprimer. Il me semble que ce devrait être notre vertu favorite, puisqu'une âme parvenue à ce dénûment intérieur et extérieur de toutes les choses créées, a le bonheur de posséder Dieu en plénitude. »

Jésus pauvre, humilié et souffrant, tel était donc le modèle de la mère de Saint-Jean, tel l'objet de sa particulière dévotion. Elle retrouvait cette grande Victime dans l'Eucharistie : de là son redoublement d'attrait pour cet admirable sacrement. « On me parle souvent d'oraison, se disait-elle quelquefois, et jamais je n'entends parler du Saint-Sacrement. Est-il donc, ou peut-il y avoir un autre moyen plus efficace de venir à Dieu, que la sainte Eucharistie ? La sainte Eucharistie, n'est-ce pas Dieu même ? »

Qui pourrait dire l'ardeur de ses communions ? Le feu dont son âme était alors remplie, s'échappait en paroles brûlantes. Un jour, sa supérieure lui ayant ordonné de faire sur-le-champ, en plein réfectoire, une conférence spirituelle, elle prit pour thème les effets de la sainte Eucharistie sur l'âme qui la reçoit. Elle s'énonça avec tant de facilité, de précision et de profondeur ; son cœur, vivement enflammé, fournit soudain à sa bouche des traits si lumineux et si perçants, que toutes les religieuses en furent aussi surprises que tendrement émues.

Mais bientôt, aux consolations, succéda un état de tristesse et de dégoût. La compatissante Marie n'abandonna pas sa fidèle servante : elle lui apparut, tenant entre ses mains des roses d'un éclat éblouissant et qui répandaient un parfum délicieux. Elle les présenta, en souriant, à la jeune religieuse ; elle semblait lui dire : « Voici l'emblème de tes vertus ; courage, enfant ! c'est de ces fleurs que les anges tressent les couronnes des élus ».

La vision céleste reparut à diverses reprises, et, chaque fois, elle laissait une ineffable joie au cœur de l'épouse si éprouvée de Jésus. Dieu récompensa enfin lui-même tant de vertu. L'allégresse revint dans son âme ; Notre-Seigneur lui sourit plus tendrement que jamais, et elle trouva dans l'accomplissement des exercices religieux plus de contentement qu'elle n'en avait encore ressenti. Aussi avait-elle coutume de dire que rien n'est impossible à une âme qui, sans s'écouter, marche toujours, selon le mouvement de la grâce qui la fait triompher de toutes les peines et de toutes les difficultés les plus insurmontables.

Le temps de la supériorité de la mère Angélique expira vers cette époque. Cette vertueuse religieuse n'était venue à Bruyères que pour y établir la maison. Sa mission remplie, elle rentra dans son monastère de profession. La nouvelle supérieure mourut au bout de quelques mois. La mère de Saint-Jean fut alors chargée, par commission, du gouvernement de la communauté. Elle essaya en vain, par ses larmes et ses prières, de se soustraire à cette charge. Elle allégua surtout sa jeunesse, espérant que l'on reculerait devant la pensée de prendre pour prieure une fille qui n'avait pas encore vingt ans ; mais ses supérieurs connaissaient son âge et n'avaient pas cru, tant étaient grandes ses qualités et sa vertu, devoir en tenir compte. Obligée de s'incliner devant leur volonté et devant celle de ses compagnes, et sachant combien le secours du ciel lui était nécessaire dans la situation qui lui était faite, elle le sollicita avec instances.

Les religieuses eurent bientôt l'occasion d'apprécier son dévouement. L'une d'elles ayant été attaquée de la peste qui sévissait encore en Lorraine, l'inquiétude se répandit dans la communauté, et chacune des sœurs se demandait avec anxiété à qui la jeune supérieure allait ordonner d'en prendre soin.

L'admiration fut générale lorsqu'on la vit s'en charger elle-même. Elle fit placer la malade dans une chambre écartée, et, chaque jour et plusieurs fois par jour, elle l'allait trouver, passant par une fenêtre, afin qu'on ne lui fît point de reproche de la fréquence de ses visites. Elle la prenait alors entre ses bras, elle la consolait, et, sans se laisser rebuter par l'odeur infecte qui s'exhalait de ses plaies, elle la pansait avec un soin minutieux et une tendresse toute maternelle. Puis, sa charité satisfaite, elle allait se promener quelques instants dans le jardin, par crainte de communiquer la contagion à ses filles ; et elle revenait parmi elles, le sourire des anges sur les lèvres. Son courage fut béni de Dieu : la malade ne tarda pas à recouvrer la santé, et elle-même fut préservée du fléau.

Cet acte d'abnégation accrut l'autorité de notre mère. Elle ne s'en prévalut que pour exercer sur elle une plus grande rigueur. Du moment, en effet, qu'elle se vit supérieure et que personne ne fut plus en droit de lui faire modérer ses mortifications, elle s'adonna à ses exercices favoris avec un redoublement d'ardeur, et il n'est point d'inventions qu'elle ne mît en usage pour se faire souffrir. Nous ne pourrions que redire ici, en insistant, ce que nous avons raconté plus haut.

Qu'il nous suffise d'ajouter qu'à cette époque, malgré le soin qu'elle prenait de cacher ses mortifications à ses filles, celles-ci la surprirent plus d'une fois couchée au milieu de la neige. Elle ne pouvait assouvir la soif de souffrir qui la dévorait, tant était brûlant l'amour qu'elle portait au divin Epoux.

Cet amour rayonnait comme une flamme dans toutes les paroles qu'elle prononçait. « Ses entretiens sur la piété avaient une onction si insinuante que jamais elle ne parlait sans toucher les cœurs. Les religieuses y prenaient un extrême plaisir ; et, comme elle avait une merveilleuse facilité à parler des choses de Dieu, elles faisaient leur possible pour l'engager à passer avec elles le temps destiné aux récréations. Elles étaient si charmées de ce qu'elle leur disait sur l'amour de Dieu et sur la pratique des vertus, que les heures passées à l'écouter ne leur semblaient que des moments. »

Il est facile de conjecturer ce que seraient devenues,

sous la direction d'une telle prieure, les Annonciades de Bruyères ; mais hélas ! de graves événements se préparaient : elles étaient à la veille d'être arrachées à leur saint asile par les guerres qui désolaient l'Europe, et nous allons voir ces pieuses filles et leur héroïque supérieure soumises aux plus cruelles épreuves.

CHAPITRE V

LES SUÉDOIS EN LORRAINE. — DE BRUYÈRES A COMMERCY.

1635-1636

Pourquoi l'Europe était-elle en armes ? L'un des orateurs les plus populaires et les plus éloquents de notre siècle va nous l'apprendre : « Charlemagne, dit le père Lacordaire, avait fondé en Europe la république chrétienne, c'est-à-dire un corps de nations unanimement dévouées à la foi catholique, acceptant la loi de l'Eglise comme loi de l'Etat, punissant l'hérésie, reconnaissant enfin à la papauté constituée comme pouvoir féodal, un certain droit sur la transmission de la couronne dans le saint empire romain. Cet ordre d'idées régna jusqu'au XVIe siècle.

« Luther, alors, brisa l'unité de la république chrétienne ; sous son inspiration, une partie de l'Allemagne, la Suède, le Danemarck, l'Angleterre et la Hollande, se séparèrent du Siége apostolique, et perdirent volontairement la pierre qui est ici-bas le fondement de la cité de Dieu. La scission était un fait politique et religieux ; elle entraîna des guerres où l'Europe se divisa en deux partis, le parti catholique et le parti protestant. Les nations que j'ai nommées tout à l'heure formaient le parti protestant ; la maison d'Autriche, réunissant sous son sceptre la Bohême, la Hongrie, les Pays-Bas, l'Espagne, la Sicile, Naples et Milan, était à la tête du parti catholique : la France, incertaine de sa foi, et plus encore de ses résolutions, combattait le protestantisme dans son sein, et néanmoins s'opposait à la maison d'Autriche, dont elle redoutait l'aspiration constante à la domination du monde. Cette circonstance sauva les protestants, et leur permit de conquérir en Europe un droit national.

« Cependant, à l'ouverture du XVIIe siècle, la fortune sembla prendre un autre cours, et le protestantisme se vit à la veille de sa ruine...

« A ce moment même, un homme changea les destinées du monde. Il s'appelait Richelieu.

« Appelé à gouverner la France sous un roi faible, Richelieu regarda l'Europe et se consulta. Chrétien sincère, prêtre régulier, cardinal de la sainte Eglise romaine, ennemi par tempérament comme par principe de toute liberté, on eût cru qu'il allait tendre la main à l'Empire et aux Stuarts, et consommer le retour de l'unité en Europe : il fit le contraire ; et son implacable génie prépara la signature du premier traité d'où devait sortir l'Europe moderne. Quelle en fut la cause dans un esprit aussi dominateur, et dans une âme aussi dévouée qu'était la sienne à la vraie foi ?

« Si la maison d'Autriche eût été fidèle à sa mission, si, depuis un siècle qu'elle disposait du plus magnifique empire que le soleil eût encore éclairé, elle eût apporté dans les affaires de l'Eglise et de l'Europe un désintéressement égal à sa grandeur ; si les trésors du nouveau monde que Christophe Colomb lui avait amenés dans ses ports eussent servi, en augmentant sa puissance, à augmenter sa droiture ; si elle n'eût pas en Amérique exterminé les Indiens, arraché à l'Espagne les franchises que cet héroïque peuple avait gagnées par huit cents ans de patience et de courage, livré Rome à la brutalité d'une soldatesque impie et fait payer au Pape prisonnier sa rançon ; si elle n'eût pas profité des maux de la France pour y accroître l'anarchie au nom de la religion ; si enfin la maison d'Autriche eût été juste, honnête, généreuse, produisant des saints comme toutes les maisons souveraines de l'Europe, au lieu de produire Charles-Quint et Philippe II, Richelieu n'eût pas écrit, en arrivant au ministère : « Le roi a changé de ministre, et le gouvernement de maxime ; » le traité de Westphalie n'eût pas été signé, et l'Europe peut-être serait un seul troupeau sous un seul pasteur.

« Richelieu ne voulut pas être dupe, ni la France avec lui. Il préféra la cause protestante à celle qui avait pour chef la maison d'Autriche, la maison qui avait pris pour devise ces fameuses initiales, A. E. I. O. U. : *Austriæ est imperare orbi universo*. Il fut l'homme qui devait rétablir l'équilibre chrétien compromis depuis un siècle par l'agrandissement démesuré de la maison de Habsbourg Avisant, sur le trône de Suède, un jeune homme que méprisait l'Autriche, il l'appela sur les champs de bataille de l'Allemagne. »

Ce fut en 1629 que Gustave-Adolphe de Suède entra en lice. A la nouvelle que ce jeune roi accourait au secours des protestants rebelles, Ferdinand d'Autriche se contenta de dire : « Rassurons-nous, ce roi de neige fondra en approchant du midi ». Il changea de langage lorsqu'il vit ce qu'étaient ce héros et les hommes de fer qu'il amenait à sa suite. Gustave mit en déroute les troupes qu'on lui opposa. Le traité qu'il conclut en 1630, avec la France, accrut son audace. Il s'avança jusqu'au cœur de l'Empire et le parcourut bientôt dans tous les sens, prenant et pillant les villes et châteaux, ravageant les campagnes et répandant devant lui la terreur et l'épouvante. Sa mort glorieuse à Lutzen ne fit qu'exalter le courage de ses soldats. Ils se répandirent par toute l'Allemagne, comme un torrent dont les dernières vagues vinrent battre les frontières de la Lorraine.

Ce pays avait alors à sa tête Charles IV qui, par son mariage avec Nicole, sa cousine et fille d'Henri II le Bon, était devenu duc héréditaire. Esprit chevaleresque, mais caractère inconstant et de mœurs légères, ce prince allait attirer sur sa patrie les plus grands malheurs.

La prudence semblait lui commander la neutralité, et le bienheureux Pierre Fourier la lui avait conseillée. Il se jeta généreusement, mais inconsidérément, dans la ligue formée par l'Autriche. En même temps il mécontentait la couronne de France, en refusant l'hommage qu'il lui devait pour le Barrois *mouvant*, et en faisant de sa propre cour un refuge de mécontents et de conspirateurs. La France blessée avait pris l'offensive et ses troupes avaient envahi les états du duc, dès 1625. En 1635, ses terribles alliés firent leur apparition.

L'un des premiers jours du mois de mai, un père capucin se présenta tout à coup chez les religieuses de Bruyères, et leur enjoignit de quitter aussitôt leur couvent et de se retirer dans une ville fortifiée, afin d'y mettre en sûreté leur honneur et leur vie. « Les Suédois, dit-il, approchent à marches forcées et ne sont plus qu'à une petite distance de la ville. »

Il n'y avait point un moment à perdre. Les religieuses, ayant à leur tête la mère de Saint-Jean, sortirent immédiatement, n'emportant avec elles que quelques hardes. Un peu plus tard, s'étant arrêtées et ayant jeté un regard en arrière, elles aperçurent des flammes s'élever du lieu qu'elles venaient de quitter : leur monastère était en feu.

Les fugitives passèrent la nuit chez le père de l'une d'entre elles, à peu de distance de Bruyères. Le lendemain, elles se mirent en route de grand matin. Elles rencontrèrent bientôt M. l'Huillier, beau-frère de la mère de Saint-Jean ; il accourait avec une escorte pour protéger sa belle-sœur et ses filles. Il les conduisit, déguisées en séculières, jusqu'à Saint-Dié, et M. de Bar les accueillit dans sa maison.

À peine y étaient-elles de quelques jours que, l'ennemi approchant, il leur fallut se remettre en marche. Sur le conseil de son père et du colonel l'Huillier, la mère de Saint-Jean dirigea sa petite communauté vers Badonvillers où se trouvait un couvent d'Annonciades.

La campagne était couverte de soldats altérés de sang, de pillage et de débauche ; et les dangers que couraient les fugitives étaient d'autant plus grands que la plupart d'entre elles étaient jeunes.

La prudence leur conseillait donc de prendre des chemins détournés : c'est ce qu'elles firent.

Elles voyagèrent pendant quelque temps sans rencontrer personne, et elles commençaient à se rassurer lorsqu'on leur apprit qu'un détachement suédois était à leur suite. Elles redoublèrent leur marche, mais bientôt elles arrivèrent à un torrent grossi par les pluies, et il n'y avait ni pont ni bateau pour le traverser. Les Suédois cependant approchaient, et déjà on pouvait entendre dans le lointain leurs sauvages clameurs.

La mère de Saint-Jean prend à l'instant et résolûment son parti. Elle se tourne vers ses compagnes et leur dit : « Vous voyez, mes sœurs, l'extrémité où nous réduit la divine Providence, et c'est sans doute pour éprouver notre confiance en elle ; donnons-la lui tout entière. Au reste, il ne s'agit point ici de délibérer : il faut qu'une de nous essaie si la rivière est guéable. En qualité de supérieure, c'est à moi à vous montrer la route, et mon devoir est de m'exposer pour vous ; je vais donc affronter le danger. Si j'arrive heureusement à l'autre bord, vous me suivrez ; si je péris, vous attendrez l'ordre de la divine Providence. » Elle fait alors le signe de la croix et entre intrépidement dans la rivière, invoquant avec foi les saints noms de Jésus et de Marie. A mesure qu'elle avance, sa voix s'affaiblit ; l'eau, en montant, lui coupe la respiration, et bientôt il ne sort plus de sa bouche que des sons entrecoupés. Elle continue d'invoquer Dieu du fond de son cœur et de s'éloigner ; mais, tout à coup, elle perd pied et le courant l'entraîne avec force. Ses sœurs qui la suivent des yeux avec anxiété, poussent un cri de détresse ; elles la croient perdue, lorsque, ô prodige ! une invisible main semble la soulever et la déposer doucement sur la rive.

Ne pouvant se faire entendre de ses filles, elle leur fait signe de prendre la rivière un peu plus bas et de se serrer les unes contre les autres, afin de vaincre plus facilement la force du courant. Elles obéissent aussitôt ; la vaillante supérieure les encourage par ses gestes et bientôt elle les reçoit dans ses bras.

Après une courte prière d'actions de grâces, les fugitives reprirent leur course et ne tardèrent point à arriver au couvent de Badonvillers, où elles reçurent le plus charitable accueil. Leur séjour n'y fut qu'une très-courte halte, car le monastère étant dans un faubourg, les supérieurs informés de l'approche de l'ennemi, donnèrent à toutes les religieuses l'ordre d'entrer dans la ville.

Le départ de ces saintes filles eut lieu le jour de

l'octave de la Fête-Dieu, et se fit de la façon la plus touchante. Le chapelain marchait en tête, portant le très-saint Sacrement. Les religieuses, au nombre de quarante, suivaient deux à deux, les yeux humblement baissés et un crucifix à la main. Une grande salle leur avait été préparée dans un palais connu sous le nom de l'Hôtel du Prince. Aussitôt qu'elles y furent arrivées, la sainte Eucharistie fut placée sur une table, et c'est sur ce trône improvisé que, pendant plusieurs jours, le Roi des rois reçut les hommages et les supplications de ses épouses désolées.

Badonvillers, cependant, offrait peu de sûreté, et de nouveau les Annonciades reçurent l'ordre de partir. Elles venaient de le recevoir, lorsque des cris d'alarme retentirent dans les rues : « L'ennemi ! l'ennemi ! fuyez ! fuyez, leur criait-on, les Suédois sont aux portes ! » Eperdues, toutes descendent à la hâte, excepté la mère de Saint-Jean, qui, ne pouvant se résoudre à abandonner le très-saint Sacrement, demeure sur le seuil de la porte, un pied dans la salle et l'autre dehors. Placée entre la nécessité et l'amour, elle ne sait à quoi se résoudre : « Dites-moi donc, mon Dieu, s'écrie-t-elle, que vous plaît-il que je fasse ? » A peine a-t-elle prononcé ces mots, qu'un bruit de pas retentit dans l'escalier : ce sont ses sœurs qui remontent. Il n'était plus temps de fuir. Les Suédois avaient investi la ville.

Ces religieuses infortunées s'enferment, et, rangées autour de leur divin Epoux, elles le supplient de protéger leur vertu et de leur donner la force de résister à tous les tourments plutôt que de lui être infidèles. S'abandonnant aux transports d'un zèle accru par la terreur, elles se traînent à genoux autour de la sainte Eucharistie, s'infligent les plus rudes disciplines et arrosent de leur sang le plancher de la salle.

Des cris de fureur et des cris de désespoir, d'affreux blasphèmes et des plaintes lamentables, leur annoncent bientôt que Badonvillers est livré au pillage. De toutes parts, arrivent aux oreilles de ces saintes filles, d'horribles clameurs. La mort, et quelque chose de plus effrayant que la mort, se dresse devant elles. Quel sort peuvent-elles attendre d'une soldatesque impie, furieuse et dans l'enivrement de la victoire ? Les voilà qui s'approchent. Ils ont appris que des religieuses sont réfugiées dans ce lieu ; ils accourent, poussant des cris d'une joie sauvage. L'escalier retentit du bruit de leurs pas et du cliquetis de leurs armes. Dieu ! protégez les épouses de votre Fils... Un monstre à face humaine est à la tête de ces furieux : de son large talon, il frappe à coups redoublés contre la porte qui tombe fracassée à l'intérieur de la salle ; mais, du contre-coup, le malheureux est renversé et disparaît. Ses compagnons se précipitent. Une force invisible les retient sur le seuil. Ils s'arrêtent, et contemplent dans une muette stupéfaction le spectacle qui se présente à eux. Ces quarante religieuses, prosternées devant la sainte Hostie, et plus semblables, dans leur immobilité, à des statues qu'à des créatures humaines, leur en imposent. Aucun n'ose avancer ; saisis d'une subite terreur, ils reculent ; leur panique augmente, ils s'enfuient ; et avec tant de précipitation, qu'ils roulent, en descendant, les uns sur les autres, dans un effroyable désordre.

Les pieuses filles, cependant, étaient à peine remises de leur effroi, qu'elles apprirent l'arrivée dans l'hôtel du général Briegfeld. C'était le chef de ces hordes farouches. Luthérien d'un zèle ardent, animé contre notre sainte religion d'une haine fanatique, froidement méchant, d'un caractère brutal, cet homme était la terreur de tous ceux qui avaient seulement entendu prononcer son nom. Apprenant la présence des religieuses, Briegfeld se fait conduire à la salle où elles sont réfugiées. Celles-ci, craignant tout d'un pareil homme, s'étaient barricadées, et la plupart voulaient qu'on laissât enfoncer la porte plutôt que de l'ouvrir. La mère de Saint-Jean fut d'un autre avis. Calme et ferme au milieu de l'effroi général, espérant tout de la protection de Dieu en qui elle avait mis sa confiance, elle obtint qu'on donnerait libre entrée au général, dès qu'il viendrait à frapper. Briegfeld se présenta à la porte de la salle : toutes les religieuses à genoux, leurs voiles baissés, étaient prosternées dans la prière. Il s'avança vers elles, et, d'un ton impérieux, leur ordonna de lever leurs voiles. Elles s'en excusèrent. Il réitéra son ordre avec colère. La mère de Saint-Jean, la première, obéit. A la vue de ce visage tout empreint de cette douce et noble majesté que donne la vertu, et où rayonnaient une angélique pureté et une admirable modestie, le courroux de cet homme farouche tombe comme par enchantement, et fait place à une douceur mêlée d'une tendre compassion. Il cherche à adoucir sa voix, il prie les religieuses prosternées de se relever, il compatit à leur douleur, les rassure, les console et leur promet de les protéger. Il tint parole ; et non-seulement il donna des ordres pour qu'elles fussent à l'abri de toute insulte, mais il voulut aussi pourvoir à leur subsistance ; et, tout le temps qu'il demeura à Badonvillers, il leur envoya chaque jour des vivres, et en telle abondance, qu'elles purent soulager les pauvres de leur superflu. C'est ainsi que ces saintes filles, grâce à la Providence, et, ajoutons-le, au rare sang-froid de la mère de Saint-Jean, leur jeune supérieure, trouvèrent la vie où, selon toutes les apparences, elles devaient trouver la mort.

A peine la mère de Saint-Jean et ses religieuses commençaient-elles à revivre, sous la protection du général suédois, que celui-ci reçut l'ordre de quitter Badonvillers et de marcher en avant. Il vint en personne leur apprendre cette nouvelle. Sensiblement émues, les sœurs lui témoignèrent leur profonde reconnaissance de ce qu'il avait fait pour elles et le prièrent de leur continuer sa bienveillante protection, en les recommandant à son successeur. Il fit venir aussitôt son lieutenant et lui enjoignit, elles présentes, de leur rendre les soins que lui-même leur avait donnés. Dieu récompensa magnifiquement son humanité. Quelque temps après son départ de Badonvillers, il se convertit au catholicisme, et mourut plus tard d'une sainte mort.

Le séjour de Badonvillers ne tarda pas à être, pour

la mère de Saint-Jean, l'occasion de nouveaux dangers. Ses supérieurs l'envoyèrent à Commercy et lui donnèrent pour compagne la mère Agnès de Saint-Pierre, professe aussi de Bruyères. Mais les chemins étaient encombrés de gens de guerre, et il leur fallut s'arrêter à Épinal. Dépourvues d'argent et de toute autre ressource, elles y endurèrent le froid, la soif, la faim, et tout ce qu'a de plus affreux l'extrême indigence. Elles se virent réduites, au fort de l'hiver, à coucher dans un grenier, sur une simple paillasse et sans couverture. Pendant plus de six mois, elles furent dans l'impossibilité de changer de vêtement. Les bas de la jeune supérieure n'étaient plus que des lambeaux informes, tellement collés à ses jambes que sa peau se détacha lorsqu'elle voulut les ôter. Un ulcère se déclara et la vermine s'y mit, source nouvelle de mortification pour cette héroïque religieuse. Elle se remit enfin en marche avec sa compagne, et, dans les premiers mois de l'année 1636, toutes deux arrivèrent à Commercy, lieu de leur destination.

CHAPITRE VI

SÉJOUR A COMMERCY. — LA PESTE ET LA FAMINE.

1636-1637

Le comte de la Rochepot et le marquis Desarmoises, seigneurs de Commercy, s'empressèrent de venir au secours de la mère de Saint-Jean. Le comte de la Rochepot lui procura de l'argent, et le marquis Desarmoises, à qui elle était recommandée par un chanoine de Saint-Dié, lui offrit, ainsi qu'à sa compagne, la plus généreuse hospitalité ; et, lorsqu'il connut leur mérite, il voulut les fixer près de lui. Il conseilla donc à la jeune supérieure de mander les autres religieuses de Bruyères, restées à Badonvillers. C'était aller au-devant du plus vif désir de cette vénérable mère. Elle écrivit aussitôt à ses chères filles et celles-ci s'empressèrent de venir la rejoindre.

Logées dans l'aile du château que le marquis avait mise à leur disposition, elles reprirent leurs exercices religieux avec une admirable ferveur. Leur vertueuse supérieure leur en donna elle-même l'exemple. Jamais celle-ci, du reste, même dans les circonstances les plus critiques, ne les avait pour ainsi dire interrompus. De là, on peut l'affirmer, la sagesse de sa conduite, sa prudence et sa fermeté dans les circonstances les plus difficiles.

Toutes ses filles avaient pour elle une vénération profonde et la plus vive tendresse ; et, peu de jours après leur réunion, elles lui en donnèrent une marque non équivoque. Le temps des élections était arrivé : d'une voix unanime, elles lui conférèrent la charge de supérieure qu'elle n'avait exercée jusque-là qu'en qualité de vice-gérante.

La jeune supérieure ne pouvait évidemment laisser sa communauté à la charge du marquis Desarmoises. Afin de se créer des ressources, elle ouvrit un pensionnat. Les personnes les plus recommandables de la ville ne tardèrent point à lui envoyer leurs filles. A l'enseignement, ses religieuses joignirent le travail des mains, et Dieu bénit tellement leurs efforts que leur maison se trouva bientôt en mesure de recevoir des novices. Une jeune héritière charmée de la piété de notre mère, entraînée par ses exemples et l'onction de ses entretiens, prit la résolution de se consacrer à Dieu et d'assurer, par sa fortune, la fondation d'un monastère d'Annonciades en ce pays. Tout promettait donc à la communauté errante de Bruyères une position fixe et durable. Elle était cependant à la veille d'une épreuve plus terrible que les précédentes.

La peste, qui n'avait point encore quitté la Lorraine, se déclara tout à coup avec une extraordinaire violence à Commercy. Du mois de mai au mois de septembre, elle fit d'horribles ravages. Vers la fin du mois de juillet, elle redoubla d'intensité. « En quelques jours, dit un chroniqueur du temps, le fossoyeur usa une pelle et un hoyau. » Les porteurs ne suffisant plus, on fut obligé de se servir d'un char pour conduire les morts au cimetière. La mère de Saint-Jean fut, dès le principe, très vivement attaquée, elle triompha néanmoins.

Quand elle revint à la vie, ce fut pour voir le fléau frapper à coups redoublés ses chères filles. De plus de vingt religieuses, cinq seulement lui restèrent : la plupart moururent et plusieurs cherchèrent un asile dans les monastères de leur ordre ou chez leurs parents. Les pensionnaires s'étaient retirées, par crainte de la contagion. La riche héritière perdit courage à la vue de si nombreux contre-temps ; elle se maria, et ainsi s'évanouirent une à une toutes les espérances que la jeune supérieure avait conçues.

Ce n'est pas tout. A la guerre, à la peste, se joignit la famine. La misère devint générale et les plus riches familles furent réduites à la pauvreté. La malheureuse Lorraine, foulée aux pieds par une multitude de soldats, inondée de brigands, décimée par la peste, demeurait sans culture et présentait le plus navrant spectacle. Que faire cependant? Dieu parle par la voix des événements. La mère de Saint-Jean, s'inspirant de sa charité plus encore que de la pressante nécessité où elle se trouvait, se consacra, avec ses sœurs, au service des malades. Les malheureux, abandonnés de tous, devinrent aussitôt ses privilégiés. Elle avait, comme par un secret pressentiment de l'avenir, appris à saigner, dans son adolescence. Cette connaissance la mit à même de rendre les plus signalés services ; mais la persécution devait la poursuivre jusque dans l'exercice sublime de sa charité.

Comme elle ne prenait point d'argent, tout le pauvre peuple avait recours à elle. On louait hautement sa douceur, son dévouement, son habileté et son désintéressement. Ceci ne pouvait convenir au chirurgien du lieu, lequel vendait fort cher des remèdes qu'il administrait de loin et qui n'opéraient pas. Il cria à l'empiétement, et essaya d'ameuter, contre ces pauvres filles et surtout contre leur admirable supérieure, l'opinion du public. C'étaient chaque jour de nouvelles plaintes, de nouveaux murmures. Notre mère et ses infatigables compagnes demeuraient sourdes à ces clameurs et continuaient de consacrer leurs jours et leurs nuits au soulagement des pestiférés. La colère du chirurgien, s'accroissant chaque jour, ne connut bientôt plus de bornes. Il s'échauffa si bien qu'il contracta une maladie. Une saignée, seule, paraît-il, pouvait le sauver; mais ses jambes et ses bras étaient devenus en peu de temps si enflés, que les plus habiles médecins refusaient de la faire. Dans ces conjonctures, le disciple d'Hippocrate, oubliant ses griefs, fit appeler la jeune religieuse et la supplia de le saigner. Sans lui témoigner aucun mécontentement de ce qui s'était passé, la mère de Saint-Jean lui adressa des consolations et tenta l'opération qui réussit. Le chirurgien persécuteur comprit enfin que le dévouement vaut bien un peu de science, et eut le bon esprit de se montrer reconnaissant. Il laissa notre mère remplir désormais en paix la généreuse mission que les circonstances semblaient lui imposer. C'était la seule récompense que pût ambitionner la digne religieuse.

La charité de cette femme héroïque et de ses filles s'étendait au-dehors de la ville, et elles faisaient dans les campagnes de fréquentes excursions qui n'étaient point toujours sans danger. Un jour que la mère de Saint-Jean allait porter secours à une pauvre malade, à quelque distance de Commercy, elle aperçut une sorte de forme humaine accroupie sous un buisson et mangeant l'herbe des champs. C'était une femme enveloppée dans des haillons et d'une maigreur affreuse. Aussitôt qu'elle eut vu la jeune religieuse, son œil brilla d'une joie féroce ; elle se précipita vers elle en grinçant des dents et comme pour la dévorer ; mais, épuisée par la fièvre, elle s'affaissa et tomba lourdement à terre. De telles scènes n'étaient pas rares, tant était grande la famine, et il est facile de deviner tout ce qu'eurent à souffrir nos pauvres religieuses.

Aux mortifications déjà excessives que lui imposait l'extrême indigence à laquelle était réduite sa petite communauté, la mère de Saint-Jean en ajoutait d'autres plus rudes. On eût dit que seule elle était la cause des malheurs inouïs qui fondaient sur sa patrie, et chaque jour elle s'immolait dans tous ses sens, pour le salut de tous.

Une autre raison encore lui faisait redoubler ses austérités. Obligée de vivre au milieu du monde, elle sentait chaque jour sa vertu s'attiédir.

Un saint religieux auquel elle ouvrit son cœur, considérant les dangers auxquels l'exposait sa vie errante et ceux qu'elle rencontrait chez les Annonciades, lui fit une obligation de changer d'ordre.

Mais ce changement ne pouvait s'effectuer du jour au lendemain. Comme supérieure, elle se devait à ses filles, et les quitter, dans les circonstances critiques où elles se trouvaient, eût été une véritable désertion. En outre, son indécision sur l'ordre qu'elle devait embrasser était grande. Elle prit le sage parti d'attendre que Dieu lui manifestât sa volonté et elle redoubla ses prières et ses mortifications.

Ses religieuses, cependant, ne tardèrent point à se douter de sa détermination. Elles avaient pour elle, nous l'avons dit, une grande affection et une profonde estime. L'appréhension de la perdre les rendit chagrines, et leur chagrin se changeant en esprit de tracasserie, elles lui firent subir de pénibles persécutions ; Jésus et sa divine Mère ne l'abandonnèrent pas.

C'était surtout au moment de la sainte communion qu'elle recevait de célestes et ineffables consolations. Un jour, pendant que le Dieu de l'Eucharistie descendait dans son cœur, Marie s'approcha d'elle et lui présenta son divin Fils. Il était tout couvert de plaies et avait à l'endroit du cœur une large ouverture. En la lui montrant, la Mère des douleurs invita sa fidèle servante, plus accablée encore ce jour-là que les jours précédents, à se réfugier dans cet asile sacré. La mère de Saint-Jean, touchée de tant d'amour, fit vœu de n'avoir plus d'autre volonté que celle de son Dieu. Et, comme il arrive toujours en semblables circonstances, « elle se sentit inébranlablement fortifiée et contente de souffrir, nonobstant qu'elle fût de corps fort malade. »

Cette maladie, qui avait pour causes ses mortifications excessives, ses incessantes fatigues, l'insuffisance et la mauvaise qualité des aliments, inspira bientôt les plus vives inquiétudes aux amis de notre mère. Ses filles désolées eurent recours à tous les remèdes ; mais, malgré leurs soins, le mal alla toujours s'aggravant et bientôt elle ne donna plus aucun signe de vie. On la crut morte, et selon la coutume du temps, on la plaça sur de la paille, attendant le moment de l'enterrer. Pendant quinze heures entières elle parut privée de tout sentiment. Durant le temps de son évanouissement, elle se vit en esprit aux pieds de Notre-Seigneur. Là, comme un criminel devant son juge, elle attendait son arrêt, lorsque le divin Maître jetant sur elle un regard plein de tendresse et de miséricorde, étendit sur sa tête sa main divine, la toucha au front et la poussa doucement, en lui disant : « Retournez au monde et travaillez à mon œuvre. »

Nous lisons que, sous l'ancienne loi, le Pontife sacrificateur étendait la main sur la tête de la victime qui allait être immolée, et en prenait, pour ainsi dire, par ce signe symbolique, possession au nom du Seigneur. Sous la loi nouvelle, le prêtre étend la main sur le pain et le vin que sa parole doit changer au corps de la Victime par excellence, pour l'offrir ensuite à la justice de l'Éternel. N'est-il point permis de dire que, dans la vision que nous venons de raconter, Notre-Seigneur prenait, lui aussi, possession de notre mère, afin d'en faire un holocauste d'agréable odeur. Pendant plusieurs années, il la sanctifiera, en la faisant passer par le creuset des plus amères tribulations. Nous la verrons quitter l'ordre des Annonciades, chassée de sa patrie, en proie à la pauvreté et à la persécution, et alors devenir une victime d'expiation pour le salut du monde. Elle se survivra à elle-même dans les filles généreuses que son amour aura enfantées : celles-ci se perpétueront de génération en génération, et il sera donné à notre siècle matérialiste de voir vivant et agissant l'esprit de cette vaillante amante de la Croix.

CHAPITRE VII

LA MÈRE DE SAINT-JEAN A SAINT-DIÉ ET A RAMBERVILLERS.

1637-1639

Pendant que la mère de Saint-Jean errait de ville en ville, menant une vie remplie de dangers de toutes sortes, son père subissait, en Allemagne, une dure captivité.

Dès qu'il lui fut permis de rentrer dans sa patrie, la première pensée de M. de Bar fut pour sa fille. Apprenant qu'elle était à Commercy, il lui écrivit, afin de l'engager à venir se fixer à Saint-Dié, lui offrant une partie de sa maison pour elle et sa communauté. Les supérieurs, consultés, accordèrent les autorisations nécessaires, et la mère de Saint-Jean, accompagnée des cinq religieuses qui lui restaient, se mit aussitôt en route. C'était vers la fin du mois de décembre 1637.

Arrivées à Épinal, elles s'arrêtèrent environ trois semaines chez les religieuses de la Congrégation de Notre-Dame, où elles reçurent la plus généreuse hospitalité. La Congrégation de Notre-Dame, fondée par le bienheureux Pierre Fourier, curé de Mattaincourt, et canoniquement approuvée par Urbain VIII, en 1628, jouissait d'une grande considération dans toute la Lorraine. Son but était l'enseignement ; la vie qu'on y menait, une vie de prière, d'austérité et de dévouement. Préoccupée du dessein qu'elle avait formé de changer d'ordre, la mère de Saint-Jean se demanda si ce n'était point à celui-ci qu'elle devait s'arrêter. Dans le but de connaître la volonté de Dieu, elle redoubla d'ardeur dans ses supplications. Un jour qu'elle était à l'oraison, avec toute la communauté, et qu'elle renouvelait ses instances près de son divin Maître, il lui échappa de s'écrier tout à coup avec véhémence : « Est-ce donc, Seigneur, que vous ne me direz point où vous voulez que j'aille ? » « Non ! » répondit avec force une voix mystérieuse. La pauvre religieuse, persuadée que toutes ses compagnes avaient entendu cette voix, demeura confuse et ne songea plus qu'à partir.

D'Épinal, elle et ses sœurs se dirigèrent vers Bruyères. Le désir de revoir les débris du monastère qui avait reçu leurs vœux, les décida à prendre cette route. Hélas ! les larmes leur vinrent aux yeux, à la vue du triste spectacle qui s'offrait à leurs regards. Bruyères n'était plus qu'un amas de cendres. Un escalier à demi-consumé, voilà tout ce qui restait de la maison qu'elles avaient tant aimée. Elles tombèrent à genoux, baisèrent avec les marques du plus tendre respect les marches de cet escalier et les arrosèrent de leurs larmes. Pendant que la mère de Saint-Jean adorait les impénétrables desseins de Dieu qui avait permis la destruction d'un monastère où il était si bien honoré, une voix retentit au fond de son cœur et lui dit : « Un jour viendra où tu bâtiras à Dieu une maison beaucoup plus splendide que celle que tu pleures, et dans laquelle Dieu sera encore mieux servi. » Elle se releva consolée.

En arrivant à Saint-Dié, elle apprit la mort de sa seconde sœur, Mme de Champagne. Mlle Renée de Bar, jeune personne d'un esprit remarquable et d'une grande beauté, avait toujours eu la pensée de se faire religieuse et avait plusieurs fois demandé à la mère de Saint-Jean de la recevoir près d'elle. Le malheur des temps n'avait pas permis à cette dernière de se rendre à ses vœux. Vaincue par les sollicitations de son père et de son frère, elle avait fini par se marier. Elle s'était déplu dans cet état qu'on lui avait fait prendre malgré elle : quoiqu'elle fût très bien pourvue, elle avait prié Dieu d'abréger son épreuve et elle était morte après trois mois de mariage.

Cette mort et ses propres malheurs avaient jeté M. de Bar, alors âgé de soixante-quinze ans, dans une mélancolie profonde. Ce lui fut une grande consolation de revoir sa fille bien-aimée ; il lui raconta les épreuves auxquelles il avait plu à la divine Providence de le soumettre.

A peine la mère de Saint-Jean, fugitive de Bruyères, en 1633, avait-elle quitté Saint-Dié où elle s'était réfugiée, que les Suédois y étaient entrés en vainqueurs. Le pillage semblait être le principal mobile de ces bandes farouches. M. de Bar passait pour être riche : il fut donc, plus que tout autre, exposé à leurs mauvais traitements. Il parvint d'abord à sortir de la ville et à se retirer dans un endroit qu'il avait tout lieu de croire inconnu à des soldats étrangers ;

mais il fut trahi, arrêté, et emmené à Auberney, en Alsace. Sans aucun égard pour son grand âge, on le descendit dans une basse fosse, où il avait de l'eau jusqu'aux genoux. Ce lieu ténébreux et infect fut sa prison pendant plusieurs mois. La crainte des couleuvres et des bêtes venimeuses ajoutait à l'horreur de cet affreux cachot. Pour nourriture, on jetait chaque jour au malheureux prisonnier quelques morceaux de pain mêlés à des débris de tous genres ; d'ignobles insultes accompagnaient ces odieuses vexations.

La mère de Saint-Jean aimait tendrement son père ; le récit de ses malheurs la toucha profondément. Voyant l'émotion douloureuse qu'elle éprouvait, M. de Bar ajouta : « Ne pensez pas que j'aie souffert autant que vous l'imaginez. Dans ce réduit, je me suis souvenu de la trahison de Judas et j'ai revu ce divin Sauveur au Jardin des Oliviers ; toutes les circonstances de sa passion se sont retracées à mon esprit ; je ne cessais de m'en occuper, et ces pensées m'enlevèrent de telle sorte à moi-même que j'étais comme insensible à ce que je souffrais. » Ces paroles furent, pour sa fille, une bien douce consolation.

A peine, cependant, les Annonciades étaient-elles de quinze jours chez M. de Bar, que leur jeune supérieure recevait l'ordre de se rendre à Neufchâteau, en qualité de vice-gérante. Ne pouvant se séparer de leur mère, dans la situation difficile où elles se trouvaient, ses religieuses la réclamèrent et obtinrent que l'obédience n'aurait point de suite.

La petite communauté de Bruyères continua de séjourner chez M. de Bar. Celui-ci avait donné à sa fille et à ses compagnes un appartement séparé : la mère de Saint-Jean en fit un véritable monastère, où elle observait la sainte règle aussi exactement qu'il était possible. On gardait la clôture, autant que les convenances l'exigeaient. Il y avait dans la maison un petit dégagement qui conduisait, à travers des jardins, à l'église des Capucins. Nos sœurs s'en servaient pour aller à la sainte messe, ou faire leurs autres dévotions.

Il fallait néanmoins recevoir quelques visites. Dans l'une d'elles, la mère de Saint-Jean trouva l'occasion de faire un grand acte d'humilité.

On se rappelle qu'elle avait dessiné d'elle-même, étant très-jeune encore, un portrait parfaitement réussi. Elle l'avait donné, à son entrée en religion, à l'une de ses amies. Celle-ci, étant tombée dangereusement malade, demanda à son mari de remettre, lorsqu'elle serait morte, ce portrait à la mère de Saint-Jean et d'y ajouter quelques parfums de grand prix pour gage de son amitié. Le gentilhomme vint s'acquitter de la commission ; mais la jeune supérieure n'eut pas plutôt aperçu son portrait, qu'elle le mit en pièces, gardant seulement les parfums pour les brûler devant le Saint-Sacrement.

Cette action, qu'elle fit d'une manière si généreuse, provenait du grand mépris qu'elle avait d'elle-même, et du désir ardent qu'elle aurait eu de vivre inconnue à toutes les créatures et connue de Dieu seul. C'est ce qui la tenait alors, jour et nuit, occupée à chercher quelque moyen pour rentrer au plus tôt en clôture, et se mettre ainsi complétement à l'abri de toutes les dis sipations du monde.

Une dame de Rambervillers, femme d'esprit et de cœur, que ses affaires appelaient souvent à Saint-Dié, apprit qu'il y avait des religieuses chez M. de Bar. Poussée par la curiosité naturelle à son sexe, elle alla les voir. Elle les trouva en récréation, occupées à pêcher, et fut charmée de leur conversation ; la mère de Saint-Jean, en particulier, lui inspira la plus vive estime. Touchée de son malheur, cette dame généreuse lui offrit d'intéresser à son sort et à celui de ses compagnes, les religieuses Bénédictines de Rambervillers, avec lesquelles elle était en rapport.

La mère de Saint-Jean qui, jusque-là, n'avait éprouvé d'attrait pour aucune des maisons dont elle avait entendu parler, se sentit vivement poussée d'accepter la proposition inattendue de son obligeante visiteuse. Celle-ci ne fut pas plutôt rentrée, qu'elle eut une entrevue avec la prieure des Bénédictines.

De son côté, le colonel l'Huillier qui avait rendu à la communauté de Rambervillers d'éminents services, écrivit à la mère Bernardine, afin de demander l'hospitalité pour sa belle-sœur. La réponse ne se fit pas attendre. La mère Bernardine, au nom de la communauté, accepta la proposition qui lui était faite ; mais, ne connaissant pas la mère de Saint-Jean, la mère prieure insinuait qu'il serait peut-être bien que celle-ci vînt, avant tout, passer quelques jours à Rambervillers.

La jeune supérieure approuva entièrement cet avis

et se prépara à partir avec une de ses religieuses. Plusieurs dames séculières tinrent à honneur de les accompagner.

Pour aller de Saint-Dié à Rambervillers, les voyageuses furent obligées de traverser un bois, durant l'espace de plus de trois lieues Au bruit de leurs pas, des brigands cachés dans un taillis se rapprochèrent, afin de s'emparer d'elles et de leur faire ensuite payer une forte rançon. Mais à peine les eurent-ils aperçues, que, tout à coup rebroussant chemin, ils prirent la fuite. Le lendemain, les dames qui avaient fait cortége à la vénérée mère, revinrent par la même forêt : les brigands les entourèrent, mais ne leur firent aucun mal. Ils leur demandèrent seulement quelle était cette religieuse qu'ils avaient vue la veille, environnée d'un éclat extraordinaire, et dont l'aspect les avait tant effrayés. Dieu venait, par un nouveau prodige, de protéger son humble servante.

La mère de Saint-Jean, arrivée au terme de son voyage, alla directement au monastère des Bénédictines. La prieure, alors occupée, envoya une de ses religieuses pour l'entretenir à la grille. Celle-ci s'attendait à voir une pauvre Annonciade, d'un aspect plus propre à inspirer la pitié qu'à exciter le respect. Lorsque le rideau fut tiré et que la jeune supérieure s'offrit à ses yeux, son étonnement fut tel qu'elle demeura quelques instants comme interdite et sans pouvoir prononcer une parole. La mère de Saint-Jean, revêtue du scapulaire rouge des Annonciades, le front orné d'un bandeau de même couleur qui faisait admirablement ressortir la grande beauté de son visage, les épaules couvertes d'un large manteau blanc drapé avec une élégante simplicité qui ajoutait à la majesté déjà si noble de son maintien, la mère de Saint-Jean lui apparut plutôt comme un ange que comme une créature humaine. A la surprise succéda l'admiration, lorsqu'elle eut commencé à parler. Personne ne s'exprimait avec plus de grâce et de facilité : elle mettait dans toutes ses paroles une onction qui charmait et captivait tous ceux qui avaient le bonheur de l'entretenir. La religieuse qui l'écoutait fut tellement ravie, qu'elle la quitta brusquement, et courant au-devant de la mère prieure, elle répétait, dans le transport d'une naïve admiration, à toutes celles de ses compagnes qu'elle rencontrait : « Oh! qu'est-ce que j'ai vu, mes sœurs! Oh! la belle nonne! Nous ne sommes que des béguines en comparaison. Je crois que c'est un ange du ciel. Venez la voir vous-mêmes; vous en serez ravies autant que moi. Je ne puis croire que ce soit une créature de la terre. »

La mère prieure s'empressa de se rendre au parloir et presque toute la communauté l'y suivit. L'impression qu'éprouvèrent ces bonnes religieuses ne fut pas moins favorable que celle de leur compagne. L'entretien fut court. Les portes s'ouvrirent, pour ainsi dire, d'elles-mêmes, et la mère prieure, ayant reçu la mère de Saint-Jean dans la clôture, lui proposa d'y rester quinze jours ou trois semaines avant de prendre un parti. Cette offre répondait au secret désir de notre vénérable mère. N'étant point encore complétement décidée à se fixer à Rambervillers, elle souhaitait de faire une retraite, afin d'interroger la divine Providence.

Ces trois semaines s'écoulèrent rapidement, mais n'enlevèrent rien des incertitudes de la mère de Saint-Jean. Son mérite lui avait gagné tous les cœurs, et la mère prieure songeait sérieusement aux moyens de l'acquérir à son ordre. Préférant toutefois à tout autre dessein l'accomplissement de la volonté de Dieu, elle n'osa lui faire la proposition de quitter immédiatement les Annonciades; de concert avec sa communauté, elle lui réitéra, pour elle et ses filles, l'offre d'une retraite permanente, dans son couvent. La proposition fut acceptée avec la plus vive reconnaissance; il fut convenu que, pour avoir le consentement des quatre autres religieuses restées à Saint-Dié, la mère de Saint-Jean y retournerait et qu'elle ne tarderait pas à amener ses compagnes si elles n'y avaient pas de répugnance. Leur consentement était à présumer; en effet, peu de jours après, elles revinrent toutes ensemble à Rambervillers.

La mère de Saint-Jean était merveilleusement placée pour étudier la règle de saint Benoît : elle n'y manqua point.

L'éloge de cette règle n'est plus à faire : « Elle est, dit Bossuet, un précis du christianisme, un docte et mystérieux abrégé de toute la doctrine de l'Evangile, de toutes les institutions des saints Pères, de tous les conseils de perfection. Là, paraissent avec éminence, la prudence et la simplicité, l'humilité et le courage, la sévérité et la douceur, la liberté et la dépendance.

Là, la correction a toute sa fermeté ; la condescendance tout son attrait ; le commandement toute sa vigueur, et la sujétion tout son repos ; le silence, la gravité et la parole sa grâce ; la force son exercice, et la faiblesse son soutien ; et toutefois il l'appelle un commencement, pour vous nourrir toujours dans la crainte. »

« Mais, remarque M. le comte de Montalembert dans son *Histoire des Moines d'Occident*, il y a quelque chose qui parle avec plus d'éloquence encore que Bossuet, en l'honneur de la règle bénédictine : c'est la liste des saints qu'elle a produits ; c'est le récit des conquêtes qu'elle a opérées et consolidées dans tout l'Occident, où elle prévalut seule pendant huit siècles ; c'est l'attrait invincible qu'elle a inspiré aux intelligences vives et généreuses, aux cœurs droits et dévoués, aux âmes éprises de solitude et de sacrifice ; c'est l'influence bienfaisante qu'elle a exercée sur la vie du clergé séculier qui, réchauffé par ses rayons, s'est épuré et fortifié au point de sembler, pour un temps, se confondre avec les enfants de Benoît. »

Ajoutons que ce code immortel de la vie monastique, appelé par saint Grégoire-le-Grand un chef-d'œuvre de discrétion et de clarté, par plusieurs conciles la sainte règle, la règle par excellence, demeure, après treize siècles, ce qu'il y a de plus propre à affermir l'esprit religieux. Le temps qui détruit tout, n'a fait que confirmer sa sagesse et accroître son autorité, et les constitutions spéciales des ordres divers qui sont nés depuis la mort du grand patriarche d'Occident, tirent, pour la plupart, leur force de ce qu'elles lui ont emprunté.

Bien qu'entraînée par un mouvement secret, elle hésitait à quitter les Annonciades pour entrer dans l'ordre bénédictin. Mais elle avait près d'elle une femme qui désirait ardemment lui voir mettre son projet à exécution, et qui allait l'y aider.

Les qualités de la mère de Saint-Jean ne ressemblaient point à ces faux brillants qui éblouissent pour quelque temps, mais plutôt à ces pierres précieuses que l'on apprécie d'autant plus qu'on les connaît davantage. Elles avaient inspiré pour notre mère, à la prieure de Rambervillers, une estime qui tenait du respect ; et cette estime s'accroissait chaque jour. La mère Bernardine convenait d'ailleurs admirablement à la jeune supérieure, et personne ne pouvait lui être plus utile dans les circonstances difficiles qu'elle traversait. Douée d'un esprit éminent, alliant une grande fermeté de caractère à une indicible tendresse de cœur, très versée dans la science de Dieu, d'une piété éclairée et d'un zèle sans bornes, elle avait, comme directrice des âmes, la lumière qui éclaire et la force qui soutient. Ses entretiens avec la mère de Saint-Jean étaient fréquents, et n'avaient point d'autre objet que les moyens à prendre pour plaire au céleste Époux.

Or, un jour qu'elles causaient du sujet habituel de leurs conversations, la mère Bernardine s'enhardit à s'expliquer enfin sans déguisement à la mère de Saint-Jean sur ce qu'elle pensait de son état, et lui proposa de quitter les Annonciades pour entrer chez les Bénédictines.

« Ne soyez pas surprise de la proposition que je vous fais, lui dit-elle : vous ne pouvez espérer que votre maison de Bruyères se rétablisse, ni vous dissimuler les dangers auxquels vous êtes exposée en vivant dans le monde. D'ailleurs, le changement dont je vous parle ne doit pas alarmer votre conscience. L'ordre de saint Benoît est plus austère que le vôtre, et c'est ce qui m'autorise à vous proposer d'y entrer. Ces sortes de translations, d'un ordre plus mitigé à un autre plus sévère, ont toujours été en usage dans l'Église et les saints Canons les approuvent. »

Ces paroles firent disparaître les perplexités et les irrésolutions de la mère de Saint-Jean. Il lui sembla que Dieu lui-même venait de parler par la bouche de la vénérable prieure; elle la remercia avec effusion. Toutefois il fut convenu que l'on consulterait, afin d'être plus en sûreté de conscience.

La mère de Saint-Jean rédigea une sorte de mémoire où elle exposait, avec une grande franchise, toutes les raisons qui l'engageaient à passer de l'ordre des Annonciades à celui de saint Benoît. Cet écrit fut soumis aux directeurs les plus pieux et les plus compétents : tous furent d'avis, après mûr examen, que non-seulement elle pouvait, mais qu'elle devait mettre à exécution le dessein qu'elle nourrissait depuis si longtemps. Dieu parlait lui-même par la bouche de ces hommes vénérables. Il n'y avait plus à délibérer : le temps d'agir était venu.

Elle fit donc part de son projet à son supérieur, et sollicita sa permission. Malgré les instances réitérées de notre vénérable mère, il demeura inflexible. Notre mère, sur les conseils qui lui furent donnés, demanda l'acte de refus par écrit; et, par l'entremise des vicaires généraux capitulaires de Toul, le siège étant vacant, elle s'adressa alors à Rome, et obtint de Sa Sainteté l'autorisation d'entrer dans l'ordre qu'on lui avait conseillé.

Elle demeurait cependant chargée, en qualité de supérieure, des cinq religieuses qu'elle avait amenées avec elle à Rambervillers. La Providence dont elle suivait les desseins, lui ménagea des ressources et des asiles. Elle recouvra quelques fonds du monastère de Bruyères et les vendit. Avec ce secours, dont elle ne se réserva rien, elle trouva moyen de placer ses cinq filles dans plusieurs maisons de leur ordre. Après les avoir conduites chacune à sa destination, elle se démit de la supériorité. Libre alors de toute sollicitude, elle prit l'habit de saint Benoît, changea le nom qu'elle avait porté jusqu'alors, en celui de sœur Catherine de Sainte-Mechtilde, et entra au noviciat de Rambervillers le 2 juillet 1639.

CHAPITRE VIII

NOVICIAT ET PROFESSION DE LA SŒUR MECHTILDE.

1639-1640

Eprouver la vocation du sujet qui aspire à l'état religieux, le former aux exercices de la vie qu'il veut embrasser, le faire passer de l'enfance spirituelle à cette jeunesse florissante qui promet et la force et la vigueur de l'âge mûr, tel est le but multiple du noviciat. Une maîtresse des novices doit donc posséder des qualités de choix. Il faut qu'elle unisse la science à la piété, la prudence à la charité, l'affabilité à l'énergie, le zèle à la douceur ; qu'elle soit, en un mot, un modèle vivant de toutes les vertus. La mère Benoîte n'était pas au-dessous de ce noble, mais difficile emploi.

Née à Saarbourg, en 1609, d'une famille où la piété était héréditaire, Elisabeth Brem avait été prévenue des divines faveurs dès sa plus tendre enfance ; elle y avait répondu par une reconnaissance sans bornes. Son attrait la portait irrésistiblement aux mortifications corporelles. A peine âgée de neuf ou dix ans, elle demandait à ses parents une chambre écartée, et, se procurant des instruments de pénitence, elle torturait son pauvre petit corps par d'impitoyables rigueurs. Remplie d'une profonde vénération pour la majesté de Dieu, et persuadée qu'il n'est point de posture assez humble pour paraître devant Lui, elle ne le priait que les genoux nus contre terre.

Sa charité était immense. A quatorze ans, elle se faisait la servante des pauvres et cuisait elle-même le pain qu'on leur destinait. Un jour, pendant qu'elle en faisait la distribution, elle remarqua une petite fille de douze ans, dont le visage était rongé par un chancre si horrible que tout le monde la fuyait. Cette infortunée devint aussitôt l'objet des préférences d'Elisabeth. Autorisée par ses parents, elle recueillit la malheureuse enfant et se mit à la soigner, avec une affection que n'aurait point surpassée la plus tendre des mères. Elle-même lui donnait à manger, et souvent, se laissant aller aux expansions de son cœur, elle la faisait asseoir sur ses genoux, près du feu, et, s'efforçait d'adoucir sa peine, par ses plus tendres caresses. C'est ainsi qu'elle honorait, dans une chétive petite créature, Celui qui a voulu paraître défiguré comme un lépreux pour l'amour de nous. De bonne heure elle s'était sentie entraînée vers l'état religieux ; mais, sur le point de renoncer au monde, elle se crut obligée, pour complaire à ses parents, d'épouser un officier lorrain.

Mariée à dix-sept ans, Elisabeth s'efforça de rapprocher sa vie de celle du cloître ; par l'emploi qu'elle fit de ses biens, par son obéissance et son admirable chasteté, elle se montra plus digne d'être l'épouse de Dieu que la compagne d'un mortel.

Elle eut, du reste, le bonheur de trouver un époux qui fut pour elle moins un maître que l'associé de ses bonnes œuvres et l'émule de sa piété. Les jours de leur mariage furent des jours de paix et de bénédiction : le zèle de la gloire de Dieu et le soulagement des pauvres en eurent la plus large part. Après la naissance d'une fille qui devait se montrer le digne fruit d'une si sainte union, tous deux prirent réciproquement l'engagement d'entrer en religion, lorsque cette enfant pourrait se passer de leur secours. Quelques jours s'étaient à peine écoulés, et Dieu rappelait à lui l'époux de la pieuse Elisabeth.

Devenue veuve, elle entendit une voix lui dire : « Je vous arracherai de la terre pour vous élever et vous attacher à la croix, où vous ne goûterez ni ciel, ni terre, rien que l'amertume des souffrances ». — « O mon amour crucifié ! répondit-elle, je vous prie, par les mérites de votre sacrée Passion, de me rendre digne de souffrir par amour tous les états de vos sacrées langueurs. » Elle prit son enfant entre ses bras, et, se prosternant aux pieds de Marie, elle la lui offrit. Après avoir passé quelque temps chez son père qui s'efforça en vain de lui faire contracter de nouveaux liens, elle se retira chez les Bénédictines de Rambervillers, où elle prit l'habit à l'âge de vingt-trois ans.

Devenue sœur Benoîte, elle s'attacha à tout ce qui répugne le plus à la nature, et se sacrifia tout entière à son divin Maître. Ses pieuses compagnes l'aimaient et la vénéraient ; promptement elles l'appelèrent à exercer d'importants emplois dans la communauté. Elle avait trente ans lorsque la mère de Saint-Jean y prit l'habit, sous le nom de sœur Catherine de Sainte-Mechtilde.

L'habile maîtresse devina aussitôt le riche trésor qui lui était confié : mais, mieux elle apprécia les vertus de la sœur Mechtilde, et plus elle désira les voir s'épanouir sous la salutaire influence de la divine miséricorde.

Or, rien ne peut, comme l'oraison, allumer dans l'intelligence et dans le cœur cette douce flamme de la grâce qui éclaire, échauffe et féconde. Aussi la mère Benoîte s'efforça-t-elle, dès le commencement, d'y former l'âme d'élite que Dieu lui envoyait. La sœur Mechtilde avait éprouvé, en arrivant chez les Annonciades, un très-vif attrait pour le saint exercice de l'oraison. Il est rapporté dans de pieux mémoires qu'elle y consacrait jusqu'aux nuits qu'elle pouvait dérober au sommeil. A Rambervillers, elle y fit de rapides progrès sous la direction de la mère Benoîte. Elle suivit d'abord les méthodes ordinaires, préparant avec soin ses méditations. Elle proposait le sujet à son entendement qui ne pouvait s'y appliquer; elle présentait de saintes affections à sa volonté qui ne s'enflammait pas : elle restait sèche, aride et sans goût. Son âme se fixait comme instinctivement, avec admiration et amour, sur l'Être divin, s'abandonnant à sa puissance et à sa bonté : là seulement elle trouvait le repos et la félicité. La mère Benoîte qui suivait avec attention le travail de Dieu dans l'âme de sa novice, reconnut bien vite qu'il l'appelait à la contemplation. Elle l'encouragea à suivre son attrait, à s'abandonner au souffle de l'Esprit-Saint, « parce que, lui dit-elle, si par le passé, elle avait bâti, à l'avenir Dieu détruirait et bâtirait lui-même. »

Elle lui enleva tous ses livres de piété, hors son bréviaire, sa règle et quelques prières. Dieu, alors, lui fit sentir et goûter sa présence. Une seule parole lui suffisait pour s'entretenir intérieurement et échauffer sa volonté qui était tout à Dieu, et comme perdue en Lui.

Rien ne favorise autant l'oraison que le détachement de soi-même par la mortification. Plus l'âme est dégagée des sens, plus facilement elle s'élève vers

Dieu, et plus son union avec lui devient intime et complète.

Nous connaissons déjà la soif de souffrir qui dévorait la sœur Mechtilde et la mère Benoîte. Cette sainte avidité ne fit que s'accroître lorsqu'elles furent réunies. Ensemble elles voulurent pratiquer les plus rudes austérités. Nous ne dirons rien des disciplines, des haires et des cilices, ni d'une infinité d'autres mortifications que s'imposaient nos deux amantes de la Croix : c'étaient là leurs pénitences de chaque jour. Mais on nous permettra, pour montrer à quel degré elles étaient atteintes de la sainte folie de la Croix, de raconter la manière dont elles employaient quelques-unes de leurs récréations.

La danse était un divertissement tout à fait en vogue dans la société de ce temps. On dansait dans les châteaux, on dansait dans les chaumières. La vénérable mère Benoîte trouva le moyen de faire danser au couvent. On les vit plus d'une fois, la sœur Mechtilde et elle, danser en chantant. Elles avaient les pieds nus; des cailloux aigus et des coquilles de noix brisées leur servaient de tapis. Cette danse douloureuse n'était cependant point leur plaisir préféré.

Souvent la mère Benoîte, s'adressant à la sœur Mechtilde, lui disait : « Ma sœur, allons jouer de l'épinette ». Cette invitation était toujours reçue avec une vive allégresse. Les deux religieuses montaient alors dans un grenier; et la maîtresse disait à sa novice, avec un angélique sourire : « Chantez, ma sœur, chantez, et je jouerai ». Et, de sa voix la plus pure, la sœur Mechtilde entonnait quelque cantique spirituel. La mère Benoîte, découvrant ses bras, se frappait en cadence avec les pointes aiguës de l'un de ces peignes de fer, dont on se servait autrefois pour travailler le lin. Lorsque le sang coulait abondamment de ses bras déchirés, elle cédait sa place à la novice et chantait à son tour. Alors, rassasiées toutes deux du plaisir de souffrir, elles descendaient radieuses et récréées, pour vaquer à leurs saintes occupations. Tel était le jeu de l'épinette.

Leur ardeur pour les souffrances était si grande que souvent elle devenait cette folie sublime, dont parle l'Apôtre. Un jour, dit-on, après une fervente communion, elles se trouvèrent si embrasées du saint amour de Jésus souffrant et crucifié, qu'étant montées au théâtre ordinaire de leurs pieuses cruautés, elles firent rougir au feu une croix de fer et se l'appliquèrent, l'une après l'autre, sur les épaules, de sorte qu'elles pouvaient dire alors comme saint Paul : « Que personne ne nous fasse de la peine, car nous portons sur notre corps les stigmates de Jésus-Christ ».

Mais l'habile maîtresse n'ignorait pas que la plus excellente des mortifications est celle de la volonté. Aussi elle s'attacha particulièrement à l'établir dans le cœur de sa novice.

Il est d'usage, dans toutes les communautés, de laisser, pendant le noviciat, le voile noir aux novices qui ont été professes dans un autre ordre ; mais, sur la recommandation expresse des révérends pères Bénédictins qui gouvernaient la maison de Rambervillers, la mère Benoîte l'ôta à la sœur Mechtilde, pour le remplacer par le voile blanc. La novice se soumit avec une sainte joie à cette singularité mortifiante. On n'eut, d'ailleurs, égard au rang qu'elle avait tenu dans son premier ordre, que pour l'humilier davantage. On savait qu'elle avait plus commandé qu'obéi depuis son entrée en religion, on soumit donc son obéissance à des épreuves incessantes ; mais jamais il ne fut possible de la trouver en défaut. Elle montrait un saint empressement, une sainte avidité à remplir les ordres de ses supérieurs et les moindres prescriptions de la règle. Recherchant tout ce qui pouvait la rabaisser, d'elle-même elle se trouvait toujours aux occupations les plus humbles et les plus pénibles du monastère. On l'employa à la lessive, au jardin, à la cuisine, et, plus d'une fois, on lui fit écurer la vaisselle, porter le bois et le fumier. On la voyait aider avec empressement les sœurs converses dans leur travail. En sa compagnie, tout semblait facile ; car elle répandait autour d'elle comme une atmosphère de joie et de sérénité.

La mère Benoîte épiait en vain l'occasion de la reprendre, elle ne trouvait presque jamais de fautes dans une vie si parfaite ; c'est pourquoi elle se voyait obligée de lui en supposer, et de lui en faire porter la peine comme si elles eussent été effectives. Ce qui donna lieu à la communauté d'admirer en mille circonstances l'éminente vertu de la sœur Mechtilde.

Aux épreuves que lui fit subir sa prudente et sainte maîtresse, Dieu lui-même ajouta d'autres afflictions mesurées aux grands desseins qu'il avait sur elle. Pendant son noviciat, la sœur Mechtilde fut tourmentée de scrupules qui la tinrent longtemps dans de mortelles angoisses. Dans le trouble de son âme, elle s'agitait haletante comme un malade sous les étreintes de la fièvre, sans pouvoir trouver aucun repos: Dans sa détresse, elle s'adressa à Celle que l'on a si bien nommée le Salut des infirmes, et la miséricordieuse intervention de Marie lui fit enfin recouvrer le calme et la paix.

Lorsqu'arriva la fin de son noviciat, la sœur Mechtilde fut unanimement admise à la profession, et elle s'y disposa par un redoublement de ferveur. Le 11 juillet 1640, fête de la translation des Reliques de saint Benoît, elle prononça ses vœux. Elle était âgée de vingt-cinq ans.

Elle-même nous a conservé l'expression des sentiments que la grâce lui inspira quand on l'eut recouverte du drap mortuaire.

Ecoutons avec respect ses admirables paroles, elles sont le programme fidèle de toute sa vie : « Qui me donnera, dit-elle, d'être tellement morte et crucifiée au monde, que le monde et toutes les choses terrestres me soient une véritable croix ! Je veux être désormais si profondément abîmée dans le sentiment de mon néant, de mon abjection, de ma misère, que je me tienne toujours, le reste de ma vie, comme sous les pieds de toutes les créatures. Que l'estime des hommes, tous les égards qu'ils pourraient me rendre, me soient comme un enfer. Que je sois tout à fait hors de leur affection et de leur idée même. Je sens que je dois, aussi je le veux, vivre dans un tel éloignement de tout ce qui peut donner vie à mes sens et à mon propre esprit, que toute ma vie soit une véritable mort. Je me voue à la grâce et à la puissance de Jésus-Christ, pour entrer et demeurer invariablement, le reste de mes jours, dans ces sentiments. »

Après la cérémonie, elle se prosterna aux pieds de Jésus en croix, et, inspirée par le même désir d'anéantissement, elle dit à ce doux Sauveur : « Mon âme ressent toujours, ô mon Dieu ! quelque agitation, quelque trouble, tant qu'elle n'est point dans la plus profonde abjection, autant du côté de moi-même que du côté des créatures. Toute autre situation m'est étrangère, parce que c'est la seule où je dois être ; aussi fait-elle tout mon repos, toute ma joie. Tirez-moi donc de mon être, ô mon Seigneur et mon Dieu ! et mettez-moi en opprobre dans le silence de l'anéantissement. Il n'y a que vous qui sachiez ce qui se passe en votre esclave : il me suffit que vous le connaissiez. Achevez votre ouvrage, et qu'il soit fait en moi selon toute l'étendue de vos desseins éternels. »

Marie qui avait donné des marques particulières de son amour à la jeune religieuse, dans toutes les grandes circonstances de sa vie, lui fit aussitôt connaître que sa prière était exaucée. « Je crus voir, écrit la mère Mechtilde, cette auguste Mère me présenter son divin Fils ; puis elle sembla se retirer, laissa Jésus prendre sa place, et se tint comme cachée derrière Lui. — C'est Lui, dit-elle, qui agira dorénavant, car je ne reçois les âmes que pour les Lui donner ». Dès ce jour, notre mère ne vit plus la sainte Vierge que comme à travers Notre-Seigneur, et elle comprit très-clairement que tout ce qui se fait en l'honneur de la Mère retourne au Fils comme à sa source.

« Selon mon expérience, écrivait-elle encore, il faut commencer par la Mère ; elle-même nous conduit à son Fils ; et qui a plus de zèle et de pouvoir pour le faire connaître et le produire en nous, que Celle qui l'a conçu par l'opération de l'Esprit-Saint ? La très-sainte Mère de Dieu ne manque jamais d'unir très-intimement l'âme à Jésus-Christ ; elle ne peut retenir aucune créature pour elle-même, nécessairement elle rapporte à son Fils tout ce qui s'attache et s'unit à elle. »

CHAPITRE IX

LA MÈRE MECHTILDE A SAINT-MIHIEL.

1640-1641

L'unique désir de la mère Mechtilde, en entrant à Rambervillers, était d'y vivre ignorée et de s'y consumer comme un holocauste, dans le silence de la retraite et les rudes exercices de la pénitence. Mais Dieu avait d'autres desseins sur elle ; et notre vénérable mère était sur le point de reprendre cette vie errante que nous lui avons vu mener depuis son entrée en religion.

La ville de Rambervillers, que les évêques de Metz possédaient depuis 1661, bien que placée sous la protection de la France, n'en avait pas moins souffert des désastres de la guerre. Charles IV en avait fait le siége, en 1632, avec une armée de 30,000 hommes, commandée par les plus grands généraux de l'Europe, Gassion, Jean de Werth, Merci et Piccolomini. Obligée de capituler, après quatre jours d'une héroïque défense, elle n'avait évité le pillage qu'à prix d'argent. Reprise quelques mois plus tard par les Suédois, elle avait été mise à sac et dépouillée de la plus grande partie de ses richesses. Elle venait de retourner entre les mains du duc, par une composition onéreuse. Bientôt la guerre se ralluma de toutes parts, et la misère devint affreuse. Les Bénédictines, déjà très-pauvres, se trouvèrent en peu de temps réduites à un extrême dénûment. Après avoir vendu leur argenterie et leurs meilleurs meubles, elles tentèrent d'emprunter ; mais ce fut en vain. La licence augmentait avec la famine; on parlait d'un nouveau siége; tout était à craindre pour elles. Dans ces tristes circonstances, elles reçurent de leurs supérieurs un ordre exprès de se séparer. Mais où se retirer? A qui s'adresser? Notre vénérée mère devint la providence de la communauté de Rambervillers, comme elle avait été celle de la communauté de Bruyères. Elle avait conservé quelques connaissances à Saint-Mihiel, dans le diocèse de Verdun [1]. Une demoiselle de cette ville l'invita à venir la

---

[1] La ville de Saint-Mihiel a pris son nom d'une célèbre abbaye de Bénédictins, dédiée à Saint-Michel, fondée, en 709, par le comte Vulfoade.

trouver. Son départ fut aussitôt décidé. Elle se mit en route au mois de septembre 1640, avec la mère Benoîte et la mère Anne-Bernardine qu'on lui donna pour compagnes. Quelques femmes pieuses, par attachement et par vénération pour nos saintes religieuses, tinrent à honneur de leur faire cortége. Elles partirent à pied, passant par Gerbervillers, situé à cinq ou six lieues de Rambervillers ; elles devaient y joindre un convoi qui leur servirait à défaut du coche que les guerres empêchaient de marcher.

La disette qui désolait ce pays était si grande qu'elle se faisait sentir aux animaux mêmes. Les plus féroces, devenus furieux par la faim qui les chassait de leurs forêts et de leurs montagnes, venaient jusque dans les villages et aux portes des villes, dévorer tout ce qu'ils rencontraient. Nos voyageuses approchaient de Gerbervillers, lorsqu'elles aperçurent quatre loups affamés qui accouraient à elles les yeux enflammés et la gueule béante. Une frayeur subite s'empara des compagnes de la mère Mechtilde. Demi-mortes de peur, elles n'osaient ni avancer, ni reculer ; mais notre mère, animée d'une foi sublime, conserve toute sa force. Par une inspiration soudaine, elle saisit son crucifix ; le tenant à la main, et suivie de la mère Benoîte, elle s'avance avec intrépidité vers ces bêtes farouches qui s'arrêtent, hésitent, prennent la fuite, et s'enfoncent dans la forêt. Nos courageuses mères y pénètrent elles-mêmes, en fouillent les différentes voies, et reviennent rassurer leurs compagnes.

La protection de Dieu les accompagnait visiblement

dans toutes leurs démarches. Des soldats, pires que des loups, rôdaient dans la campagne et la forêt. Tous ceux qui allèrent ce jour-là par le chemin qu'avaient suivi nos vénérables mères, furent insultés ; elles seules furent épargnées.

La ville de Saint-Mihiel où elles arrivaient, avait aussi beaucoup souffert des désastres de la guerre ; et, dès 1635, elle avait été réduite à un état dont elle devait se ressentir longtemps.

Louis XIII, irrité des variations continuelles de Charles IV, était venu cette année en faire le siége en personne. La place avait opposé une vive résistance, et on avait osé pointer et tirer le canon contre le carrosse royal. Une roue avait été fracassée et quelques officiers qui étaient à la portière avaient été tués. Profondément indigné, Louis XIII se montra intraitable. Les murailles de la ville et du château furent rasées, et les bourgeois condamnés à payer cinquante mille écus d'or pour racheter leurs vies et leurs biens. Le paiement de cette exorbitante contribution qui fut exigée avec la plus grande rigueur, avait épuisé toutes les fortunes et pour longtemps endetté la ville.

Les fugitives n'en furent pas moins accueillies avec beaucoup de bienveillance, et la mère Mechtilde y ménagea tout si heureusement qu'elle eut bientôt un hospice [1]. Une fois dans ce refuge, elle obtint la permission d'avoir une chapelle ; et, dès lors, nos trois religieuses,

---

[1] On appelait, au XVIIe siècle, hospice (lieu où l'on reçoit l'hospitalité), ou refuge (lieu où l'on se retire pour être en sûreté), un petit couvent où se retiraient pendant la guerre, les religieuses ou les religieux des monastères bâtis dans la campagne.

s'enfermant dans leur petite maison comme dans un cloître, résolurent, malgré leur extrême pauvreté, d'y demeurer pendant quelque temps, espérant qu'il plairait à la divine Providence de leur donner les moyens de retourner dans leur monastère. Elles continuèrent à suivre leur règle avec la plus grande ponctualité, se levant même à minuit, comme à l'ordinaire, pour dire leur office. Elles firent plus : pour reconnaître les soins et les bons offices des magistrats, elles ouvrirent une école où elles instruisirent les filles. Telle fut la vénération que leur attirèrent leur dévouement et la sainteté de leur vie, que les personnes qui entouraient leur modeste refuge, semblèrent oublier leur propre détresse pour venir au secours de leur infortune ; et plusieurs d'entre elles allèrent jusqu'à prendre sur leur nécessaire les aumônes qu'elles leur faisaient.

La misère était grande en ce lieu, et il en était ainsi dans toute la Lorraine. La guerre et la peste qui, depuis 1629, ravageaient ce malheureux pays, avaient amené une famine générale. Les populations des campagnes étaient décimées et négligeaient la culture de leurs champs ; on ne voyait de toutes parts que des terres en friche et couvertes d'épines ; plus de semailles et par conséquent plus de récoltes. Le peu de blé que quelques laboureurs, s'attelant eux-mêmes à la charrue faute de chevaux, confiaient à la terre, était à peine mûr, qu'il devenait la proie des soldats qui occupaient les places fortes, ou des brigands que recélaient les châteaux abandonnés. La misère était à son comble. On s'estimait heureux d'avoir à manger du sarrasin ou même du chènevis pur. Les fruits sauvages, les racines, les glands, se vendaient communément sur les marchés pour servir à la nourriture de l'homme. Les bêtes mortes étaient recueillies avec soin ; et quand on trouvait des chevaux ou des chiens à la voirie, on y courait pour en avoir quelques morceaux. Les choses en vinrent au point que les hommes se mangèrent entre eux. Les horreurs du siége de Jérusalem furent renouvelées et dépassées. « On vit des mères s'associer ensemble pour manger tour à tour, et réciproquement, le fruit de leurs entrailles ; des jeunes filles assassiner des nouveaux-nés pour se repaître de leurs cadavres ; et une jeune femme tuer et manger sa propre mère ! » La pauvreté était universelle. Pendant qu'une multitude de mendiants, hâves, affreux, défigurés, couverts de haillons, erraient par les villes et les villages, ramassant d'ignobles débris dont ils faisaient leur pâture, et paissant parfois, comme les animaux, l'herbe des champs, ceux qui, jadis, jouissaient d'une honnête aisance, les nobles eux-mêmes, retenus par la honte, mouraient de faim dans leurs demeures dévastées. Les prêtres, dont la conduite fut toujours admirable dans ces temps désastreux, étaient contraints, après avoir vendu les vases sacrés de leurs églises pour nourrir leurs paroissiens, d'abandonner leurs postes et d'aller mendier avec eux. La cloche destinée à appeler la charité publique à leur secours, sonnait presque sans interruption dans les monastères de religieuses cloîtrées ; mais la charité épuisée était sur le point de ne pouvoir plus lui répondre.

Pendant que la malheureuse Lorraine râlait sous les étreintes de la guerre, de la peste et de la famine, que faisait le duc Charles ? Il dépensait follement, au dehors, des sommes immenses prélevées sur la misère de ses sujets.

L'heure de la miséricorde, cependant, était venue. A Paris, vivait un pauvre et humble prêtre, de naissance obscure, sans aucun de ces talents qui éblouissent le vulgaire, dénué de ces honneurs qui, parfois, remplacent le mérite ; une foi ardente et une immense charité étaient ses seules richesses. Cet homme était bienfaiteur du monde entier ; il enseignait les ignorants et il arrachait les hérétiques à leurs erreurs ; il réformait le clergé ; les premiers pasteurs sollicitaient ses conseils ; et il était le confesseur des rois. Vénéré des grands, il était béni du peuple. Les malheureux le nommaient leur soutien, les malades leur consolateur, les vieillards leur refuge, et les orphelins leur père.

Sous ses pas, les monuments de bienfaisance et les institutions utiles semblaient naître comme par enchantement. Il s'appelait lui-même le petit prêtre, le pauvre prêtre ; on le connaissait sous le nom de M. Vincent ; et nous l'honorons aujourd'hui sous le vocable de saint Vincent de Paul.

Dès que M. Vincent fut informé des maux qui désolaient la Lorraine, il s'empressa de recueillir partout des offrandes. Il envoya dans ce malheureux pays douze de ses missionnaires auxquels il adjoignit quelques frères de sa Congrégation, qui avaient des secrets contre la peste et connaissaient la médecine et la chirurgie.

Ces anges de paix étant arrivés à Saint-Mihiel, leur supérieur, M. Guérin, dont il suffit de dire, pour en faire l'éloge, qu'il était digne de son maître, rendit visite à nos bonnes religieuses. Il les trouva réduites à la dernière indigence. Le peu de meubles qu'il y avait dans leur petite maison, étaient dans un délabrement extrême. Leurs vêtements ne se composaient que de lambeaux. Pâles et amaigries, elles portaient les marques des longues privations qu'elles avaient souffertes ; et, cependant, un rayon de douce joie illuminait leurs visages et témoignait le bonheur dont elles jouissaient. « Nous souffrions une grande pauvreté, a écrit la mère Mechtilde sur son séjour à Saint-Mihiel, mais je ne puis dire le contentement où nous étions. Que l'on a bien raison de répéter que, moins on a du côté des créatures, plus on trouve du côté de Dieu. Dans le dénûment absolu de toutes les choses nécessaires à la vie, Notre-Seigneur nous dédommageait avec tant de bonté, qu'il nous semblait n'avoir rien à souffrir. Pour moi en particulier, je puis dire que j'étais tellement inondée de consolations, que je me trouvais quelquefois obligée de supplier notre bon Maître de vouloir bien les modérer. Nous vivions dans une grande paix et une parfaite union, suivant toutes nos observances comme si nous avions été dans notre monastère. » M. Guérin fut édifié de tout ce qu'il vit et entendit, et il conçut tant d'estime pour la vertu de nos refugiées, qu'il forma aussitôt le dessein de leur venir en aide d'une manière plus efficace.

Un peu plus tard, rappelé à Paris par son général, il vint leur faire ses adieux, et leur communiqua la pensée où il était de proposer à Mme l'abbesse de Montmartre et à plusieurs autres abbesses, de prendre dans leurs maisons quelques-unes d'entre elles, et de les y garder jusqu'à la cessation des guerres en Lorraine. Il avait l'espoir d'en placer au moins neuf. En conséquence, il leur conseilla de faire venir à Saint-Mihiel le nombre de religieuses spécifié par l'ordonnance du grand vicaire de Toul. Heureuses de trouver un asile, la mère Mechtilde et ses compagnes accueillirent avec reconnaissance les offres qui leur étaient faites. La mère Bernardine fut aussitôt mandée ; et elle arriva, avec huit de ses plus jeunes filles, vers les fêtes de Pâques, 1641. Elles se logèrent comme elles purent dans leur étroite demeure, en attendant le moment de la séparation. A la veille de se quitter, toutes prirent un nom qu'elles choisirent chacune suivant sa dévotion.

Voici quels étaient les membres de cette petite famille dont la mère Bernardine était la mère, la mère Mechtilde la providence, et qui allait se disperser sans savoir si l'on se reverrait jamais : la mère Bernardine de la *Conception*, la mère Angélique de la *Nativité*, la mère Gabriel de l'*Annonciation*, la mère Scholastique de l'*Assomption*, la mère Anne-Bernardine de la *Présentation*, la mère Dorothée de *sainte Gertrude*, la mère Magdeleine de la *Résurrection*, la mère Louise de l'*Ascension*, la mère Alexis de *Jésus*, la mère Jeanne de la *Croix*, la mère

Mechtilde du *Saint-Sacrement* et la mère Benoîte de la *Passion*. Cette dernière fut aussitôt renvoyée à Rambervillers, comme sous-prieure. Mme de Livron, abbesse et réformatrice de la célèbre abbaye de Juvigny, avait demandé deux religieuses : les mères Jeanne de la Croix et Alexis de Jésus lui furent envoyées. Leur piété et leurs qualités éminentes leur attirèrent bientôt les sympathies et l'admiration de la communauté qui les reçut. Elles s'y associèrent par la suite et occupèrent les emplois les plus considérables.

La lettre promise par M. Guérin arriva : en la lisant, grand dut être l'étonnement de nos saintes religieuses. M. Guérin leur écrivait de ne pas compter sur ce qu'il leur avait annoncé. De retour à Paris, son premier soin avait été d'aller voir Mme l'abbesse de Montmartre ; il lui avait exposé, dans les termes les plus touchants, la situation de la communauté de Rambervillers. Il n'avait oublié aucun des motifs les plus capables de l'attendrir en leur faveur : leur malheur, dont elles ne pouvaient en aucune façon être accusées ; leur vertu, que la misère avait rendue plus héroïque et plus pure ; les relations que la profession d'une même règle rendaient plus étroites entre elles et les religieuses de Montmartre. L'abbesse, touchée de l'infortune qu'on lui exposait, avait offert de la soulager par quelques secours, mais elle n'avait voulu s'engager à rien de plus. En vain l'homme de Dieu avait employé les instances, les supplications et les larmes. L'abbesse avait persisté à répondre qu'elle savait combien des religieuses étrangères causent ordinairement de désordre dans une maison ; on ne manque jamais de prodiguer toutes sortes d'éloges à celles qu'on y propose ; mais, à l'épreuve, il y a toujours à rabattre ; il pouvait, à la vérité, y avoir une exception en faveur des filles dont on lui parlait ; mais elle n'osait, ou plutôt elle ne voulait absolument pas en courir les risques ; après tout, il valait mieux ne pas se charger des personnes, que de se trouver ensuite dans la nécessité de s'en délivrer ; et enfin, elle avait fait une espèce de serment de n'en recevoir jamais dans sa communauté.

Cette réponse affligea, mais n'abattit point le courage de celles qu'on délaissait ainsi. L'abandon à la divine Providence, dans lequel elles vivaient depuis si longtemps, leur fit accepter avec résignation cette nouvelle épreuve. Elles prirent le parti, dans leur malheur présent, de s'adresser à une protectrice dont jamais on n'invoque en vain le secours.

CHAPITRE X

PÈLERINAGE A BENOÎTE-VAUX. — LA MÈRE MECHTILDE DU SAINT-SACREMENT A MONTMARTRE.

1641-1642

A cinq lieues environ de Saint-Mihiel, en remontant vers la ville de Verdun, et en s'écartant un peu à gauche du cours de la Meuse, se trouve une vallée entourée de taillis épais qui présentent, à leurs lisières, une multitude de chemins et de sentiers aboutissant à une gracieuse chapelle, coquettement assise au flanc de l'une des collines environnantes.

Cette vallée, aujourd'hui si riante, n'était, au XIe siècle, qu'une immense forêt peuplée d'animaux sauvages. Elle s'appelait Martin-Han (maison de Martin), à cause d'une cabane bâtie en ce lieu par le premier homme venu pour l'exploiter.

Or, un soir, pendant que tout se taisait en cette sombre vallée, des bûcherons qui venaient de rentrer dans leur pauvre réduit, entendirent près d'eux des voix qui chantaient. Ils sortirent et s'approchèrent : « *Ave Maria ! Ave Maria ! Ave Maria !* Je vous salue, Marie ! » répétaient ces voix ; et elles étaient si douces, leur chant si pur, leur harmonie si suave, qu'il parut, à ceux qui les entendaient, que, sur la terre, on ne pouvait chanter ainsi. Attirés par le charme de ces voix séraphiques, ils s'avancent encore. Soudain le chant cesse ; mais, ô merveille ! ils aperçoivent, dans les racines d'un arbre renversé, la statue de Notre-Dame, que les célestes chanteurs y avaient sans doute déposée. Transportés de joie à cette vue, ces hommes simples et bons tombent à genoux, et redisent, avec une foi naïve et forte, les paroles des Anges : « *Ave Maria!* » Revenus de leur première émotion, ils dressent un piédestal, y placent, comme sur un trône, Celle qui venait de prendre possession de ces lieux d'une si merveilleuse façon, et la couronnent d'une guirlande de feuillage.

Notre-Dame vit bientôt accourir de tous côtés de nombreux pèlerins. Des miracles sans nombre s'opérèrent au pied de sa statue, et la reconnaissance du peuple changea peu à peu le nom de Martin-Han, en celui de Benoîte-Vaux, Vallée-Bénie.

Un ermite vint y fixer sa demeure ; un autre, qui était prêtre, lui succéda ; et il recueillit, dans les contrées environnantes, des offrandes volontaires pour élever un sanctuaire à la Reine du Ciel. De ce sanctuaire, Marie se plut à répandre sur ses visiteurs des grâces plus abondantes encore que par le passé ; et le pèlerinage de Notre-Dame de Benoîte-Vaux, confié par la suite aux RR. PP. Prémontrés, était devenu, au XVIIe siècle, l'un des plus fameux et des plus fréquentés de Lorraine.

C'est à cette Mère si douce et si bonne que les pauvres religieuses délaissées, de Saint-Mihiel, résolurent d'avoir recours. Elles dressèrent une sorte de requête que toutes signèrent, par laquelle ces pieuses filles demandaient : 1° de bien connaître la volonté de Dieu ; 2° d'être préservées des insultes des gens de guerre ; 3° de fléchir en leur faveur, le cœur de quelque bonne abbesse. La mère Mechtilde du Saint-Sacrement, la mère Scholastique de l'Assomption et la mère Louise de l'Ascension, furent chargées d'aller la présenter, au nom de la communauté. Elles partirent à pied, le premier jour d'août 1641.

Lorsqu'elles furent arrivées, elles remirent leur supplique à un religieux Prémontré qui la déposa sur l'autel. Prosternées aux pieds de Marie, nos ferventes voyageuses passèrent toute la nuit à implorer sa protection. Elles entendirent la sainte messe dès quatre heures du matin, le second jour d'août, fête de Notre-Dame des Anges, et elles reçurent la sainte communion. Rassemblant alors toute leur ferveur, elles recommandèrent de nouveau à la divine Vierge les besoins de leur communauté.

Lorsqu'elles rentrèrent à Saint-Mihiel, les grâces divines dont elles avaient été inondées, semblaient les avoir transfigurées. Il y avait en elles quelque chose de si admirable, de si surprenant, de si divin, qu'on ne pouvait se lasser de les considérer. Toutes avaient reçu des grâces particulières. Quelques paroles échappées à la mère Mechtilde ont fait croire plus tard à ses compagnes que Dieu lui avait révélé, à Benoîte-Vaux, les desseins qu'il avait sur elle.

Quoi qu'il en soit, peu de jours après la rentrée de ces saintes filles, un homme pauvrement vêtu, tenant un bâton à la main et portant sur le dos une besace, frappait à la porte du petit refuge de Saint-Mihiel. A première vue, on l'eût pris pour un *gueux* venant demander l'aumône ; mais, en le considérant plus attentivement, on voyait tant d'intelligence et de bonté dans son regard, une si grande modestie dans son maintien, que l'on se sentait pour lui une sorte de vénération. Cet homme n'était point, en effet, un mendiant vulgaire. Il avait déjà, à cette époque, apporté à la malheureuse Lorraine plusieurs centaines de mille francs dans sa besace rapiécée. C'était le commissionnaire de M. Vincent ; on l'appelait Mathieu Renard.

Que pouvait-il apporter, sinon de bonnes nouvelles? Ayant mandé la prieure, il lui dit, sans aucun préambule : « Ma mère, je viens prendre deux de vos religieuses pour les mener à Montmartre. J'ai ordre de cela, et de quoi payer le voyage, que madame la duchesse d'Aiguillon m'a donné en main ».

L'étonnement de la prieure et de sa communauté fut grand, et plus grande encore fut leur reconnaissance. Toutes remercièrent Dieu du revirement inattendu qui s'était fait, à leur égard, dans le cœur de madame l'abbesse de Montmartre. Que s'était-il donc passé? Elles ne tardèrent pas à l'apprendre.

Pendant que la mère Mechtilde et ses deux compagnes priaient à Benoîte-Vaux, l'illustre abbesse de Montmartre s'éveillait en sursaut et appelait deux de ses religieuses, la mère Agnès de Chaulnes et la sœur Saint-Gatien, qui couchaient dans sa chambre, parce qu'elle était malade. Elle leur disait avec épouvante qu'il lui semblait voir la très-sainte Vierge et son divin Fils, tous deux lui reprochant le refus qu'elle avait fait de recevoir les pauvres religieuses de Rambervillers, et la menaçant de lui en demander un compte rigoureux, si elles venaient à périr : « Volontiers, ajoutait-elle, je les recevrais ; mais je crains que la communauté n'y veuille pas consentir. » Le jour arrivé, sans qu'elle eût pu se rendormir tant elle était troublée, elle avait réuni les principales religieuses du monastère, et proposé de recueillir deux des réfugiées de Saint-Mihiel. D'une seule voix, toutes s'étaient écriées qu'il fallait exécuter la volonté de Dieu ; et Mme de

Montmartre s'était empressée de faire connaître sa résolution à M. Guérin. Toutefois, elle lui demandait la liste de nos religieuses, afin de choisir celles qui lui agréeraient le plus. Précaution inutile, puisqu'on ne peut juger du mérite d'une personne sur la seule connaissance de son nom; mais Dieu avait ses desseins. Il arriva que cette liste, ayant été présentée à l'abbesse, elle choisit la mère Mechtilde du Saint-Sacrement, laissant l'autre au choix de la prieure.

Ce fut le 21 du mois d'août qu'eut lieu le départ de notre vénérable mère. La mère Louise de l'Ascension lui fut donnée pour compagne. Elles firent la sainte communion, reçurent la bénédiction de la mère prieure, et demandèrent le pardon ordinaire à toute la communauté. On les conduisit ensuite à la principale église de Saint-Mihiel, pour adorer le très-saint Sacrement, et il fallut enfin se quitter. Jamais séparation ne fut plus tendre. « Tout ce qu'on pourrait se figurer de la douleur dont nous fûmes pénétrées, dit la mère Mechtilde, ne se saurait exprimer. La seule volonté de Dieu nous y fit résoudre, dans l'espérance que la très-sainte Vierge qui commençait à nous appeler en France, nous y réunirait toutes un jour. L'adieu ne se fit pas sans verser beaucoup de larmes. » Il est vrai qu'il eût été difficile de trouver une communauté plus liée d'une sainte et étroite union, que ne l'était cette petite communauté de Rambervillers.

La mère Mechtilde du Saint-Sacrement et la mère Louise de l'Ascension passèrent par Chalons, en Champagne, où se trouvait une maison de leur ordre.

L'accueil qu'elles reçurent fut des plus empressés, et elles eurent peine à quitter ce monastère, où plusieurs religieuses étaient favorisées de grâces insignes. Elles arrivèrent à Paris le 29 ; mais si tard que, ne pouvant aller le même jour à Montmartre, le frère Mathieu les conduisit chez Mlle le Gras, fondatrice et première supérieure des sœurs de la Charité. Cette vertueuse dame, l'une des plus grandes et des plus saintes âmes du XVIIe siècle, l'auxiliaire assidue de saint Vincent de Paul, les reçut avec distinction et charité. Le lendemain, M. Guérin vint les prendre et les présenta à son saint supérieur dont elles eurent le bonheur de recevoir la bénédiction. Elles furent ensuite conduites à Montmartre.

L'abbesse de ce monastère, était Mme de Beauvilliers, femme de beaucoup de vertu et de mérite. Elle avait pris possession de son abbaye, en 1598. Depuis lors, elle n'avait cessé de consacrer tous ses efforts à la tirer du triste état dans lequel elle l'avait trouvée, sous le rapport spirituel et temporel. Sa douceur, sa piété, son courage, son habileté, avaient triomphé de tous les obstacles ; et, au moment où arriva la mère Mechtilde du Saint-Sacrement, son monastère était dans l'état le plus prospère.

On fit à cette bonne mère, ainsi qu'à sa compagne, une réception très cordiale. L'abbesse s'efforça, par ses amabilités, de réparer tout ce que son refus avait eu de désagréable. Ses filles rivalisèrent avec elle de prévenances. Ces pauvres religieuses qui leur arrivaient de Lorraine, n'étaient-elles pas des sœurs envoyées par

Dieu lui-même ? Une heure s'était à peine écoulée, que les exilées se sentaient chez elles. Dès leur arrivée, leurs pauvres vêtements furent remplacés ; et parmi leurs nouvelles sœurs, c'était à qui leur apporterait un objet de toilette.

Quelques semaines après son arrivée à Montmartre, notre vénérable mère écrivait ainsi ses impressions à sa chère mère Benoîte de la Passion : « Je vous ai déjà souhaitée plus de mille fois en ce saint lieu où je suis. O Dieu ! que vous auriez de consolations, ou plutôt de saintes appréhensions de marcher sur une terre arrosée et trempée du sang du saint martyr saint Denis, ce grand maître de la théologie mystique. Il faudrait un volume pour vous dépeindre la dignité du lieu et la sainteté qui s'y trouve ; il y a grande quantité de saintes reliques et des corps saints tout entiers ; et, s'il existe un paradis en terre, je puis dire que c'est Montmartre, où les vertus se pratiquent en perfection et où notre sainte règle est gardée dans une observance très exacte. Je sais que vous avez été autrefois dans la pensée que la réforme n'y était pas. Je vous puis assurer et protester qu'elle est si parfaitement pratiquée par les saintes religieuses de ce lieu, que cela ravit d'admiration, et je vous supplie d'en louer et remercier notre bon Dieu ».

Comme on le voit, la mère Mechtilde appréciait tout le prix de sa nouvelle retraite, mais son bonheur était loin d'être complet. Le contraste de l'abondance dans lequel elle se trouvait, avec l'extrême pauvreté dont souffraient ses sœurs de Saint-Mihiel, était sans cesse présent à ses yeux et remplissait son âme de tristesse. Au réfectoire surtout, malgré les prévenances dont on la comblait, elle se montrait désolée. On avait beau lui présenter ce qui pouvait le plus lui agréer, elle ne mangeait pas, ou ne mangeait qu'en pleurant. Et comme on la pressait un jour de dire ce qui lui faisait peine : « Hélas ! répondit-elle, comment pourrais-je me réjouir de me voir tant à mon aise, moi qui sais que mes sœurs dont je suis séparée, n'ont peut-être pas à présent de pain ». Ses larmes et ses sanglots l'empêchèrent d'en dire davantage.

Mme l'abbesse fut aussitôt avertie : la douleur de notre mère la toucha jusqu'aux larmes. Elle la fit venir, et, après avoir entendu de sa bouche le sujet de sa tristesse : « Allez, ma sœur, lui dit-elle, allez de ce pas écrire à vos sœurs de venir vous rejoindre. Je ne veux pas que Dieu me reproche un jour leur misère et leurs larmes. Nous ferons ce que nous pourrons : qu'elles viennent, la Providence y pourvoira... » M. Guérin fut mandé ; et, de concert avec Mme de Montmartre, il écrivit à plusieurs abbesses de l'ordre de saint Benoît, pour les prier de recevoir dans leur maison quelques-unes de ces saintes filles.

Le frère Mathieu Renard partit de nouveau pour Saint-Mihiel, afin d'en ramener les sept religieuses qui y étaient restées. La mère Scholastique de l'Assomption et la mère Gabriel de l'Annonciation s'arrêtèrent à Jouarre. Les mères Magdeleine de la Résurrection et Angélique de la Nativité, après un très court séjour à Paris, partirent pour l'abbaye de la Sainte-

Trinité de Caen. L'abbaye de Saint-Cyr, près Paris, donna l'hospitalité à la mère Anne-Bernardine de la Présentation et à la mère Dorothée de Sainte-Gertrude. Quant à la mère Bernardine de la Conception, elle fut retenue à Montmartre.

Afin de témoigner sa reconnaissance à la maison qui l'avait généreusement accueillie, la mère Mechtilde chercha à se rendre utile. Comme elle excellait en toute espèce d'ouvrages, sa gratitude se prouva même au delà de ses désirs : on mit, à utiliser ses talents, une sorte d'indiscrétion ; son travail devint bientôt si assidu que sa santé en fut altérée, et elle tomba dans un état de langueur, d'autant plus dangereux, qu'elle s'obstina à le cacher. Son courage la soutenait. Quelque amitié qu'on eût pour elle, on ne pouvait soupçonner ce qu'elle souffrait, en la voyant, non-seulement suivre le train ordinaire de la communauté, mais donner l'exemple de la plus stricte régularité, même aux plus régulières et aux plus ferventes. On n'avait donc garde de penser à lui procurer les remèdes nécessaires. Le manque absolu de tout secours entrait dans le plan de la Providence ; et cela lui suffisait.

Cependant sa vertu et celle de ses sœurs, qui leur avait attiré l'admiration des religieuses de Montmartre, ne tarda pas à répandre son éclat au dehors du monastère. Plusieurs personnes de considération et de grande piété, conçurent pour elles une affection si vive et un si ardent désir de les assister, qu'elles résolurent de les établir en hospice, afin qu'elles pussent s'y réunir avec les religieuses restées à Rambervillers. Nos vénérables mères répondirent avec d'autant plus de reconnaissance aux ouvertures qui leur furent faites en ce sens, que le désir de se trouver réunies était partagé par leurs sœurs dispersées. La mère Bernardine de la Conception était restée leur supérieure et elles continuaient à la regarder comme telle, sans préjudicier néanmoins à l'obéissance qu'elles reconnaissaient devoir aux abbesses et aux prieures des maisons qui avaient bien voulu les recevoir; mais toutes soupiraient après le moment où il leur serait donné de se rassembler sous l'autorité de leur bonne mère. On n'en conserva pas moins le secret le plus absolu sur ce dessein, par crainte de l'abbesse de Montmartre, et on attendit l'heure de la Providence.

CHAPITRE XI

LA MÈRE MECHTILDE DU SAINT-SACREMENT EN NORMANDIE.

1642-1643

Sur ces entrefaites, la mère Angélique de la Nativité étant tombée dangereusement malade, écrivit à la mère Bernardine de la Conception, lui témoignant le grand désir qu'elle avait de voir encore une fois, avant de mourir, sa chère sœur Mechtilde du Saint-Sacrement. La vénérable prieure qui portait à toutes ses filles la plus vive tendresse, ne devait évidemment pas refuser à la mourante la consolation qu'elle demandait. D'autre part, les religieuses qui étaient à Saint-Cyr n'y pouvaient rester, parce que l'abstinence n'y était point rigoureusement observée et que la communauté était divisée à leur sujet. En conséquence, on leur avait cherché d'autres asiles qu'on avait trouvés dans les maisons de Vignats et d'Almenèches, toutes deux situées non loin de Caen. Enfin, on venait d'offrir aux religieuses lorraines réfugiées à Montmartre, un hospice en Normandie ; et l'occasion de le visiter se présentait si favorable, qu'elle pouvait sembler providentielle. Personne n'était plus propre à remplir ces diverses missions que la mère Mechtilde. Son départ fut résolu ; mais le difficile était d'obtenir la permission de Mme de Montmartre. Cette abbesse s'était fortement attachée à notre vénérée mère et songeait même à l'associer à sa communauté. Aussi ce fut avec une vive répugnance qu'elle se rendit aux instances de la mère Bernardine de la Conception.

Enfin, quand elle eut obtenu son congé et reçu la bénédiction de l'abbesse et celle de sa supérieure, la mère Mechtilde sortit de cette sainte maison, le 7 août 1642. Les mères Anne-Bernardine de la Présentation et Dorothée de Sainte-Gertrude l'accompagnaient. Toutes trois logèrent chez la présidente de Margnon qui les reçut avec la plus grande bonté.

« La Providence pourvut abondamment aux frais du voyage. Notre mère avait donné jusqu'alors assez d'exemples de patience, de résignation, d'amour de la pauvreté et des souffrances ; Dieu voulut que, pour cette fois, elle n'en eût à donner que de désintéressement, de prudence et d'humilité. Une personne de piété, dont on ne nous a pas conservé le nom, lui avait déjà fourni ce qui lui était nécessaire pour aller jusqu'à Caen. Une autre, qu'elle ne connaissait pas, lui envoya, la veille de son départ, une bourse pleine d'or. Il semblait que ce fût un trait marqué de la Providence, surtout pour le dessein qui avait déterminé son voyage.

Elle allait chercher une malade à laquelle il fallait procurer un changement d'air et tous les soulagements nécessaires. La mère Mechtilde crut que ce serait faire injure à la Providence qui ne lui avait jamais manqué, que de se précautionner de si loin contre des besoins à venir et incertains. Elle pensa que le même Dieu qui fournissait aux nécessités présentes, pourvoirait dans le temps, avec la même bonté, à celles qui surviendraient, et elle refusa résolûment d'accepter le don qu'on lui offrait. Tout ce qu'on put obtenir d'elle, à force de sollicitations, ce fut qu'elle prît une seule pièce d'or, pour ne point paraître repousser absolument la main bienfaitrice.

Le 10 août, fête de saint Laurent, elle prit avec ses compagnes le coche de Normandie. Une demoiselle qui venait de s'attacher à la mère Mecthtilde du Saint-Sacrement, et qui ne voulut plus la quitter, partit avec elles. Leur voyage se fit dans des conditions excellentes, et elles arrivèrent à Caen la veille de l'Assomption.

Mme Laurence de Budos, abbesse de la Sainte-Trinité, était l'une des religieuses les plus distinguées de son temps. D'une vertu consommée, d'une grande prudence et d'une énergie peu commmune, elle avait, bravant des obstacles qui semblaient insurmontables, introduit la réforme dans son monastère, et elle méditait le grand dessein d'y établir une régularité plus sévère que celle qui s'y pratiquait déjà. A une grande finesse d'esprit et à une délicatesse exquise de sentiments, elle joignait une rare perspicacité et comme une sorte d'instinct pour discerner le mérite des personnes qui l'approchaient. Dès le premier entretien qu'elle eut avec notre mère, elle devina ses éminentes qualités et ses admirables vertus. Elle conçut incontitent le dessein de la retenir et d'en faire son auxiliaire, en se déchargeant sur elle de tout le spirituel de sa maison. Elle lui fit en ce sens plusieurs propositions ; mais ses avances effrayèrent l'humilité de la mère Mechtilde qui la quitta au bout de dix jours, emmenant la mère Angélique de la Nativité pour se rendre avec elle et la demoiselle qui l'accompagnait, à l'hospice qui lui était offert.

Cet hospice se trouvait à Bretteville, dans la vallée de la Laize, près la forêt de Cinglais. On avait assuré à nos vénérables mères que l'air y était pur et qu'elles y seraient bien. Grand fut leur désappointement : la maison qu'on leur avait arrêtée n'était qu'une chaumière ouverte à tous les vents ; il ne s'y trouvait aucun meuble ; mais la longue pauvreté dont nos sœurs avaient eu à souffrir, les avaient rendues ingénieuses. Le four leur servit tout à la fois d'armoire de garde-robe et de garde-manger. Elles firent leur lit de quelques bûches sur lesquelles elles étendirent un peu de paille ; pas d'autre couverture que leurs vêtements ; et on était en automne. Pour comble de misère, ce réduit, plus pauvre que celui de Bethléem, se trouvait près d'un ruisseau qui débordait aux moindres pluies, et inondait tout ce qui se trouvait sur ses bords. Elles en furent averties par les habitants qui, pour tout secours, leur confièrent les clefs de l'église, afin qu'elles pussent s'y réfugier en cas d'alerte. Dans la crainte d'être surprises, la mère Mechtilde et la séculière qui l'accompagnait, se couchaient tour à tour. Lorsque l'une dormait, l'autre faisait le guet. La mère Angélique était si faible qu'elle ne se levait plus.

La Providence, en qui elle avait mis sa confiance, ne l'abandonna point. Un gentilhomme vertueux de ce pays, M. de Torp, lui offrit un asile et vint presque aussitôt la chercher, avec ses compagnes, pour les conduire dans l'une de ses maisons de campagne. Il ne s'en tint pas là. L'estime que notre mère lui inspira, l'engagea à lui offrir une petite maison située à Barbery, qu'il lui conseilla d'ériger en hospice. Elle s'y retira avec la mère Angélique et la séculière qui les servait : leur bienfaiteur et Mme de Montgommery, sa fille, leur fournirent, tout le temps qu'elles y demeurèrent, ce dont elles avaient besoin.

Il parut bientôt que Dieu lui-même avait amené la mère Mechtilde en ce lieu. Barbery était une abbaye de l'ordre de saint Bernard, gouvernée alors par dom Louis Quinet. Ce vénérable et savant religieux avait été nommé abbé, en 1638, par le cardinal de

Richelieu qui l'honorait de son estime. Dès son arrivée, malgré de vives résistances, il avait introduit la réforme et rétabli l'observance régulière. Intimement lié avec M. de Torp, il connut par lui la mère Mechtilde du Saint-Sacrement, et la mit en relation avec plusieurs pieux personnages, prêtres et laïques, dont il était l'ami. Nous ne citerons que M. de Bernières et M. l'abbé de Roquelaye. Au contact de ces saintes âmes, notre vénérable mère sentit s'accroître en elle la flamme de l'amour de Dieu qui la consumait, et l'on peut dire que, de cette fréquentation, elle reçut une impulsion nouvelle vers la vie parfaite.

Le premier service rendu par M. de Bernières à la mère Mechtilde du Saint-Sacrement, fut de solliciter et d'obtenir de Monseigneur de Bayeux la permission de faire dire la messe dans la petite chapelle de l'asile qui avait été donné par M. de Torp. Un père de l'abbaye de Barbery y vint célébrer chaque jour le saint sacrifice. Cette chapelle n'était qu'une modeste chambre qu'on avait partagée en deux, et dans la séparation de laquelle on avait pratiqué une ouverture, afin que nos religieuses pussent entendre la messe, se confesser et communier sans être obligées de sortir. Elles faisaient là leurs petits exercices et goûtaient le bonheur de leur chère solitude, avec un contentement qui ne se peut exprimer.

La maladie de la mère Angélique de la Nativité vint bientôt troubler ce bonheur. Son mal s'aggrava au point qu'elle fut abandonnée des médecins. Elle reçut les derniers sacrements, et attendit avec calme le moment de la mort. La mort n'est-elle pas le moment de la délivrance pour ceux qui, pendant leur vie, n'ont aspiré qu'à Dieu?

La mère Mechtilde soignait cette chère sœur avec une tendresse toute maternelle et ne cessait de prier pour sa guérison. Dieu fut touché de ses prières : la malade revint à la santé. Mais à peine était-elle en convalescence, que notre vénérée mère tombait à son tour ; les fatigues qu'elle avait endurées avaient fini par l'épuiser. La mère Bernardine de la Conception fut aussitôt avertie. On connaît l'amitié qui la liait à la mère Mechtilde du Saint-Sacrement, et il est facile de se faire une idée de son chagrin. Elle n'hésita pas : elle fit à la hâte ses préparatifs, et sollicita l'autorisation de partir.

L'abbesse de Montmartre ne se consolait du départ de notre mère que par la pensée qu'elle reviendrait bientôt. Le départ de la mère Bernardine, à laquelle elle la savait fort attachée, semblait lui enlever toutes les chances de la recouvrer ; aussi ne négligea-t-elle rien pour l'empêcher. Elle fit entrevoir que toutes ces maladies étaient des feintes, à l'aide desquelles on voulait la quitter. Elle descendit aux prières : elle supplia la mère Bernardine de rester, disant que la très-sainte Vierge ayant miraculeusement attiré les religieuses de Lorraine dans sa maison, elles en emporteraient avec elles tout le bonheur. La prieure insista doucement d'abord ; mais n'y gagnant rien, elle pria et pleura tant, elle remontra si vivement que sa chère sœur Mechtilde du Saint-Sacrement ne se guérirait jamais sans elle, que l'abbesse fut enfin forcée de lui accorder son congé. La mère Louise de l'Ascension accompagna sa prieure, et ainsi il ne resta plus à Montmartre aucune des réfugiées de Saint-Mihiel.

L'arrivée de la mère prieure causa une grande joie aux deux réfugiées de Barbery : « Je suis si aise de la venue de notre bonne mère, que je ne suis plus au monde, » écrivait alors la mère Mechtilde Elle put bientôt reprendre ses exercices religieux et ses occupations. Parmi ces dernières, il en était une qu'elle aimait entre toutes et à laquelle elle était merveilleusement propre. « Mon occupation, toutes les fêtes et tous les dimanches, depuis que je suis dans ce lieu, écrivait-elle à cette époque, c'est de faire le catéchisme aux femmes et aux filles de la paroisse. Elles s'y trouvèrent, dimanche dernier, au nombre de quatre-vingts. Je vous supplie de dire ces jours-là, à une heure après-midi, un *Veni Creator* à mon intention. Priez Notre-Seigneur qu'il daigne opérer lui-même dans ces pauvres âmes, dont la plupart ne le connaissent, ni ne l'adorent, ni ne le prient.... Voilà une œuvre bien utile, si Dieu m'en donne le talent ; demandez-le pour moi. » Ces entretiens portèrent d'excellents fruits, tant il était difficile de résister à la parole pleine de force et d'onction de notre vénérable mère.

CHAPITRE XII

LA MÈRE MECHTILDE DU SAINT-SACREMENT, A SAINT-MAUR-DES-FOSSÉS.

1643-1647

Pendant que notre vénérée mère jouissait avec une allégresse sans égale de la paix que lui avait ménagée la divine Providence, on s'agitait à Paris afin de l'y faire revenir. Le révérend père Bonnefonds, jésuite, était à la tête de cette pieuse coalition. Il lui écrivit au nom de Mme de Vallière, mère d'une sainte religieuse de Montmartre avec qui notre mère était en rapport d'amitié, pour lui offrir une maison spacieuse et toute meublée que cette dame possédait à Saint-Maur-des-Fossés ; il ne fallait point, disait-il, se préoccuper des frais qu'entraînerait l'appropriation, des personnes pieuses s'en chargeraient; on pouvait compter sur d'abondantes aumônes, et il exigeait une prompte réponse.

Fournir à la mère Mechtilde du Saint-Sacrement le moyen de réunir, en une seule maison, ses sœurs dispersées, c'était répondre au plus ardent de ses désirs et entrer, en même temps, dans les desseins secrets de la Providence. « Dans toutes ses oraisons, dit un pieux auteur, Dieu l'y excitait d'autant plus fortement qu'il voulait, par cette réunion, faire réussir le grand et mystérieux ouvrage auquel elle était destinée. » L'offre était avantageuse. Les amis de Barbery eux-mêmes, malgré leur grand désir de la conserver, durent le reconnaître ; et quand la mère Bernardine de la Conception et la mère Mechtilde proposèrent de venir à Paris, pour se rendre compte par elles-mêmes des offres qui leur étaient faites, M. de Torp les conduisit à Caen et se chargea de tous les frais jusqu'au terme de leur voyage. Ce ne fut pas sans larmes que cet ami généreux se sépara de celle qu'il se plaisait à appeler sa fille. « J'ai deux filles, aimait-il à dire, l'une naturelle et l'autre spirituelle ; mais si Dieu m'en demandait une des deux et qu'il la laissât à mon choix, je donnerais plutôt ma fille naturelle que ma fille spirituelle. »

Sa fille spirituelle le payait bien de retour. « Rencontrant dans votre lettre, lui répondait-elle quelques jours après leur séparation, rencontrant dans votre lettre que Dieu vous a donné ou planté une croix dans votre maison, je l'ai transplantée dans mon cœur, désirant qu'elle fleurisse en moi et qu'elle vous donne ses fruits et les mérites qu'elle peut attirer du ciel ; mais que toute son amertume soit ressentie de moi seule. »

Ce témoignage d'affection, si touchant et si délicatement exprimé, fut le dernier que M. de Torp reçut sur cette terre de la part de notre mère. Il mourut peu de temps après qu'elle fut arrivée à Saint-Maur.

Notre vénérée mère et la mère Bernardine de la Conception étaient à Paris au commencement de juin. Des amis du R. P. Bonnefonds se disputèrent l'honneur de leur donner l'hospitalité, en attendant qu'elles pussent entrer à Saint-Maur. L'attrait que la mère Mechtilde du Saint-Sacrement avait toujours eu pour la solitude, s'accommodait mal du tracas de la ville ; mais Dieu lui ménagea, pendant le court séjour qu'elle fit à Paris, de si grandes compensations, qu'elle eut tout lieu de l'en bénir. Ce fut alors qu'elle vit pour la première fois le R. P. Jean-Chrysostome qui allait imprimer à sa vie une si forte direction.

Elle lui fut adressée par M. de Bernières dont il était le maître et l'ami. Dès sa première visite, notre mère fut transportée d'une sainte joie : « Béni soit, écrit-elle à son pieux ami, béni soit Celui qui, par son amoureuse Providence, m'a donné votre connaissance, pour avoir, par votre moyen, le bonheur de conférer de mon chétif intérieur avec le saint personnage que vous m'avez fait connaître. J'ai eu l'honneur de le voir et de lui parler environ une heure. Il m'a donné autant de consolations, autant de courage en ma voie, et autant de satisfaction en l'état où Dieu me tient, que j'en peux désirer en terre. Il m'a promis de prendre grand intérêt à ma conduite, et m'a donné la liberté de lui écrire tout ce que je voudrais. »

Le R. P. Jean-Chrysostome était favorable à l'établissement d'un hospice. Au mois d'août, la mère Bernardine de la Conception et la mère Mechtilde du Saint-Sacrement quittaient Paris et entraient à Saint-Maur-des-Fossés. Elles y appelèrent, presque aussitôt, la mère Gabriel de l'Annonciation et la mère Scholastique de l'Assomption restées à Jouarre. Quelque temps après, elles envoyèrent la mère Scholastique à

Barbery, d'où elles firent revenir les mères Angélique de la Nativité et Magdeleine de la Résurrection. Les autres religieuses de la petite colonie de Saint-Mihiel vinrent bientôt les rejoindre à Saint-Maur ; ainsi elles se trouvèrent presque toutes réunies dans cet hospice naissant. Sur ces entrefaites, le temps de la supériorité de la mère Bernardine de la Conception expira. Tous les suffrages se réunissaient sur la mère Mechtilde du Saint-Sacrement ; mais elle eut l'adresse de faire réélire cette fervente religieuse qu'elle regardait comme sa mère et sa maîtresse. Elle n'en demeura pas moins, par ses talents et l'éclat de ses vertus, l'âme et le soutien de la nouvelle maison.

Les aumônes bientôt arrivèrent en abondance. Le père Bonnefonds ayant prêché, le jour de saint Louis, dans l'église des Jésuites de la rue Saint-Antoine, la princesse Marguerite de Montmorency, dame de Saint-Maur, obtint la permission de quêter pour le nouvel hospice. La reine assistait au sermon ; elle donna cent écus, et l'assistance cent pistoles. La princesse n'en resta pas là ; elle se constitua la protectrice de nos mères. Outre ce qu'elle leur offrit de sa bourse, elle fit, par la suite, d'autres quêtes en leur faveur.

Mme de la Mailleraye, abbesse de Chelles, leur envoya, dès leur arrivée, du pain et des vivres, et elle continua à faire ces envois chaque semaine, aussi longtemps qu'ils furent nécessaires. Mme de Montmartre montra d'abord à nos mères un peu de froideur ; mais elle ne tarda pas, par les secours qu'elle leur fit parvenir, à leur témoigner que son estime et son affection pour elles s'étaient réveillées plus vives que jamais.

Le grand Condé fut aussi l'un des bienfaiteurs de nos réfugiées. Il avait une maison à Saint-Maur : jamais il n'y vint sans aller les voir. Il choisissait ordinairement les heures des offices pour visiter la communauté; et ce grand homme, alors à l'apogée de sa gloire, que tous saluaient comme le plus célèbre capitaine du siècle, ne croyait pas s'abaisser en allant lui-même s'assurer, à la cuisine du couvent, que les sœurs ne manquaient de rien.

Beaucoup d'autres personnes du grand monde leur donnèrent aussi des marques d'intérêt. Bientôt, à ces aumônes venues de l'extérieur, s'ajoutèrent le produit de leur travail personnel et les ressources créées par l'établissement d'un pensionnat. Des élèves leur furent envoyées de Paris; il en vint même de la Lorraine. Nous ne nommerons que Mlle Marguerite Chopinel, fille unique de la mère Benoîte de la Passion; Mlle Marguerite de l'Escale, nièce du R. P. dom Antoine de l'Escale dont nous avons parlé plus haut ; la sœur Marie de Saint-Joseph qui entra au monastère des Carmélites de Reims, en 1627, et qui appartenait elle aussi à une noble et riche famille.

Toutes ces ressources réunies leur permirent d'envoyer quelques secours à leurs sœurs restées à Rambervillers.

La divine Providence, si attentive à procurer à nos religieuses les choses nécessaires à la vie, leur ménagea aussi, à Saint-Maur, de grands moyens de sanctification. Elles obtinrent la permission de faire célébrer la sainte messe dans leur petite chapelle. Elles reprirent leurs offices de chœur, gardèrent l'abstinence, et rentrèrent en clôture.

L'archevêque de Paris leur donna pour supérieur l'un de ses grands vicaires, M. du Saussay, depuis évêque de Toul. Ce savant et vertueux ecclésiastique conçut aussitôt pour ces pieuses filles, et en particulier pour la mère Mechtilde du Saint-Sacrement, une vénération qui ne se refroidit pas un seul instant; et il se plut, en maintes circonstances, à leur en donner des marques non équivoques. Elles firent, grâce à lui, à M. de Bernières et au R. P. Bonnefonds, la connaissance d'un grand nombre de personnes de piété et de mérite, qui contribuèrent puissamment à leur perfection.

Saint-Maur devint bientôt un lieu de bénédiction dont la bonne odeur se répandit dans tous les environs, et leur attira l'estime et l'affection de toutes les personnes qui firent leur connaissance : la mère Mechtilde surtout était si animée de l'amour divin, qu'elle mettait tout le monde en ferveur. Aussi personne ne sera surpris d'entendre le célèbre archidiacre d'Évreux, M. Boudon, rendre d'elle ce témoignage enthousiaste : « La divine Providence logea la mère Mechtilde dans un petit hospice, à Saint-Maur, avec un très petit nombre de religieuses de Lorraine. C'est là où j'ai eu la grâce de faire sa connaissance, car j'estime à grâce de l'avoir connue. Je rends témoignage à la vérité, en disant que je la vis si pleine de Dieu, que j'en ressentis des effets extraordinaires. Elle me causait une joie céleste, surprenante, ce qui me fait faire réflexion au bonheur qu'il y aura de demeurer avec les saints dans le ciel; ce qui, à la vérité, est une joie que l'on appelle accidentelle, mais elle ne laissera pas d'être admirable. Les effets de grâce que la présence de la mère produisit en mon âme, furent plus grands que je ne vous puis dire; et j'en eus d'heureux restes environ huit jours durant. Dans la douce et sainte espérance de ces grâces, j'aurais voulu, ce me semble, suivre la mère, si j'avais pu, partout où elle aurait été.

« Il faut remarquer que deux bonnes filles me menèrent à Saint-Maur et m'en donnèrent la connaissance : l'une se nommait Mlle Louise Guiselin et l'autre Mlle Anne Carelle. La mère Mechtilde dit positivement qu'elle leur donnerait, quelque jour, l'habit religieux. Dans ce temps-là, il n'y avait point la moindre apparence d'aucun établissement pour elles, vivant dans cet hospice des aumônes qu'on leur donnait. Cependant cela est arrivé; et c'est Mlle Louise Guiselin qui a pris l'habit la première de toutes les religieuses qui ont été reçues. J'ai eu la grâce de lui donner l'habit et d'y prêcher. »

Le révérend père Chrysostome avait pris notre vénérée mère sous sa direction, et, suivant sa promesse, il venait assez souvent au petit hospice. Toutes les six semaines, il y faisait des conférences aux religieuses, sur la perfection et sur les deux principaux moyens d'y arriver : la mortification et l'oraison. Joignant la pratique à la théorie, il soumettait la mère Mechtilde aux plus effrayantes austérités.

La maladie dont notre vénérable mère avait été atteinte à Barbery, était loin d'avoir disparu. Une toux violente et continuelle faisait craindre qu'elle n'eût un poumon attaqué. La mère Bernardine de la Conception, aux abois, avait fait appeler les médecins les plus habiles de Paris, et ils avaient prescrit des remèdes, sans toutefois en garantir l'efficacité.

Le moment semblait mal choisi pour imposer à notre mère de nouvelles mortifications : le R. P. Jean-Chrysostome en jugea tout autrement. Il vint un jour à Saint-Maur, accompagné de M. de Bernières ; et ayant fait appeler à la grille la mère Mechtilde, il lui signifia, de la part de Dieu, qu'elle eût à entreprendre aussitôt un genre de vie très austère. Notre mère y consentit avec empressement, faisant toutefois remarquer qu'elle ne pouvait rien faire sans l'approbation de sa supérieure. Le saint religieux fit à l'instant même appeler la prieure ; et, sans préambule, il lui dit : « Ma Mère, Dieu demande de la mère Mechtilde du Saint-Sacrement une vie très pénitente. Il faut qu'elle retranche de son sommeil, ne dorme désormais que sur des ais, et seulement trois heures, au plus, et qu'elle passe une partie de la nuit en oraison. Il faut, en second lieu, qu'elle prenne chaque jour la discipline avec des rosettes, use fréquemment de la haire, et porte autour d'elle, nuit et jour, sans la quitter, une ceinture de fer armée de pointes. Il faut enfin qu'elle observe un jeûne rigoureux, se contentant, pour toute nourriture, d'un quarteron de pain bis par jour. Depuis quelque temps, on a eu trop d'égards humains pour elle. Dieu la veut dans les exercices du sacrifice et de l'immolation. Il l'appelle à l'état de victime, et elle doit répondre à l'appel de Dieu. »

Pendant qu'il prononçait ces paroles, le vénérable religieux semblait transfiguré. Son regard, l'accent de sa voix, l'animation de ses traits, firent sur les trois témoins de cette scène une vive et profonde impression.

La mère Bernardine était atterrée. Après le premier moment de stupeur, elle se récria qu'un semblable régime allait tuer sa religieuse et achever de ruiner sa santé; et elle faillit fondre en larmes. Quant à la mère Mechtilde, elle s'était mise à genoux et avait reçu, avec autant de respect que s'il fût venu du ciel, l'arrêt porté par celui qui tenait près d'elle la place de Dieu. Se tournant vers sa supérieure, elle la supplia avec instances de ne point s'opposer à l'exécution de la divine volonté; et la prieure vaincue, fut obligée de céder.

Ces austérités qui font frémir et qui auraient ruiné la constitution la plus robuste, rétablirent cependant la santé de la mère Mechtilde. Autrefois, elle suivait avec beaucoup de peine les exercices de la communauté ; dès qu'elle eut embrassé le genre de vie prescrit par le père Jean-Chrysostome, elle accomplit avec facilité toutes les observances. Ses forces revinrent, son embonpoint reparut, son teint s'améliora, et sa maladie sembla disparaître : preuve évidente que son zélé directeur n'avait agi que par l'inspiration de Dieu.

Mais la mortification extérieure n'est qu'un moyen pour parvenir à la mortification intérieure, c'est-à-dire à la mortification du cœur : voilà ce que répétait ce vénérable religieux, après tous les maîtres de la vie spirituelle. Le cœur est, en effet, la place forte de tout notre être ; et comme il est l'origine de la vie matérielle, il est aussi l'origine et la source de la vie spirituelle. Là doit se livrer le fort du combat ; c'est dans le cœur qu'il faut descendre pour étouffer, par une incessante mortification, ce monstre à trois têtes dont parle saint Jean, et qui n'est autre que la triple concupiscence.

Les austérités auxquelles se livrait lui-même sans aucun ménagement le père Jean-Chrysostome, avaient ruiné de bonne heure sa constitution, naturellement frêle. Il fut atteint, la veille de Noël, 1645, de la maladie qui devait le conduire au tombeau. Dès lors, dit son historien, il se regarda comme un homme qui n'était plus du monde ; et, de fait, il y avait longtemps qu'il en était sorti par son entier et parfait dégagement.

Son mal lui laissant quelque relâche, il partit pour Saint-Maur, « voulant que sa chère fille fût, pour ainsi dire, témoin de son agonie. » Il passa environ neuf à dix jours près de la mère Mechtilde, et ce fut là qu'il dressa un écrit fort exact de la confession générale qu'il fit avant de mourir.

De retour à son couvent, la fièvre le prit. Cinq jours après, il était mort. Ecoutons notre vénérée mère, apprenant à M. de Bernières cette triste nouvelle :
« C'en est fait, lui dit-elle, le sacrifice de notre saint

père est consommé... Quoique toute ma satisfaction soit dans l'accomplissement de la volonté de Dieu, il permet cependant que je ressente vivement cette perte. Oh! le grand sacrifice pour vous et pour moi! Il est mort le 26 du présent mois de mars, entre neuf et dix heures du soir. Environ sur les trois heures, il me vint un vif sentiment qu'il mourait. Dès lors j'en fis le plus entier sacrifice, et je me trouvai dans la disposition de prier pour son âme qui allait se réunir à Dieu. Je désirais de passer en prières le temps de son agonie : vers les neuf heures, il me vint une pensée de réciter celles qu'on fait pour les agonisants. Peu de temps après les avoir finies, je crus entendre un bruit léger, et je fus pénétrée du sentiment de ma perte. Je continuai de prier le reste de la nuit et le jour suivant ; mais je ne pouvais prier que comme pour une âme qui est abîmée dans le sein de la Divinité, en remerciant l'éternel Amour qui l'a consommée. J'ai une forte espérance en sa charité ; puisqu'elle a été si grande pour nous sur la terre, elle l'est sans doute infiniment plus dans le ciel. Soyons fidèles l'un et l'autre aux avis que nous avons reçus de lui ; et, comme il nous le disait sans cesse, allons à Dieu sans réserve. »

Le serviteur de Dieu n'abandonna pas sa fille spirituelle. Il lui avait promis, avant de la quitter, que trois jours ne s'écouleraient pas, à partir de celui de sa mort, sans qu'il vînt la revoir. Le troisième jour, la mère Mechtilde étant au chœur pour y faire oraison, fut ravie en Dieu ; et, pendant ce ravissement, elle vit Notre-Seigneur Jésus-Christ qui lui dit : « Mon serviteur vient s'acquitter de sa promesse; mais il est tellement abîmé en moi, par l'amour des souffrances et des humiliations qui l'a consumé durant sa vie, que, pour le faire paraître, il faut que je paraisse moi-même. »

Cette grâce fut suivie de beaucoup d'autres. La plus remarquable, selon ce qu'elle rapporte, lui fut donnée le dimanche de Quasimodo, l'année même où elle perdit son saint directeur. Se trouvant à la cuisine de l'hospice, où l'appelait l'obéissance, et tout occupée du désir de participer à l'esprit de son bienheureux père, elle sentit son cœur se vider d'elle-même et des créatures, pour se remplir de Jésus-Christ. Une vive lumière éclaira subitement son intelligence, et lui fit connaître, presque sensiblement, l'immensité de Dieu, son domaine essentiel et le droit singulier que Notre-Seigneur s'est acquis par sa mort sur tous les êtres de sa création. Cette impression fut si vive qu'elle ne s'effaça jamais. Un courage tout nouveau vint en même temps animer son âme : « Je me sens, écrivait-elle alors, fortifiée pour aller à Dieu dans la pureté de ses voies et par son propre esprit. Jésus pauvre, souffrant, abject, est à présent l'amour de mon cœur. Indépendance suprême des créatures, souffrances sans consolation d'aucune créature : il faut que je tâche de pratiquer, selon le degré de ma grâce, ce que je pourrai de cette divine leçon. »

Cette résolution prise sur le tombeau du R. P. Jean-Chrysostome, et qui semble résumer les enseignements de ce saint religieux, notre vénérée mère ne la perdra pas de vue un seul instant de sa vie ; nous la verrons s'y montrer de plus en plus fidèle, s'avancer chaque jour davantage dans la voie de l'anéantissement, et s'élever jusqu'à ce point où l'on peut dire avec l'apôtre : *Ce n'est plus moi qui vis ; c'est Jésus-Christ qui vit en moi.*

CHAPITRE XIII

LA MÈRE MECHTILDE SUPÉRIEURE DU MONASTÈRE DE NOTRE-DAME DE BON-SECOURS A CAEN.

1647-1650

En 1639, Magdeleine de Moges, veuve du marquis de Mouy, seigneur de la Meilleraye, chevalier des Ordres du roi et chambellan de Gaston d'Orléans, avait fondé dans un faubourg de Pont-l'Evêque, au diocèse de Lisieux, un couvent de Bénédictines réformées, sous le vocable de Notre-Dame de Bon-Secours. Elle y avait appelé quatre religieuses de l'abbaye de Montivilliers, où elle-même avait passé plusieurs mois après la mort de son mari, avec l'intention de prendre le voile, si ses forces le lui avaient permis.

S'étant aperçue que la situation de ce monastère était malsaine et peu sûre, à cause des troubles qui désolaient la France, elle le transféra dans la ville de Caen, rue de la Geôle, en vertu de lettres patentes expédiées au mois de janvier 1644.

Sur les instances de dom Quinet, abbé de Barbery, et de Mme de Mouy, la mère Mechtilde, autorisée par ses supérieurs de Rambervillers, accepta la supériorité de ce monastère ; et, vers le mois de juin 1647, elle partit pour Caen, accompagnée de la mère Dorothée de Sainte-Gertrude.

Sa vertu éclata lors de son départ, comme elle avait fait en toute occasion. Elle refusa la robe neuve qu'on lui avait préparée ; et, dans son amour pour la sainte pauvreté, elle prit un vêtement tout usé qui lui avait été donné en aumône par une religieuse de Montmartre. Elle eut même désiré que quelqu'un lui fît la charité d'un vieux manteau de chœur. N'ayant pas eu ce bonheur, elle se vit, à son grand regret, obligée d'en acheter un ; mais elle eut soin de se le procurer de l'étoffe la plus commune et la plus grossière. Elle n'accepta point les carrosses qu'on lui offrit de divers côtés pour la conduire jusqu'à Caen, prit le coche, et écrivit à M. de Bernières de ne la point devancer comme il en avait témoigné l'intention, toute son ambition étant d'entrer « comme une pauvre, sans être aperçue ni connue de personne. »

Elle arriva la veille de saint Pierre. Mme de Mouy l'accueillit avec les marques de la joie la plus vive et de la plus profonde vénération.

L'installation de notre vénérable mère se fit le jour même de son arrivée, vers six heures du soir. Elle vint, accompagnée du supérieur, à la porte du monastère où toutes les religieuses l'attendaient. Lorsqu'elle se présenta, on lui donna la croix à baiser. Tombant à genoux, la nouvelle prieure demanda au divin Maître dans quel esprit il lui fallait entrer dans cette maison, et de quelle manière elle devait se comporter envers celles dont la conduite lui était désormais confiée. Une voix intérieure lui répondit : « Apprenez de moi que je suis doux et humble de cœur. »

Ces paroles furent la règle qu'elle suivit toute sa vie à l'égard de ses inférieures.

Lorsqu'elle se fut relevée, on la conduisit processionnellement au chœur où son élection fut confirmée avec les cérémonies ordinaires; puis à son siége dont elle prit possession. On entonna le *Te Deum*. Sa noble démarche et son maintien plein de modestie et de majesté frappèrent tous les assistants.

Son éloquence simple et sans art, mais pleine d'onction, de noblesse et d'énergie, allait droit à l'âme et la remuait profondément. Elle avait une grâce merveilleuse pour toucher les cœurs ; chacune de ses paroles était comme un trait de flamme qui éclairait et embrasait. Et, si l'on veut connaître le secret de cette puissance de persuasion, il faut se rappeler que l'ardente flamme qui consumait le cœur de notre vénérée mère, s'allumait au foyer de l'amour. Jamais elle ne parlait sans avoir élevé son cœur vers Dieu et sollicité la grâce de l'Esprit-Saint. Ses filles ne se lassaient pas de l'écouter ; et, pendant les récréations, toutes s'empressaient de s'assembler autour d'elle. Ses entretiens ne roulaient que sur les choses de Dieu, et faisaient les délices de toutes celles qui avaient le bonheur de l'entendre. Aussi préféraient-elles sa conversation à toute espèce de distraction et d'amusement. Ses exemples étaient une prédication permanente, et les religieuses trouvaient en leur mère un modèle de toutes les vertus qu'elle les exhortait à pratiquer.

Son extrême bonté à l'égard de ses filles ne dégénérait jamais en faiblesse, et donnait à ses enseignements une force à laquelle nulle ne pouvait résister. « Ses soins les plus attentifs, dit l'une d'elles, étaient pour celles qui souffraient, soit de corps, soit d'esprit. Elle quittait tout, s'il était nécessaire, pour les soulager. Mais se croyant également redevable à toutes, pour y suffire elle n'était avare de son temps que pour elle-même. Elle prenait sur son repos pour porter des paroles de paix et de consolation à celles qui étaient affligées. Trop occupée pendant le jour, elle faisait servir et soulager les malades par les autres religieuses, et se réservait le soin de les veiller la nuit. Il n'était point de service quelque abject, quelque rebutant qu'il fût, qu'elle ne leur rendît avec autant de plaisir que d'empressement. On ne pouvait comprendre comment sa santé résistait à tant de fatigues, surtout si l'on pense aux mortifications excessives qu'elle pratiquait.

« Livrée à elle-même, la mère Mechtilde du Saint-Sacrement n'usait du droit et de l'autorité que la supériorité lui donnait, que pour se sacrifier et ne s'épargner en rien. Toujours elle avait soin de ménager les autres à ses propres dépens. Elle avait une tendresse toute particulière pour les sœurs converses. Plusieurs fois le jour, elle allait les visiter dans leurs offices pour les instruire, les consoler et les soutenir dans leurs travaux. Si elle était obligée de les faire veiller pour quelques ouvrages pressés, elle passait une partie de la nuit avec elles, et les aidait pour les encourager par son exemple. »

Toutefois sa compassion et sa douceur étaient sans mollesse ; elle voulait l'ordre et le maintenait. Elle faisait observer fidèlement la règle, ou en réprimait sévèrement l'infraction ; et cette religieuse si humble qui ne s'étudiait qu'à renoncer à sa propre volonté, devenait inflexible lorsque son devoir l'exigeait. Mais ses réprimandes inspirées par une tendre charité étaient toujours bien accueillies, parce qu'on sentait la tendresse de notre admirable mère sous son apparente sévérité.

Ce qui augmentait encore la vénération et la confiance de ses filles, c'est qu'elle avait à un haut degré le discernement des esprits. Elle pénétrait dans le fond des cœurs, et l'on eût dit souvent qu'elle en connaissait tous les secrets.

Aussi le bien qu'elle fit à Caen fut immense et rapide. Quelques mois s'étaient à peine écoulés, et cette communauté était devenue une véritable famille dont tous les membres, unis par la plus tendre charité, marchaient avec une noble émulation dans la voie de la perfection, sous la conduite d'une mère chérie et vénérée. Une sainte joie animait tous les cœurs et rayonnait sur tous les visages.

Les deux ans pendant lesquels la communauté de Rambervillers avait fait le sacrifice de notre mère, s'écoulèrent avec rapidité, et bientôt on vit poindre le jour de la séparation. Mme de Mouy et les religieuses de Caen n'y pouvaient penser sans tristesse. Incapables de s'habituer à l'idée d'une séparation, elles songèrent à fixer définitivement notre vénérable mère à Caen. On lui offrit d'obtenir des bulles du pape pour l'établir prieure perpétuelle, et on y revint à diverses reprises [1]. Les religieuses de Lorraine qui avaient prêté, mais non donné leur trésor, veillaient à ce qu'il ne leur fût pas enlevé. Mues par un secret pressentiment de ce qui pouvait arriver, elles prirent les devants, et obtinrent de Rome un bref par lequel il était défendu à notre vénérable mère de séjourner dans aucun autre monastère, sans leur expresse permission. Les deux ans à peine écoulés, la mère Bernardine de la Conception arriva à Caen avec la mère Marie de Jésus, fille de la mère Benoîte de la Passion, pour prendre la mère Mechtilde et la ramener à Rambervillers. Elle fut accueillie avec tous les égards dus à son rang et à son mérite; mais quand elle parla du but de son voyage, bien qu'on le connût d'avance, l'effet produit sur tous les cœurs fut foudroyant. La première émotion passée, on s'efforça de détourner le malheur qui menaçait la communauté. Tout le monde s'en mêla : M. de Barbery, Mme de Mouy, et surtout les religieuses. La mère Bernardine de la Conception fut touchée de tant de sollicitations, et elle céda. Elle accorda une troisième année; mais afin de se soustraire l'année suivante à de nouvelles instances, elle exigea que toutes les intéressées signassent une convention par laquelle elle s'engageait, elle, supérieure du monastère de Rambervillers, à laisser la mère Mechtilde encore un an, et la communauté de Caen promettait de la laisser partir au bout de ce temsd. L'acte en fut dressé en bonne et due forme.

Pendant tous ces débats, on vit celle qui en était l'objet, demeurer dans le plus grand calme, sans crainte et sans désirs, aussi indifférente pour rester que pour partir, et ne voulant rien qu'obéir.

Cette troisième année passa, pour la communauté de Caen, avec une effrayante rapidité : pour celle de Rambervillers, avec une désolante lenteur. Ce temps écoulé, Mme de Mouy ne manqua point de faire de nouvelles instances; mais les religieuses de Lorraine demeurèrent inflexibles et se hâtèrent d'envoyer à la mère Mechtilde du Saint-Sacrement l'ordre de partir. Afin de montrer qu'elles étaient bien décidées à ne pas revenir sur leur résolution, elles l'élurent prieure, et lui envoyèrent l'acte de son élection. En conséquence, le grand vicaire de Bayeux ne put lui refuser de retourner dans son monastère de profession et il y joignit un certificat des plus flatteurs, conçu en ces termes : « Nous attestons que vous avez employé le temps de votre triennat avec tout le soin, toute la charité et la vigilance possibles, par vos avertissements, conférences, prières et exemples, pour l'exacte observance de la règle de saint Benoît, et le maintien de la discipline régulière. Ce nous est un très sensible déplaisir que votre monastère de profession, quoique rempli de filles capables et vertueuses, ait jugé votre retour nécessaire ; car dans les visites que nous avons faites du monastère de Notre-Dame de Bon-Secours, nous avons reconnu en vous le véritable esprit de saint Benoît, et toutes les qualités nécessaires pour le bon gouvernement. Nous ne pouvions espérer que de très grands fruits de perfection dans toutes les religieuses qui étaient sous votre conduite, s'il leur eût été permis d'en jouir plus longtemps. »

Le jour du départ arriva. La consternation était universelle au monastère de Caen ; on n'entendait de toutes parts que sanglots et gémissements. Notre vénérable mère se voyant la cause de tant de douleurs, se sentit vivement émue. Elle ne put réprimer les élans de sa tendresse maternelle, et mêla ses larmes aux larmes de celles qui étaient devenues ses chères filles, par leur affection et leur reconnaissance. Elle les embrassa toutes, leur fit les plus tendres recommandations ; puis, s'adressant à la sainte Vierge, elle lui confia ce petit troupeau dont il lui fallait se séparer. Prenant alors sa statue entre ses bras, elle la mit à sa place, exhortant ses filles à prendre Marie pour Mère, les assurant des effets de sa protection, selon le degré de leur confiance et de leur fidélité à la servir. Après leur avoir ainsi parlé, elle s'avança pour sortir. Mais ne pouvant se résoudre à la laisser partir, les religieuses se jetèrent sur son passage, et, se prosternant à ses pieds : « Puisque nos larmes sont impuissantes, lui dirent-elles en sanglotant, ce ne sera qu'en passant sur nos corps que vous vous arracherez de nous. »

Cet obstacle imprévu fut une nouvelle blessure pour son cœur. Elle se recueillit un moment, et l'obéissance triompha de la nature. Elle franchit l'obstacle, saisit les clefs, et sortit brusquement. « Mais en partant, ajoute avec une naïveté charmante l'auteur des *Mémoires*, elle emporta avec elle tous les cœurs. »

Mme de Mouy l'attendait au dehors; et, après avoir témoigné à notre vénérée mère toute la douleur que lui causait son départ, elle lui fit de riches présents pour l'hospice d'où elle l'avait tirée, et pour le monastère dont la mère Mechtilde allait être prieure.

CHAPITRE XIV

LA MÈRE MECHTILDE DU SAINT-SACREMENT, PRIEURE A RAMBERVILLERS.

1650-1651

Notre vénérable mère avait toujours eu une tendre dévotion pour l'archange Saint-Michel. Se trouvant à peu de distance du pèlerinage fameux où ce grand saint est honoré, elle voulut, avant de quitter la Normandie, se mettre sous sa puissante protection. Elle était à la veille de nouveaux combats : n'était-ce pas une heureuse inspiration que d'invoquer le secours du Prince de la céleste milice ?

Du Mont-Saint-Michel, elle se dirigea vers Saint-Maur où ses sœurs l'accueillirent avec des larmes de joie, suivies bientôt de larmes de tristesse, car elle n'y put séjourner que peu de temps. En quittant la mère Angélique de la Nativité qui se désolait de son départ, elle lui dit : « Consolez-vous, ma mère, vous me reverrez avant Pâques. » Ce qui arriva.

Partie de Paris le 22 juin, la mère Mechtilde du Saint-Sacrement était, le 22 août, à Rambervillers. Il est facile de comprendre la joie de toutes ses sœurs à son arrivée, si l'on se rappelle combien était ardent leur désir de la revoir. Elle trouva sa maison dans un assez bon état. Les libéralités qu'y avait fait passer la marquise de Mouy, en particulier, avaient servi à réparer les bâtiments. On avait remis les biens en valeur et on avait reçu quelques novices. Enfin le monastère de Rambervillers allait devenir plus florissant que jamais, sous la conduite de notre vénérable mère, si la paix dont jouissait la Lorraine avait pu durer. Mais, hélas! les hostilités étaient sur le point de recommencer.

La France était alors au plus fort de ses troubles intérieurs. Dès le mois de janvier 1649, le premier ministre de la reine régente, le cardinal Mazarin, en butte à l'animosité des parlements et des seigneurs, avait été contraint de s'enfuir de Paris avec le jeune roi et toute la cour. Le grand Condé les avait bientôt ramenés en triomphe dans la capitale ; mais en les protégeant, il voulait les dominer, et bientôt il devint l'ennemi acharné de ceux qu'il avait défendus. Le gouvernement le fit arrêter au Louvre, avec le prince de Conti son frère, et le duc de Longueville son beau-frère. Turenne, retiré à Stenay, ayant conclu, à l'instigation de la duchesse de Longueville, un traité avec l'archiduc gouverneur des Pays-Bas, se mit à la tête des troupes espagnoles et s'avança vers Paris. Charles IV qui, depuis 1640, menait une vie de *condottiere*, crut que le moment était favorable pour reconquérir ses états. Il joignit une partie de son armée aux troupes de Turenne, et chargea le comte de Ligniville de rentrer en Lorraine, avec quatre mille hommes, pour faire diversion. Le comte ne tarda pas à pénétrer du côté des Vosges et à s'emparer de plusieurs villes. Rambervillers fut de ce nombre et reçut garnison. Tout était à craindre de ces bandes mal payées qui ne vivaient que de brigandages et de rapines. Aussi les dangers que courut la communauté des Bénédictines furent-ils extrêmes. Mais Dieu qui l'avait tant de fois protégée, allait lui donner une nouvelle preuve de son amour.

Sous prétexte que de riches bourgeois pouvaient être cachés dans le monastère, des Hessois y furent envoyés. A peine arrivés, ils essaient d'enfoncer la porte de clôture. La mère Mechtilde du Saint-Sacrement, tenant entre ses mains la statue de la sainte Vierge, se présente aussitôt, du côté opposé, à la tête de ses filles. En entendant les imprécations des soldats, toutes tombent à genoux aux pieds de Celle qui est terrible comme une armée rangée en bataille, et implorent son puissant secours. Réconfortée par la prière, la courageuse prieure se lève, et fait demander, en allemand, aux Hessois ce qu'ils désirent. « Tout prendre ! » hurlent-ils, et ils multiplient leurs coups. Notre mère, tenant la main étendue vers la porte, continue de prier. En vain ces barbares, rendus furieux par l'inanité de leurs efforts, s'arment de leviers énormes et frappent cette porte à coups redoublés; elle plie comme un arc et reprend bientôt sa position première; en vain ils s'efforcent de la jeter hors de ses gonds, elle semble être de plomb, ils ne peuvent la soulever. Fatigués, les brigands changent tout à coup de tactique; ils cessent de frapper, et prient très humblement l'impassible prieure de permettre à quelques-uns des leurs d'entrer dans le couvent et d'en faire la visite, jurant de ne causer aucun dommage à la communauté. Que faire?... Notre vénérée mère, s'abandonnant à son caractère résolu et à sa confiance en la sainte Vierge, prend le parti d'ouvrir. Quatre soldats entrent; mais à peine sont-ils dans le couvent, qu'ils prient la mère Mechtilde de les conduire à la porte. Elle n'y veut pas consentir, et leur fait parcourir tout le monastère. Ils la suivent, tremblant de tous leurs membres, les yeux baissés, se pressant les uns contre les autres, et n'osant prononcer une seule parole. On eût dit quatre criminels qu'on menait à la potence. Ils ne furent soulagés que lorsqu'ils revirent leurs camarades, à qui ils racontèrent, en s'éloignant, la panique qui ne les avait point quittés tout le temps qu'ils avaient été dans cette mystérieuse maison.

Cependant, le marquis de la Ferté, alors en Champagne, s'était hâté de rentrer dans son gouvernement. Après avoir pourvu à la sûreté de Nancy, il se mit à la poursuite de l'armée lorraine et l'atteignit non loin de Saint-Mihiel. Les Lorrains s'étaient arrêtés à Lignières et dans les villages voisins, pour passer la nuit du 9 au 10 octobre, lorsque les Français parurent tout à coup, tombèrent sur la grand'garde, la sabrèrent et dispersèrent plusieurs régiments. Le désordre fut tel, que le comte de Ligniville ne put pas même rallier un escadron pour protéger la retraite de ses troupes ; elles se retirèrent, laissant entre les mains des ennemis un grand nombre de prisonniers. Devenu maître du plat-pays, le marquis de la Ferté résolut de reprendre successivement les places surprises par l'ennemi. Une blessure qu'il reçut en pressant trop vivement l'attaque du château de Ligny, l'obligea de retourner à Nancy. Dès qu'il put se remettre en campagne, il se dirigea du côté des Vosges : Rambervillers retomba bientôt en son pouvoir. Comme les habitants étaient soupçonnés de favoriser les entreprises de leur prince, ils furent accablés de contributions, et la misère de cette petite ville devint plus grande qu'elle n'avait été pendant le séjour des Suédois.

La communauté de la mère Mechtilde fut désolée à un tel point, qu'elle se vit bientôt replongée dans un état pire que le premier. Notre digne mère adorait les desseins de Dieu, soutenait le courage de ses filles, et ne pensait qu'à pourvoir de son mieux à leurs plus pressants besoins. Mais quelle ne fut pas sa surprise en apprenant qu'elle-même donnait de l'ombrage au gouvernement? En effet, elle était belle-sœur du colonel l'Huillier, et le duc de la Ferté connaissait ce brave officier, qui avait été son prisonnier. Il l'avait sollicité plusieurs fois de se donner au roi, en lui faisant les propositions les plus avantageuses. Le colonel, fidèle à son drapeau, avait mieux aimé payer lui-même sa rançon et aller rejoindre son maître. Le duc l'en estima davantage ; mais l'estime qu'on fait d'un ennemi, n'exclut pas une juste défiance. L'épouse même du colonel se trouvait alors auprès de sa sœur. L'amitié l'avait conduite à Rambervillers, aussitôt après la prise de cette ville par le comte de Ligniville ; elle y était encore lorsque les Français entrèrent dans la place. Quelque naturelle que fût la circonstance, le duc de la Ferté crut y entrevoir une liaison suspecte, et il prit la résolution de les faire sortir l'une après l'autre. Elles en furent averties, et le prévinrent en se retirant en Alsace.

La mère Mechtilde n'avait pas revu la mère Benoîte de la Passion à Rambervillers ; elle la trouva en Alsace. Cette humble religieuse se mit aussitôt sous la direction de son ancienne novice qui lui fit faire, en peu de semaines, d'immenses progrès dans la vie où elle-même marchait avec tant de ferveur. Notre mère la quitta après avoir passé près d'elle deux mois délicieux. « Je l'ai laissée, écrivait-elle alors à M. de Bernières, dans un si parfait anéantissement, qu'elle est capable, par les grâces qu'elle reçoit à cause de sa fidélité à cet état, d'en faire de très belles et efficaces leçons aux autres. Elle fera de merveilleux progrès en cette voie. » Ce fut une grande satisfaction pour notre mère : mais ce fut la seule. En rentrant à Rambervillers, elle se retrouva au milieu de toutes les horreurs de la guerre, car cette ville fut à cette époque plusieurs fois prise et reprise. « Vous saurez, écrit-elle le 7 janvier 1651, à son pieux confident, que nous sommes dans les guerres, dans les alarmes, dans les appréhensions. On ne parle ici que de glaive, de feu et de famine. Le peu de monde qui reste dans ce pays est quasi au désespoir, tant les maux sont extrêmes. Notre maison est toujours remplie de monde qui s'y jette pour éviter les coups de fusil que les soldats déchargent sur ceux qu'ils rencontrent. Hélas! vous me disiez quelquefois qu'il me fallait être à Rambervillers pour mourir solitaire. C'est ici une étrange solitude!...» Et elle lui fait part de la difficulté qu'elle éprouve à faire l'oraison au milieu de ce tumulte; de la privation où elle est de toute direction, de tout secours religieux; et des peines crucifiantes qu'elle endure.

Chose étrange! A peine notre mère était-elle rentrée à Rambervillers, que la paix intérieure dont elle jouissait depuis longtemps, avait subitement disparu et fait place à de perpétuelles inquiétudes. Les peines d'esprit qui l'accablaient étaient si grandes qu'on ne pouvait tirer d'elle aucune parole de consolation. Ses filles étonnées se plaignirent un jour à elle-même de ce qu'elle ne leur parlait plus de Dieu comme autrefois. Elle leur avoua en toute simplicité que cela lui était impossible; ajoutant que souvent on croyait agir en suivant l'inspiration divine, tandis qu'en réalité, on n'était guidé que par l'amour de soi-même. Ces dernières paroles étaient une allusion au choix qu'elles avaient fait d'elle, lorsque, se laissant entraîner par une affection tout humaine pour sa personne plus que par le désir de plaire à Dieu, elles l'avaient élue prieure.

Dans ces perplexités, et n'osant prendre une décision, elle consulte M. de Bernières. — Doit-elle demeurer avec sa communauté ? Doit-elle quitter la Lorraine pour se retirer dans le refuge de Saint-Maur, d'où elle pourra venir en aide à ses sœurs de Rambervillers ? Son attrait serait d'entrer dans une maison de son ordre, où on la recevrait par pure charité. « Il me semble, dit-elle, qu'en cet état je serais dans mon centre, n'ayant d'autre obligation que de me rendre à la grâce de Jésus-Christ. Je suis déjà vieille ; il ne me faut plus rien que la fidélité à Dieu, dans un petit coin. »

Enfin, un dernier parti se présente. Écoutons notre vénérée mère ; ces quelques lignes mettent dans tout leur jour l'admirable simplicité et la profonde humilité de son âme. « Il faut, avant que je finisse, que je vous propose encore une chose, puisque je suis à vous entretenir de mes misères. Ma sœur selon la chair m'engage à accepter une abbaye en Alsace, afin que je sois proche d'elle. Elle croit, je pense, qu'il lui serait honorable d'avoir une sœur abbesse. Elle m'a fort pressée, et m'a promis une grande somme de deniers à cet effet ; mais je l'ai bien rebutée, car je n'ai aucune vocation pour être abbesse et ne puis m'y résoudre. Notre bonne mère Benoîte m'y a aussi conviée, mais mon esprit n'y peut penser ; et intérieurement je sens une très grande aliénation d'esprit pour cela, et tourne bien plus suavement du côté de la besace que du côté de la crosse. Mais quel effroyable embarras que d'être abbesse ! ce serait pour achever de me perdre. »

La réponse ne se fit pas attendre : elle est digne du

directeur de la mère Mechtilde du Saint-Sacrement. « Les souffrances, nécessités et extrémités où vous êtes, me donneraient de la peine si je ne connaissais le dessein de Dieu sur vous, qui est de vous anéantir afin que vous viviez toute à Lui. Qu'il coupe, qu'il taille, qu'il brûle, qu'il tue, qu'il vous fasse mourir de faim, pourvu que vous mouriez toute sienne, à la bonne heure. Cependant, ma très chère sœur, il faut se servir des moyens dont sa Providence vous fera ouverture, pour vous tirer du lieu où vous êtes, à cause de l'extrémité où vous réduit la guerre. J'ai bien considéré tous les expédients contenus dans vos lettres, je ne suis pas capable d'en juger. Je vous supplie de ne pas vous arrêter à mes sentiments ; mais je n'abandonnerais pas la pauvre communauté de Rambervillers, quoique vous fussiez contrainte de quitter cette ville ; c'est-à-dire qu'il vaut mieux que vous vous retiriez à Paris pour y subsister et faire subsister votre refuge qui secourra vos sœurs de Lorraine, que d'avoir un couvent où vous viviez solitaire, ou de prendre une abbaye. La divine Providence vous ayant attachée où vous êtes, il y faut mourir de la mort de l'obéissance et de la croix. Pour votre intérieur, ne vous étonnez pas des souffrances et peines d'esprit que vous portez, parmi les embarras et les affaires que votre charge vous donne, puisque ce sont embarras et affaires de l'obéissance : les portant avec un peu de fidélité, elles produiront en votre âme une grande oraison, que Dieu vous donnera quand il lui plaira. Soyez la victime de son bon plaisir, et laissez-le faire.

« Quand il veut édifier dans une âme une grande perfection, il la renverse tout entière. L'état où vous êtes est bien pénible, je le confesse, mais il est bien pur. Ne vous tourmentez point pour votre oraison ; faites-la comme vous pourrez et comme Dieu vous le permettra, et il suffit. Ces unions amoureuses, ces repos mystiques que vous envisagez, ne valent pas la pure souffrance que vous possédez, puisque vous n'avez, ce semble, ni consolation divine, ni humaine. Je ne puis goûter que vous sortiez de votre croix, parce que je vous désire la pure fidélité à la grâce et ne veux pas condescendre à la nature. Faites ce que vous pourrez en vos affaires pour votre communauté : si vos soins ont succès, à la bonne heure ; s'ils ne l'ont pas, ayez patience ; au moins vous aurez cet admirable succès de mourir à toutes choses. Si vous étiez, comme la mère Benoîte, religieuse particulière, vous pourriez peut-être vous retirer en quelque coin ; mais il faut qu'un capitaine meure à la tête de sa compagnie, autrement c'est un poltron. »

Cette lettre mit fin aux incertitudes de la mère Mechtilde ; et son retour en France fut dès lors résolu. Lorsque ses filles connurent sa détermination, loin de l'en détourner, elles la pressèrent, malgré le regret qu'elles avaient de se séparer d'elle, de la mettre à exécution. La misère devenait affreuse, et l'insolence des gens de guerre ne connaissait plus de bornes. Il était donc urgent de décharger le monastère, et de mettre en sûreté celles des religieuses qui, à cause de leur jeunesse, avaient le plus à craindre du malheur des temps.

La mère Mechtilde n'avait plus qu'à régler son départ. Elle sollicita les permissions dont elle avait besoin. L'obédience qui lui fut envoyée atteste tout à la fois, et la profonde misère où la Lorraine était retombée, et la haute estime que les supérieurs ecclésiastiques avaient pour la prieure de Rambervillers. Il y était dit : « La Lorraine étant réduite à la plus affreuse disette, et ses habitants forcés de quitter leur malheureuse patrie pour aller chercher un asile, nous permettons, en conséquence, à la mère prieure des Bénédictines de Rambervillers de retourner en France, avec tant et telles religieuses qu'elle jugera à propos, pour le soulagement de sa propre maison ; de s'y établir et de s'y arrêter, toutes ensemble ou divisées, selon que les circonstances l'exigeront. Sachant d'ailleurs comment la discipline régulière a toujours été en vigueur dans ce monastère ; et pleinement assurés d'autre part, de la probité, vertu, dévotion et prudence de la mère prieure, nous lui donnons toute autorité et tout pouvoir de travailler, par tous les moyens qu'elle jugera les plus convenables, au rétablissement de sa maison. »

Autorisée par cet acte, la mère Mechtilde du Saint-Sacrement permit à quelques-unes de ses religieuses de se retirer en Allemagne, et à plusieurs autres de se réfugier en Bourgogne. Quatre des plus jeunes furent désignées pour l'accompagner en France ; et six des plus anciennes pour demeurer à Rambervillers : la mère Bernardine de la Conception était de ce nombre.

Le départ eut lieu le 1er mars 1651. La vénérable prieure exhorta toutes ses filles à la charité, et leur dit adieu. On ne se sépara qu'avec la plus vive tristesse, et en se promettant bien de se rejoindre dès qu'il serait possible de le faire. La mère Mechtilde du Saint-Sacrement et ses quatre compagnes se dirigèrent vers Saint-Maur ; mais elles apprirent en route que cet asile n'existait plus pour elles.

CHAPITRE XV

VOCATION DE LA MÈRE MECHTILDE A L'ÉTAT D'ADORATRICE, DE RÉPARATRICE ET DE VICTIME.

La Providence est admirable dans ses voies ; et les moindres circonstances, comme les événements les plus extraordinaires, servent également à l'accomplissement de ses desseins. La mère Mechtilde a souvent répété que si elle avait pu être assurée, pour elle et ses filles, d'un quarteron de pain bis par jour, jamais elle n'aurait pu se résoudre à quitter sa maison de profession. Dieu, néanmoins, qui avait sur elle des vues cachées, lui refuse ce morceau de pain et l'oblige à quitter son pays. En la voyant passer, dans un complet dénûment, accompagnée de quelques filles en haillons et fuyant sa patrie en ruine, à travers les horreurs de la famine et de la guerre, qui eût pu deviner que cette humble fille de Lorraine venait enrichir la France de l'un des ordres qui l'honorent le plus, et prendre part à l'œuvre de reconstitution qui s'accomplissait ? Cependant, c'était uniquement pour remplir cette mission que Dieu l'avait arrachée à son monastère.

Le seizième siècle avait été tout à fait désastreux pour l'Église. Les hérésies s'étaient abattues sur les peuples pour en faire leur proie, et la destruction se promenait d'un bout de l'Europe à l'autre, accumulant sur ses pas des débris de toutes sortes.

Dogme, morale, culte, tout était foulé aux pieds par les novateurs. L'ignorance et la corruption avaient envahi le sanctuaire : l'épiscopat et le clergé, tant séculier que régulier, n'apparaissaient plus aux yeux des populations que couverts d'opprobre et de scandale.

Les nations infortunées étaient livrées à tant de dérèglements qu'elles semblaient, suivant l'expression d'un serviteur de Dieu, n'offrir plus que l'image du chaos en sa première confusion. Mais à l'époque où nous en sommes, les choses changeaient d'aspect, et déjà brillait l'aurore d'un âge nouveau. Au souffle de l'esprit régénérateur, le zèle évangélique se rallumait de toutes parts, et de nouveaux apôtres se répandaient çà et là pour annoncer, comme au commencement, la doctrine du salut dans nos provinces. Pendant que ceux-ci évangélisaient les pauvres, et ramenaient dans le bercail tant de brebis égarées, un grand nombre d'autres travaillaient, avec des soins infatigables, à la sanctification de l'enfance et de la jeunesse. L'état religieux se relevait en même temps de ses ruines. Les anciennes congrégations, retrempées dans les persécutions, se réformaient et reparaissaient fortifiées et rajeunies. Des congrégations nouvelles venaient répondre à des besoins nouveaux. Jésus, qu'on avait voulu bannir de cette terre, reparaissait rayonnant de puissance et de majesté, et chacun de ses états tendait à être reproduit par quelque ordre religieux.

Or, de tous les états que Jésus-Christ a voulu prendre, il n'y en a point, en quelque façon, de plus glorieux pour Dieu, de plus utile pour l'homme que celui de victime. Dans tout ce qu'il a fait pour nous, rien ne s'impose davantage à notre admiration, et rien ne réclame plus notre imitation que son sacrifice. Cet état est si excellent, que le Sauveur, non content de l'avoir porté sur l'autel de la croix, d'une manière ineffable, a voulu le continuer à toute heure et à tout moment, par le moyen de son admirable Sacrement, sur les autels de nos églises, jusqu'à la consommation des siècles. Que dis-je ! il le continuera durant toute l'éternité sur l'autel de sa gloire, où l'apôtre saint Jean témoigne qu'il a vu l'Agneau debout, et comme égorgé. Qu'on n'en soit pas surpris. Les anéantissements de Jésus en croix ont rendu à Dieu la seule gloire qui soit proportionnée à l'immensité infinie de son être. En vain tous les saints ici-bas feraient des bonnes œuvres, multiplieraient les adorations, les actions de grâces, les expiations et les demandes ; en vain tous les saints au ciel demeureraient prosternés au pied du trône de l'Éternel ; tous ces hommages, toutes ces prières, n'ont de valeur et ne glorifient Dieu que par l'union à Jésus victime tout à la fois sur la croix, sur l'autel et dans le ciel.

« Mais, dit la mère Mechtilde, pourquoi un Dieu

immolé et continuellement anéanti sous les espèces du pain et du vin, n'aurait-il pas, Lui aussi, ses victimes qui s'immoleraient elles-mêmes pour rendre un hommage infini, si cela était possible, à l'Être sacramentel que Jésus détruit tous les jours dans la sainte Eucharistie, pour glorifier son Père ?

« Pourquoi ne s'appliquerait-on pas à l'adoration de cet abaissement infini ; et pourquoi Jésus, perpétuellement présent et abaissé dans la sainte Eucharistie, ne recevrait-il pas aussi une perpétuelle adoration ? »

Aucun dogme d'ailleurs, aucun mystère n'avait été attaqué par l'hérésie du XVIe siècle, avec plus d'ensemble et de rage que celui de la très-sainte Eucharistie. Luther, Zwingle, Calvin et leurs sacriléges sectateurs avaient compris que là était le fondement du divin édifice qu'ils voulaient renverser ; que, toucher à cet adorable sacrement, c'était frapper au cœur le catholicisme. Derrière eux étaient venues des bandes d'insulteurs de bas étage, et Jésus-Hostie avait vu se reproduire toutes les scènes de sa douloureuse passion. « O mon Sauveur, devait s'écrier plus tard celle dont nous écrivons la vie, révélez-nous quelque chose des outrages que vous endurez à l'autel ! Mais qui les pourrait dire, et qui aussi pourrait les entendre sans mourir de douleur !... Peuples et nations, pleurez... Dites avec l'amante Magdeleine : Ils ont enlevé mon Seigneur, et je ne sais où ils l'ont mis. Animez votre foi et cherchez-le... Cherchez Jésus-Christ dans tous les lieux où il est déshonoré, avili, profané. Voyez votre Dieu perdu, jeté dans la boue, foulé aux pieds par la négligence des uns et la malice des autres; il gît dans la poussière, il est donné en nourriture aux plus vils animaux. Est-ce tout? Non, mon Dieu! Mais quelle langue ne se refuserait à dire d'aussi infernales horreurs? O abîme effroyable! Comment ne pas mourir en en sondant la profondeur! » Ces plaintes éloquentes, écho de tant d'autres plaintes, nous font entrevoir la grandeur du mal. On ne pouvait le laisser sans réparation : plusieurs essais furent tentés.

Dès 1625, Jeanne-Marie Chezard de Matel avait commencé l'institut du Verbe incarné. Son dessein était d'honorer Jésus en tous ses mystères, principalement au Sacrement de l'autel ; et de réparer les outrages que les Juifs avaient faits à sa personne, lorsqu'il vivait parmi les hommes ; et ceux que lui font chaque jour, dans l'Eucharistie, les hérétiques et les mauvais chrétiens.

Un saint personnage, M. d'Authier, avait fondé à Avignon, en 1632, une congrégation de prêtres qui s'étaient engagés à travailler de toutes leurs forces, jusqu'à répandre leur sang, si l'occasion s'en présentait, pour faire connaître, aimer et adorer le divin mystère de l'amour infini de Jésus-Christ. Le R. P. Antoine le Quieu, religieux de l'ordre de Saint-Dominique, avait inauguré à Marseille, en 1639, l'institut de l'Adoration perpétuelle, qu'il ne devait terminer que plus tard.

M. de Condren, second supérieur de l'Oratoire, avait cherché, par M. Olier, à faire du séminaire Saint-Sulpice, établi en 1642, une société d'adorateurs du Saint-Sacrement. Une confrérie d'ecclésiastiques et de laïques de toutes les conditions fut formée aussi par ses soins, sous le nom de Compagnie du très-saint Sacrement, et se répandit dans les provinces.

Mais de toutes les tentatives, la plus sérieuse fut celle de Port-Royal. En mai 1633, on bénit, rue Coquillière, une maison dont les religieuses, toutes tirées de ce monastère, commencèrent un institut nouveau destiné à l'Adoration perpétuelle du Saint-Sacrement. A en juger par les apparences, jamais œuvre ne présenta plus de chance de réussite. Le fondateur était M. Zamet, évêque de Langres, qui jouissait alors d'une incontestable autorité. Elle était placée sous la direction de la mère Angélique, déjà célèbre. La duchesse de Longueville s'en était déclarée la protectrice. Le roi la voyait d'un œil favorable. On avait choisi le voisinage du Louvre, et ce n'était pas sans dessein. Le fondateur désirait « que ce fût un monastère célèbre, favorisé des grands, situé au meilleur quartier de la ville, et dont l'église fût plus magnifique que celles de toutes les autres maisons religieuses. Il voulait que les filles qu'on y recevrait apportassent chacune dix mille livres ; qu'elles fussent de bon esprit, bien civiles, capables d'entretenir des princesses ; que leur habit fût blanc et rouge, d'une étoffe fine, d'une façon avantageuse ; et, comme il disait, souverainement auguste... qu'on y dît les matines le soir à huit heures ; et que tout y fût si doux et si agréable, qu'il ne fît point peur aux filles de la cour... Et, avec cela, que ce fussent des filles d'oraison, fort élevées dans les voies de Dieu, et qui pussent parler de ces choses avec lumière. »

C'était vouloir accorder l'esprit du monde et celui de Dieu. Malgré tant de puissants appuis sur lesquels elle reposait, cette maison ne put subsister. La mère Angélique et ses religieuses rentrèrent à Port-Royal, en 1638, et l'œuvre du Saint-Sacrement s'évanouit au milieu des querelles du jansénisme.

Dieu, cependant, préparait dans l'ombre l'instrument qui devait servir à fonder cette œuvre ; et déjà des voix prophétiques avaient annoncé sa venue.

Il y avait à Compiègne, en 1633, une femme nommée Barbe. C'était une servante très pauvre des biens de ce monde, mais très riche des trésors de la grâce ; douée d'un grand esprit d'oraison, elle possédait aussi le don de prophétie. Le père de Condren, général de l'Oratoire, était son directeur. Or, un jour qu'elle parlait à ce saint et illustre personnage, du respect dû au Saint-Sacrement, elle lui dit : « Le temps viendra qu'il y aura des religieuses tout appliquées à l'adorer : ce seront de véritables réparatrices ; mais la chose n'est pas encore prête. »

Une autre femme, également pauvre et vertueuse, eut une vision durant laquelle elle vit un couvent, avec deux rangs de chaises vides dans le chœur ; et il lui fut dit que Dieu tirerait une grande gloire de cet établissement, lequel, comme elle le sut plus tard, était celui que devait fonder notre vénérable mère.

Le baron de Renty, que sa rare piété et les lumières surnaturelles dont il était favorisé, rendaient l'honneur de la noblesse française, discourait un jour avec quelqu'un de la dévotion à l'enfance de Notre-Seigneur

Jésus-Christ, à laquelle il était très particulièrement porté. Son interlocuteur s'étonnait qu'il ne s'appliquât pas plutôt à la dévotion du très-saint Sacrement dans lequel se trouvait réellement Jésus Enfant : « Cette dévotion est trop forte pour moi, répondit le serviteur de Dieu ; mais bientôt viendra un institut de religieuses qui y seront entièrement appliquées : ce seront des âmes d'élite... »

Mais la prophétie la plus caractéristique, fut celle d'une femme du peuple qui a laissé un nom célèbre. A cette époque, vivait à Paris Marie de Gournay, veuve de David Rousseau, l'un des vingt-cinq marchands de vin de la capitale. « C'était, dit un historien, une âme de grâce, comblée des dons du ciel les plus extraordinaires, et favorisée des communications les plus intimes avec la Mère de Dieu. Pour faire éclater davantage les richesses de sa bonté, Dieu était allé la choisir dans la classe la plus obscure, et dans l'une des professions les plus avilissantes aux yeux du monde. » Marie Rousseau, l'humble cabaretière, passait sa vie dans un recueillement perpétuel. Les hommes les plus avancés dans les voies intérieures venaient la consulter. En 1644, elle eut une vision que, sur l'ordre de Dieu, elle mit par écrit. Après avoir, par une similitude bizarre mais juste, indiqué et mis en relief le but de l'institut que devait entreprendre notre digne mère, elle dit en propres termes : « Et voilà le travail de ma servante Catherine. »

Dieu, du reste, avait laissé pressentir ses desseins à sa servante Catherine-Mechtilde elle-même. Lorsqu'elle était encore chez les Annonciades, nous l'avons raconté, elle tomba en léthargie et demeura quinze heures en cet état. Jésus, la considérant avec amour, la toucha au front, et lui dit : « Retournez au monde et travaillez à mon œuvre. » Quelle était cette œuvre ? Dieu la laissa entrevoir à notre mère dans la chapelle de Benoîte-Vaux.

Quelques mois plus tard, en 1642, la mère Mechtilde du Saint-Sacrement se trouvait à Vignats, en Normandie. La mère Dorothée de Sainte-Gertrude, sa compagne, étant avec elle au réfectoire, fut ravie en Dieu. « Elle vit, disent de pieux mémoires, notre vénérée mère à genoux fort dévotement, et Notre-Seigneur qui lui paraissait au milieu du réfectoire, environné d'une merveilleuse clarté, le corps à demi couvert d'un manteau couleur de pourpre, le visage infiniment doux, mais semblant affligé, comme s'il eût eu quelque sujet d'un grand déplaisir. Ce doux Sauveur porta la main au front de notre mère, la marquant d'une croix, et faisant comprendre qu'il la réservait à quelque chose de grand, dont l'accomplissement ferait cesser le sujet de sa tristesse. » Plus nous verrons notre mère s'avancer vers le but où Jésus l'appelait, et plus les signes de sa mission deviendront éclatants.

Outre ces marques extérieures de vocation, il en est de plus intimes et non moins certaines. Parmi les plus frappantes, sont les rapports que Dieu établit entre la mission à laquelle il destine une âme et cette âme elle-même.

Lorsque Dieu prédestine quelqu'un à une mission particulière, il lui met au cœur un attrait spécial pour l'objet de cette mission ; il se plaît à le parer de toutes les vertus qui lui seront nécessaires ; il le forme par les événements ; et, le moment venu, il le place au milieu des circonstances d'où sortira l'œuvre à laquelle il l'appelle. C'est ce qui arriva pour la mère Mechtilde.

Sa dévotion envers le Saint-Sacrement sembla naître avec elle ; et, dès son enfance, nous l'avons vu, elle aimait à passer de longues heures aux pieds de Jésus-Hostie. Elle grandit dans cet amour ; et, lorsqu'éclata la guerre d'Allemagne, en 1629, Mlle de Bar entendant un jour raconter les effroyables sacriléges que les hérétiques commettaient envers la sainte Eucharistie, en conçut une si grande douleur qu'elle s'offrit comme victime à la divine Majesté, en réparation de ces outrages. Les souffrances qu'elle endura depuis, en son corps et en son âme, jointes à l'établissement effectif de l'Adoration perpétuelle, sont une marque évidente que Dieu la prit au mot et accepta son sacrifice.

Un peu plus tard, devenue religieuse Annonciade, elle écrivait : « Est-il donc, ou peut-il y avoir un autre moyen, un moyen plus efficace de s'unir à Dieu que la sainte Eucharistie ? La sainte Eucharistie, n'est-ce pas Dieu même ? »

La Providence se plut à seconder son attrait vers Jésus-Hostie. Elle lui envoya, pour la diriger, des hommes qui pressentirent sa vocation, et l'engagèrent à y répondre. Le R. P. Jean-Chrysostome, avant de la faire entrer dans une vie de renoncement plus complet, lui écrivait ces paroles qui semblent une prophétie : « Dieu, par une providence toute spéciale, vous oblige à honorer le très-saint Sacrement avec une dévotion particulière. Oh ! qu'heureuse est l'âme destinée à honorer les états de la vie de Jésus, non-seulement par adoration, mais par imitation et par ressemblance. Il semble qu'il vous appelle à honorer sa vie cachée. Suivez, tant que vous le pourrez, cet attrait. » M. de Bernières ne fit rien autre chose que d'engager notre vénérable mère plus avant dans cette voie.

Ce n'est pas tout : Dieu voulut qu'elle acquît par expérience une connaissance parfaite des difficultés qui se rencontrent dans la vie religieuse ; il la soumit aux épreuves les plus accablantes, afin de la détacher de tout le créé, de la purifier, de l'anéantir, pour s'emparer d'elle ensuite, et la gouverner sans résistance ; il lui donna un attrait vraiment spécial pour la prière et le sacrifice qui sont les deux grands actes de la victime ; et la prévint de faveurs exceptionnelles et extraordinaires, dont la plupart étaient des signes de sa sublime vocation, et des appels préparatoires au grand œuvre auquel elle était destinée.

Enfin le moment est arrivé. Dieu vient de la prendre comme par la main, au fond d'un modeste monastère de Lorraine, pour la conduire à Paris, où l'attendent les ouvriers qui doivent lui prêter leur aide.

Jusqu'ici nous l'avons suivie pas à pas dans sa vie si sainte ; nous l'avons vue s'avancer, au milieu des épreuves, vers le but mystérieux où Dieu la conduit ;

fidèle à recevoir toutes les impressions de l'Esprit-Saint et à accomplir toutes ses volontés. Nous nous sommes appliqués à faire connaître le fondement sur lequel devait bientôt s'élever l'institut de l'Adoration perpétuelle. Il nous reste à étudier cette fondation.

Il ne faut pas s'attendre à voir la mère Mechtilde du Saint-Sacrement faire des choses éclatantes au dehors. Pour bien comprendre ce qu'ont été son travail et sa façon de procéder, il faut dire qu'ils ont plus consisté « à pâtir qu'à agir ». Elle a été, entre les mains de Dieu, comme l'instrument entre les mains de l'ouvrier ; elle n'a entrepris cette mission que sous les ordres de la divine Majesté, qui lui étaient manifestés par les événements extérieurs de la Providence et les mouvements intérieurs de la grâce. Jamais elle ne voulut en rien employer son industrie naturelle ; mais elle s'appliquait uniquement à regarder agir Dieu, et ne faisait ni plus ni moins que ce qui lui était montré par les voies providentielles. Elle n'aurait pas voulu différer d'un seul instant l'exécution des volontés divines, aussi l'Esprit-Saint agit-il lui-même par son entremise et l'œuvre se fit, pour ainsi dire, sans son concours.

CHAPITRE XVI

LA MÈRE MECHTILDE DU SAINT-SACREMENT A PARIS. — SON EXTRÊME PAUVRETÉ. — ELLE EST SECOURUE PAR MADAME DE CHATEAUVIEUX.

Mars-Novembre 1651

La soumission de la Guyenne et la défaite de Turenne, à Réthel (15 décembre 1650), n'avaient point terminé la guerre civile. A peine la reine et Mazarin étaient-ils de retour à Paris, que Gondi, fatigué d'attendre le chapeau qu'on lui avait promis pour prix de son concours, avait réveillé les défiances ; et que du parlement, suivant sa propre expression, « était sorti comme un tourbillon de voix qui semblait être mêlé d'éclairs et de foudres contre le cardinal. » A son instigation, le peuple s'était soulevé en faveur des princes ; et les deux frondes s'étaient unies contre le ministre. Mazarin abandonné de tous, était sorti de Paris, avait couru au Hâvre, et délivré les prisonniers qu'il avait jetés au milieu de ses adversaires. Le désordre déjà au comble, s'était encore accru. Condé rentré en triomphe à Paris, et plus fier que jamais, avait par ses exigences, irrité la reine qui, s'armant contre lui de l'ambition de Retz, s'apprêtait à l'emprisonner de nouveau ; mais le prince averti à temps, s'enfuit à Saint-Maur ; et de là, entouré de ses amis, il leva l'étendard de la révolte. L'agitation qui s'en suivit répandit l'inquiétude aux environs. Ce fut à ce moment que les religieuses de Rambervillers se réfugièrent dans Paris.

Quand la mère Mechtilde du Saint-Sacrement parvint aux portes de cette grande ville (24 mars 1651), tout était dans un effroyable désordre; mais, chose étrange! au milieu des horreurs, des alarmes et des dangers auxquels la vénérable prieure se voyait exposée, les troubles dont elle était agitée depuis sa sortie de France, se dissipèrent tout à coup; ses peines intérieures se calmèrent et la paix revint dans son cœur. Ce changement presque subit lui parut être un signe non équivoque que Dieu la voulait à Paris. Elle ne parvint, pour ainsi dire, que par miracle à s'y introduire. Une fois entrée dans cette grande ville, elle s'abandonna à la Providence qui jamais ne lui avait fait défaut. Elle entendit la messe, avec ses compagnes, dans l'église de Saint-Nicolas-des-Champs, et se mit sous la protection de ce grand saint, patron de sa malheureuse patrie. Une dame qui venait communier chaque jour dans cette église, l'aperçut et fut édifiée de sa modestie et de son recueillement. Le saint sacrifice achevé, Mme Butin aborda notre vénérable mère; et, lui prenant les mains : « N'êtes-vous point religieuse, lui dit-elle? Que faites-vous ici? » — « Nous sommes, lui répondit ingénument la mère Mechtilde, de pauvres religieuses de la Lorraine que les horreurs de la guerre ont forcées de quitter leur monastère; nous venons chercher un asile à Paris, et nous ne savons où aller, ni que faire? » — « Eh bien ! répliqua cette dame, venez chez moi, vous qui êtes les épouses d'un Dieu dont je fais profession d'être la servante, tout indigne que j'en sois. Nous ne sommes pas fort riches, mais mon mari et moi, nous ferons de notre mieux pour vous recevoir. »

M. Butin, homme vertueux et charitable, fut charmé de donner l'hospitalité aux pauvres religieuses. Il mit à leur disposition un appartement où elles logèrent jusqu'à ce qu'elles eussent retrouvé leurs sœurs de Saint-Maur.

Celles-ci s'étaient réfugiées dans un pauvre petit réduit du faubourg Saint-Germain. La mère Mechtilde les découvrit après bien des démarches et se hâta de les rejoindre. Elle se sépara de Mme Butin; mais leurs cœurs restèrent unis par des liens que la grâce avait formés, et qu'une estime mutuelle entretint. Cette charitable dame n'oublia rien pour soulager nos religieuses dans leur retraite. La maison qu'elles habitaient avait été une maison de débauche; elles en firent un lieu d'édification.

Leur joie fut grande; il leur semblait qu'elles étaient sauvées puisqu'elles recouvraient celle qui, tant de fois, avait été près d'elles l'instrument de la Providence. Avec le bonheur de la posséder, il leur sembla que rien ne pouvait leur manquer.

Les pauvres exilées se trouvaient alors dans une triste situation. La misère qui s'était fait sentir à Paris, dès 1648, n'avait cessé de s'accroître; et à l'époque où nous sommes, elle était devenue extrême. La cessation du commerce au dedans, les incursions incessantes des gens de guerre aux environs, l'affluence des réfugiés accourus de trente lieues à la ronde, avaient amené une disette qui désespérait la charité de saint Vincent de Paul lui-même. Des bandes de mendiants affamés rôdaient par les rues, ramassant d'ignobles débris dont ils se nourrissaient. Des cadavres abandonnés jonchaient les chemins et encombraient les maisons. Partout la ruine, la désolation et la mort.

Dans cette détresse universelle, les pauvres religieuses lorraines se trouvaient, en leur qualité d'étrangères, plus délaissées que les autres. La nécessité les avait contraintes de vendre tous leurs meubles. Elles n'avaient conservé qu'un réchaud en terre, autour duquel elles venaient l'une après l'autre se chauffer. Elles n'avaient plus de lits ; quand elles voulaient se reposer, elles s'asseyaient à terre et s'appuyaient la tête contre une muraille. Elles passèrent des semaines entières sans manger de pain ; et elles s'estimaient heureuses d'avoir pour se nourrir une très petite quantité de pois gris cuits à l'eau et sans aucun assaisonnement. Leur pauvre tourière allait de porte en porte demander quelque reste de potage pour les plus infirmes.

Notre mère s'était déjà trouvée dans le dénûment ; mais jamais à ce point. Cette affreuse pauvreté, loin de l'abattre, la comblait de joie. M. de Bernières en fut instruit indirectement et se hâta de lui écrire : « Ma très chère sœur, vous êtes pauvre et *glorieuse*. Que ne touchez-vous un mot de votre nécessité corporelle ? nous nous retrancherions pour vous assister. » — « Vous dites, mon très cher frère, répondit la mère Mechtilde, que je suis pauvre et *glorieuse* : ce dernier m'est très naturel, mais la divine Providence me ménage les moyens de ruiner mon orgueil ; je la veux laisser faire, et je ne veux point que vous vous retranchiez pour nous assister dans notre nécessité corporelle. Laissons faire Dieu ; il nous réduira comme il lui plaira. »

Il est vrai que Dieu, qu'elle recevait tous les jours à la sainte Table, était plus que jamais sa nourriture et son soutien. Ce fut alors qu'elle apprit par expérience que la prière continuelle n'est pas une impossibilité. Sans cesse unie à Dieu, elle ne s'occupait plus que de son âme et laissait son corps à l'abandon. Son goût pour la solitude se réveilla au point qu'elle songea à se faire recluse.

Dans les environs de Marseille, est un immense massif de rochers connus sous le nom de rochers de la Sainte-Baume. Les âpres sommets qui les dominent, les sombres forêts qui les entourent, le beau ciel qui les éclaire, semblent en faire une retraite prédestinée pour la pénitence. Là, vint se retirer, après avoir miraculeusement abordé en Provence, *celle à qui il fut beaucoup pardonné parce qu'elle avait beaucoup aimé*. C'est dans l'une des grottes creusées aux flancs de ces rochers stériles, que la mère Mechtilde songea à se retirer pour vivre, à l'exemple de Marie-Magdeleine, d'une vie de douleur et d'amour. Elle s'y serait nourrie d'herbes amères et de racines sauvages ; l'eau du torrent eût seule étanché sa soif ;

ses jours s'y seraient consumés à s'entretenir avec le céleste Époux de son âme. Son plan était tout tracé et elle avait commencé à le mettre à exécution. Elle avait en effet demandé, et chose étonnante ! obtenu une obédience de ses supérieurs de Lorraine. Elle comptait partir à l'insu de ses sœurs, prendre la route de Lyon; de là, envoyer à Rambervillers et à Paris un billet écrit par une main étrangère, et ainsi conçu : « Une religieuse, nommée sœur Catherine-Mechtilde, a passé dans ce lieu : Dieu en a disposé. Priez Dieu pour le repos de son âme. »

Mais Dieu avait d'autres vues sur notre vénérable mère. La nuit de Pâques, elle se trouvait en oraison et tout appliquée au grand mystère que l'Église célèbre en cette fête ; elle considérait notre divin Sauveur en son sépulcre, mort aux créatures et ressuscitant pour ne plus vivre qu'à Dieu son Père. Elle le suppliait de bénir la résolution qu'elle avait prise de s'enfermer dans un ermitage, comme dans un tombeau, afin de vivre, elle aussi, d'une nouvelle vie en Lui seul ? — « Renonce, adore et te soumets à mes desseins, » entendit-elle tout à coup intérieurement.

Frappée comme de la foudre à cette parole, notre mère tombe la face contre terre, et demeure tout le reste de la nuit dans cette attitude. « Un poids énorme, a-t-elle raconté, semblait l'empêcher de se relever ; et elle ne put le faire qu'après avoir promis à Dieu de ne plus disposer d'elle-même par son propre choix, et de s'abandonner complétement désormais à la conduite de sa Providence. »

Peu de temps après, elle se trouva mal à l'église et ne put faire la sainte Communion. La messe terminée, elle sortit ; et l'une de ses filles qui la suivit presque immédiatement, la trouva évanouie. Elle l'assit sur le pavé et se plaça près d'elle pour la soutenir. Notre vénérable mère demeura entre ses bras, comme morte, l'espace d'une demi-heure. Au bout de ce temps, elle ouvrit les yeux et s'écria en soupirant : « Quelle privation ! » Que s'était-il passé durant cet évanouissement ? Jamais elle ne le dit ; mais une personne de grande vertu a affirmé qu'au même moment elle avait vu la mère Mechtilde du Saint-Sacrement au tribunal de Dieu, et qu'elle en avait été renvoyée pour être mise sous la pression des croix et des afflictions. Cette crise n'était que le commencement d'une maladie qui fut longue et douloureuse. Son état devint en peu de jours si inquiétant, que ses filles jugèrent à propos de lui faire administrer le saint Viatique. L'évêque de Babylone qui habitait dans le voisinage, fut mandé pour lui rendre ce bon office (août 1651).

Lorsqu'il entra dans la chambre de notre mère, les larmes lui vinrent aux yeux. La vénérable prieure minée par la fièvre, était couchée toute vêtue, sur un peu de paille. Une joie inénarrable illuminait ses traits. Aucune plainte ne sortait de sa bouche. Elle n'avait que des actions de grâces à rendre à Dieu, pour la bonté avec laquelle il lui faisait porter une part des souffrances qu'il avait endurées sur la terre. De retour chez lui, le charitable prélat s'empressa de lui envoyer un matelas et une couverture qu'il tira de son propre lit.

De plus, il fit connaître sa détresse dans la paroisse de Saint-Sulpice, et la recommanda à Mme la présidente de Herce. Dès lors on lui envoya tous les jours deux œufs et deux bouillons de la marmite des pauvres. Voilà le degré de misère où était réduite celle qui venait de refuser une abbaye considérable en Alsace, et que les abbesses se disputaient jadis en Normandie, pour en faire leur coadjutrice ou leur prieure. Ses filles ne cessaient d'adresser au ciel des vœux pour sa guérison. Notre mère demeurait calme et résignée sous la main de Dieu; au milieu de ses maux, elle se tenait comme une victime au pied de l'autel, attendant que Dieu ordonnât son immolation, et ne désirant que l'accomplissement de son bon plaisir. Elle s'en expliquait ainsi, d'une main encore faible et tremblante, à M. de Bernières : « Dieu, lui mandait-elle, m'a mise à la mort et il m'a ramenée à la vie. N'est-il pas juste que je l'adore dans toutes ces incertitudes de vie et de mort? Mon âme est toujours demeurée en Lui ; et, de quelque façon qu'il m'ait traitée, tout mon fond s'est toujours maintenu dans un entier abandon à sa sainte volonté; sans autre vue que d'être, saine ou malade, vive ou morte, la victime de son amour. »

Quelques jours plus tard, le dernier dimanche d'août, de l'année 1651, un carrosse s'arrêtait rue du Bac, en face de la petite maison du *Bon Ami*. Deux dames en descendirent et entrèrent chez les *petites sœurs lorraines* : c'est ainsi qu'on appelait nos mères dans le faubourg Saint-Germain. La plus âgée de ces dames était la présidente de Herce; la plus jeune, Marie de la Guesle, comtesse de Châteauvieux, n'accompagnait que par complaisance sa noble amie chez nos religieuses. C'était une personne fort adonnée aux bonnes œuvres, mais sans aucun goût pour les cloîtres. Aussi, après avoir échangé quelques courtes paroles d'un air distrait avec la mère Mechtilde du Saint-Sacrement et lui avoir donné un écu en aumône, s'empressa-t-elle de sortir pour aller dans les hôpitaux où l'appelait l'attrait de sa charité.

Mais, chose extraordinaire, le souvenir de cette religieuse étrangère, qu'elle venait de voir pour la première fois, ne la quitta plus ; et, dès ce moment, elle sentit naître dans son cœur, pour la mère Mechtilde, une sorte d'attrait qui s'accrut si rapidement que, deux ou trois jours après, elle retournait à la maison de la rue du Bac. Cette seconde visite eut pour effet de rendre plus vive son inclination pour notre vénérable mère.

La mort de la duchesse de Luynes avait plongé M*me* de Châteauvieux, sa parente, dans une amère tristesse ; pour la distraire, ses amies l'engagèrent à les accompagner dans une de leurs promenades. Elle y consentit ; mais elle s'arrangea de façon à prendre la maison des religieuses de Lorraine comme but de cette excursion (14 septembre). Ces dames y étant entrées, firent assembler au parloir la petite communauté. M*me* de Châteauvieux prit place à côté de la mère Mechtilde, et la conversation s'engagea presque aussitôt sur des matières de spiritualité. La comtesse était douée d'un esprit vif et très curieux ; elle causait fort bien et elle aimait à causer. Elle fit diverses questions sur les voies de la perfection, sur l'oraison; et, sans attendre de réponse, elle dit comme en plaisantant : « Pour moi, je ne sais ce que c'est que méditer. L'oraison est un pays perdu que j'ignore : fixer son attention, captiver son esprit, épancher son cœur en sentiments, oh ! c'est un langage que je ne comprends pas. Toutes les instructions qu'on a prétendu me donner, et tous les livres qu'on m'a enseignés comme les plus profonds et les plus clairs sur cette matière, ne m'ont jamais procuré aucune lumière. » On se mit à discuter là-dessus, et chacune de ces dames exprima son avis. Seule, la mère Mechtilde, dans une attitude grave et recueillie, gardait un profond silence. On la pria de dire son sentiment. Elle ne prononça que quelques paroles qui, par malheur, ne nous ont pas été conservées; mais ces paroles firent une telle impression sur l'esprit de la comtesse, elles pénétrèrent si avant et si délicieusement dans son cœur, que, ne pouvant plus contenir sa reconnaissante admiration, elle s'écria : « Ah ! ma bonne mère, ce que je cherche depuis si longtemps, ce que je n'ai jamais trouvé dans aucun livre, vous venez de me le dire en peu de mots. Non, jamais, jamais, personne ne m'en a tant dit, et me voilà satisfaite. »

Dès sa quatrième visite, la comtesse montra, à l'égard de la mère Mechtilde du Saint-Sacrement qu'elle connaissait à peine, une confiance si absolue, que, pour s'aider dans son oraison, elle n'hésita point à lui demander quelques manuscrits; notre vénérable mère qui, dans son amour pour la vie humble et cachée, se refusait ordinairement à de telles communications, non-seulement les lui donna; mais poussée par une secrète inspiration de Dieu, elle lui mit à l'heure même ses propres dispositions par écrit, afin que Mme de Châteauvieux pût en conférer avec son directeur.

Le vendredi suivant, la comtesse assistait à l'assemblée des pauvres, chez la présidente de Lamoignon. L'esprit tout rempli de la mère Mechtilde, elle exposa l'extrême indigence où se trouvaient réduites cette vénérable mère et ses compagnes. Elle le fit avec tant de chaleur, de force et d'éloquence, que l'assistance fut profondément touchée. Plusieurs dames promirent sur-le-champ un secours mensuel, et la comtesse fut chargée de le recueillir. Aucune mission ne pouvait lui être plus agréable; on en devine facilement la raison.

Sur ces entrefaites, une enfant de la marquise de Cessac, parente de Mme de Châteauvieux et de Mme de Montgommery fille de M. de Torp, tomba malade de la petite vérole. On ne permit pas à sa mère de la soigner : la mère Mechtilde s'en chargea. Elle fit preuve, en cette circonstance, d'une grande intelligence et d'un dévouement infatigable. Assidue jour et nuit auprès de la malade, elle lui prodigua les soins de la plus obséquieuse et de la plus tendre charité. Tout fut inutile : l'enfant mourut. Mme de Cessac désolée, se retira pour quelque temps dans l'hospice de nos religieuses, afin de puiser dans la solitude et près de Dieu la résignation qui lui était nécessaire dans un si grand malheur. La comtesse venait la visiter tous les jours, et avait ainsi l'occasion d'entretenir la vénérable prieure.

A chaque nouvelle visite, elle découvrait des vertus nouvelles dans cette humble servante de Dieu que déjà elle se plaisait à appeler sa mère ; et son estime, ou plutôt sa vénération pour elle, croissait de plus en plus. Une circonstance lui révéla qu'elle avait enfin rencontré, dans la mère Mechtilde, la perfection que depuis longtemps elle cherchait vainement ailleurs.

La mère Mechtilde du Saint-Sacrement se trouvait alors dans un complet dénûment. Mme de Châteauvieux était son principal, ou pour mieux dire, son unique soutien. Un jour qu'elles se promenaient ensemble et s'entretenaient pieusement, la comtesse avança une chose que notre mère ne pouvait approuver ; et cependant, par son insistance et la vivacité de sa parole, elle semblait vouloir l'imposer. La vénérable prieure s'arrêta tout à coup ; et jetant sur son interlocutrice un regard profond et sévère : « Madame, lui dit-elle, je veux que vous sachiez bien que, toute comtesse que vous êtes, et quelque pouvoir que vous ayez de m'assister en la grande nécessité où je me trouve réduite avec mes sœurs, si vous passiez outre, je ne ferais pas plus d'état de vous que de cela. » Et, en parlant ainsi, elle lui montrait une paille qu'elle brisa sous ses pieds. Elle ajouta avec fermeté : « Je ne considère votre personne qu'autant que je sais que Dieu veut se servir de vous pour faire quelque chose de grand pour votre sanctification. » La comtesse de Châteauvieux était une âme d'élite, assez loyale pour reconnaître la noblesse d'un sentiment, sous quelque forme qu'il se produise, et assez forte pour lui faire le sacrifice de son amour-propre. Elle ne se sentit point blessée de la franchise de notre mère dont elle admira le désintéressement.

Tels furent les commencements de l'étroite union de la mère Mechtilde avec la comtesse de Châteauvieux, union qui ne connut point d'interruption, et à laquelle la mort seule mit un terme. Dieu lui-même fut le lien de ces deux âmes d'élite. « Il y a, écrivait notre vénérable mère à sa noble amie, un mystère caché dans la conduite de Dieu en ce sujet, que nous ne comprenons pas. » Elles devaient le comprendre plus tard, et c'est ce dessein caché de la Providence qu'il nous reste à raconter.

CHAPITRE XVII

LES ÉMINENTES QUALITÉS DE LA MÈRE MECHTILDE LA FONT RECHERCHER COMME SUPÉRIEURE. — SON DÉSIR D'ÉTABLIR L'ADORATION PERPÉTUELLE.

Novembre 1651 — Mai 1652

Mme de Châteauvieux était au comble de ses vœux. Mais tel est notre malheureux sort ici-bas : lorsque nous avons trouvé le bien que nous cherchions, nous craignons de le perdre ; et notre vie s'écoule ainsi dans de perpétuelles inquiétudes et d'incessantes alarmes.

A peine en possession de sa vertueuse mère, la comtesse commença à redouter qu'on ne la lui enlevât, soit en la rappelant en Lorraine, soit en l'établissant supérieure dans quelque autre province. Cette crainte n'était point sans fondement. Tous ceux qui approchaient notre vénérable mère étaient frappés de ses grandes vertus, de ses éminentes qualités; et, malgré la profonde humilité dont elle l'enveloppait, son mérite apparaissait à tous les yeux. Elle semblait née pour le premier rang. Cette douceur inaltérable, cette paix que rien n'était capable de troubler; cette régularité qui s'étendait jusqu'aux moindres détails, et que ne pouvaient diminuer ni les maladies du corps, ni les angoisses de l'âme; cette facilité, cette onction, ce zèle, et même cette exactitude d'expressions avec laquelle elle s'énonçait sur les sujets de piété et de dévotion; cet esprit supérieur qui la faisait juger sainement de toutes choses et l'empêchait d'agir avec vivacité ou par passion; son habileté dans la conduite des âmes; et jusqu'à cet air majestueux qui ne la quittait jamais; tout en un mot engageait ceux qui la connaissaient, à la vouloir dans une position où elle pût exercer les admirables talents que Dieu lui avait donnés pour le gouvernement.

Les premières offres lui furent faites par M. Mangot, maître des requêtes. M. Mangot, qui l'avait connue à Saint-Maur, avait une sœur prieure perpétuelle d'un monastère de Bénédictines, à Vire, en Normandie, où vainement elle avait essayé d'établir la réforme. Il l'engagea à se démettre de sa charge en faveur de la mère

Mechtilde. Cette affaire, conduite avec diligence et vigueur, eut un prompt succès. Il ne manquait plus pour la terminer, que le consentement de la vénérable mère. Elle le refusa. Cependant l'auteur de ce projet étant tombé dangereusement malade, elle crut devoir donner à son bienfaiteur mourant, une satisfaction qu'il souhaitait emporter dans la tombe. Elle accepta le prieuré et une pension de cent pistoles qu'il voulut absolument lui faire. Mais aussitôt qu'il eut les yeux fermés, elle renonça généreusement à l'un et à l'autre, « préférant, dit-elle, son état d'abjection et de pauvreté à tous les titres, à toutes les dignités et à toutes les richesses. » Toutefois la veuve de M. Mangot exigea qu'elle prît une somme de mille écus, et notre vénérable mère ne put se dispenser de recevoir ce don généreux. Elle y mit toutefois une condition : c'est que l'argent serait employé, le cas échéant, à quelque établissement de ses religieuses à Paris.

Messieurs de Port-Royal, personne ne l'ignore, s'étaient faits les promoteurs de cette doctrine que le calvinisme expirant légua à la France, sous le nom de jansénisme. Désirant s'attacher la mère Mechtilde, ils l'assistèrent libéralement pendant quelque temps; puis ils lui firent proposer la direction d'une communauté de filles, qu'ils voulaient établir au faubourg Saint-Marceau. Les conditions matérielles étaient des plus avantageuses; mais on exigeait qu'elle reconnût pour unique supérieur M. Singlin, l'un des plus habiles et des plus ardents propagateurs de la secte.

Celui-ci se présenta chez Mme de Châteauvieux qui

avait beaucoup d'inclination pour la nouvelle doctrine ; et il l'excita à user de son influence présumée sur la mère Mechtilde du Saint-Sacrement, pour la décider à accepter l'offre de messieurs de Port-Royal. La comtesse s'empressa de raconter à notre vénérable mère la conversation qu'elle venait d'avoir à son sujet. La mère Mechtilde était instruite, sans affecter de le paraître ; et connaissait à fond le venin de la secte janséniste. Elle aimait tendrement Mme de Châteauvieux : son devoir et son affection l'obligeaient à mettre la comtesse en garde contre les perfides erreurs qu'on lui avait prêchées. Elle combattit avec tant de force et de lumière la doctrine de M. Singlin et de ses adeptes, que la jeune dame, se levant d'une manière soudaine et se jetant à son cou, s'écria en l'embrassant : « Ah ! ma chère mère, que je suis ravie de vous entendre ! Je vous avoue que j'étais fortement prévenue en faveur de ces personnes. La pureté apparente de leur doctrine me charmait ; la réforme du relâchement et des abus dont elles se vantent, m'édifiait ; j'admirais la régularité et l'austérité de leurs mœurs. Je trouve en vous les mêmes vertus ; mais sans l'affectation qui me faisait peine en elles. Ce que j'aime surtout en vous, c'est la simplicité, la charité, l'obéissance que je désirais, et qu'il me fâchait de ne pas trouver dans leurs enseignements et leur conduite. » Après de telles paroles, il est inutile d'ajouter que la comtesse ne patronna point les offres de messieurs de Port-Royal. Quand la mère Mechtilde les reçut, elle n'eut pas de peine à motiver son refus ; elle se contenta de répondre que, « suivant les règles et les constitutions auxquelles elle avait fait vœu de se conformer, elle ne pouvait reconnaître d'autres supérieurs ecclésiastiques que le souverain Pontife et les évêques dans les diocèses desquels elle se trouvait ; qu'elle ne pouvait par conséquent, étant à Paris, s'engager à se soumettre à d'autre supérieur qu'à M. l'archevêque. » On comprit ce que signifiait cette réponse. On se retira ; mais les aumônes furent retranchées...

« Je suis bien aise, écrivait-elle alors à M. l'abbé de Roquelaye, que notre très aimé et cher frère, travaille à la ruine du jansénisme. Notre-Seigneur m'a fait la grâce d'y travailler aussi, selon ma petite portée, et m'a donné la consolation d'en retirer quelques esprits qui y étaient fort embarrassés. La divine Providence s'est voulu servir de nous, très indigne, pour mettre ces âmes dans la liberté d'esprit, et elle leur fait de très hautes grâces depuis qu'elles ont quitté leurs opinions. Voilà à quoi Dieu m'a employée depuis ma grande maladie qui fut au mois d'août. Je suis, de présent, en bien meilleure santé. A l'entrée du carême, le médecin me disait que je n'en passerais pas la moitié sans mourir d'une inflammation de poumon, et cependant je jeûne sans aucune incommodité. »

Sa convalescence avait été longue ; et durant tout l'hiver elle était demeurée languissante. La faiblesse de son estomac était telle que cet organe ne faisait plus ses fonctions ; aussi le médecin lui avait-il donné le conseil de s'abstenir de jeûner. Elle n'en tint pas compte et finit par se guérir. Ce que voyant le docteur, il lui dit avec un enjouement mêlé de vénération : — « Allez, ma mère, faites tout du pire que vous pourrez. » Elle suivit ce conseil, redoublant ses mortifications jusqu'à ne plus manger, chaque jour, que vers trois heures de l'après-midi ; en peu de temps, elle recouvra ses forces et reprit son embonpoint.

Le médecin qui la traita pendant toute sa maladie, n'exigea rien pour prix de ses soins, sinon qu'elle acceptât un écu à chaque visite. Ce médecin était celui de la Maison d'Orléans. La Providence l'avait envoyé à notre mère par l'entremise d'un pieux gentilhomme, nommé M. de Margueil, dont elle avait fait la connaissance dans une circonstance qui mérite d'être racontée.

Un jour que ses religieuses manquaient absolument de pain, elles étaient venues lui en donner avis. « Allons, avait-elle répondu, allons toutes ensemble réciter l'Oraison dominicale. » Un instant après, un gentilhomme passait en face de leur maison ; et demandait, comme par curiosité et sans aucun dessein, quelles personnes y étaient logées. On lui répondit que c'étaient de pauvres religieuses de Lorraine, réfugiées à Paris. Il était entré et avait lié conversation avec la mère Mechtilde. Pénétré de respect en l'entendant parler, également touché de compassion à la vue de la pauvreté où elle était réduite, il lui avait laissé deux pièces d'or en la quittant, et s'était empressé d'aller dire à la duchesse d'Orléans qu'il venait de voir « une merveille de piété et d'esprit. »

Cependant la confiance de Mme de Châteauvieux

s'était accrue au point qu'elle forma le dessein de la prendre pour la directrice de sa conscience. Son confesseur, M. de Bréda, curé de Saint-André-des-Arts, le lui conseillait, à cause du bien que produisaient en son âme ses entretiens avec notre mère. Mais l'humble prieure éprouvait, à accepter ce fardeau, une répugnance invincible, et répondait par une froideur et une réserve désespérantes aux avances et aux ouvertures de la comtesse. Cette dame, dont l'énergie croissait en raison même des obstacles qui surgissaient, épia une occasion de contraindre notre mère à l'adopter pour sa fille. Cette occasion se présenta bientôt.

La mère Mechtilde du Saint-Sacrement n'étant point en clôture, l'accompagnait quelquefois aux lieux de ses dévotions. Un jour, après avoir visité l'église de Notre-Dame-de-Saint-Victor, elles entrèrent dans le jardin de l'hôtel de Châteauvieux, pour s'y entretenir. M. de Bréda survint. Avec beaucoup de naturel et d'à-propos, la comtesse se mit au milieu d'eux; puis, leur faisant successivement à l'un et à l'autre un gracieux salut : « Me voilà entre mon bon père et ma bonne mère, s'écria-t-elle avec l'enjouement d'un enfant. » S'adressant alors au curé de Saint-André-des-Arts, elle lui dit : « Je me plains, Monsieur, de ce que m'ayant donné la permission d'entretenir cette bonne mère de mes dispositions, elle ne veuille rien dire, alléguant toujours qu'elle n'a point de mission. » — « Qu'à cela ne tienne, ma bonne mère, dit aussitôt M. de Bréda, je vous la donne, cette mission, et de bon cœur. » Notre humble et vénérable mère se mit à genoux pour la recevoir avec plus de respect. La comtesse était ravie, et elle eut peine à dissimuler sa joie. La mère Mechtilde se tint encore quelques jours dans une grande réserve ; mais enfin, ayant consulté Dieu, elle écrivit à Mme de Châteauvieux les lignes suivantes ; et l'on ne sait ce qu'il faut le plus admirer dans ces phrases touchantes où apparaissent à la fois, au plus haut degré, sa profonde humilité et la tendresse incomparable de son cœur. « Je n'ai qu'une répugnance à vous accorder ce que vous me demandez, c'est le fonds d'impureté qui est en moi ; il est bien capable de détruire la sainteté que Dieu veut mettre dans votre cœur. Cette seule vue me fait adhérer avec peine à ce que vous désirez ; mais, si vous voulez prier Notre-Seigneur de m'anéantir, je me donne à Lui pour ce qu'il veut que je vous sois. Je consens, en Lui et par Lui, à la demande que vous me faites ; je porte dans mon cœur la disposition dans laquelle je dois vous donner à Jésus-Christ ; je suis bien plus revêtue de vos intérêts que des miens propres ; et il me semble que mon âme est chargée de votre âme, d'une manière toute particulière. Oui, je le dis, prosternée aux sacrés pieds de Notre-Seigneur Jésus-Christ et en présence de toute la cour céleste, je m'offre à la très-sainte Trinité pour être votre caution, je réponds pour vous. Je me sacrifierai demain à la sainte Communion pour votre salut. J'engagerai mon âme pour la vôtre, mais ce sera d'un cœur et d'un esprit dont Dieu seul peut pénétrer le fond. Je n'ai point de terme qui le puisse exprimer ; vous le connaîtrez en paradis. Je suis donc votre répondante, quoique très indigne, et je signerai de mon sang votre rénovation ; mais à condition que vous ferez ce que l'on vous conseillera pour vivre avec plus de perfection. Si Dieu veut que je sois votre marraine, il veut donc que vous soyez ma fille en Jésus-Christ. C'est en Lui que je vous aurai engendrée ; je proteste à la face du ciel que je ne vous veux et ne vous reçois que pour Lui. »

Il est plus facile de comprendre que d'exprimer combien vive fut la joie de la comtesse de Châteauvieux, lorsqu'elle reçut cette déclaration. Elle s'empressa d'aller se jeter dans les bras de sa nouvelle mère ; elle lui ouvrit son cœur avec l'expansion naïve d'un enfant ; elle l'instruisit de tous les événements de sa vie et de ses plus secrètes pensées ; la mettant ainsi en possession du champ de son âme, qu'elle était désormais appelée à cultiver.

Un peu plus tard, assistant à la sainte messe, et sur le point de communier, la comtesse vit la sainte humanité du Sauveur planant dans les airs ; et, par un mouvement soudain, elle fut inspirée de faire une sorte de vœu d'obéissance à sa bien-aimée directrice (1652). Ce vœu qu'elle renouvela fréquemment depuis, lui avait été bien certainement suggéré d'en haut ; car, s'il est vrai de dire, avec la mère Mechtilde du Saint-Sacrement, qu'en général l'esprit humain ne veut point de captivité, il ne l'est pas moins d'ajouter que, sous ce rapport, l'esprit de la comtesse était plus humain que tous les autres.

Paris à cette époque, nous l'avons déjà dit, était rempli de religieuses de tous les ordres que le malheur des guerres avait forcées de s'y réfugier. Les unes erraient dans les rues et mendiaient leur subsistance, en courant mille dangers pour leur vertu. Les autres vivaient de leur travail ou s'étaient retirées chez leurs parents. De graves désordres s'en suivaient : de pieux et éminents personnages, voulant y remédier, songèrent à réunir dans une même maison toutes les religieuses qui n'avaient point d'asile. Il fallait, pour diriger cette communauté formée de membres si divers, une femme d'un mérite éminent et d'une rare vertu. La haute réputation dont jouissait, dans son obscurité, la mère Mechtilde du Saint-Sacrement, fit jeter les yeux sur elle. Certes, si quelqu'un pouvait remplir ce difficile emploi, c'était bien notre mère ; mais on ne put obtenir son adhésion. La comtesse la pressa d'accepter ; des personnes considérables employèrent leur influence ; elle demeura inflexible. On eut beau la prier, la solliciter, promettre, menacer : tout fut inutile. « Confondre ses chères filles parmi une multitude de religieuses dont plusieurs ne connaissaient de leur état que l'habit ; se rendre comptable à Dieu et au public de leur conduite ; elle ne pouvait même y penser sans frémir, et elle aimait mille fois mieux perdre des aumônes considérables ». En effet, son refus les lui fit retrancher.

Les offres qu'on fit à la vénérable mère ne s'arrêtèrent pas là ; elles se multiplièrent même à tel point que ses filles en prirent de l'ombrage. Se rappelant la manière dont elle leur avait déjà été ravie, malgré tous leurs efforts, pour le prieuré de Caen, elles s'adressèrent directement à leurs supérieurs de Lorraine, à l'insu de leur prieure. Elles en obtinrent une nouvelle obédience qui restreignait les permissions antérieurement données, en lui enjoignant très expressément de ne point se séparer de la maison de Rambervillers, et de ne pas quitter, sous quelque prétexte que ce fût, les religieuses qu'elle avait emmenées avec elle.

Cependant la comtesse sentait croître ses alarmes, et ne redoutait pas moins que les religieuses de Lorraine, d'être obligée de se séparer de notre mère. Ses appréhensions étaient devenues si vives qu'elles la faisaient souvent fondre en larmes. Aussi prit-elle la résolution de la fixer à Paris, à quelque prix que ce pût être. Elle lui fit à cet effet diverses propositions qui ne furent point acceptées. Entre autres, elle lui offrit une pension considérable en tel monastère qu'elle voudrait; mais l'humble religieuse répondit qu'elle avait pris la résolution de n'avoir jamais de pension, et qu'elle la remerciait de ses bontés.

Rebutée de ce côté, la comtesse chercha un autre moyen de retenir la mère Mechtilde à Paris, et forma le projet de fonder un hospice et de le lui offrir pour elle et ses sœurs. Elle en fit la proposition à notre mère; mettant en avant, pour l'engager à accepter, la raison qui devait faire sur elle le plus d'impression ; à savoir, l'intérêt de sa maison de profession. Elle lui fit comprendre l'utilité qu'il y aurait pour la communauté de Rambervillers, vu la continuation de la guerre en Lorraine, d'avoir un hospice à Paris. La mère Mechtilde n'accepta ni ne refusa d'abord. Elle promit d'y penser, de prier, de consulter. La comtesse, que ces lenteurs inquiétaient, revint bientôt et plusieurs fois à la charge; et, sur son insistance, notre mère s'adressa à son confident ordinaire, M. de Bernières. Celui-ci s'empressa de répondre qu'il goûtait fort le projet d'un établissement à Paris. « Par là, disait-il, vous aurez un peu de repos et finirez ces continuels voyages que vous êtes obligée de faire. » Le R. P. de Saint-Gilles, correcteur du couvent des Minimes du bois de Vincennes, et plusieurs autres serviteurs de Dieu, qui furent aussi consultés, parlèrent dans le même sens. La comtesse fut au comble de ses vœux, quand elle apprit que son offre était enfin acceptée. Mais comment, avec les seuls fonds dont elle pouvait disposer, fonder cet hospice? La Providence vint à son secours.

Notre mère comptait parmi ses amies une parente de Mme de Mouy, Mme la marquise de Boves, liée aussi d'amitié avec Mme de Châteauvieux. Un jour qu'elle se trouvait en visite chez la marquise, plusieurs personnes survinrent; et, par discrétion, elle se retira dans une chambre voisine. A peine assise, elle aperçut sur la cheminée un tableau de très bonne main, qui représentait une cérémonie païenne. Sur le fond se détachait un autel où une idole était dressée. Des prêtres et des prêtresses prosternés, et tenant un flambeau à la main, l'adoraient. Plus loin pétillait le feu sacré que d'attentives vestales entretenaient avec soin, et le jour et la nuit. A l'écart, des bourreaux faisaient expier par d'affreuses tortures, à d'autres vestales, la négligence dont elles s'étaient rendues coupables. Longtemps notre mère contempla cette toile, comme plongée dans une muette extase, et en proie à la plus vive émotion. Un pieux ecclésiastique lui avait dit quelques jours auparavant : « Ma mère, réjouissez-vous, Dieu veut, par vous, faire quelque chose de grand pour honorer le Saint-Sacrement ; préparez-vous-y, car il me l'a fait connaître pendant la sainte messe. » Dieu lui en découvrait alors le principal moyen : l'assiduité de présence devant Jésus au tabernacle et l'adoration perpétuelle à toutes les heures du jour et de la nuit. Lorsque notre vénérable mère alla retrouver la marquise, « Madame, lui dit-elle en l'abordant, les idolâtres seront un jour notre condamnation et celle des chrétiens qui, dans les églises, ont si peu de respect pour le très-saint Sacrement. Hé ! que ne faisons-nous pour Dieu ce que ces païens faisaient pour leurs fausses divinités ! Pourquoi, dans la maison où continuellement il habite, ne serait-il pas continuellement adoré ? Pourquoi les vierges de la terre ne chanteraient-elles pas perpétuellement le cantique des anges devant ses autels ? Pourquoi les sentinelles d'Israël ne veilleraient-elles pas jour et nuit, sans jamais se lasser, autour du trône du Salomon de la loi nouvelle ? »

La marquise de Boves qui avait toujours eu une grande dévotion au très-saint Sacrement, fut profondément touchée des paroles de la mère Mechtilde ; et lui promit tout son concours. Quelques jours après, elle vint lui faire une offre. — On hésite à dire quelle était cette offre. — La marquise alors âgée, sans enfants, possédait d'immenses biens. Or, elle venait offrir à notre mère, dans le cas où elle serait décidée à entreprendre l'œuvre de l'Adoration perpétuelle... un écu par mois!.. Toute autre que notre mère aurait traité cette libéralité de dérisoire; mais cette grande âme, que les plus avantageuses propositions avaient jusque-là trouvée indifférente, s'empressa de donner son acquiescement à cette offre marquée au coin de l'humilité et de la pauvreté, ses deux vertus favorites. La marquise comprit elle-même, du reste, l'insuffisance de ce qu'elle avait proposé ; et elle revint bientôt annoncer une rente de cinq cents livres par an, rachetable de six mille livres, et tous les meubles et ornements d'église, si l'œuvre réussissait.

La comtesse était aux aguets : aussitôt qu'elle fut informée de la proposition de la marquise, elle accourut offrir ce dont elle pouvait disposer. Mme de Cessac avait, de son côté, promis deux mille écus à notre vénérable mère, si elle s'établissait à Paris. Mme Mangot et Mme de Cessac consentirent volontiers à ce que leurs dons fussent employés à l'œuvre projetée. Les quatre donatrices se réunirent alors et convinrent de ne plus agir que de concert. Et ainsi se trouva formée la petite commission chargée de mener à bonne fin les desseins de Dieu sur notre vénérable mère.

La comtesse en devint aussitôt l'âme, et c'est surtout à elle qu'appartient la gloire de la fondation de l'Institut. Douée d'un esprit actif et fécond en ressources, d'un jugement prompt et sûr, d'un caractère énergique et opiniâtre, elle avait bien les qualités nécessaires pour assurer le succès des entreprises difficiles.

CHAPITRE XVIII

CONTRAT DE FONDATION DU PREMIER MONASTÈRE DE L'INSTITUT. — VŒU DE M. PICOTÉ.

Mai 1652 — Janvier 1653.

Les premiers obstacles qu'on eut à vaincre furent suscités par la mère Mechtilde du Saint-Sacrement elle-même. L'humilité dont elle était pénétrée la portait à croire que l'œuvre n'aboutirait pas si elle s'en mêlait. Aussi elle essaya d'éviter l'honneur qu'on voulait lui imposer, et déclara qu'elle s'opposait à ce que son nom parût en aucune manière dans la fondation. Néanmoins, afin de ne pas mécontenter complétement les dames fondatrices, elle promit de rester dans le nouvel hospice en qualité de simple religieuse, et à condition qu'on mettrait une autre supérieure à la tête de l'établissement. La comtesse eut beau prier, insister, employer pour triompher de sa résistance, les personnes les plus recommandables, l'humble prieure demeura inflexible. Tout ce qu'on put obtenir fut qu'elle désignerait la plus digne d'être mise à la tête de l'œuvre. La mère de Saint-Jean, de l'abbaye de Montmartre, fut choisie. Notre mère pria Mme l'abbesse de l'envoyer pour quelques jours dans son hospice, sans s'expliquer davantage, et Mme de Châteauvieux alla la chercher. La mère de Saint-Jean était une sainte religieuse; mais pour le gouvernement d'une communauté, la sainteté ne suffit pas. Elle ne put s'accorder ni avec les dames fondatrices, ni même avec les religieuses. En vain la mère Mechtilde du Saint-Sacrement s'efforça de concilier les esprits : après six semaines, la mère de Saint-Jean dut retourner à Montmartre; et les dames protestèrent que tout serait rompu, si la mère Mechtilde du Saint-Sacrement ne consentait enfin à céder à leurs désirs. Elle se soumit ; mais seulement lorsque des consultations nombreuses l'eurent convaincue qu'elle ne pouvait, en sûreté de conscience, s'obstiner davantage. Il fallut même qu'un évêque lui refusât un jour l'absolution, jusqu'à ce qu'elle eût promis de prêter son concours à l'œuvre qu'on lui proposait.

Son humilité la faisait sans cesse revenir sur ses répugnances. « N'est-ce pas tout gâter, tout perdre, répétait-elle à tout moment aux dames fondatrices, que d'employer à cette œuvre de bénédiction une pécheresse comme moi, une abominable qui ne mérite que l'enfer ? » — « J'étais alors, disait-elle plus tard agréablement, très souvent en procès avec Notre-Seigneur : il voulait que je fisse quelque chose; mais moi, je ne voulais pas. Tout mon désir était de me tenir cachée. Je lui disais : Mon Dieu, vous avez tant de grandes âmes dont vous pourriez vous servir pour accomplir cette œuvre : pourquoi vous servir de moi qui ne suis qu'une misérable et une abominable pécheresse ? Et je souhaitais d'être sourde, aveugle et muette, afin que, incapable pour tout, je pusse m'appliquer uniquement à Dieu seul. Mais enfin, il n'a pas voulu, et il a renversé tous mes projets. »

La comtesse, heureuse d'avoir enfin le consentement

de notre vénérable mère, ne songea plus qu'à accélérer les formalités légales. Elle alla voir M. le président Molé, alors garde des sceaux ; et, sans préambule, lui demanda des lettres patentes pour une nouvelle maison de religieuses qu'elle souhaitait d'établir à Paris. Le grave magistrat lui répondit avec égards qu'il fallait, avant tout, un contrat de fondation dans les formes et une permission du supérieur ecclésiastique.

Mme de Châteauvieux, de concert avec mesdames de Boves, de Cessac et Mangot, s'occupa aussitôt du contrat. Nouvelles difficultés. Le consentement de leurs maris était nécessaire; or, comme ces messieurs ne cédaient qu'aux instances de leurs femmes, ils mirent fort peu d'empressement à se réunir. Quand l'un était disposé, l'autre ne l'était pas ou ne l'était plus. Peut-être espéraient-ils fatiguer la comtesse ; mais elle était infatigable. Elle les réunit enfin dans le parloir des religieuses ; mais ce fut au bout de deux mois... Ces messieurs consentirent aux donations ; toutefois, dans la crainte d'engager leurs biens propres, ils refusèrent d'accepter le titre de fondateurs qu'on leur offrait par déférence.

La fondation fut acceptée par la mère Mechtilde du Saint-Sacrement, en qualité de prieure de Rambervillers ; et le contrat fut passé et signé le 14 août 1652. Il portait en substance que les quatre dames fondatrices donneraient trente et une mille livres, savoir : la marquise de Boves dix mille livres, la comtesse de Châteauvieux douze mille, la marquise de Cessac six mille, Mme Mangot trois mille, pour être employées

« à la fondation d'un monastère de religieuses de l'ordre réformé de saint Benoît, auquel continuellement, jour et nuit, soit adoré le très-saint et très-auguste Sacrement de l'Autel, par les âmes consacrées à Dieu dans le dit monastère ; pour réparer, autant qu'il sera possible, les indévotions, mépris, profanations, sacriléges et déshonneurs rendus, commis et qui se commettent actuellement contre ce très-adorable Sacrement, dans le cours des malheurs où nous sommes par la guerre qui désole à présent toute la France ; et pour obtenir de Dieu une bonne paix dans tout le royaume, et pour la conservation du roi ; pour aussi suppléer aux indévotions et incapacité, ignorance ou malice de toutes les personnes qui n'adorent point le très-saint Sacrement de l'autel et ne lui rendent point leurs hommages, et une infinité d'autres qui ne l'adorent jamais. Et à la charge que tous les jeudis il sera dit une messe du Saint-Sacrement, basse en attendant qu'il y ait nombre suffisant de religieuses pour y chanter, haute quand il y en aura jusqu'à douze ; demeurant les dits jours de jeudis, de l'autorité et permission de qui il appartiendra, le même très-saint Sacrement exposé dans l'église ou chapelle du dit monastère, jusqu'après l'oraison des vêpres, etc. Qu'outre la lampe qui doit toujours être ardente devant le Saint-Sacrement, il y en aura une autre tous les samedis, allumée et ardente en l'église ou chapelle du dit monastère, en l'honneur de la très-sainte Vierge ; et y seront, après les vêpres, chantées les litanies, etc. ; et le tout à perpétuité. » Par le même acte, la mère Mechtilde acceptait la fondation, s'engageait à la faire exécuter, et à faire toutes ses diligences pour obtenir les pouvoirs et permissions nécessaires, dans l'espace de deux ans qui lui étaient accordés pour tout délai ; et après lesquels la fondation devait avoir lieu, selon l'intention des fondatrices.

Ainsi notre vénérable mère se trouvait engagée, comme malgré elle, dans une entreprise dont elle avait toujours désiré l'exécution; mais par toute autre qu'elle-même. « L'affaire en question est conclue, écrivait-elle le jour même à l'une de ses amies, la comtesse de Rochefort ; et Dieu en fera à sa sainte volonté. Je suis également grande et petite, certaine et incertaine, contente et humiliée ; et, si je l'ose dire, je n'y prends point de part. En tout, je souffre que l'ouvrage de Dieu se fasse, dans un état de mort si profond que je ne puis l'exprimer. »

Pour mettre le projet à exécution, restait à obtenir l'autorisation du supérieur ecclésiastique, M. le duc de Verneuil, évêque de Metz et abbé de Saint-Germain-des-Prés. La mère Mechtilde du Saint-Sacrement connaissait depuis longtemps M. Pelot, secrétaire du prélat; elle le pria de chercher à pénétrer la pensée de l'évêque. Le secrétaire répondit qu'il n'y avait rien à espérer, à moins que la reine ne s'employât elle-même à cette affaire. L'abbé avait promis à sa Majesté de ne consentir à aucun établissement nouveau, dans le faubourg Saint-Germain dont il avait la juridiction, quand la plupart des anciens ne pouvaient subsister. En effet, depuis peu de temps, six communautés avaient dû se disperser, et les religieuses s'étaient retirées chez leurs parents.

La comtesse prit aussitôt son parti, et résolut de s'adresser directement à la reine. Elle rédigea une supplique qu'elle remit à M. de la Vieuville, surintendant des finances. Le fils de ce haut fonctionnaire était le propre gendre de la comtesse ; et son frère, blessé au siége d'Etampes, avait reçu de cette dame les soins les plus affectueux et les plus intelligents : aussi M. le surintendant se mit-il tout entier à sa disposition. Pour rendre sa démarche plus imposante, il s'adjoignit quelques personnes de qualité et présenta la requête qu'il appuya de tout son crédit. Ses instances furent vaines. La reine demeura inflexible, alléguant que les anciennes maisons tombaient de toutes parts en décadence, et qu'il était imprudent de penser à en établir de nouvelles. Que si elle avait obligé M. de Metz à ne point donner ces sortes de permissions sans son consentement particulier, elle avait réciproquement promis de ne lui en demander jamais, tant que les guerres subsisteraient. Cette réponse ne souffrait point de réplique : il fallut se résigner, et attendre l'heure de la Providence.

Cependant la guerre de la Fronde se poursuivait avec acharnement. En quittant Saint-Maur, Condé s'était retiré dans la Guyenne, et Bordeaux lui avait ouvert ses portes. Pendant qu'il levait des troupes, la reine avait rappelé Mazarin, et malgré les arrêts du parlement et le mécontentement du peuple, le cardinal avait rejoint la cour. Cette nouvelle avait redoublé le mécontentement du prince; il s'était allié avec les Espagnols, avait réuni ses troupes à celles du duc d'Orléans, et s'était avancé vers Paris. Les troupes royales lui avaient livré bataille à Bléneau (7 avril). Victorieux, il s'était vu ravir le fruit de sa victoire par Turenne. Des pourparlers s'en étaient suivis; ils n'avaient pu aboutir; et les hostilités, à peine interrompues, avaient recommencé avec fureur près de Paris. Une bataille décisive s'engagea bientôt au faubourg Saint-Antoine (2 juillet). Turenne et Condé, considérés à juste titre comme les plus grands capitaines de l'époque, y firent des prodiges de valeur et d'habileté. Après six heures d'un combat acharné, où toutes les ressources de l'art militaire furent épuisées, Condé est bloqué entre les murailles et les troupes du roi. A la tête de sa petite troupe, le prince se lance en désespéré au plus épais des bataillons de Turenne : « J'ai perdu tous mes amis, s'écrie-t-il, je veux mourir. » Mais soudain le canon de la Bastille retentit et vomit la mitraille contre les troupes de la cour. Pendant que l'armée du roi recule, la porte Saint-Antoine s'ouvre, et Condé entre dans la capitale. Sa présence accroît le désordre qui devient à son comble. Le peuple s'arme et massacre les bourgeois, partisans de Mazarin. L'hôtel de ville est envahi; la soldatesque pille et tue; les deux Frondes se déchirent. Au milieu de ce tumulte, le duc d'Orléans donne de nouveaux officiers à la ville; et, sur un arrêt du parlement, accepte la lieutenance générale du royaume (20 juillet) : attentat d'autant plus énorme que le roi avait été déclaré majeur, dès le mois de décembre 1651. Turenne avait conduit son armée à Saint-Denis, par l'ordre de la cour qui s'était retirée à Compiègne, après avoir obligé le cardinal à sortir du royaume, pour ôter tout prétexte aux mécontents (19 août). Voilà quelle était la situation de la France à l'époque où nous sommes arrivés.

Il est facile de se figurer la douleur de la reine-mère au milieu de ces désastres. Comme elle était chrétienne, elle comprit enfin l'impuissance des moyens humains pour calmer la fermentation du royaume ; et, sachant que les guerres civiles sont les châtiments des nations, elle s'efforça d'apaiser la justice divine par des supplications et des vœux. Un pressant appel fut adressé à un grand nombre de serviteurs de Dieu. Il y avait alors dans la paroisse de Saint-Sulpice, à Paris, un humble prêtre qu'on appelait M. Picoté. Tout le monde le regardait comme un saint, et la reine en avait plusieurs fois entendu parler avec éloge. De Poitiers où se trouvait la cour, elle chargea la comtesse de Brienne qui revenait à Paris, de prier M. Picoté de faire tel vœu qu'il jugerait à propos pour la paix du royaume, promettant de l'accomplir de point en point. Le serviteur de Dieu se mit aussitôt en prières. Pendant qu'avec une grande foi il demandait à Dieu de lui faire connaître ce qui lui serait le plus agréable, il se sentit intérieurement et fortement pressé de faire, au nom de la reine, le vœu d'établir une maison de religieuses consacrées au culte perpétuel du très-saint Sacrement, en réparation des outrages et des profanations qui se commettent envers la sainte Eucharistie. Après avoir longuement et mûrement réfléchi devant Dieu, il prononça le vœu.

Loin de nous tout esprit d'enthousiasme, disons-nous avec un historien ; mais il est certain qu'à partir de cette année, et presque de ce moment, la face des affaires fut complètement changée en France. Ce mois-là même (octobre 1652), le roi s'étant approché jusqu'à Saint-Denis, le parlement et l'hôtel de ville, de leur propre mouvement, ou plutôt secrètement poussés par la divine Providence, envoyèrent au jeune monarque des députés pour l'assurer de leur obéissance et le supplier de revenir dans sa capitale. Tous les colonels des quartiers firent de même; et les princes effrayés s'empressèrent de quitter Paris. Ce fut le 20 octobre que le roi entra dans la ville, au milieu des acclamations. Des feux de joie brillaient de toutes parts ; les fenêtres étaient chargées de flambeaux. La France entière suivit bientôt l'exemple que venait de donner la capitale ; et, dans le cours de l'année suivante, le roi régnait en maître absolu dans ses états.

M. Picoté, cependant, ne s'empressa point de rendre compte de son vœu à la reine. Il laissa passer la foule et ne voulut se mêler ni aux courtisans de la veille, ni à ceux du lendemain. Sachant que sa Majesté devait venir au Val-de-Grâce pour les fêtes de Noël, il résolut d'attendre cette époque pour l'aller trouver.

En faisant son vœu, le serviteur de Dieu n'avait eu aucune vue particulière, ni des personnes qui seraient employées, ni de la manière dont se ferait l'exécution. Il ignorait complétement les projets de notre vénérable mère. Quand il en eut entendu parler, il vint la trouver et lui demanda des renseignements qu'elle se hâta de lui communiquer. Frappé de l'analogie qui existait entre son pieux projet et l'œuvre de la mère Mechtilde du Saint-Sacrement, il lui proposa de concourir à l'accomplissement du vœu fait au nom de la reine. Notre mère fit mander les dames fondatrices qui, poussées par l'espoir d'un prompt succès, y consentirent avec joie.

La reine vint au Val-de-Grâce plus tôt qu'on ne l'y attendait. Elle s'y trouvait le 8 décembre, jour de l'Immaculée Conception ; « l'admirable Reine du ciel ayant voulu, disent de pieux mémoires, que la plus grande reine de la terre se déclarât fondatrice d'un institut si cher à son adorable Fils, dans celle de ses fêtes à laquelle les religieuses qui y seraient engagées, auraient une particulière dévotion. » Dès que la reine connut le vœu de M. Picoté, elle le ratifia. Le vénérable ecclésiastique, qu'elle avait pris plaisir à entendre sur ce sujet, ajouta que l'accomplissement en était facile et pouvait se faire promptement, par l'entremise de la mère Mechtilde. A ce nom, sa Majesté se ressouvint du refus dont notre vénérable mère avait été l'objet ; et, profondément touchée à la vue de cette réunion de circonstances extraordinaires, elle écrivit au moment même au duc de Verneuil, la lettre suivante : « Mon Frère, il y a quelque temps que je fis vœu d'employer tous les moyens qui seraient jugés les plus propres pour rendre honneur au très-saint Sacrement de l'autel, en réparation des sacriléges qui ont été commis durant ces malheureuses guerres ; et comme on a trouvé que cela ne se pouvait mieux faire qu'en établissant une maison de religieuses dont le principal soin consisterait à le louer et adorer incessamment, et à prier jour et nuit pour la paix du royaume et pour la conservation du roi, j'ai jeté les yeux sur la mère Mechtilde du Saint-Sacrement, prieure de Rambervillers, qui est une personne d'un grand mérite et d'une insigne piété, pour être supérieure d'un couvent de religieuses bénédictines que j'ai dessein d'établir dans le faubourg Saint-Germain, pour l'accomplissement de mon vœu. Je désire de vous que vous donniez les permissions nécessaires pour cet établissement, et que vous apportiez ce qui dépendra de vous pour le faire réussir, à la décharge de ma conscience et à l'édification publique. Il y a déjà un fonds suffisant et assuré pour la fondation, qui augmentera encore sitôt que vous aurez donné la permission que je vous demande et que vous ne me refuserez pas, je m'assure, puisqu'il y va de la gloire de Dieu, et que je vous en prie. Cependant je demeure votre bonne sœur. *Anne*. »

Cette lettre qui fut bientôt connue des amis de la mère Mechtilde, leur causa la plus vive allégresse. Notre mère n'avait prêté son concours qu'avec regret : voyant l'affaire résolue, elle sentit renaître plus poignantes ses inquiétudes, et s'empressa d'en faire part à M. de Bernières : « Vous saurez, lui écrit-elle le 2 janvier 1653, que la Providence a suscité trois ou quatre personnes de piété, lesquelles touchées d'un très grand sentiment de faire adorer continuellement le très-saint Sacrement de l'autel, ont jeté les yeux sur la plus grande pécheresse du monde pour donner commencement à cette œuvre. Il y a plus de neuf mois que je fais ce que je puis pour l'éconduire... »

Et après avoir raconté ses résistances, l'intervention des personnes les plus vénérables, le vœu de M. Picoté, ses propositions à la reine, elle ajoute : « Aussi, mon cher frère, comme cette affaire approche de sa conclusion, il n'y a que moi qui suis sous la presse et qui ai sujet de trembler. J'ai déjà voulu rompre trois ou quatre fois ; mais comme cette œuvre pouvait être en même temps anéantie, on me fait scrupule d'y résister ou d'en empêcher l'effet. Je ne sais ce que je dois conclure, si je dois quitter ou soutenir le poids qui, sans doute, me fera succomber. Je n'ai point de fonds intérieur pour y subvenir, et je ne vois en moi que misères si effroyables que la moindre serait capable de me faire mourir, si Notre-Seigneur ne me soutenait. Jusqu'ici j'avais toujours espéré que, connaissant mon indignité et la pente que j'ai pour la solitude, il me ferait la miséricorde d'anéantir cette affaire ; mais voyant la réponse de M. de Metz et l'autorité de la reine, je commence à trembler et voudrais me retirer, si j'en savais le moyen. C'est donc à vous que j'ai recours dans cette angoisse ; conseillez-moi ou plutôt déterminez-moi, et me dites absolument ce que je dois faire pour la gloire de Notre-Seigneur. Vous savez quelque chose de ma voie et ce que Dieu veut de moi ; je ne sais de qui prendre avis pour cette affaire. Les personnes de ce pays que je puis connaître s'y portent d'affection. Le R. P. de Saint-Gilles m'a défendu d'y résister; mais nonobstant que j'aie un très grand respect pour ses ordres, j'attends votre décision et vous supplie de me mander en diligence vos pensées, et de faire prier Dieu pour moi. »

« Vous ne devez pas, répondit M. de Bernières, manquer de rendre service à Dieu, sans toutefois vous oublier vous-même ; je veux dire ne pas tant vous occuper à l'extérieur que vous ne donniez du temps à l'intérieur qui doit toujours être votre principal ; et, sur toutes choses, fuir continuellement le désir qui vient insensiblement dans la nature de vouloir paraître quelque chose, et cette secrète inclination à l'élévation qui nous est un grand empêchement à la perfection. Il faut craindre ce malheur : il ne faut pas cependant qu'il nous dégoûte d'entreprendre les ouvrages que Dieu demande de nous. Puisque toutes les saintes âmes vous conseillent de faire celui dont il est question, vous devez suivre leur sentiment. »

Néanmoins l'affaire était loin d'être terminée. M. Picoté avait porté la lettre de la reine à sa destination; et Mme de Châteauvieux, toujours vive et empressée, s'était hâtée de le suivre, afin de pressentir les dispositions du duc de Verneuil. Celui-ci, sensible à la démarche de la reine, s'était montré favorable à la requête; mais il n'avait que peu de temps à donner aux affaires, et comme celle dont il s'agissait demandait quelque application, il l'avait renvoyée à dom Roussel, prieur de l'abbaye et son vicaire général. Elle ne pouvait être remise entre les mains d'un administrateur plus exigeant.

CHAPITRE XIX

LES EXIGENCES DE DOM ROUSSEL. — PREMIÈRE EXPOSITION
DU SAINT-SACREMENT, 25 MARS 1653.

Janvier — Mai 1653

Dom Placide Roussel était un bon religieux, instruit, pieux, régulier ; mais rude de manières et de langage ; et d'une tenacité qui allait jusqu'à l'obstination et l'entêtement. Son esprit minutieux et inquiet excellait à embrouiller les plus simples affaires ; et lorsqu'il était prévenu contre quelque projet, il faisait naître sans peine mille incidents divers qu'il convertissait habilement en obstacles insurmontables. Convaincu que dans l'état de choses alors existant, c'était augmenter le nombre des infortunés que d'établir de nouveaux couvents ; et n'osant, d'autre part, s'opposer ouvertement aux désirs de la reine, il sembla se complaire à accumuler les difficultés, pour en retarder l'accomplissement. « On a été voir le R. P. prieur qui renverse tout autant qu'il lui est possible, » écrivait la mère Mechtilde du Saint-Sacrement à une de ses amies. La comtesse de Châteauvieux, malgré son énergie, eut elle-même un moment de découragement : les exigences de dom Roussel étaient si nombreuses, si mesquines, quelques-unes même si offensantes pour les religieuses lorraines, qu'elles équivalaient à un véritable refus.

La mère Mechtilde fut admirable de douceur et de

patience et montra dans ces circonstances difficiles une grande aptitude aux affaires, aussi le révérend père fut-il obligé de se relâcher de sa rigueur; mais il est pourtant un point sur lequel il ne voulut jamais céder, ce fut sur la question financière.

Le R. P. prieur trouvait les fonds insuffisants. On pouvait à peine, disait-il, loger les religieuses; mais non les entretenir et les nourrir. En conséquence, il voulait un fonds solide de vingt-deux mille livres d'une part, pour l'achat d'une maison; et de vingt-cinq mille livres de l'autre, pour l'entretien de cinq religieuses. Il voulait bien s'en tenir là, dans l'espoir que, plus tard, la maison pourrait se soutenir et s'agrandir peu à peu, en utilisant les bienfaits reçus de l'extérieur et les dons des religieuses nouvellement admises. Mais où trouver cet argent? Mme la comtesse de Châteauvieux l'eût volontiers donné; mais elle n'était pas maîtresse de ses biens; et le comte son époux n'avait consenti à la première donation qu'à grand'peine et par pure condescendance. Elle courut chez Mme de Boves, comme la plus zélée pour cette œuvre et la plus capable de la seconder. La vertueuse marquise promit d'ajouter dix mille livres. Dès lors, la comtesse se proposa de faire le reste, sans savoir comment elle en obtiendrait la permission de son mari.

Les choses pouvant traîner en longueur, elle demanda, de concert avec les autres dames fondatrices, la permission pour la mère Mechtilde et ses religieuses, d'avoir le Saint-Sacrement dans leur chapelle. Convaincue que cette autorisation serait obtenue, la marquise de Boves avait envoyé à la mère Mechtilde un petit tabernacle et une somme de cinq cents livres pour acheter un *soleil* et un encensoir. La comtesse de Rochefort, autre amie de nos religieuses, avait joint à cet envoi un fort beau ciboire.

Mais dom Roussel, que les lettres de notre vénérable mère avaient quelque peu ému, refusa net. Des personnages éminents, des ducs et pairs, des archevêques, parmi lesquels M. le duc d'Aumale, récemment nommé à Reims, firent en vain des instances près de lui. Dom Roussel, usant de tous les droits que lui conférait la confiance de l'abbé, demeura inflexible.

Si résignée que fût notre vénérable mère, elle ressentit l'amertume de ce refus en raison même de son amour pour le très-saint Sacrement; mais elle ne manqua point de l'attribuer à la grandeur de ses fautes : « Ne voulez-vous donc pas, ma bien-aimée fille, écrivait-elle alors à sa chère comtesse, que je verse dans votre cœur la douleur de mon âme, en la vue de mes extrêmes misères et indignités qui me privent aujourd'hui du bien le plus précieux que je puisse posséder sur la terre. Je suis touchée, je l'avoue, mais d'une manière qui m'anéantit. Ce n'est point une douleur passagère; c'est un je ne sais quoi qui produit en moi des effets très particuliers, qui m'oblige de me retirer dans l'essence divine laquelle me met sous les yeux mon indignité et me la fait agréer; de telle sorte que, voyant la sainteté et la conduite de Dieu à mon égard, mon âme se trouve fondue et liquéfiée d'amour. Ne voulez-vous point me consoler, mon unique enfant? Vous me laissez dans la privation et vous ne me dites mot. Hélas! peut-on consoler une âme privée de son Dieu! O rigoureuse privation! O soustraction insupportable à une âme qui aime et qui n'est pas encore morte! »

La comtesse ressentait elle-même la plus grande douleur; et son esprit n'étant pas, comme celui de sa sainte directrice, habitué à s'anéantir sous la main de Dieu, elle tomba gravement malade. Sa maladie fit de si rapides progrès, qu'en peu de jours elle fut réduite à l'extrémité. Son époux qui l'aimait passionnément ne la quittait plus. Cette vertueuse dame, au milieu des crises les plus douloureuses de son mal, n'était occupée que de l'établissement projeté. Voyant un jour le comte au pied de son lit et les larmes aux yeux, elle lui tendit la main et lui dit qu'elle avait une grâce à lui demander : « Oh! parlez, s'écria-t-il, tout ce que vous pouvez me demander vous est d'avance accordé. » — « Il ne s'agit, répondit la comtesse, que de deux mille écus que je vous conjure de me donner pour notre fondation. J'ai une ferme confiance que Dieu récompensera ce léger sacrifice en me rendant la santé. » Le comte était dans la disposition d'accorder bien davantage. Le notaire fut aussitôt mandé, ainsi que la marquise de Boves, et le contrat immédiatement passé (5 mars.) Le comte ne tarda pas à recevoir la récompense de sa générosité : sa vertueuse épouse lui fut rendue.

Notre vénérée mère, cependant, examinait à loisir et à la pure lumière de Dieu, l'œuvre de l'Adoration perpétuelle du Saint-Sacrement; et les impressions que cet examen produisait en elle, étaient aussi fortes que variées. Tantôt elle se sentait vivement attirée par l'excellence de cette œuvre, tantôt la vue de sa propre indignité lui faisait penser qu'elle ne pouvait s'en mêler sans présomption; et elle était fortement tentée de s'enfuir. Un jour qu'après avoir fait la sainte communion, elle s'était présentée devant Dieu pour recevoir ses ordres, elle se sentit saisir aux épaules par deux lourdes mains qui la mirent dans l'impossibilité de remuer. On la vit demeurer une heure entière immobile, comme si elle eût été clouée au plancher et chargée de chaînes. Ce fait, attesté par ceux qui en furent les témoins, se réitéra jusqu'à six fois et l'obligea de se rendre plus passive encore à la divine volonté : Dieu multipliait ses invitations.

Le 9 mars, qui était le second dimanche de carême, on vint recommander aux prières des religieuses Mme la duchesse de la Vieuville, fille unique de Mme de Châteauvieux, que l'on disait tombée en apoplexie; et la comtesse elle-même encore gravement malade.

La mère Mechtilde du Saint-Sacrement se mit en devoir, avec toute sa communauté, de demander leur guérison. Tout à coup, il lui sembla entendre une voix répondre à sa prière : « De quoi te mets-tu en peine, disait cette voix, laisse-m'en le soin. Tu ferais bien mieux de t'appliquer à mon œuvre et d'en demander l'esprit. » Et aussitôt les yeux de la sainte religieuse semblèrent s'ouvrir, et le rideau qui obscurcissait sa vue se déchira. L'excellence de l'œuvre à laquelle

elle était appelée lui apparut, non plus comme en énigme, mais dans toute la splendeur de la réalité. Elle vit la gloire que Dieu en retirerait, la complaisance qu'il y prendrait.

Devant ses yeux ravis se déroulèrent, comme une histoire anticipée, les commencements de l'Institut, ses progrès, sa consommation. Les sujets qui devaient y entrer lui devinrent présents. La sainteté que devaient posséder les victimes vouées à l'immolation, lui fut révélée; et Dieu, daignant lui dévoiler les détails de son œuvre, lui prescrivit la manière dont devait se faire la réparation. Ce mode de réparation est encore actuellement observé dans l'institut.

Emerveillée et hors d'elle-même, notre mère s'écria : « Puisque les choses sont ainsi, Seigneur, et qu'en vérité c'est votre œuvre par excellence, que ne la faites-vous réussir par vous-même, sans y associer une créature telle que je suis? Si les séraphins ne méritent pas d'y être employés, que sera-ce de moi? Qui suis-je, sinon la plus misérable des créatures? »

Pendant qu'elle s'anéantissait ainsi, le divin Maître lui fit entendre qu'il l'avait choisie pour travailler à cette œuvre et qu'elle devait établir sa force dans la soumission à sa volonté. C'est ce qu'elle fit admirablement, acceptant dès lors toutes les peines qui se devaient rencontrer dans l'exécution de cet ouvrage; faisant un accord avec Notre-Seigneur, que toute la gloire qui en reviendrait serait pour Lui; et que, pour elle, son partage serait les opprobres et les ignominies.

Dix jours après, le 19 mars, fête de saint Joseph, l'Esprit-Saint parlant intérieurement au cœur de la mère Mechtilde du Saint-Sacrement, pendant l'oraison, lui dévoilait de nouveau toutes les beautés de l'œuvre à laquelle elle était appelée, et l'excitait doucement à y donner ses soins. Effrayée de son indignité et de son insuffisance, elle s'écria : « Mais qui donc, Seigneur, sera le soutien et l'appui de cette œuvre ? » Soudain une céleste vision se présenta dans un éclat qui ne se peut exprimer ; et notre mère reconnut le chaste époux de Marie, le glorieux saint Joseph. Il paraissait un peu avancé en âge ; son visage un peu allongé qu'encadraient des cheveux brun châtain, resplendissait d'une inénarrable douceur. « C'est moi, dit-il s'adressant à notre mère, c'est moi qui ai été choisi par Notre-Seigneur pour être le dispensateur des grâces singulières qu'il se propose de donner à l'Institut. » Et il l'assura, avec une tendresse ineffable, qu'il prendrait de l'Institut le même soin qu'il avait pris de la famille du Verbe incarné. Le divin Sauveur fit alors Lui-même entendre sa voix aux oreilles de notre mère : « C'est mon ouvrage, dit-il à plusieurs reprises, je le ferai réussir. » — « Si c'est votre ouvrage, Seigneur, prit-elle aussitôt la liberté de lui répondre, accordez-moi la grâce que le Saint-Sacrement nous soit donné ; et vous, grand saint Joseph, faites votre office de médiateur en nous le procurant. »

En sortant de son oraison, elle écrivit au R. P. prieur pour lui demander cette grâce. C'est la seule fois qu'elle agit d'elle-même en cette affaire ; car elle s'était fait une loi de préférer la volonté des autres à la sienne, et de suivre leurs inspirations plutôt que ses lumières, afin que son esprit propre et ses intérêts particuliers n'eussent aucune part à l'œuvre de Dieu. Cinq jours après, elle se trouvait chez la comtesse, toujours très malade, et la consolait dans ses souffrances, lorsqu'elle fut demandée par un ecclésiastique. Il lui apportait, de la part du père prieur, non-seulement l'autorisation d'avoir le Saint-Sacrement dans sa chapelle, mais encore celle de l'exposer le lendemain; ce qui était une espèce de prise de possession. Si l'on se rappelle le caractère du révérend père, ses refus répétés aux personnages les plus considérables; si l'on remarque que les religieuses lorraines n'étaient pas en clôture, il faudra nécessairement reconnaître, avec la mère Mechtilde, que Dieu y avait mis la main.

Notre vénérable mère, quittant aussitôt sa vertueuse amie, s'empressa d'aller apprendre l'heureuse nouvelle à ses filles, et de se concerter avec elles sur les dispositions à prendre pour recevoir dignement Jésus-Hostie. Certes, si leur pouvoir avait égalé leur foi et leur amour, Notre-Seigneur eût été reçu avec une magnificence toute royale ; mais elles étaient pauvres, et leur petite chapelle avait plus d'un trait de ressemblance avec l'étable de Bethléem. L'autel et ses décors rappelaient assez bien la crèche et les langes dans lesquels fut enveloppé Jésus enfant. Pour compléter le tableau, qu'il nous soit permis d'ajouter que la ferveur et les vertus de nos saintes religieuses, rappelaient celles de Joseph et de l'admirable Marie.

Cette douce Reine avait plus d'une fois honoré de ses visites notre vénérable mère ; elle allait lui donner une nouvelle marque de son amour.

Pendant la messe solennelle que l'on célébra en ce jour béni du 25 mars 1653, la mère Mechtilde du Saint-Sacrement fut ravie en extase. La sainte Vierge lui apparut portant les vêtements et les insignes d'une abbesse. Elle la vit présenter à Notre-Seigneur, résidant sur l'autel, cette maison naissante et toutes les âmes qu'elle renfermait; solliciter de sa divine Majesté sa bénédiction, afin que, par elle, ce petit nombre de victimes se multipliât au centuple. Elle entendit notre divin Sauveur agréer cette offrande, et dire qu'il mettrait toutes ses complaisances dans l'Institut. Un autre fait qui arriva ce même jour, accrut encore sa confiance. Le Saint-Sacrement étant exposé, de nombreux visiteurs vinrent lui présenter leurs hommages. Parmi eux, se trouva la marquise de Boves. Lorsque, en entrant, elle eût aperçu le modeste autel sur lequel reposait le Sauveur, les deux statues grossièrement faites qu'on avait placées de chaque côté, elle recula de trois pas; et, prenant la mère Mechtilde par la main : « Oh! ma mère, s'écria-t-elle, qu'est-ce que je vois! Voilà justement la petite chapelle qui me fut montrée en Bourgogne, il y a plus de quarante ans; voilà les mêmes saints ; je n'en ai point perdu l'idée. C'est assurément saint Benoît et sainte Scholastique. » Et elle raconta ce qui suit à notre vénérable mère.

Mariée en premières noces avec le marquis de Boves, gentilhomme de Bourgogne, et affligée de n'avoir pas d'enfants, elle avait fait plusieurs vœux pour en obtenir : « Me trouvant un jour en prières à cet effet, dit-elle, j'eus une vision. Je vis une chapelle fort petite, mais très propre, d'où s'exhalait comme un parfum de douce piété. Au milieu de cette chapelle se trouvait un modeste autel, et de chaque côté un religieux et une religieuse que je ne reconnus pas. Pendant que je considérais ce spectacle, j'entendis sortir du tabernacle une voix qui me dit : « Vous n'aurez point d'enfants, mais le très-saint Sacrement vous en tiendra lieu ; et les personnes qui feront leurs adorations dans cette petite chapelle vous procureront une grande gloire dans le ciel. Depuis ce temps, ma vénération pour la sainte Eucharistie augmenta d'année en année ; je crus que Dieu demandait de moi que je le fisse honorer de tout mon pouvoir, et je profitai de toutes les occasions qui se présentèrent pour lui témoigner mon amour. » Ce fut elle, en effet, qui travailla la première à introduire, parmi les dames de Paris, la pieuse coutume de faire successivement une heure d'adoration dans les paroisses. Cette pratique qui depuis devint générale, était un acheminement vers l'Adoration perpétuelle, à laquelle Mme de Boves devait prendre une si large part.

Nos saintes religieuses qui avaient fait la réparation à la sainte messe, la firent successivement, l'une après l'autre, les jours suivants ; et elles continuèrent l'adoration. La ferveur de la mère et de ses filles était si grande que, malgré leur petit nombre, il n'y avait point d'heures du jour et de la nuit où il ne s'en trouvât quelqu'une devant le tabernacle. Ce qui fait regarder ce jour du 25 mars 1653, comme celui où a commencé l'Adoration perpétuelle.

Notre vénérable mère avait trouvé l'objet de son amour : elle en jouissait avec un indicible bonheur. Ne pouvant contenir la pieuse joie qui remplissait son cœur, elle l'exhala dans des lettres brûlantes à ses amies : « Ma très-chère fille, écrit-elle à la comtesse, je viens vous donner le bonjour dans le transport de ma joie; elle ne peut être plus vive. Tout ce que le paradis aime et adore, l'objet béatifique des saints, je le possède, grâces à vous. Oh! que de mystères surprenants ! Qui ne serait ravi d'admiration à la vue de la bonté d'un Dieu qui souffre que je porte, par un état réel, la qualité de victime du très-saint Sacrement ! Vous êtes donc ma mère et ma fille, et je vous suis réciproquement l'une et l'autre. Vous me produisez intérieurement à Jésus au très-saint Sacrement; car l'œuvre qu'il fait par vous, nous immole et nous sacrifie toutes à sa grandeur cachée dans la divine hostie. Voilà six victimes que vous donnez au Saint-Sacrement. Je suis la plus impure de toutes; et je ressens si fort mon indignité, qu'hier au soir, approfondissant la sainteté de cette œuvre, je me trouvai toute saisie d'étonnement de ce que j'aie pu consentir à m'en mêler. Dieu lui accordera-t-il ses bénédictions, tant que j'occuperai la place que je remplis si indignement ? »

Mme de Châteauvieux, revenue peu à peu à la santé, alla, vers Pâques, voir le prieur de Saint-Germain, pour lui notifier qu'un second contrat avait été passé. Elle trouva dom Roussel transformé. Il témoigna beaucoup d'estime pour les religieuses lorraines, se montra très satisfait de la nouvelle que lui apprenait la comtesse, et donna enfin son agrément ; et l'évêque de Metz répondit favorablement à la requête qui lui avait été présentée.

CHAPITRE XX

LETTRES PATENTES AUTORISANT LA FONDATION DE L'INSTITUT. — POSE SOLENNELLE DE LA CROIX. — ÉLECTION DE LA SAINTE VIERGE COMME ABBESSE DE L'INSTITUT.

Mai 1653 — Août 1654

Mme la comtesse de Châteauvieux n'omettait rien de tout ce qui pouvait assurer le succès de cet établissement ; elle comprit bien qu'il ne se soutiendrait pas si l'on n'obtenait des lettres patentes du roi. Son zèle ne lui permit pas de perdre un instant. Elle fit, pour obtenir ces lettres, une visite à la reine-mère ; et l'auguste princesse donna au garde des sceaux l'ordre de les expédier. Elles le furent dès le mois de mai 1653.

Les lettres patentes obtenues, il restait à les faire enregistrer ; mais les préventions du procureur général Fouquet apportèrent des difficultés inattendues à l'accomplissement de cette formalité. N'osant se déclarer ouvertement contre l'autorité de la reine, et désirant néanmoins faire échouer l'établissement de la mère Mechtilde, il renvoya sa requête au prévôt des marchands et aux échevins, bien convaincu que ceux-ci apposeraient un refus. Ce procédé inouï éveilla la défiance des fondatrices qui prévinrent la reine.

Le maréchal de l'Hôpital, alors gouverneur de Paris, était présent à l'entrevue. Ce brave soldat avait commandé en Lorraine, et connaissait les religieuses de Rambervillers. Il ne les eut pas plus tôt entendu nommer, qu'il prit la parole en leur faveur, disant à sa majesté que c'étaient de saintes religieuses, et qu'elles s'étaient toujours maintenues dans la stricte observance de leurs règles pendant que les guerres mettaient le dérèglement dans tous les monastères. Des paroles si avantageuses à notre vénérée mère et à ses saintes compagnes, ne firent qu'affermir la reine dans le dessein où elle était de hâter leur établissement ; et elle pria le maréchal de s'en constituer l'avocat. Il s'acquitta si bien de sa mission, que les échevins, après l'avoir entendu, non-seulement ne firent aucune objection, mais s'écrièrent tous d'une voix qu'on ne pouvait assez faire pour des filles qui se sacrifiaient pour expier les outrages commis envers la sainte Eucharistie ; et que leur établissement étant agréé par tout le corps-de-ville, ce qui n'avait jamais eu lieu auparavant, il se trouvait naturellement sous sa protection. « Si les religieuses manquent de pain, ajoutèrent-ils, ce sera à la ville qu'il appartiendra de leur en procurer, puisqu'elle leur donne des lettres d'agrément. Ce ne sera du reste que justice, puisqu'elles la protégent par leurs expiations. » Ces lettres d'agrément parurent le 8 juillet; elles avaient été précédées par celles du gouverneur de Paris. Ces dernières n'étaient pas nécessaires; mais le gouverneur avait voulu donner une marque de déférence à la reine, et une preuve d'estime à nos religieuses. Le procureur général, pris au piége que lui-même avait tendu, fut obligé de céder : il conclut en faveur des religieuses. Alors on regarda l'enregistrement des lettres patentes comme assuré; mais on ne se pressa point d'en solliciter l'exécution.

Cependant la comtesse de Châteauvieux craignait que les religieuses de Rambervillers, en permettant à la mère Mechtilde du Saint-Sacrement de demeurer à Paris, n'eussent cédé à la seule nécessité; et elle redoutait qu'un jour ou l'autre elles n'obligeassent les supérieurs à la rappeler dans sa maison de profession. Dans cette incertitude, elle se pourvut d'une lettre du roi pour faire agir en cour de Rome, et obtenir un bref qui mît notre mère à l'abri des ordres qu'elle pourrait recevoir de Lorraine. Mais cette lettre, adressée à M. le Bailly de Valencey, ambassadeur à Rome, ne fut pas envoyée; car sur ces entrefaites, le triennal de notre mère étant terminé, la communauté de Rambervillers tranquillisa la comtesse, en élisant comme prieure la mère Benoîte de la Passion (31 août 1653).

Au point où en étaient les choses, il s'agissait d'établir sans délai la mère Mechtilde du Saint-Sacrement et ses filles dans une maison où il leur fût possible de garder la clôture, recevoir des postulantes, des novices, et se mettre en état de faire l'adoration perpétuelle qui était la fin de l'Institut. L'hospice qu'elles occupaient, rue du Bac, était trop étroit et trop incommode. On avait bien le dessein d'avoir une maison en propriété, mais il fallait du temps ; et, pour le moment, on jugea que le mieux était d'en louer une. La comtesse de Châteauvieux fit parcourir à notre vénérable mère presque toutes les rues du faubourg Saint-Germain, sans pouvoir trouver une habitation convenable : celle-ci était trop petite ou mal située, celle-là d'un prix trop élevé. La mère Mechtilde du Saint-Sacrement alla un jour rue Férou, voir son amie, Mme la comtesse de Rochefort; elle la trouva en déménagement. La maison qu'elle quittait était assez grande, peu éloignée de l'église Saint-Sulpice, et entourée de couvents, avantage immense pour les messes et la dispensation des sacrements. Notre mère en parla à la comtesse qui accepta ; et le contrat de location fut passé au commencement de novembre. On y mit aussitôt des ouvriers pour la rendre habitable, et recevoir les religieuses avant les fêtes de Noël.

Le bail de la maison passé, Mme de Châteauvieux alla voir le R. P. prieur de l'abbaye de Saint-Germain, pour lui en donner connaissance. Celui-ci s'engagea par écrit à accorder la permission de poser la croix, et à mettre les religieuses en clôture, aussitôt que la maison serait en bon état. La mère Mechtilde du Saint-Sacrement et la comtesse allèrent aussitôt faire part de la bonne nouvelle à la marquise de Boves. Cette pieuse dame languissait depuis quelque temps et ne quittait plus le lit. Lorsque notre mère lui présenta les clefs, elle les prit et les baisa d'une façon si respectueuse et si tendre que la mère Mechtilde et Mme de Châteauvieux en furent touchées jusqu'aux larmes. Peu de jours après, le 23 décembre, elle mourait; et sa mort remit tout en question.

Ses héritiers nombreux et puissants avaient, dès son vivant, essayé de la mettre en tutelle. Ils firent courir par tout Paris, le bruit que les derniers contrats et fondations de leur parente seraient annulés; et ils n'hésitèrent point à déclarer à la vénérable prieure des *petites sœurs* lorraines, que la justice déciderait si son droit était bien fondé. Elle répondit avec beaucoup de douceur que s'ils plaidaient ils plaideraient seuls; que la donation avait été faite à Notre-Seigneur Jésus-Christ dans son adorable Sacrement; que s'il avait pour agréable de s'en servir, il en trouverait bien les moyens.

Mme de Châteauvieux proposa alors à son mari de répondre pour la donation de Mme de Boves. Depuis que le comte était redevable aux prières des religieuses lorraines de la vie de sa fille et de celle de sa femme, il rivalisait avec elle de zèle pour l'Institut. Il consentit sans peine à ce que l'on désirait; et la comtesse fit de son côté plus que le prieur ne demandait. Non-seulement elle avança les dix mille livres léguées par la marquise, mais elle y ajouta mille écus. De plus, elle se chargea de payer tous les ans huit cents livres pour le loyer de la maison; elle s'engagea à faire exécuter à ses frais toutes les réparations, tous les arrangements nécessaires ; et elle promit d'avancer, sur le revenu de la fondation, deux mille livres par an, payables par quartier, pour la subsistance des religieuses. Cet acte de générosité leva tous les obstacles ; et les lettres patentes furent enfin enregistrées et expédiées.

Le dixième jour de mars, le R. P. prieur de Saint-Germain vint visiter la maison, et notre vénérable mère lui présenta les religieuses qui devaient avec elle commencer l'établissement. C'étaient la mère Bernardine de la Conception que nous connaissons déjà ; la mère Marie-Magdeleine de la Résurrection que nous retrouverons plus tard à la tête de l'une des maisons les plus importantes de l'Institut ; la mère Angélique de la Nativité qui avait eu quelque temps la direction de l'hospice de Saint-Maur ; la mère Marguerite de la Conception ; et enfin la mère Marie de Jésus, fille de la mère Benoîte de la Passion. La mère Bernardine et la mère Marie-Magdeleine arrivaient de Rambervillers ; l'une en qualité de sous-prieure, l'autre pour remplir les fonctions de maîtresse des novices ; la mère Marguerite de la Conception et la mère Marie de Jésus, anciennes élèves de Saint-Maur, devaient être chargées du pensionnat. Dom Roussel visita minutieusement la maison, il examina avec soin les obédiences de nos mères ; et tout se trouvant parfaitement en règle, il fixa le jeudi suivant, 12 mars, pour les mettre en clôture et poser la croix.

Rien ne manqua à la solennité. Dès le matin, une affluence considérable de peuple se pressait aux abords du nouveau monastère. La reine, disait-on, devait assister à la cérémonie.

Tout à coup, dans le lointain, retentissent les pas des chevaux. Un cortége imposant s'avance. C'est elle ! c'est Anne d'Autriche !... Elle est accueillie par les vivat de la multitude. La mère Mechtilde du Saint-Sacrement l'attend debout à la porte extérieure ; elle la reçoit avec une grâce et une majesté qui excitent l'admiration de tous les assistants. Cette humble fille de Lorraine éclipse, par la dignité de son maintien, les plus grandes dames de la cour ; tant il est vrai que la religion, en inspirant un respect exempt de bassesse, est la meilleure école des franches et nobles manières.

La reine qui connaissait la haute vertu de notre mère, la combla des marques de son estime et de son affection. Elle fit poser la croix sur la porte, la mettant ainsi, avec sa communauté, en possession de la fondation royale. Puis, le R. P. prieur de Saint-Germain fit la bénédiction de la chapelle, des cloches, et des lieux réguliers ; la messe fut chantée avec solennité ; et le père Léon, carme des Billettes, donna le sermon. Le Saint-Sacrement resta exposé toute la journée, et des flots de visiteurs se succédèrent au pied du tabernacle. Cette fête se termina par un salut qui en fut le digne couronnement. L'harmonie des chants, les accents de la musique du roi, qui jouait par ordre de la reine, le recueillement angélique de nos sœurs, l'atmosphère de sainte et pure allégresse qu'on respirait en ce sanctuaire ; et, par-dessus tout, Jésus siégeant sur son trône, au milieu de l'éclat des flambeaux, du parfum des fleurs, et des nuages d'encens qui l'enveloppaient de toutes parts ; tout rappelait une de ces fêtes que les bienheureux célèbrent dans les délices de l'éternité.

Mais voici que soudain le silence se fait : la reine se lève; tous les yeux sont fixés sur elle. Elle se dirige vers le milieu du chœur où se trouve un poteau surmonté d'une torche allumée, et auquel une corde est suspendue. Anne d'Autriche, fille, épouse et mère de rois, prend cette corde, se la passe au cou, tombe à genoux; et, dans cette posture humiliée, s'adressant au Roi Jésus, siégeant sur son trône eucharistique, elle prononce, d'une voix haute et pleine d'une énergique componction, les paroles suivantes : « Mon Dieu et mon Sauveur Jésus, vrai Dieu et vrai homme, digne Victime du Très-Haut, pain vivant et source de vie éternelle, je vous adore de tout mon cœur dans votre divin Sacrement, avec dessein de réparer toutes les irrévérences, profanations et impiétés qui ont été commises contre vous dans ce redoutable Mystère. Je me prosterne devant votre sainte Majesté, pour vous y adorer présentement au nom de tous ceux qui ne vous y ont jamais rendu aucun devoir, et qui peut-être seront assez malheureux pour ne vous en y rendre jamais ; comme les hérétiques, athées, blasphémateurs, magiciens, juifs, idolâtres, et tous les infidèles. Je souhaiterais, mon Dieu, vous pouvoir autant donner de gloire qu'ils vous en donneraient tous ensemble, s'ils vous y rendaient fidèlement leurs respects et leur reconnaissance. Et je voudrais pouvoir recueillir dans ma foi, dans mon amour, et dans le sacrifice de mon cœur, tout ce qu'ils auraient été capables de vous rendre d'honneur, d'amour et de gloire dans l'étendue de tous les siècles. Je désire même de toute l'ardeur de mon âme, vous donner autant de bénédictions et de louanges que les damnés vomiront d'injures contre vous dans toute la durée de leurs supplices. Et pour sanctifier cette adoration et vous la rendre plus agréable, je l'unis, ô mon Sauveur ! à toutes celles de votre Église universelle du ciel et de la terre. Regardez les sentiments de mon cœur plutôt que les paroles de ma bouche. J'ai dessein de vous dire tout ce que votre Esprit inspire pour vous honorer, à votre sainte Mère et à vos saints; et tout ce que vous dites vous-même à Dieu votre Père, dans ce glorieux et auguste Sacrement où vous êtes son holocauste perpétuel ; et dans le bienheureux sein où il vous engendre de toute éternité, et où vous êtes une même chose avec Lui par la divine essence. »

Pendant que la reine prononçait cette amende honorable, d'abondantes larmes tombaient de tous les yeux. C'était la France entière qui, par la voix de cette grande reine, faisait au Saint-Sacrement réparation des outrages commis dans tout le royaume. Noble temps que celui où les rois donnaient à leurs peuples de tels exemples, et où les peuples étaient, par leur foi, dignes de les recevoir et de les comprendre !

Pendant tout le cours de cette journée, le bonheur de notre vénérable mère fut à son comble : elle semblait transfigurée. Son visage, ordinairement si pâle, brillait d'un éclat inaccoutumé. Les consolations intérieures dont la comblait son divin Epoux, semblaient ne pouvoir se renfermer dans son âme et rejaillissaient à l'extérieur en une douce et céleste lumière.

Le soir de la solennité, elle dressa un acte ainsi conçu : « En union et par l'Esprit-Saint de mon Seigneur Jésus-Christ que je crois, que j'adore et pour lequel je veux vivre et mourir; moi, sœur Catherine-Mechtilde du Saint-Sacrement, renouvelle toutes les donations, consécrations, sacrifices et immolations de tout moi-même que j'ai faites dans ma vie passée à mon Sauveur Jésus-Christ et à sa très sainte Mère. Je les réitère de tout mon cœur, je les ratifie et les confirme par ce présent acte que j'ai signé de mon sang. Toute la grâce que je demande c'est d'aimer, et de vivre et mourir uniquement pour Jésus que j'aime et que je veux aimer en sacrifiant ma vie pour lui. Oh! que je puisse mourir de l'amour de mon adorable Jésus! Que je puisse mourir de regret de l'avoir offensé! Que je me sépare de moi-même pour être à Jésus, en Jésus, avec Jésus! C'est ma volonté pour jamais. Signé, Catherine-Mechtilde du Saint-Sacrement, victime de Jésus, et servante de Marie sa très-sainte Mère. »

La belle journée du 12 mars devait avoir son lendemain : il était convenable d'associer Marie aux honneurs rendus à son divin Fils.

Récemment, nous l'avons vu, cette Vierge si douce et si bonne avait daigné apparaître à la vénérable fondatrice revêtue des insignes d'une abbesse, comme si elle eût voulu indiquer qu'elle se constituait la supérieure générale du nouvel Institut ; de même que saint Joseph s'en était établi l'économe et le protecteur. Dès qu'elle se vit à la tête d'une communauté régulière, elle s'empressa de faire connaître ce merveilleux événement à ses filles.

Elle les réunit en chapitre ; et, d'une voix unanime, la très auguste Mère de Dieu fut proclamée abbesse et supérieure perpétuelle. A la suite de cette élection, notre Mère fit faire une statue de la très-sainte Vierge Marie. La Vierge portait, sur le bras gauche, son divin Enfant donnant sa bénédiction ; de la main droite, elle tenait une crosse. Le 22 août 1654, jour de l'Octave de l'Assomption, au milieu d'un immense concours de peuple, cette statue fut bénite par M. Picoté.

On l'éleva ensuite sur un trône, à la place abbatiale, entre la chaire de la mère prieure et celle de la mère sous-prieure ; puis, la mère Mechtilde, à genoux aux pieds de l'auguste Reine du ciel, prononça l'acte suivant : « Au nom de la très-sainte Trinité, le Père, le Fils et le Saint-Esprit. Nous, sœur Catherine-Mechtilde du Saint-Sacrement, humble prieure de ce monastère, confessons et déclarons, au nom de la communauté présente et à venir, que la très-pure et très-immaculée Mère de Dieu est élue, choisie, nommée et reconnue pour être la très-digne et très-éminente Mère, Abbesse et Supérieure perpétuelle de ce monastère fondé à la gloire du très-saint Sacrement de l'Autel, sans que cette élection, faite aujourd'hui, 22e août 1654, se puisse jamais révoquer ni altérer, pour quelque raison que ce soit. » Cet acte prouve également et la dévotion de notre vénérable mère envers Marie et sa profonde humilité. En référant à l'auguste Mère de Dieu tous les respects et tout l'honneur dus aux supérieures, elle aurait voulu n'en rien réserver pour elle-même. Lorsqu'on lui demandait sa bénédiction, elle la donnait souvent en disant : « Je prie la très-sainte Mère de Dieu de vous bénir. »

CHAPITRE XXI

BUT SPÉCIAL DE L'INSTITUT. — PRATIQUES DE DÉVOTION ENVERS LE SAINT-SACREMENT ET LA SAINTE VIERGE.

Quelques jours après la cérémonie du 12 mars, la mère Mechtilde du Saint-Sacrement disait à ses filles : « Cet Institut a été établi en l'honneur et gloire du très-saint Sacrement de l'autel. Tous les jours cet adorable Sacrement est profané par les mépris, les irrévérences et les impiétés des hommes; jusqu'à la fin des siècles il sera déshonoré de mille manières diverses et par toutes sortes de personnes; il est et sera surtout outragé par la malice infernale des sorciers et des magiciens qui sans cesse renouvellent sur la sainte Hostie leurs abominations et leurs sacriléges : la réparation de tous ces crimes, voilà la fin de l'Institut. L'intention de celle qui en a reçu la fondation est donc de le rendre tout à Jésus-Christ dans la sainte Eucharistie ; elle veut, autant qu'il lui sera possible, procurer à notre divin Sauveur des victimes, c'est-à-dire des âmes qui s'immolent à sa grandeur abaissée et anéantie sur l'autel; et qui s'offrent à Lui en réparation des offenses et des mépris que reçoit dans cet auguste mystère sa souveraine Majesté. »

L'Institut fondé et son but parfaitement défini, il fallait en déterminer les pratiques et les exercices : notre vénérable mère s'y appliqua avec foi et amour; et Jésus au Saint-Sacrement fut son seul guide et son unique maître.

« Or, que fait Jésus dans nos Tabernacles? Lorsqu'il était sur la terre, il a pu dire : *Je ne cherche pas ma gloire, mais celle de Celui qui m'a envoyé.* Et en effet, la gloire de son Père a été le but unique qu'il a poursuivi durant sa vie mortelle ; et parce que les péchés des hommes la lui ravissent, il a voulu la lui rendre en les expiant. De même, dans l'Eucharistie, sa vie est une perpétuelle adoration. Sans cesse il contemple les infinies perfections de Dieu ; sans cesse il exalte sa Majesté par les prodigieux abaissements de sa personne divine; il expie nos péchés en lui offrant chaque jour son corps, son sang, son âme et sa divinité. Il y est adorant, aimant et exaltant Dieu son Père; mais disons aussi qu'il y est souffrant, méprisé, oublié de la plupart des hommes; qu'il y est profané, et trop souvent réduit à la puissance de ses ennemis qui le traitent dans ce mystère d'une manière qu'on n'oserait exprimer. Cependant il n'y dit mot, il ne s'y plaint point, il y souffre les indignités des pécheurs, les exécrations des impies. Et pourquoi? c'est qu'il y est en qualité de victime. Jésus-Christ y est mort et mourant tous les jours, par la continuation de son divin sacrifice. »

A son exemple, la Fille du Saint-Sacrement est adoratrice, réparatrice et victime. Elle adore perpétuellement et en tous lieux le divin Maître présent dans la sainte Eucharistie.

A chaque heure du jour et de la nuit, on sonne cinq coups de la plus grosse cloche et toutes les religieuses qui l'entendent doivent dire : *Loué et adoré soit à jamais le très-saint Sacrement de l'autel* ». Ces paroles sont leur mot du guet, leur salut de tous les jours. Le matin elles les disent en s'éveillant ; le soir le sommeil les trouve encore sur leurs lèvres, quand il vient fermer leurs paupières ; elles les répètent en s'abordant, en entrant au chœur, en communauté, au parloir, dans leurs cellules ; en commençant tous les offices, les oraisons, les lectures; elles servent d'introduction et de conclusion à la plupart de leurs prières et de leurs exercices. Elles les écrivent en tête de toutes leurs lettres; on les retrouve gravées dans l'anneau d'or qu'on leur met au doigt le jour de leurs noces spirituelles avec le Dieu de l'Eucharistie ; sur le petit Saint-Sacrement doré, bénit le jour de leur profession, et qu'elles portent sur leur scapulaire, comme le signe de l'amour infini de leur divin Époux. Ce petit ostensoir que l'on voit encore briller sur leur cœur, même après leur mort, ne rappelle-t-il pas le sublime défi de l'apôtre : *Ni les souffrances, ni la mort, rien ne me séparera de la charité de Jésus-Christ....*

Les Filles du Saint-Sacrement sont les gardiennes fidèles du corps de Notre-Seigneur Jésus-Christ dans l'Eucharistie. Vestales chrétiennes, elles doivent entretenir incessamment le feu sacré d'une perpétuelle adoration. Jamais elles ne laissent seul le divin Maître ; d'heure en heure elles se succèdent à ses pieds. Lorsque tout repose sur la terre, dans le silence de la nuit, quand les églises sont désertes et que Jésus est délaissé, ses épouses veillent à la porte de son tabernacle ; et avec les anges invisibles, elles forment la cour du Roi des rois. De leur cœur, comme d'un encensoir d'or, s'élève vers le Dieu de l'Eucharistie le parfum de leur prière. Les heures s'écoulent, la nuit fait place au jour, et on les trouve encore prosternées devant le trône de l'Agneau, l'adorant pour ceux qui ne le connaissent pas, réparant pour ceux qui l'offensent, intercédant pour ceux qui l'oublient...

A ces pratiques journalières, elles en ajoutent deux autres aussi indispensables que l'adoration perpétuelle : 1° l'office double majeur du très-saint Sacrement tous les jeudis non occupés par des fêtes doubles de première ou de seconde classe ; 2° l'exposition de cet auguste Sacrement tous les jeudis de l'année. « Nous les déclarons indispensables, dit la mère Mechtilde ; et si quelqu'une voulait travailler à les anéantir, elle se rendrait coupable d'un grand crime, puisqu'elle détruirait l'Institut. »

En ce jour béni où Jésus a donné aux hommes la

preuve la plus incompréhensible de sa charité en instituant l'Eucharistie, le Saint-Sacrement est exposé depuis le commencement de la grand'messe jusqu'au soir. Lorsqu'on l'enlève de la prison où l'amour le retient captif, pour l'offrir à la vénération des fidèles, et durant tout le salut, les religieuses, un flambeau à la main, en signe de leur foi et de leur amour, lui présentent leurs hommages.

Tout le temps que dure l'exposition, le travail manuel est interdit et les parloirs sont fermés. A part les moments que réclament les devoirs de leur charge, nos sœurs sont aux pieds de Jésus. La communion qui est, après la sainte Messe, l'acte de religion par excellence, est générale en ce jour spécialement cher aux religieuses du Saint-Sacrement.

Entre tous les jeudis, il en est deux pour lesquels notre vénérable mère inspire à ses filles une dévotion plus particulière encore : c'est le jeudi *saint* et le jeudi du très-saint Sacrement. « La Fête-Dieu, dit notre vénérable mère, c'est la fête des fêtes et le jour des jours pour les Filles du Saint-Sacrement. C'est le triomphe du Fils de Dieu humilié sous les espèces du pain et du vin ; c'est la joie du ciel et la complaisance du Père éternel qui reçoit plus de gloire de ce Mystère que de tous les sacrifices qui lui ont été présentés. Aussi pouvons-nous dire en vérité qu'il se fait en ce jour un déluge de grâces et de bénédictions ; les sources du grand abîme sont débordées ; les cataractes du ciel sont ouvertes ; les grands réservoirs d'eau sont rompus ; la pluie tombe en abondance sur la terre ; qui la recueillera, sinon les adoratrices perpétuelles, lesquelles, toujours prosternées au pied de la divine Eucharistie, ne laissent rien perdre des miettes de ce pain sacré, ni des gouttes de ce vin si délicieux.

« Il faudrait la plume d'un séraphin pour exprimer nos devoirs au sujet de cette grande fête, la principale de l'Institut. Toutes nos sœurs y renouvelleront leur zèle et se prépareront à la célébrer par des actes de vertus les plus propres à s'acquitter dignement de leurs obligations de victimes : il n'y en a point qui ne sache que l'humilité et l'amour sont les deux principales et celles qui éclatent spécialement dans l'auguste Sacrement de l'autel. Jésus y est tout ensemble, et un abîme incompréhensible de petitesse, d'humilité et d'anéantissement, et une fournaise embrasée d'amour et de très parfaite charité. Nos sœurs écouteront l'Esprit-Saint redisant au fond de leur cœur : L'heure est venue où le Fils de Dieu doit être glorifié dans le Mystère de ses anéantissements; et elles lui rendront de continuels hommages ; et elles tâcheront de réparer, par leur fidélité, les négligences et l'indévotion de la plupart des chrétiens ; et elles épancheront sans cesse leur âme dans la prière ; et elles s'efforceront d'attirer sur toute l'Eglise les bénédictions du Ciel. »

Mais, nous l'avons dit, Jésus dans la sainte Eucharistie n'adore pas seulement son Père : il satisfait, il se sacrifie encore pour les hommes. La soif ardente des opprobres et des souffrances qui le dévorait pendant sa vie mortelle et sur la croix, le dévore encore au Sacrement de son amour. Il s'y réduit pour nous à un double néant. Non-seulement il s'y renferme dans notre chétive humanité, mais il y est au-dessous de la forme d'esclave; il y cache son être infini sous une parcelle imperceptible; il y condamne au silence sa sagesse éternelle; il y soumet sa toute-puissance à un faible mortel. Il est là, Lui, l'auteur de la vie, en qualité de victime; véritablement vivant, mais d'une vie de mort, comme saint Jean le vit sur l'autel du ciel. Il y consomme son être sacramentel avec plus d'humiliations que sur le Calvaire, descendant dans des cœurs souvent abominables; subissant, malgré son impassibilité, d'effroyables traitements de la part des pécheurs; profané, foulé aux pieds, abandonné au pouvoir de ses ennemis.

Comme Jésus, la Fille du Saint-Sacrement sera réparatrice. — « C'est en elle-même, dit la vénérable mère institutrice, qu'elle doit d'abord réparer la gloire de Dieu; c'est en elle qu'il lui faut établir premièrement son empire; ce sont ses propres péchés qu'elle doit avant tout expier. »

La justice et la sainteté la rendront digne d'être victime. Qu'elle vive donc de la vie de Celui dont il est dit qu'il était raisonnable que nous eussions un pontife saint, innocent, sans tache, séparé des pécheurs, plus élevé que les cieux; et qui ne fût point obligé, comme les autres hommes, d'offrir tous les jours des victimes pour ses propres péchés. En effet, sa mission est de s'immoler pour tous les pécheurs sans exception, surtout pour ceux qui profanent avec une impiété plus criminelle la sainte Eucharistie; de se présenter à Dieu pour porter la peine due aux outrages et aux opprobres qu'ils font et feront souffrir à Jésus-Christ jusqu'à la fin du monde. Hostie d'expiation, elle doit souffrir pour l'Eglise souffrante, pour les âmes des justes qui gémissent dans les flammes du purgatoire, âmes d'autant plus à plaindre qu'elles ne peuvent adoucir ni abréger leurs maux ; d'autant plus dignes de compassion qu'elles sont dans la paix du Seigneur et qu'elles ont vaillamment combattu pour sa gloire. Dieu les aime : s'il les châtie, c'est pour les purifier. Il veut que nous hâtions leur délivrance ; c'est lui plaire que de les secourir.

La Fille du Saint-Sacrement est donc victime ; et Jésus, victime dans l'Eucharistie, est son modèle.

Pour exercer d'une manière authentique la fonction de victime réparatrice, les Filles du Saint-Sacrement font chaque jour, tour à tour, amende honorable à Notre-Seigneur Jésus-Christ, pendant la messe conventuelle, au nom de la communauté. La sainte messe est la vive représentation et la continuation du sacrifice de la croix : le sang que le Sauveur a répandu pour la rémission des péchés du monde, il le verse encore sur l'autel. Il y remplit, comme au calvaire, l'office de réconciliateur ; il y est notre réconciliation. Aucun temps ne peut donc être plus favorable pour la réparation.

La réparatrice entre en retraite dès le matin et y reste jusqu'après les vêpres. Au commencement de la messe, elle s'agenouille au milieu du chœur, près d'un poteau surmonté d'un flambeau de cire blanche. Là, tenant le flambeau entre les mains, la corde au cou, dans une attitude humiliée et anéantie, elle est chargée, comme le bouc émissaire de l'ancienne loi, de toutes les iniquités du peuple. A l'exemple de Notre-Seigneur qui s'est fait victime de propitiation pour nos péchés et pour ceux du monde entier, elle s'offre en sacrifice, spécialement pour l'expiation des outrages faits à Dieu dans la personne adorable de Jésus-Christ au très-saint Sacrement de l'autel. Et comme Notre-Seigneur est le seul vrai et digne Réparateur de la gloire de son Père, la réparatrice doit se revêtir de ses dispositions saintes, pour pouvoir, en Lui et par Lui, offrir des réparations et des satisfactions qui puissent être agréées. Elle fait la sainte communion pour s'unir plus intimement à Jésus-Christ et s'immoler avec Lui. Avec Jésus, Hostie d'expiation, de réconciliation et d'impétration, elle prie pour la sainte Eglise, pour les nécessités publiques, pour l'Institut, et sollicite la délivrance des âmes du purgatoire, de celles surtout qui ont eu plus de dévotion au Saint-Sacrement et à la sainte Vierge.

Après la messe, toutes les religieuses se prosternent ; et l'une d'elles, à genoux près de la réparatrice, lit à haute voix, cette même amende honorable qu'Anne d'Autriche reçut des mains de notre vénérable mère, et prononça le 12 mars 1654.

Quant à la réparatrice, jusqu'au réfectoire même, elle remplit la fonction de victime. Avant que la communauté ait commencé à prendre son modeste repas, elle fait entendre ces graves et solennelles paroles :
« Loué et adoré soit à jamais le très-saint Sacrement

de l'autel. Souvenons-nous, mes sœurs, que nous sommes vouées à Dieu en qualité de victimes immolées à sa gloire, pour réparer autant qu'il nous est possible les outrages et les profanations qui se font incessamment contre le très-saint Sacrement de l'autel. Je demande le secours de vos saintes prières pour m'acquitter comme je le dois de cette obligation. »

Lorsqu'une profanation sacrilége est commise, quelque part que ce soit, de nouveaux devoirs s'imposent à la communauté. Aussitôt que la mère prieure a connaissance du crime, elle doit ordonner des réparations extraordinaires, qu'elle voudrait pouvoir proportionner à l'outrage fait à Notre-Seigneur Jésus-Christ dans le Sacrement de son amour.

Outre ces réparations individuelles et générales, la mère Mechtilde établit la fête publique et solennelle de la Grande Réparation, et la fixe au jeudi de la Sexagésime; c'est-à-dire dans un temps où Notre-Seigneur est plus que jamais oublié, humilié, profané dans son divin Sacrement, par un monde enivré de plaisirs et livré à tous les désordres.

Des réparations individuelles, générales et publiques, ne suffisent point encore à celle dont le cœur est dévoré de zèle pour venger la gloire de son Dieu, indignement outragée. De plus elle veut que, hors le saint temps des réjouissances pascales, le premier jeudi de chaque mois soit consacré à la réparation; qu'on en dise l'office, et qu'on en chante la messe et le salut.

La vénérable mère Mechtilde ne séparait jamais la dévotion à Notre-Seigneur de la dévotion à la sainte Vierge. Souvent elle répétait à ses filles « qu'elle n'aurait pas osé se présenter aux pieds du Saint des saints pour réparer sa gloire dans le divin Sacrement de l'autel, si elle n'y avait été introduite par la Souveraine du ciel et de la terre ; étant convaincue que ses religieuses et elle ne pouvaient être de véritables réparatrices et victimes, que par l'entremise de cette divine Mère ; et qu'elles devaient être les imitatrices de ses vertus pour plaire à Notre-Seigneur et attirer sur elles les grâces nécessaires, singulièrement contre les puissances infernales qui cherchaient en toutes rencontres les moyens et occasions de détruire l'Institut ; ayant contre lui une haine implacable qui ne peut être arrêtée que par le secours de la toute puissante Mère de Dieu. »

L'image en relief de cette auguste et incomparable Supérieure est placée dans tous les lieux principaux du monastère ; et chaque fois que nos sœurs passent devant elle, elles la saluent avec dévotion.

Au réfectoire, comme au chœur, la très-sainte Vierge occupe la place abbatiale. Chaque jour, à midi et au soir, la mère prieure s'honore de la servir : les plats qu'elle lui présente sont en argent, et déposés sur une crédence ; après les repas, les portions sont distribuées aux pauvres les plus nécessiteux.

Notre vénérable mère ne se lassait pas d'exhorter ses filles à la confiance et à l'amour envers Marie : dans la ferveur de son zèle et de sa dévotion, elle leur prescrivit plusieurs pieuses pratiques pour l'honorer.

« Les communions du samedi se feront en l'honneur de la sainte Vierge, de tous ses mystères, singulièrement de son Immaculée Conception et de sa Maternité divine. L'amour que le Saint-Esprit imprime pour le très-saint Sacrement dans le cœur des victimes de notre divin Sauveur, y doit aussi allumer un saint zèle pour l'honneur de sa très-sainte Mère ; c'est pourquoi elles lui feront amende honorable à la sainte messe, chacune à leur tour, à toutes ses fêtes de première et de seconde classe, et tous les samedis de l'année. Il n'est que trop véritable qu'on ne peut outrager Notre-Seigneur Jésus-Christ que le sacré cœur de sa très-sainte Mère n'en soit blessé : nos sœurs seront sensibles à tout ce qui la touche. »

« Autant que possible, elles passeront tous les jours un quart d'heure aux pieds de la sainte Vierge. Elles lui offriront les honneurs et les respects qui lui sont dus en sa qualité de Mère de Dieu, de Reine du ciel et de la terre, etc. »

Chaque jour, le matin et le soir, les filles du Saint-Sacrement réclament la protection de la sainte Vierge, la prient de se montrer leur mère : *Monstra te esse Matrem !* et lui demandent sa maternelle bénédiction.

Avant de commencer le travail commun, elles la saluent comme la Fille du Père, la Mère du Fils, l'Épouse du Saint-Esprit, le temple de la sainte Trinité : glorieuses qualités qui lui donnent un pouvoir très grand et très étendu. Dieu ne lui refuse rien ; et toutes les personnes qui s'adressent à elle, éprouvent les effets de sa protection, à proportion de leur fidélité à remplir les devoirs de leur état et à imiter ses vertus.

Les litanies de la sainte Vierge sont dites tous les jours en commun ; et le soir, l'office de complies se termine par une antienne chantée solennellement en son honneur.

La mère Mechtilde veut que, pendant le saint temps de carême, on chante dévotement tous les jours la prose *Stabat Mater dolorosa*, « pour honorer le très-saint cœur de la Mère de Dieu, navré de douleur au pied de la croix de son Fils ».

Entre toutes les prières que l'Église adresse à la sainte Vierge et met sur les lèvres de ses enfants, il en est deux que notre vénérable mère se plaisait surtout à redire ; elle les recommandait à ses filles et à toutes les personnes qui s'adressaient à elle, comme ayant une grande efficacité contre les tentations : l'hymne *O gloriosa Domina*, et l'antienne *Tota pulchra es...* Vous êtes toute belle, ô Marie ! et il n'y a point de tache en vous. Vous êtes la gloire de Jérusalem, la joie d'Israël, l'honneur de votre peuple et l'avocate des pécheurs. O Marie, Vierge très-prudente, Mère très-clémente, priez pour nous, intercédez pour nous auprès de Notre-Seigneur Jésus-Christ.

La pieuse fondatrice a voulu que toutes les fêtes de la sainte Vierge soient solennisées dans l'Institut ; mais particulièrement celles de l'Immaculée Conception, de la Nativité, de l'Annonciation, du très-saint Cœur de Marie et de l'Assomption.

Chaque année, le dimanche dans l'octave de cette

fête, a lieu l'élection de la sainte Vierge comme supérieure de l'Institut. L'autel de la Reine du ciel, paré magnifiquement, est chargé de nombreux luminaires ; la grand'messe est chantée comme aux fêtes les plus solennelles. Après le dernier évangile, les religieuses, un cierge à la main, agenouillées vers le trône de Marie, écoutent attentivement la mère prieure qui, après avoir déposé aux pieds de la sainte Vierge les clefs et les sceaux du monastère, renouvelle l'acte d'élection prononcé le 22 août 1654, par la vénérable fondatrice. « Toutes les Filles du Saint-Sacrement se réjouissent d'appartenir à cette miséricordieuse Mère d'une manière spéciale, et lui rendent des actions de grâces très humbles de les avoir adoptées pour ses filles. Elles la prient avec ardeur de protéger toujours l'Institut, de le perfectionner en sorte qu'il soit un objet de complaisance à son divin Fils, et que toutes les religieuses qui le composent soient bénies de sa précieuse main. Elles lui recommandent leurs nécessités particulières, le soin de leur salut, comme à leur charitable Mère, la conjurant d'anéantir et de ruiner tous les efforts de leurs ennemis visibles et invisibles ; et surtout de leur obtenir la grâce de consommer leur sacrifice dans les flammes de l'amour de son divin Fils. »

Cet acte terminé, on entonne le *Te Deum* pendant lequel les religieuses vont deux à deux baiser les pieds de la sainte Vierge, et lui faire hommage de leur respect, de leur obéissance, de leur amour et de leur confiance.

CHAPITRE XXII

PREMIÈRES PERSÉCUTIONS.

1654-1657

A la fin de l'année 1654, la mère Mechtilde du Saint-Sacrement écrivait à une religieuse de Rambervillers : « Pour ce qui est de mes croix, j'espère que la Providence me rendra digne d'en avoir de plus grandes : priez Dieu que je ne l'offense point. Depuis quelque temps, je vois une espèce de béatitude à être rejetée, méprisée, sacrifiée, maudite des créatures; et il me semble que je ne serai jamais complétement à Dieu, si je ne passe par là. »

Cette soif de l'abjection que tant de saints ont éprouvée, dévorait notre vénérée mère. Elle se plaisait à répéter à ses religieuses « qu'une victime du Saint-Sacrement, au milieu de tout le bien qu'elle peut faire, ne doit pas savoir ce que c'est qu'honneur, louange, estime, gloire, élévation; et que son partage en ce monde, comme la récompense de ses bonnes œuvres durant cette vie, doit être la honte, l'humiliation et l'opprobre. » Elle devint elle-même un exemple frappant de cette abnégation chrétienne qu'elle recommandait si instamment à ses filles.

Le faux zèle, la jalousie et la méchanceté s'unirent pour renverser l'Institut naissant, en déconsidérant celle qui en était la fondatrice. « Il me semble, écrivait-elle alors à M. de Bernières, que je suis égale en tout : Dieu étant immuable, il suffit. Il y a un je ne sais quoi qui me tient si liée au bon plaisir de Dieu, que je me laisse tourner comme il lui plaît ; je porte même cette disposition au regard des choses extérieures, n'y pouvant prendre d'appui, ni y mettre fortement ma pensée : tout se fait comme si j'avais à tout quitter dans le moment, ne m'attachant à rien. Je suis dans la même indifférence à l'égard de cet établissement, ne me souciant point de ce que la Providence en fera. Il y a plusieurs personnes qui me censurent : les unes m'appellent d'une sorte, les autres d'une autre. Quelques-uns disent que je me mêle de prophétiser; d'autres que je fais des miracles; d'autres que je suis ambitieuse et pleine d'un grand orgueil; d'autres que j'use de charmes et d'artifices, etc. Quelques-uns ajoutent que j'ai beaucoup d'esprit, ce qui me surprend fort ; car jamais en ma vie je n'ai cru en avoir. Enfin chacun parle, qui d'une façon, qui d'une autre ; les saints s'en sont mêlés. Je vous puis dire cependant en toute confiance et en secret, que je me baignais dans les miséricordes de Notre-Seigneur : non que je me croie innocente de tous ces jugements; non, non, car je me sens et me vois criminelle. Mais, dans la conviction de mes misères, j'avais une extrême joie de ce que Dieu faisait son œuvre en détruisant mon orgueil et ma propre excellence, et je ressentais un amour sensible pour ceux qui m'humiliaient. » Parmi les détracteurs de la mère Mechtilde du Saint-Sacrement, se trouvaient des personnes vertueuses ; et c'était, pour cette victime d'amour, un surcroît d'allégresse. « L'humiliation est excellente, aimait-elle à dire, quand elle vient de la part des bonnes âmes, parce qu'elle laisse beaucoup moins de lieu à la vanité et à l'amour-propre. »

Plusieurs de ceux qui la persécutaient s'assemblèrent et se donnèrent la mission de l'examiner. Ils se succédaient au parloir et faisaient subir à notre mère un interrogatoire souvent blessant dans la forme et toujours malveillant dans le fond. Quels motifs l'avaient guidée dans cette grande entreprise ? quelles avaient été ses lumières ? le Saint-Esprit lui avait-il donné quelque signe visible de la mission qu'elle croyait avoir reçue du ciel ? Telles étaient les interrogations successives auxquelles elle devait répondre ; et, pour prix de sa complaisance et de son inaltérable douceur, elle recevait les réprimandes les plus humiliantes. Notre mère aurait pu abréger ces visites, en répondant qu'elle avait des supérieurs à qui seuls appartenaient le droit et le soin de la juger ; elle aurait pu changer la critique en admiration, en dévoilant ce que Dieu opérait en elle : loin de là ; elle savourait les humiliations comme d'autres savourent les louanges. Jamais, au sortir de ces entretiens désagréables, son radieux visage ne parut tant soit peu altéré ; jamais elle ne formula un seul mot de plainte. Comme saint François de Sales, elle appelait le silence sa forteresse. « Taisons-nous quand on nous outrage, disait-elle souvent ; car Jésus-Christ, notre maître au Saint-Sacrement, nous apprend à nous taire. » Lorsque ses filles lui témoignaient leur peine de la voir ainsi traitée, elle leur répondait doucement

« qu'elle était si abjecte et si méprisable que tout le monde avait droit de la désapprouver et de la condamner. » Toujours elle prenait parti contre elle-même. « Cela est si juste, disait-elle en parlant des reproches qu'on lui adressait, que je n'ai aucune parole pour m'excuser. » Ces expressions nous montrent avec quelle fidélité elle accomplissait deux résolutions prises au plus fort de ses persécutions : 1° de ne jamais se justifier ; 2° de ne jamais se plaindre.

Lorsque l'action visible de la grâce attira des postulantes, la persécution redoubla d'intensité. Apprenait-on que quelque jeune fille de qualité songeait à entrer dans l'Institut, on allait aussitôt trouver ses parents. « Vous ne savez donc pas, leur disait-on malicieusement, ce qu'est cet Institut ?... C'est une communauté dont la fondation n'a rien de réel. Il n'y a pas encore deux ans que nous faisions l'aumône à ces *petites sœurs de Lorraine* qui mouraient de faim. Voulez-vous donc voir mendier votre fille ? Ces étrangères, du reste, sont incapables de sympathiser avec des Françaises. Leur règle est d'une austérité et d'une sujétion auxquelles on ne peut résister. » On ajoutait mille faussetés plus ridicules encore ; on assaisonnait le tout de mots malins, de ces réticences mille fois pires que les calomnies ouvertes ; et les parents se croyaient éclairés.

La jalousie eut son tour. Quelques supérieures, mécontentes de voir le nouvel Institut leur enlever des sujets qu'elles espéraient recevoir, écrivirent d'une manière injurieuse à la mère Mechtilde du Saint-Sacrement, qui ne répondit jamais que par des lettres pleines de déférence et de respect. Tel était son esprit d'abjection, que plus on l'humiliait, plus elle s'abaissait; « ne trouvant de place qui lui convînt, disait-elle, que celle qui est au-dessous des démons, au centre de l'abîme. » On la menaça un jour de lui intenter un procès, pour l'obliger à quitter le nom de Fille du Saint-Sacrement : « J'avoue, répondit-elle, que j'ai pris un titre glorieux, et que celle qui me le veut ôter exécute un acte de justice. Cet acte, je l'adore en Dieu, me réjouissant qu'on se revête de ses intérêts pour m'en priver, puisque je l'ai profané en des manières infinies. Je l'anéantis au pied du saint autel, en hommage et réparation de l'orgueil avec lequel je l'ai si souvent profané. Mais en me dégradant de cette qualité auguste, qu'on me laisse au moins celle de Victime du Saint-Sacrement, puisque j'y suis consacrée par le baptême. Il est vrai que je n'y ai pas répondu jusqu'à présent : c'est à quoi je veux dorénavant m'employer avec plus de fidélité. » C'est par cette patience invincible que notre vénérable mère triompha de toutes les mesquines passions qui s'insurgèrent contre son œuvre.

Mais la croix de la supériorité, s'ajoutant à toutes les autres, pesait plus lourde que jamais sur les épaules de notre vertueuse mère : c'était la seule qu'elle portât malgré elle, la seule dont elle aurait voulu se décharger. Elle profita d'un voyage que M. de Bernières fit à Paris, pour lui exposer ses peines intérieures et toutes les raisons qu'elle croyait avoir de renoncer à la supériorité. M. de Bernières ne voulut rien décider par lui-même, et réunit plusieurs serviteurs de Dieu, aussi pieux que savants, entre autres saint Vincent de Paul, fondateur de la congrégation de la Mission, M. Olier, curé de Saint-Sulpice, M. Boudon, le P. Hayneuve de la Compagnie de Jésus, pour leur faire connaître les dispositions de la mère Mechtilde du Saint-Sacrement.

Dans un mémoire écrit de sa main, qui nous a été conservé, l'humble supérieure prie instamment les serviteurs de Dieu d'examiner, selon les lumières de la foi, si l'œuvre qu'elle a fondée est véritablement l'ouvrage du Seigneur ; et de décider ce qu'il faut faire pour la mettre dans l'état où Dieu la veut pour sa gloire. Elle leur expose ensuite toutes les raisons pour lesquelles elle se croit incapable de conserver la supériorité. Ils répondirent que l'Institut était véritablement l'œuvre de Dieu ; qu'elle devait s'y consacrer tout entière, et en rester la supérieure. Elle se soumit avec foi, comme si Dieu lui-même eût parlé ; elle redoubla de confiance en Jésus victime, et souvent elle lui disait dans l'élan de son amour : « Mon Seigneur, nous verrons lequel de vous ou de moi sera plus tôt las : vous, de m'envoyer des croix et moi de les souffrir. » Tant de vertu ne fit qu'exciter la rage des puissances de l'enfer, et le démon mit en campagne tous ses suppôts pour détruire l'Institut naissant ; mais Dieu veillait Lui-même à sa conservation. »

La vénérable fondatrice, se trouvant une nuit au chœur, entendit, entre onze heures et minuit, comme un bruit de pas venant du côté du jardin. La frayeur la saisit, et elle hésita à sonner la cloche pour éveiller les religieuses. Mais au moment où elle se levait, elle entendit une voix sortir du tabernacle et lui dire : « Pourquoi crains-tu? je suis avec toi. De quoi te mets-tu en peine? est-ce ici ton œuvre, et n'est-ce pas la maison de Jésus et de Marie? » Jésus et Marie devaient en effet, pendant tout le cours de sa vie, lui donner des marques nombreuses et évidentes de leur spéciale protection. Peut-être n'en est-il pas de plus frappante que celle-ci. Un jour, une personne se présenta au monastère et demanda la révérende mère prieure pour lui faire quelques communications d'une haute importance. « Je suis, dit-elle, la nourrice de la fille d'un prince étranger. Ma maîtresse a été élevée dans les Pays-Bas; et elle vient d'arriver à Paris, avec d'immenses richesses en pierreries, bijoux et effets de toute espèce. Touchée de la grâce et éclairée sur la vanité et le néant des choses de ce monde, elle a pris la résolution de se consacrer à Dieu. Le bien qu'on lui a dit de votre Institut, l'engage à lui donner la préférence. Elle connaît d'ailleurs vos besoins, et elle est intérieurement pressée d'y subvenir. Afin d'éviter les poursuites de ceux qui sont intéressés à ce qu'elle demeure dans le monde, elle désire rester inconnue, et m'a chargée de lui porter votre réponse. »

La mère Mechtilde fit part de cette nouvelle à sa communauté et à ses amis. Amis et communauté remercièrent Dieu de cet événement qu'ils regardaient comme un coup de providence, et félicitèrent la vénérable fondatrice du moyen qui lui était offert pour affermir son Institut et le rendre inébranlable.

La nourrice revint bientôt et à diverses reprises au monastère; et, faisant le dénombrement des trésors que sa maîtresse avait l'intention de donner, elle renouvela ses sollicitations.

La prudente supérieure hésitait; elle éprouvait, à recevoir cette princesse, une répugnance qu'elle ne pouvait s'expliquer; mais que ses amis attribuaient à son amour de la pauvreté et à son dégagement des biens de la terre. Elle ne céda qu'à regret; et uniquement pour déférer aux conseils de sa communauté et de ses amis. Il fut convenu, afin d'éviter l'éclat, que la princesse ferait son entrée au couvent à dix heures du soir.

Or, la nuit qui précéda, notre vénérable mère qui avait beaucoup prié, fut subitement éveillée, et aussitôt ravie en Dieu. Elle vit l'enfer tout entier déchaîné contre son œuvre, et les habitants de cette région de ténèbres tramant de sinistres complots pour la détruire. A cette vue, la défiance qu'elle avait éprouvée reparut plus vive qu'auparavant; une voix intérieure l'avertissait de se tenir sur ses gardes et de ne point laisser franchir la clôture, quelque motif qu'on pût alléguer. Elle ne fit part à personne de ses lumières; mais dès le matin elle fit venir les tourières du dehors, leur donna l'ordre formel de tenir la porte exactement fermée, et de ne pas l'ouvrir sans son autorisation.

Vers dix heures du soir, arrivèrent des chariots et des coffres d'une pesanteur énorme, conduits par des gens qui semblaient poursuivis et qui criaient qu'on se hâtât de leur ouvrir. C'est en vain; la porte ne s'ouvre pas. On insiste, on presse, on fait un grand vacarme; à l'intérieur tout le monde court vers la vénérable mère Mechtilde pour avoir les clefs. Prosternée devant le Saint-Sacrement, elle conserve le plus grand calme au milieu de l'agitation générale; elle défend absolument d'ouvrir, et ne donne d'autre motif de ce refus, que sa volonté. Ses filles, malgré leur confiance et leur tendre respect pour sa personne, ont bien de la peine à retenir quelques murmures. A l'extérieur le bruit redouble; les menaces, les imprécations, les blasphèmes succèdent aux plaintes. C'est toujours en vain : l'impassible prieure poursuit doucement sa prière, et la porte demeure fermée.

Le lendemain, la nourrice de la princesse ne manqua pas de demander au parloir la mère Mechtilde du Saint-Sacrement. Elle lui reprocha avec amertume son refus de la veille, disant que sa maîtresse avait vivement ressenti l'affront qui lui avait été fait; qu'elle n'était point personne à être ainsi traitée, et qu'elle s'en vengerait. La manière dont elle parla, les termes exagérés dont elle se servit, ne firent que confirmer la sage supérieure dans son sentiment. Elle se crut autorisée à lever un coin du rideau pour voir la figure de son interlocutrice, sans que celle-ci s'en aperçût; et que vit-elle? Tournée vers une image de la Mère de Dieu, cette femme faisait des contorsions et des grimaces de damnée. En la quittant, notre vénérable mère dit à la tourière du dehors de la suivre pour voir où elle entrerait. S'apercevant qu'elle était surveillée, la prétendue nourrice adressa de loin à la pauvre fille les plus insolentes menaces. Fatiguée des tours et des détours qu'elle avait faits, la tourière était sur le point de revenir au monastère, quand elle vit cette malheureuse entrer dans une grande maison. Elle interrogea les voisins qui lui répondirent, en haussant les épaules et en gémissant : « C'est l'enfer; un lieu d'abomination qui fait horreur, et où se commettent des crimes énormes. C'est là que les sorciers se donnent rendez-vous pour faire leur sabbat. Nous voudrions, pour beaucoup, être loin d'ici ; car il est à craindre que la justice de Dieu ne s'abatte sur cet ignoble repaire et ne nous enveloppe dans sa ruine. »

Lorsque la mère Mechtilde du Saint-Sacrement apprit ces détails, elle s'empressa de rendre grâce à Dieu de la protection qu'il venait de lui accorder. Grands, en effet, avaient été les dangers que ses filles avaient courus : les informations que l'on prit les firent connaître dans toute leur étendue. La princesse étrangère n'existait pas ; la nourrice était un suppôt de Satan, déguisé en femme ; et les coffres qui renfermaient les meubles et les bijoux de la princesse, étaient remplis de gens armés que l'on voulait introduire dans le couvent.

Cette ruse diabolique ne fut point la seule dont on usa à l'égard de notre mère ; et d'après ses propres paroles, il est facile de conjecturer combien ardent fut l'acharnement du démon. « L'Institut, a-t-elle dit, s'est établi malgré les puissances de l'enfer qui l'ont combattu pendant plus de sept ans. Les angoisses et les détresses mortelles que j'ai éprouvées durant ce temps, ne se peuvent mieux exprimer qu'en les nommant le poison de l'enfer ; et je le buvais tous les jours à pleine coupe. »

Aux épreuves que nous venons de raconter, Dieu en ajouta d'autres non moins accablantes. A peine, disent les mémoires que nous venons de citer, notre vénérable mère eut-elle pris la qualité de victime, qu'elle commença à l'être par état. Notre-Seigneur lui faisait porter les peines dues aux pécheurs : en son corps, par des maladies continuelles ; en son âme, par des dispositions intérieures si crucifiantes, qu'elles auraient été capables de la faire mourir, si une vertu divine ne l'eût fortifiée.

Elle semblait ne se soutenir que par miracle, et sa vie était comme une mort continuelle. Cependant, malgré des douleurs inouïes, une faiblesse extrême causée par de fréquentes insomnies, et l'impuissance presque absolue de manger ; réduite à une maigreur telle qu'elle n'avait plus que la peau et les os, elle n'en continuait pas moins à suivre les observances ; et jamais son visage n'avait paru plus doux ni son esprit plus tranquille. Elle n'éprouvait en son âme que ténèbres, impuissance, insensibilité : et ses entretiens révélaient une telle sublimité, une onction si pénétrante, une si grande facilité d'élocution, que ceux qui avaient le bonheur de l'entendre en étaient étonnés et ravis.

CHAPITRE XXIII

CONSTRUCTION DU MONASTÈRE DE LA RUE CASSETTE. BREF D'ALEXANDRE VII.

1657-1661

Il y avait trois ans que les lettres patentes qui autorisaient l'établissement d'un monastère voué à l'adoration perpétuelle étaient homologuées, et la nouvelle communauté n'avait point encore de maison. Cependant, il était nécessaire de s'en procurer une si l'on voulait rendre l'Institut solide : c'est ce que venaient chaque jour représenter à la fondatrice ceux qui lui portaient intérêt. M. Picoté surtout, si dévoué à nos mères, ne cessait de répéter qu'il fallait travailler, pendant que la reine était encore vivante, à assurer la fondation. Il faisait remarquer, non sans raison, que les bons sujets ne s'empresseraient pas de se présenter aussi longtemps qu'on n'aurait qu'une maison d'emprunt. La mère Mechtilde du Saint-Sacrement comprenait mieux que personne le danger de cette situation provisoire et incertaine. Jusque-là, les dépenses considérables que devait nécessairement entraîner un établissement définitif, avaient pu seules la faire hésiter : aussi saisit-elle avec joie la première occasion qui lui fut offerte.

On lui avait signalé, dans la rue Cassette, une étendue considérable de terrain, dont la vente se poursuivait par décret et qu'on pouvait acheter à un prix raisonnable. Le quartier était l'un des plus mal famés de Paris ; mais loin de rebuter notre mère, cette circonstance n'avait fait qu'exciter son zèle, et l'acquisition fut décidée. « Ne convient-il pas, dit-elle en cette occasion, que la grâce surabonde où le péché a abondé, et que les réparations expient les abominations commises en ce lieu? »

Lorsqu'elle fut arrivée à l'endroit où plus tard devait être l'église, elle s'arrêta ; et sentant un délicieux parfum s'exhaler de ce lieu : « Seigneur, s'écria-t-elle, au grand étonnement des dames qui l'accompagnaient, Seigneur, qu'il fait bon ici! Ce sera la place de notre église et de nos adorations. » Il convient de remarquer que ceci se passa avant que l'architecte n'eût vu la disposition qu'il conviendrait de donner au monastère. Lorsqu'il fit son plan, il ignorait ce que nous venons de raconter, et il plaça l'église précisément à l'endroit désigné par notre vénérable mère.

Plusieurs voulaient qu'on fît d'abord le logement des religieuses et qu'on remît à plus tard la construction de l'église : la comtesse partageait cet avis ; mais notre mère s'y opposa de toutes ses forces. « A Dieu ne plaise, s'écria-t-elle, qu'on loge les servantes avant le Maître ! il faut commencer par l'église ; ensuite, s'il n'y a pas assez d'argent, nous nous logerons comme les anciens ermites, dans des petites cases que nous construirons nous-mêmes dans notre clôture, ou dans une maison simple où il n'y ait que le strict nécessaire et rien qui sente le superflu. » Les fondatrices accédèrent à ces pieux désirs. Le devis du futur monastère fut accepté le 6 avril

1658, pour la somme de trente-neuf mille livres. On promit d'avancer d'abord mille écus et de donner cinq mille livres chaque mois jusqu'à la fin du paiement, à condition que tous les bâtiments seraient achevés dans dix mois.

Après ces arrangements, on songea à faire choix de quelqu'un pour poser la première pierre. L'honneur en revenait tout naturellement à la reine, en sa qualité de fondatrice. La mère Mechtilde du Saint-Sacrement lui en fit la demande par l'entremise de Mme la comtesse de Brienne. Celle-ci lui répondit que sa Majesté devant partir incessamment pour Fontainebleau, se voyait, bien à regret, obligée de renoncer à l'honneur qu'on voulait lui faire ; mais, qu'en amie, elle conseillait de prendre le prince de Conti pour la remplacer. « Sa haute piété, ajoutait-elle, fait espérer que vous trouverez en lui tout l'appui dont vous pourrez avoir besoin. » Effectivement, depuis sa conversion (1655), ce prince donnait l'exemple de la plus haute vertu et de la plus vive charité. Il eût volontiers accédé à la demande qui lui était adressée ; mais un ordre du roi l'obligea à se rendre à son gouvernement du Languedoc.

L'intention de notre vénérable mère avait toujours été de charger trois pauvres de cette honorable cérémonie ; et, quand elle s'était adressée à la reine, elle n'avait fait que céder aux convenances et aux conseils de ses amis. Libre désormais, elle communiqua sa pensée au comte de Châteauvieux. « Ah ! puisqu'il en est ainsi, dit-il en riant, je demande la préférence. Je représenterai saint Joseph ; Mme de Châteauvieux tiendra la place de la sainte Vierge ; et mon petit-fils de la Vieuville, celle de l'Enfant Jésus. » Ainsi fut-il fait. Le jour de l'Ascension 1658, devant une nombreuse assemblée d'ecclésiastiques et de personnes de distinction, le vertueux comte mit une pierre à la grande porte de l'église, au nom de saint Joseph ; la comtesse une autre à l'endroit où commence la clôture du monastère, au nom de la très-sainte Vierge ; et leur petit-fils qui n'avait encore qu'un an, une troisième au nom du saint Enfant Jésus, à la chapélle de sa sainte Mère. Ce fut l'abbé Mélian, depuis évêque d'Alet, qui officia.

En souvenir de cette cérémonie, la comtesse de Châteauvieux promit de donner tous les samedis, et pendant toute l'octave de l'Ascension, une aumône à trois pauvres. Elle rendit depuis cette aumône perpétuelle, par une fondation particulière.

Les travaux avancèrent avec rapidité ; mais on ne tarda pas à s'apercevoir combien les engagements que l'on avait pris étaient onéreux ; et l'argent fut bientôt épuisé. On ne recevait plus rien ; on ne trouvait même pas à emprunter ; les ouvriers, n'étant plus payés, allaient abandonner l'ouvrage, quand le comte, qui prenait au sérieux son titre de représentant de saint Joseph, alla de lui-même, aussitôt qu'il fut informé de cet état de choses, trouver la mère Mechtilde, et lui offrit son crédit et sa bourse. Il lui prêta immédiatement vingt-cinq mille livres sans intérêt ; et, grâce à cet acte de générosité, les travaux furent repris avec activité.

Le bâtiment était déjà couvert, et tous les amis de la mère Mechtilde du Saint-Sacrement se réjouissaient

de la prochaine entrée des religieuses dans le nouveau monastère, quand la vénérable prieure reçut de la mère Benoîte de la Passion, toujours à Rambervillers, les lignes suivantes : « J'ai une joie particulière d'appren-
« dre la charité que vous exercez envers les âmes du
« purgatoire, et je ne puis m'empêcher de vous dire
« que, quelques jours avant la Toussaint, je fis un songe
« qui me toucha beaucoup à mon réveil. Je vis donc
« un grand nombre d'âmes de ma connaissance qui
« étaient dans les flammes depuis longtemps, et pleu-
« raient, plongées qu'elles étaient dans les tourments.
« Comme je leur compatissais, elles me témoignèrent
« avoir reçu bien du soulagement de votre maison de
« Paris. Elles me dirent qu'elles y allaient en diligence
« pour vous rendre un service considérable, parce que
« votre nouveau bâtiment menaçait une ruine pro-
« chaine, et qu'elles s'y intéressaient avec bien de l'ar-
« deur. En vérité, ces âmes sont bien remplies de cha-
« rité. »

La mère Mechtilde du Saint-Sacrement avertit promptement l'architecte ; il visita le bâtiment et s'aperçut qu'une des grandes murailles s'était affaissée. Étant descendu dans les carrières, il reconnut avec effroi qu'elles avaient fléchi et qu'il ne restait plus d'appui aux fondations : il fallait se hâter de les reprendre en sous-œuvre, et faire des piliers sous les murs, travail des plus périlleux. Mais la même main qui avait soutenu jusqu'alors l'édifice, le soutint encore jusqu'à ce que l'ouvrage fût terminé, et préserva les ouvriers de tout accident. Malgré le retard causé par cet événement imprévu, tout fut prêt pour le temps où l'architecte l'avait promis ; et notre vénérable mère reconnut par un grand nombre de messes et de prières, les bons offices que les charitables âmes du purgatoire lui avaient rendus.

Dans l'intention de la mère Mechtilde, la demeure des Filles du Saint-Sacrement devait être commode et spacieuse, mais bâtie d'une façon commune et qui ne sentît point la grandeur. L'église seule fut très soignée ; le maître-autel se faisait remarquer par l'élégance de son architecture et la richesse de son retable. Dans des châsses très riches, placées près du tabernacle, étaient renfermées de nombreuses reliques ; de chaque côté de l'autel reposaient quatre corps saints tout entiers : une odeur de sacrifice, de martyre et de mort, s'exhalait, pour ainsi dire, de ce sanctuaire où tous les jours Jésus devait immoler sa chair sacrée sur des débris d'ossements; recevoir les adorations et les réparations de ses victimes ; et leur demander de détruire en elles le vieil homme, le corps de péché, *ut destruatur corpus peccati*, pendant que, sur l'autel, il détruirait son être sacramentel.

La mère Mechtilde du Saint-Sacrement et sa communauté se transportèrent sans bruit et sans éclat au nouveau monastère, le jour de saint Benoît, 21 mars 1659 ; et le jour de l'Annonciation, 25 du même mois, Mgr de Maupas, évêque du Puy, fit avec solennité la bénédiction de l'église et des lieux réguliers.

Pendant la cérémonie qui fut d'une magnificence extraordinaire, notre vénérée mère vit la très-sainte

Vierge offrant à son adorable Fils la nouvelle église que Jésus reçut d'un air favorable : mais en même temps, ce divin Sauveur jeta sur l'humble prieure un regard sévère qui la terrassa et la pénétra d'une telle douleur que, pendant plus de huit jours, elle ne pouvait retenir ses larmes lorsqu'elle était à l'oraison. Elle comprit bientôt que Notre-Seigneur avait ainsi voulu lui faire connaître que, plus que jamais, sa qualité de victime devait la tenir à toute heure immolée sous le couteau de la divine justice.

Presque immédiatement, Mme la comtesse de Châteauvieux tomba dangereusement malade par suite des fatigues que lui avaient causées la construction et l'ameublement du nouveau monastère. Quelques semaines plus tard, Dieu rappelait à Lui M. de Bernières, que notre vénérable mère aimait comme un frère et vénérait comme un saint. Pendant une année entière elle eut à soutenir une longue procédure contre les révérends pères Cordeliers qui n'avaient jamais voulu donner leur consentement à sa translation dans l'ordre de saint Benoît. Aussitôt que l'Institut fut établi, ils la revendiquèrent pour une de leurs filles, afin de faire rejaillir sur leur ordre la gloire dont était entouré le nouveau monastère. Leurs amis répétaient partout que le changement d'ordre de la fondatrice n'avait pas été canonique; que les actes faits par elle étaient irréguliers et sans valeur; que les professions qu'elle avait reçues, soit à Caen, soit à Paris, étaient invalides; que son monastère était la propriété des Annonciades; que toutes les donations acceptées et les contrats passés étaient nuls de plein droit, etc.... Notre digne mère appréciait à leur juste valeur ces vaines accusations. Cependant elle résolut de s'adresser au Souverain Pontife ; et au mois de juin 1659, elle chargea le F. Luc de Bray, religieux pénitent de saint François, alors à Rome, de solliciter un rescrit pour obtenir tout à la fois la confirmation de son changement d'ordre, et l'approbation de tout ce qu'elle avait fait pour l'établissement de l'Institut.

La supplique fut communiquée aux cardinaux de la Congrégation des Réguliers, avec les mémoires dressés par la mère Mechtilde du Saint-Sacrement et par les pères Cordeliers, les lettres de M. Caillier, vicaire général du diocèse de Toul ; et les certificats de dom Arsène, abbé de Saint-Airy de Verdun et président de la Congrégation de Saint-Vanne et de Saint-Hydulphe, de dom Pierre des Crochets, prieur du monastère de Saint-Clément à Metz, et de dom Henri Hennezon, prieur du monastère de Saint-Evre-lez-Toul. Après un mûr examen, la Congrégation donna des conclusions très favorables; et le pape Alexandre VII accorda, par un bref du 20 septembre 1660, les approbations demandées. Après avoir loué la vertu éminente de la mère Mechtilde du Saint-Sacrement, son ardent désir de tendre à la perfection, sa prudence en consultant dans les affaires difficiles des hommes recommandables par leur piété, leur doctrine et leur expérience ; après des éloges accordés à la manière dont elle a rempli tous les emplois de son monastère, et des louanges données à sa glorieuse entreprise pour l'adoration du Saint-Sacrement, le Souverain Pontife approuve et confirme, autant que besoin en est, aussi bien sa translation dans l'ordre de saint Benoît, translation qu'elle n'a faite qu'avec la légitime approbation de ses supérieurs, que tout ce qu'elle a fait depuis pour l'établissement de son Institut. Ce fut le premier pas vers une confirmation régulière qui devait être donnée vingt ans plus tard. Des lettres patentes du roi (26 juin 1662) autorisèrent la publication du bref, et le père provincial des Cordeliers, à qui le bref et les lettres patentes durent être signifiés par acte authentique, donna enfin son agrément et loua le zèle, la piété, la vertu, la vie exemplaire de la vénérable fondatrice. Ainsi, par un dessein particulier de la divine Providence, ce qui aurait dû renverser l'Institut ne servit qu'à en affermir les fondements.

CHAPITRE XXIV

COMMENCEMENTS DE LA CONGRÉGATION.

1661-1663

Si l'on veut se rappeler les circonstances qui accompagnèrent la fondation de l'Institut, il faudra nécessairement reconnaître que ce fut l'œuvre de Dieu.

C'est au milieu des troubles de la guerre civile qu'une faible femme, chassée de sa patrie, établit l'œuvre si belle de l'Adoration perpétuelle, que la richesse et la puissance avaient à diverses reprises vainement essayé de fonder. Mille obstacles se dressent devant l'humble religieuse et s'opposent à son glorieux dessein : elle est pauvre, sans crédit, sans connaissances, sans appui ; et la charité est épuisée par le grand nombre de malheureux qu'il faut secourir. Les rois très chrétiens ont promulgué des ordonnances qui défendent à toutes les communautés du royaume d'établir de nouveaux monastères ; et, en faveur d'une étrangère, ils se relâchent de la sévérité de leurs lois. Les parlements refusent l'enregistrement des lettres royales ; il faut triompher de mille oppositions et se soumettre à un ensemble de formalités faites pour décourager la constance la mieux affermie. Les supérieurs ecclésiastiques eux-mêmes n'épargnent pas ces mesquines contradictions, dont sainte Thérèse eut plus d'une fois à se plaindre dans la fondation de ses monastères : au lieu de se servir de leur autorité pour protéger une grande œuvre, ils accusent la vénérable fondatrice de témérité et d'imprudence ; sa confiance n'est que crédulité ; fonder des maisons sans revenus, c'est, à leur point de vue, élever un édifice sans fondement et se mettre en opposition avec Notre-Seigneur lui-même. Le monde et l'enfer se réunissent et accumulent les railleries, les censures, les calomnies : les uns accusent notre vénérable mère de singularité, de présomption, et lui reprochent de vouloir enchérir sur la règle d'ailleurs si parfaite et si austère de saint Benoît : les autres la traitent de visionnaire et d'illuminée ; la blâment de vouloir faire, de sa dévotion particulière, une pratique et un ordre dans l'Église. Cette corde passée autour du cou, et avec laquelle la digne Institutrice veut que ses victimes fassent amende honorable, paraît à ceux-ci une nouveauté ridicule ; cette cloche qui, à toutes les heures du jour et de la nuit, appelle les adoratrices au pied du tabernacle et invite les fidèles à s'unir à leurs adorations, semble à ceux-là une incommodité odieuse et insupportable. Et c'est parmi toutes ces contradictions, ces attaques, ces longues et incessantes oppositions, que l'œuvre de l'Adoration perpétuelle s'établit. Telle est la conduite ordinaire de la Providence quand elle veut que son action apparaisse plus visiblement : ses ennemis même doivent reconnaître que le doigt de Dieu est là.

Mais ce n'était pas assez d'avoir fondé cette œuvre, il fallait en assurer l'existence ; et on ne le pouvait qu'en lui donnant plus d'étendue.

Le meilleur moyen d'affermir l'Institut naissant, était évidemment de fonder d'autres maisons que l'on relierait entre elles, ou d'agréger à celle de Paris des couvents déjà existants. La mère Mechtilde du Saint-Sacrement l'avait compris ; et dès le principe elle avait eu la pensée d'une congrégation : puis, s'abandonnant aux soins de la Providence, elle s'était contentée de s'offrir à Dieu pour servir d'instrument à ce pieux dessein, s'il en voulait la réalisation.

Dès que Mme de Châteauvieux eut connaissance du projet de notre vénérable mère, elle offrit immédiatement, pour la fondation d'un nouveau monastère, la somme de douze mille livres.

Dieu bénissait la communauté naissante ; l'allégresse et l'espérance étaient dans tous les cœurs, quand un événement imprévu vint jeter l'alarme parmi les membres et les amis de l'Institut. Depuis longtemps, la santé de la vénérable prieure était chancelante. De longs et pénibles voyages, des travaux incessants, une extrême misère et des austérités excessives avaient peu à peu ruiné sa robuste constitution. Une seule chose la soutenait et voilait son état aux yeux les plus clairvoyants, c'était son zèle pour la gloire de Dieu et pour le développement d'une œuvre chère au cœur de Jésus. Consumée par la fièvre, tourmentée par des douleurs aiguës, épuisée par le jeûne, accablée d'affaires innombrables et de consultations nombreuses, forcée d'entretenir une correspondance étendue, elle était cependant la première à tous les offices de la communauté et elle remplaçait encore les religieuses qui ne pouvaient, par suite d'empêchements légitimes, faire leur heure d'adoration. Mais enfin le mal dépassa son courage, et elle tomba si gravement malade que l'on désespéra immédiatement de sa vie.

La comtesse de Châteauvieux, au retour d'un pèlerinage à Notre-Dame de Liesse, trouva sa bien-aimée directrice dans un état tout à fait alarmant. Les médecins les plus habiles avaient en vain prodigué les plus puissants remèdes : par complaisance pour ses chères filles, notre mère s'était résignée à tout accepter ; mais, hélas ! les remèdes n'avaient fait que développer et accroître ses douleurs. L'hydropisie, signe avant-coureur d'une prochaine catastrophe, s'était déclarée aux jambes. La comtesse, éperdue, courut chez le président Gobelin qui, disait-on, guérissait tous les maux. Ce praticien célèbre trouva en effet notre mère dans un état très dangereux ; toutefois, il promit de la soulager, si elle voulait s'en rapporter à lui.

La mère Mechtilde était si accablée, lors de la visite du président, qu'elle n'avait rien entendu. Aussitôt après son départ, Mme de Châteauvieux s'approcha du lit de sa vénérable amie et la supplia de se soumettre aux ordonnances du savant médecin. Notre mère lui répondit doucement : « Ma chère fille, je ne suis pas à moi, c'est à la communauté d'en disposer. » — « Elle m'a chargée de vous demander votre sentiment », répliqua aussitôt la comtesse. — « Eh bien ! dit la malade après avoir consulté Dieu par une courte oraison, puisque cela est ainsi, si elle voulait me permettre de faire une petite retraite avant que de commencer, elle me ferait un plaisir singulier. Mon âme en a besoin pour reprendre une vie nouvelle, et se disposer à la mort. Ou je me trouverai mieux pendant ma retraite ; et, en ce cas, les remèdes me deviendront inutiles ; ou je resterai dans le même état ; et après dix jours d'exercices, il sera temps également de prendre des remèdes ; si je deviens plus malade, je promets de quitter ma retraite pour les commencer. »

On la croyait absolument hors d'état d'entreprendre ce qu'elle souhaitait ; cependant on souscrivit à ses désirs. Le lendemain, jour de la Présentation, elle commença sa retraite. En la voyant ainsi s'enfermer dans sa cellule, on pouvait croire, selon toute prévision humaine, qu'elle entrait dans un tombeau : — elle montait au Thabor! Durant toute sa retraite, elle vécut dans la plus complète solitude et n'eut de communication qu'avec son directeur. Chaque jour une sœur converse déposait une portion à la porte de sa chambre, et se retirait silencieusement. Mais la vénérable Institutrice ne s'était ainsi fermé toutes les issues qui regardaient la terre, que pour s'ouvrir plus larges celles qui donnaient accès au ciel ; elle n'avait rompu toute relation avec les créatures, que pour multiplier ses rapports avec Dieu et les rendre plus purs et plus efficaces. La cellule qu'elle habitait avait vue sur le chœur de la chapelle. Durant six semaines, tous les jours et pour ainsi dire à chaque instant du jour, notre mère se tint là, regardant Jésus présent dans son divin Sacrement ; exposée aux rayons du soleil eucharistique, elle aspirait cette lumière divine qui éclairait sa foi et enflammait son amour. Nul ne saurait dire les grâces qu'elle reçut en ces jours bénis, et les faveurs singulières dont elle fut honorée.

Cependant, il ne faut pas l'oublier, Dieu avait appelé la mère Mechtilde à l'état sublime de victime, non-seulement pour assurer sa propre sanctification, mais encore pour travailler à la perfection des religieuses engagées sous sa conduite. Ce dessein providentiel ne permit pas de laisser tomber dans l'oubli les saintes instructions que le ciel lui avait données. Moïse, sur la montagne, avait reçu immédiatement de Dieu la loi des victimes et des holocaustes : notre vénérable mère, moins favorisée sans doute que le législateur ancien, mais assistée cependant d'une grâce spéciale, rédigea, sous le regard de Jésus au tabernacle, le code sacré qui détermine et prescrit, dans tous ses détails, le sacrifice spirituel des Filles du Saint-Sacrement. De temps en temps, suivant les besoins de la communauté, quelques feuilles de ce pieux travail étaient communiquées aux religieuses. Ces feuilles éparses ont été depuis réunies et imprimées sous ce titre significatif : *Véritable esprit des religieuses adoratrices perpétuelles du très-saint Sacrement*, ou *Dispositions et pratiques pour les Filles du Saint-Sacrement*.

Notre vénérable mère n'était entrée en retraite que pour dix jours ; mais au bout de ces dix jours, elle en obtint dix autres, et dix autres encore, et ainsi de suite jusqu'à la fête des Rois. Elle fut alors, à son grand regret, obligée d'interrompre sa chère retraite pour s'occuper de diverses affaires ; toutefois elle la reprit presque aussitôt et ne la termina qu'à la Purification. Elle en sortit toute transformée par la solitude qui semblait être son air natal. Lorsqu'elle rentra dans la communauté, elle avait acquis, sans l'usage d'aucun remède, une vigueur qui la rendait plus capable que jamais de remplir ses devoirs de supérieure et de travailler à l'affermissement et à l'extension de l'Institut. Dieu lui envoya pour continuer son œuvre un coopérateur aussi actif qu'intelligent et pieux.

Dom Ignace Philibert avait succédé à dom Roussel comme prieur de Saint-Germain ; et, en cette qualité, il était devenu supérieur des Filles du Saint-Sacrement. Un des premiers actes de sa supériorité fut la visite de leur monastère. Il la fit avec cette exactitude que les saints mettent à tout ce qu'ils entreprennent. « Ce fut pour lui un charme de voir le bon ordre qui régnait dans toute cette fervente communauté, tant pour l'intérieur des religieuses, leur régularité, leur union, leur amour de la pénitence et de la retraite; que pour toutes les pratiques extérieures, l'assiduité à l'adoration, la beauté de la psalmodie et du chant, la propreté des ornements, l'exactitude des cérémonies. » Il voulut connaître à fond l'Institut : plus il l'approfondit, plus il en comprit l'excellence et la sainteté.

Ensuite il s'appliqua à pénétrer jusqu'au plus intime l'âme de la mère Mechtilde du Saint-Sacrement; et il conçut pour elle une estime et une vénération qui s'accrurent à mesure qu'il la connut davantage. Ce sage et vigilant supérieur conçut aussitôt le désir d'affermir l'œuvre dont elle était l'âme aussi bien que la fondatrice; et après avoir longtemps prié le Seigneur, il vint faire part à notre mère de ce que lui avait suggéré l'esprit de Dieu : c'était précisément le projet qu'elle-même nourrissait depuis deux ans. Cependant comme les saints se défient toujours de leurs propres lumières : dom Philibert et la mère Mechtilde crurent ne devoir rien faire avant d'avoir pris l'avis de plusieurs serviteurs de Dieu. Dom Audebert, général de la congrégation de Saint-Maur; dom Brachet, son assistant; le père général des religieux réformés de Citeaux; et neuf autres saints personnages furent consultés. Tous, d'un commun accord, approuvèrent le plan qui leur était soumis, et décidèrent que la mère Mechtilde du Saint-Sacrement serait chargée de dresser les statuts de la nouvelle congrégation, sous la direction de dom Philibert. Son humilité s'en alarma ; mais en vain elle allégua plusieurs raisons pour s'en dispenser : il fallut céder. Toutefois elle voulut, dit un de ses contemporains, « bonne comme elle était à sa communauté, ne rien faire que de son aveu ». Elle rédigea un mémoire dans lequel elle exposait en toute sincérité à ses religieuses ce que le Seigneur voulait d'elle, l'ordre qui lui était donné, la gloire qui en reviendrait à Dieu, et l'affermissement de l'Institut qui en résulterait. Portant plus loin encore sa délicatesse, elle leur fit examiner ce mémoire, s'abstenant de se trouver à l'assemblée afin de leur laisser une plus grande liberté d'exposer leur sentiment. Aussitôt que ses chères filles en eurent fait la lecture, elles bénirent Dieu du pieux projet qu'il avait inspiré à leur mère, et y consentirent à l'unanimité.

L'archevêque d'Arles et les évêques de Rennes et de Grenoble furent les premiers qui demandèrent à la vénérable mère des sujets pour leurs diocèses. Mais c'était bien loin de Paris ; la distance entre les maisons eût été grande et les relation difficiles. Il ne parut pas prudent à notre mère d'accepter des établissements si éloignés. D'ailleurs on lui en proposait d'autres plus rapprochés et qui ne présentaient pas les mêmes inconvénients. Un pieux gentilhomme de Rouen lui avait fait les offres les plus avantageuses pour la fondation d'un monastère dans cette ville. Les sœurs de Saint-Joseph de Châlons avaient quelque désir d'embrasser l'Institut. Des demandes très instantes arrivaient de la ville de Saint-Dié; et la mère Mechtilde souhaitait ardemment affilier Rambervillers, où elle aurait trouvé des sujets pour Châlons et Saint-Dié.

Des lettres patentes pour la fondation de Rouen avaient été obtenues; elles allaient être enregistrées; et l'archevêque donna toutes les permissions nécessaires, en des termes qui prouvaient sa bienveillance et sa satisfaction. Mais on se heurta contre l'obstacle qu'on devait le moins craindre : la comtesse s'y opposa, et elle était fondatrice. Quelles pouvaient être ses raisons ? on ne les a jamais sues. Mais Dieu avait ses desseins : il voulait que toutes les fondations de la vénérable Institutrice lui coûtassent des soucis, des peines, des travaux; et celle de Rouen ne lui en offrait point. Le désir de notre vénérable mère eût été de trouver des communautés déjà formées, disposées à embrasser l'Institut : telle était aussi la pensée du R. P. prieur de Saint-Germain. Il voulut, en conséquence, qu'elle tentât un essai à Châlons : elle le fit uniquement par obéissance, car Dieu lui disait au cœur qu'elle ne réussirait pas. Néanmoins elle partit au mois de mai 1663, avec la mère Bernardine de la Conception; et ne trouvant rien de ce qu'on lui avait fait espérer, notre mère alla jusqu'à Rambervillers. C'eût été pour elle une grande joie d'associer à son œuvre ses sœurs bien-aimées; mais elle rencontra, de la part de quelques anciennes religieuses, des contradictions que sa douceur et son humilité ne cherchèrent point à vaincre. Elle eut au moins la consolation d'obtenir, pour celles qui le désireraient, l'autorisation de suivre les exercices de l'Institut, et la promesse qu'on lui fournirait des sujets pour la fondation de Saint-Dié.

Depuis plusieurs années, la mère Mechtilde du Saint-Sacrement désirait y établir une maison consacrée à l'adoration perpétuelle. En 1659, elle écrivait à un pieux serviteur de Dieu : « J'ai passion de faire honorer dans le lieu de ma naissance le très-saint Sacrement qui y a été bien profané ; toute la ville m'en prie et me presse ardemment. » En 1662, elle obtint du duc de Lorraine des lettres patentes qui autorisaient la fondation d'un monastère, mais à des conditions aussi onéreuses pour l'Institut qu'avantageuses pour la ville de Saint-Dié. Notre mère s'engageait « à fournir tous les fonds requis pour la construction, l'ameublement et la dotation du couvent, à enseigner gratuitement et à perpétuité les enfants et les jeunes filles qu'on enverrait à leur école ; à avoir les deux tiers des religieuses originaires de la Lorraine ; à adorer perpétuellement le très-saint Sacrement de l'autel, etc. » Le chapitre s'opposa à l'entérinement des lettres patentes, et l'affaire dut être portée à la cour de Lorraine et Barrois qui siégeait alors à Saint-Nicolas.

M. de Vienville, neveu par alliance de la mère Mechtilde, défendit chaudement les intérêts du futur monastère ; le mayeur de Saint-Dié défendit ceux de la ville et des bourgeois ; et il ne fut pas fait droit aux réclamations du chapitre. Le duc Charles enjoignit alors, par des lettres du 26 avril 1663, « de passer à l'exécution de tout ce qu'il avait ordonné ; et ce, nonobstant toutes oppositions, voulant que les présentes servent de première, seconde et dernière jussion. » La mère Bernardine de la Conception fut envoyée avec la mère Scholastique de la Croix et quatre autres religieuses de Rambervillers, pour commencer la nouvelle fondation. Le colonel l'Huillier les accueillit avec honneur et leur concilia promptement l'estime et l'affection de ses concitoyens qui leur envoyèrent de nombreuses élèves. Mais au bout de quelques mois, Dieu rappela à lui le colonel qui, depuis plusieurs années, s'adonnait avec beaucoup d'ardeur à la piété et aux bonnes œuvres. Il mourut de la mort des justes ; et sa vertueuse épouse le suivit de près dans la tombe.

Le chapitre eut alors recours à l'intimidation et aux menaces ; et M. de Vienville dut intervenir, comme prévôt, pour faire réprimer « des contraventions qui blessaient notablement le public. » La mère Mechtilde du Saint-Sacrement ne crut pas devoir exposer plus longtemps ses filles à de continuelles tracasseries ; et malgré les vives instances de M. de Vienville, jointes à celles de vingt autres notables de Saint-Dié, « qui ne voulaient point perdre le fruit de la victoire après une si longue patience », elle rappela ses religieuses.

Les projets de fondation échouaient l'un après l'autre ; les fatigues et les travaux que s'était imposés la vénérable Institutrice restaient sans succès. Elle se demanda alors si elle n'avait pas trop négligé les moyens humains, et si elle n'aurait pas dû avoir plus souvent recours à la protection de la reine-mère. Un soir, après complies, elle s'occupait de ces pensées devant Dieu, lorsqu'elle est tout à coup ravie en extase. Elle voit Notre-Seigneur au Saint-Sacrement, revêtu des plus riches insignes de la royauté, siégeant avec majesté sur un trône resplendissant. La gloire de son visage fait pâlir la clarté qui l'environne. A l'autorité d'un roi, il joint la bonté d'un père. Autour de son trône, se pressent les filles de son Sacrement d'amour, comme des brebis autour du pasteur qui les aime et les caresse; une chaîne, formant un cercle, les enlace et les serre tout près de Lui. Au-delà de ce cercle, un autre plus grand enferme tout le monastère et lui sert de rempart et de clôture. La vénérable mère fixait, émerveillée, cette mystérieuse vision, lorsque le Seigneur Jésus, de sa voix douce et forte, fait entendre ces consolantes paroles : « Je suis le Roi des Filles du Saint-Sacrement et ma Mère en est la Reine. » — C'est la réponse aux perplexités de notre mère : elle a tout compris ; et, plus que jamais, elle s'abandonnera à Jésus son Roi, à Marie sa Reine.

CHAPITRE XXV

FONDATION DU MONASTÈRE DE TOUL.

1663-1665

Le 8 décembre 1663, la mère Mechtilde du Saint-Sacrement étant en oraison, se sentit fortement portée à établir une maison de l'Institut à Toul, en Lorraine. La sainte Mère de Dieu, de qui venait cette inspiration, lui fit connaître que son divin Fils et elle voulaient que l'on rendît, dans le nouveau monastère, des honneurs particuliers à sa Maternité divine et à son immaculée Conception. Elle ajouta que les religieuses de cette maison devaient méditer souvent sur l'intérieur de Jésus et de Marie, et s'efforcer d'acquérir les saintes dispositions de Notre-Seigneur au très-saint Sacrement.

Après avoir longtemps réfléchi devant Dieu sur cette importante entreprise, notre vénérée mère consulta ses supérieurs ; et, l'autorisation obtenue, elle en fit part à Mme de Châteauvieux. La pieuse comtesse accueillit le projet de cette fondation avec autant d'empressement qu'elle avait témoigné de répugnance pour celle de Rouen.

La vénérable fondatrice s'adressa alors à Mgr du Saussay, évêque de Toul, qui avait été autrefois supérieur de Saint-Maur-des-Fossés. Ce prélat, également connu par sa grande piété et ses savants ouvrages, acquiesça avec joie, et presque avec reconnaissance, à la proposition qui lui était faite, et se chargea d'obtenir le consentement de la ville : ce consentement fut envoyé au mois de mars 1664.

Il fallait des lettres patentes. L'occasion de les solliciter s'offrit tout naturellement à notre mère. La reine étant venue, un jeudi de carême, assister au sermon et au salut dans l'église du monastère de la rue Cassette, fit à son ordinaire mille offres de service à la digne supérieure. Celle-ci se hâta de lui adresser sa demande. La pieuse princesse promit d'en parler à son auguste fils ; et, quinze jours après, elle revint elle-même annoncer à notre mère que le roi avait signé les lettres de la meilleure grâce du monde.

Tout allait donc à souhait, quand soudain les choses changèrent de face. Le démon qui devinait le bien qu'allait produire le nouveau monastère, avait sourdement, mais non sans succès, travaillé contre sa fondation. Au moment même où l'évêque de Toul pressait la mère Mechtilde du Saint-Sacrement de venir avec ses religieuses, la ville révoqua son consentement, sous prétexte que Toul étant une ville de guerre, il était nuisible aux intérêts du royaume d'y multiplier les couvents. Quelque frivole que fût ce motif, on sut le colorer de telle sorte aux yeux du roi qu'il retira ses lettres patentes. Ce retrait fournit à toutes les personnes hostiles à la vénérable fondatrice, l'occasion de renouveler contre elle leurs calomnies ; et, pendant quelques semaines, ce fut une véritable tempête.

Notre très patiente mère n'opposa à la violence de l'orage que le silence et la prière. Elle savait qu'en tout ce qui intéresse le bien de la religion, Dieu, jaloux de se réserver à Lui seul la gloire du succès, laisse naître toutes sortes d'obstacles et permet qu'ils s'accumulent ; mais quand les difficultés paraissent insurmontables, quand toutes les ressources humaines sont épuisées, il se montre, et d'un souffle renverse ses adversaires. Assurée de la volonté divine, notre mère attendit avec calme et résignation qu'elle se manifestât.

La reine, instruite de ce qui s'était passé, engagea la mère Mechtilde à abandonner son projet ; mais Dieu qui tient entre ses mains le cœur des grands, ne tarda point à changer les dispositions d'Anne d'Autriche, et lui inspira même de recommander au roi l'établissement projeté. Elle profita de la fête du Saint-Sacrement pour insinuer adroitement au monarque, qu'une maison consacrée à l'adoration, loin de nuire à ses intérêts dans une ville frontière, attirerait sur ses armes les bénédictions du ciel. Louis XIV était alors dans toute la fougue de la jeunesse ; mais, l'histoire le prouve, si ses passions firent trop souvent sombrer ses mœurs, elles n'entamèrent jamais sa foi. Touché des raisons données par son auguste mère, il promit et signa bientôt de nouvelles lettres. Le chancelier Séguier les scella ; et sa vertueuse épouse se fit un honneur et une fête de les porter à la mère Mechtilde du Saint-Sacrement qui les reçut avec joie et reconnaissance, et se prépara aussitôt à partir avec quelques religieuses. La comtesse voulut l'accompagner.

Personne ne se doutait, hélas! des cruels déboires qu'on allait essuyer. Le temps pressait : le démon redoubla ses efforts. Il chercha à retenir la vénérable fondatrice à Paris, en lui suscitant, avant son départ, une infinité de traverses. Lorsqu'elle fut en route, il s'efforça, par de sinistres manœuvres, de la faire retourner sur ses pas. Une nuit, il lui apparut sous une forme monstrueuse et la tourmenta de telle sorte, qu'effrayée, elle appela une de ses religieuses pour la faire coucher dans sa chambre. Plusieurs fois, durant le voyage, elle dit à ses compagnes : « J'espère que cette petite maison donnera gloire au très-saint Sacrement ; mais les démons, soyez-en sûres, feront tout leur possible pour en empêcher l'effet. » Elle ne se trompait point.

Avant de quitter Paris, elle avait écrit à une personne de sa connaissance, la priant de lui chercher un logement convenable où elle pût se retirer à son arrivée : peu de jours après, on lui avait répondu que tout était préparé pour la recevoir. Elle avait alors écrit à la mère Bernardine de la Conception qui était à Rambervillers, de se rendre immédiatement à Toul avec deux religieuses. Ces humbles et pieuses filles y furent accueillies par des cris séditieux ; et quand la mère Mechtilde du Saint-Sacrement arriva, elle les trouva dans une pauvre auberge. On eût dit, en vérité, que ces anges de paix apportaient dans les plis de leurs robes la peste et la famine ; et l'arrivée de plusieurs régiments de troupes ennemies n'aurait pas jeté plus d'alarme au quartier. Dans cette situation, elles attendaient avec anxiété leur vénérable mère, espérant que sa présence mettrait fin aux démonstrations hostiles dont elles étaient l'objet.

Elle arriva le 24 septembre. Le 25, un sieur Thomas, huissier royal au bailliage de Toul, lui signifia ce qui suit : « A la requeste de M. Dominique Hénart, procureur du roy au bailliage et siége royal de Toul, soit signifié, déclaré et dûement fait sçavoir aux Dames religieuses Bénédictines du Saint-Sacrement, que, sur l'advis qui lui a esté donné qu'elles estoient venues en ceste ville pour s'y cloistrer et establir en vertu d'un ordre de sa Majesté, par elles subreptissement obtenu, en conséquence d'un prétendu consentement des eschevins de cette ditte ville, au nom de la bourgeoisie, sans aucune convocation ny assemblée des dicts bourgeois, ainsy qu'elle se debvoit néanmoins préalablement faire, conformément aux ordonnances et arrestés, et à ce qui s'est pratiqué de tout temps en matière de pareille importance, sans mesme que les officiers du dit bailliage et siége royal, qui sont les seules parties capables pour la conservation des intérêts de sa ditte Majesté et du public, y ayent estez ouys ny appellés; et d'autant que tel establissement ne peut être que très-préjudiciable au bien de son service, et à l'oppression du public, ainsy qu'il se fera cognoistre. Le dit sieur Procureur du Roy leur déclare qu'il s'y oppose formellement pour les moyens et raisons qu'il en déduira en temps et lieux. En outre mesure, qu'autant que besoin seroit, qu'il se porte pour appellant du dit consentement donné par les dits échevins au nom de la ditte ville et des dits bourgeois, protestant de relever incessamment le dit appel, pour faire déclarer le dit prétendu consentement nul et de nul effet ; avec deffances d'en plus donner à l'advenir, au nom de la dite ville, sans une convocation préalable des notables bourgeois d'icelle ; et en outre ainsy que de raison. — Hénart. »

C'était là, il faut l'avouer, un accueil peu encourageant; mais Dieu avait réservé à notre vénérable mère une compensation : le jour même, elle posait les premières assises de la nouvelle maison. Le soir, les demoiselles de la ville vinrent la féliciter. Elle les reçut avec ces manières aisées et engageantes qui lui étaient naturelles, et les charma toutes par l'onction et la grâce de sa parole. Avant de les quitter, elle les considéra avec tendresse les unes après les autres ; et, s'arrêtant devant l'une d'elles, elle dit agréablement en lui frappant légèrement sur l'épaule : « *Voici la mienne.* » Plusieurs sourires accueillirent cette parole, car Mlle Charbonnier à qui elle s'adressait, était alors recherchée en mariage par un de ses parents, dont les immenses richesses étaient le moindre mérite ; aussi fut-on quelque peu surpris de voir se réaliser la prédiction de la mère Mechtilde du Saint-Sacrement.

L'oncle de cette demoiselle, lieutenant général à Toul, se trouvait alors à Paris. Il connaissait notre mère ; et il était venu, avant son départ, lui offrir sa maison, en attendant qu'elle pût en acheter une pour fonder son monastère ; mais notre digne supérieure, comptant sur les précautions qu'elle avait prises, l'avait remercié. Dès que ce vertueux magistrat fut instruit de sa situation critique, il réitéra son invitation par l'entremise de sa pieuse nièce ; et ses instances déterminèrent la mère Mechtilde. Elle accepta d'autant plus facilement, que deux religieuses et trois postulantes venaient de lui arriver de Paris. Elles se transportèrent toutes dans la maison qui leur était offerte, le 30 septembre 1664. Mlle Charbonnier se mit dès lors sous la conduite de la mère Mechtilde. Cette bonne demoiselle disait plus tard que la vue de la vénérable mère avait produit sur son âme une impression qu'elle ne pouvait ni concevoir ni exprimer. Ce n'était pas seulement de l'estime, du respect, de la confiance; mais une douce et irrésistible inclination. Sans cesse elle avait les yeux fixés sur cet excellent modèle, dont elle devait être un jour la fidèle copie. La douceur angélique de notre mère, sa profonde humilité, sa paix inaltérable au milieu des plus injustes persécutions, la ravissaient d'admiration; mais ce qui la fascinait surtout, c'était sa grande pénétration. Mlle Charbonnier parlait peu, et avait beaucoup de difficulté à découvrir son intérieur : la perspicacité de sa sainte directrice lui épargnait de longues et pénibles explications.

La mère Mechtilde du Saint-Sacrement était à peine installée dans la maison du lieutenant général, qu'elle choisit une des salles les plus spacieuses pour la transformer en chapelle; puis elle demanda à l'évêque de Toul l'autorisation d'y faire célébrer la messe. Le prélat lui accorda cette faveur avec un empressement qui témoignait bien le vif intérêt qu'il portait à son œuvre. Il vint en personne bénir l'oratoire improvisé; il y célébra le saint sacrifice et donna la communion aux religieuses qui y assistaient un cierge à la main.

Cette pieuse cérémonie fut l'origine d'une persécution nouvelle et plus terrible encore que la précédente. La maison du lieutenant général se trouvait dans un quartier soumis à la juridiction du chapitre. Celui-ci, blessé dans ses priviléges, ne garda aucune mesure. Sans égard pour la dignité épiscopale, il signifia à la mère Mechtilde du Saint-Sacrement une défense expresse de faire célébrer la messe dans sa chapelle, nonobstant la permission qu'elle avait reçue. Des copies de cet acte, auxquelles était jointe l'interdiction à tout prêtre de dire la messe chez nos mères, furent affichées aux portes de toutes les églises. Toute la ville s'émut; et les ennemis de l'Institut, profitant de la fermentation des esprits, ameutèrent la multitude pour consommer sa ruine. Le gouverneur envoya signifier son opposition, jusqu'à ce qu'il eût informé la cour. Le procureur, irrité du peu de cas qu'on avait fait de sa protestation, jeta feu et flammes. Ce ne furent de sa part, pendant quelques jours, que menaces et procédures. Les bourgeois, excités par les meneurs, vociféraient dans les rues qu'il n'y avait déjà que trop de couvents à Toul; et que s'il s'en établissait un nouveau, ils y mettraient le feu. On refusait de vendre aux religieuses les choses les plus indispensables à la vie. Ces pauvres filles étaient si troublées du vacarme continuel qui se faisait sous les fenêtres de leur maison, qu'elles avaient peine à réciter leur office. Malgré son énergie, la comtesse voulait qu'on fît son paquet et qu'on délogeât. Le comte-évêque, plus indigné des persécutions dirigées contre l'Institut que de l'affront qu'il avait reçu, voulait intenter un procès au chapitre. Seule, la mère Mechtilde du Saint-Sacrement conservait, au milieu de l'agitation universelle, un calme inaltérable. Elle empêcha l'évêque d'exécuter son projet, et s'adressa elle-même aux chanoines. « ... Nous attendons nos conclusions de ces messieurs, écrivait-elle alors à la mère Anne du Saint-Sacrement. Après cela, nous chercherons une maison pour y mettre la clôture et dresser un autel au Seigneur, si néanmoins il tient le démon enchaîné ; car s'il le laisse faire, nous devons attendre encore de nouveaux orages. Je ne crains point : *Si Deus pro nobis, quis contra nos?* Si Dieu est pour nous, que peut contre Dieu tout l'enfer ? Je commence à voir que c'est par la souffrance et la douleur, qu'on fait les monastères de l'Institut : la joie d'y adorer le très-saint Sacrement nous dédommagera surabondamment de toutes nos peines, et une seule exposition essuiera tous nos déplaisirs. Bénissons Dieu en tout et partout ; ayons au cœur son amour, et en la bouche mille louanges, *quoniam bonus...* »

Le chapitre finit par se désister de ses prétentions ; mais le démon ne se découragea point, et il sembla s'incarner dans l'un des personnages les plus importants et les plus tracassiers de Toul, le procureur du roi. Cet homme, devenu véritablement un suppôt de l'enfer, avait appris que notre vénérable mère cherchait à louer une maison. A son instigation, on enleva les écriteaux de toutes les portes où il s'en trouvait. Un propriétaire, n'ayant pas eu le temps d'ôter le sien, demanda à nos mères quatre fois la valeur de sa maison ; et comme elles hésitaient, à cause de la nécessité où elles se trouvaient, il se moqua d'elles. La mère Mechtilde du Saint-Sacrement se trouvait heureuse de partager le sort de l'Homme-Dieu à Bethléem ; elle remerciait ce divin Sauveur qui l'associait ainsi à ses humiliations, et attendait avec une patiente résignation qui irritait chaque jour davantage son infatigable ennemi. « Oh ! qu'il faut souffrir, écrivait-elle alors, pour établir des maisons de l'Institut ! Je voudrais vous dire dans le détail toutes les tempêtes que le démon fait sans cesse ; je crois qu'il n'est pas un moment sans souffler aux oreilles de quelqu'un. Il n'y a point de jour qui n'ait sa croix nouvelle. L'intérêt seul est en règne, et la gloire de Dieu n'est point du tout, ou peu considérée. Notre-Seigneur veut faire voir que je suis trop pécheresse pour le faire honorer ; mais ma peine, c'est que les autres s'en ressentent ; et je voudrais tout engloutir pour que personne n'en souffrît. Ce serait ma consolation dans la douleur ; mais cela n'est rien, courage ! ... »

Comprenant que les petits moyens ne pourraient rien sur cette grande âme, le procureur s'adressa à M. de Lionne, secrétaire d'État, et remit en avant l'ancien prétexte de l'intérêt de la couronne. Il lui fut répondu d'une manière générale, qu'il ne fallait pas laisser les religieuses s'établir en un lieu nécessaire aux fortifications et à la défense de la ville. Ce n'était évidemment point ce que désirait le persécuteur ; et cependant le temps pressait. M. du Bareil, lieutenant du roi, s'était décidé à vendre à nos religieuses une de ses maisons, contiguë à celle qu'il habitait. Le procureur l'apprend ; s'adjoint un officier au bailliage, échevin cette année-là, accourt chez notre mère, et déclare que si l'on tente d'entrer dans la nouvelle maison malgré sa défense, il viendra lui-même arracher la croix et briser les cloches. Puis il va par la ville, raviver les haines contre la communauté naissante. Ces brutalités n'intimidèrent pas l'intrépide fondatrice, et furent impuissantes à altérer la sérénité de son âme : « Notre-Seigneur le veut ainsi, écrivait-elle alors à une de ses amies, il faut prendre patience... Je suis dans mon repos ordinaire, comme une stupide qui ne sait quasi ce que l'on fait ni ce que l'on dit ; et qui espère toujours que Notre-Seigneur fera son œuvre comme il lui plaira. »

Sa confiance ne fut pas vaine : la tempête touchait à sa fin. Dieu lui envoya un saint religieux de sa connaissance, l'abbé d'Estival, qui vit les hommes les plus influents de la ville, les disposa en faveur de l'Institut, et releva le courage des religieuses et celui de la comtesse. Celle-ci, mise en défiance par la méchanceté de ses ennemis, acheta la maison en son propre nom, afin d'y loger qui bon lui semblerait. Le contrat en fut passé le 4 novembre. Dès que l'acte fut signé, on fit, au mur qui séparait les deux maisons, une ouverture par laquelle les religieuses passèrent pour se rendre dans leur nouveau monastère sans que personne de la ville s'en doutât. L'abbé d'Estival leur fit chanter le *Te Deum* en actions de grâces ; et leur adressa, sur la protection dont la sainte Vierge les avait favorisées, quelques mots qui rassurèrent les plus craintives. Le lendemain, grand émoi dans la ville! Une nouvelle persécution s'organisait sous la direction de l'infatigable procureur ; mais des lettres de la reine à M. l'intendant et à M. du Bareil, prévinrent l'orage. La mère Mechtilde du Saint-Sacrement écrivait à la fin de novembre : « Nous sommes dans la maison de M. du Bareil ; en calme, Dieu merci ! Selon les apparences, on ne nous fera plus de tempête. Le démon qui a fait sa furie ici, n'y ayant plus rien à faire, s'en est retourné à Paris pour m'y tailler de l'ouvrage. Soyez toutes sur vos gardes... »

La vénérable fondatrice fit placer des images de Marie dans tous les lieux réguliers, priant cette auguste Mère d'en prendre possession au nom de son divin Fils. La veille de l'Immaculée Conception, l'évêque bénit toute la maison; et le jour même où Marie commença sa vie de nature et de grâce, la croix fut plantée et l'on sonna les cloches pour la première fois. La messe fut célébrée solennellement par Mgr de Toul; et l'adoration perpétuelle commença. La mère Mechtilde du Saint-Sacrement fit la première heure : la grille resta ouverte; le recueillement et la douce piété dont les traits de notre mère étaient empreints, touchèrent profondément les nombreux assistants qui se pressaient dans la chapelle. Par un de ces revirements si fréquents dans les foules, ou plutôt, par un effet de la grâce, dû aux prières de notre sainte mère, tous jouissaient avec allégresse du spectacle qui s'offrait à eux; tous bénissaient le moment qui les mettait en possession d'un tel trésor. La mère Mechtilde remerciait Dieu de cet heureux changement. « ... Vous auriez plaisir d'entendre parler ces bonnes gens, écrivait-elle ; ce ne sont plus que des louanges et des bénédictions. Véritablement si cela continue, nous aurons plus de témoignages de bonté de tous ces peuples, dans une heure, que nous n'avons reçu de calomnies et de mépris depuis que nous sommes dans cette ville. Dieu en soit éternellement béni ! »

L'estime pour nos mères s'accrut rapidement ; et se

manifesta par le désir qu'un grand nombre de demoiselles et de personnes pieuses témoignèrent de s'associer à l'Institut. Il fallut, pour contenter leur piété, que la mère Mechtilde du Saint-Sacrement dressât les règlements d'une confrérie. Elle s'y prêta avec une grâce parfaite, les présenta à Mgr de Toul qui les approuva, et en ordonna l'impression. Notre-Seigneur répandit de si abondantes bénédictions sur cette œuvre, qu'en très peu de temps plus de deux cents personnes se firent inscrire. L'adoration était vraiment perpétuelle. On voyait dans la chapelle de nos mères des fidèles de tout âge, de tout sexe et de toute condition, faisant amende honorable la corde au cou et le cierge à la main. La dévotion devint si grande dans la rue Michatel où était le monastère, qu'on disait proverbialement « que Dieu y étant logé en avait chassé le diable, lequel s'était réfugié en un autre quartier de la ville. »

Après un séjour de quatre mois à Toul, le monastère étant fondé, notre vénérable mère le laissa entre les mains de la mère Bernardine de la Conception et de la mère de saint Joseph ; et retourna à Paris avec la comtesse de Châteauvieux.

CHAPITRE XXVI

AGRÉGATION DU MONASTÈRE DE RAMBERVILLERS A L'INSTITUT.

1665 - 1666

Au mois de janvier 1665, avant de quitter Toul, la mère Mechtilde du Saint-Sacrement écrivait à la mère Benoîte de la Passion : « ... Je m'en retourne à Paris ; et, si je suivais mon sens, je dirais avec saint Paul : Je m'en vais à Jérusalem pour être liée et garrottée. Jésus, mon divin Maître, a dit de Lui-même : Nous montons en Jérusalem pour y être moqué, bafoué et crucifié. Je ne sais ce qu'il me prépare ; mais je sais bien que j'ai grand besoin du secours de sa grâce et de vos saintes prières pour l'obtenir... »

Pour une âme dévouée à Jésus, comme l'était celle de notre vénérée mère, il ne devait pas se rencontrer d'épreuve plus crucifiante que la vue de ce divin Sauveur méconnu dans le Sacrement de son amour, méprisé, insulté, foulé aux pieds ; et cependant ce spectacle désolant lui était réservé. Les lettres qu'elle écrivit à cette époque, sont remplies de lamentables récits : les profanations sacriléges se multiplièrent à ce point, qu'on pût croire à une conspiration infernale contre l'adorable Mystère de nos autels. Peu de temps après le retour de notre mère à Paris, un vol fut commis avec une audace inouïe près du monastère de la rue Cassette. « C*** vous dira de nos nouvelles, écrit notre mère le 10 avril, et comme nous sommes dans la douleur d'un accident arrivé cette nuit aux religieuses du Chasse-Midi, nos voisines; on a volé le saint ciboire et renversé les saintes hosties sur l'autel. J'en suis demeurée si transie que je n'en suis pas encore bien revenue.... »

La digne supérieure ne pouvait se contenter d'une douleur stérile. Une réparation était possible; elle la fit d'une manière éclatante. Écoutons-la raconter cette touchante cérémonie à la supérieure de Toul, la mère Bernardine de la Conception.

Paris, 11 avril 1665.

« Je ne puis vous faire qu'un petit mot aujourd'hui, ma très chère mère, ayant été toute la matinée occupée à un acte de réparation que nous avons été obligées de faire pour un accident funeste arrivé dans la nuit d'hier, en l'église des religieuses de la congrégation de Notre-Dame du Chasse-Midi. Entre une et deux heures après minuit, on déroba le saint ciboire et l'on jeta les saintes hosties sur l'autel; ce qui causa une sensible affliction à ces pauvres religieuses et à nous aussi. Or, comme la muraille entre elles et nous est tombée depuis quelques jours, nous avons cru que nous devions aller rendre hommage au très-saint Sacrement dans leur maison. C'est pourquoi nous y sommes toutes allées en procession ce matin après la messe basse. L'ordre y a été fort bien observé, et voici comment: celle qui portait la croix marchait la première avec les deux acolytes; toute la communauté suivait, deux à deux, chacune la corde au cou et la torche à la main.

Nous étions la dernière, portant sous une grande écharpe un saint ciboire sans hosties; à côté de nous, Mme la comtesse et M*** portant chacune un grand flambeau allumé et la corde au cou comme les autres; et nous de même, tenant ce sacré vase où le très-saint Sacrement devait être déposé. Les bonnes mères du Chasse-Midi, apercevant la sortie de notre procession, commencèrent à sonner les cloches; et en même temps elles se sont mises en ordre de procession, et sont venues à la rencontre pour nous recevoir. Comme nous approchions, elles se sont retirées de part et d'autre, se rangeant en haie pour nous laisser passer; et puis elles se sont jointes à notre procession. Entrant dans leur chœur, nous avons terminé le *Miserere* que nous chantions par le chemin; et nous jetant toutes à genoux, nous avons chanté une antienne au très-saint Sacrement et une à la très-sainte Vierge. Comme j'entrais au chœur, la supérieure m'a prise par la main pour me conduire à un siége d'honneur qui était préparé. Je lui ai mis entre les mains le sacré ciboire que je portais; elle l'a pris avec la grande écharpe, l'a posé sur la grille; et le confesseur, revêtu du surplis, est venu le prendre dévotement et y a mis les saintes hosties. Toute notre compagnie ayant fini l'antienne de la sainte Mère de Dieu, nous nous sommes prosternées contre terre, avec nos flambeaux allumés entre les mains, la corde au cou; le rideau de la grille étant levé, tout le peuple qui s'est trouvé dans l'église et les bonnes religieuses du Chasse-Midi se sont mis à pleurer et à fondre en sanglots. Entre autres, un monsieur de qualité qui s'y est rencontré a tant pleuré qu'il n'en pouvait revenir; il ne s'est pas contenté d'éclater en gémissements, mais il est venu à notre tour achever de verser ses larmes. Il nous dit qu'il aimerait mieux avoir perdu un royaume que de ne s'être pas trouvé à cette action; qu'elle serait la cause de sa conversion; qu'il allait se donner à Dieu de toutes ses forces; ajoutant plusieurs autres choses fort touchantes qu'il dit à nos sœurs, se noyant dans ses larmes et entrecoupant ses paroles de sanglots. Revenant à notre procession, j'achèverai en disant qu'après être demeurées toutes prosternées l'espace d'un demi-quart d'heure, nous nous sommes relevées et avons chanté le *Pange lingua*. A la fin, le prêtre ayant dit l'oraison du Saint-Sacrement, nous a donné la bénédiction avec le saint ciboire. Après un petit espace de temps, nous avons commencé le *Miserere*; après en avoir chanté trois versets, la croix a marché; et nous sommes toutes revenues processionnellement. Les bonnes mères nous ont reconduites de même jusqu'à la brèche. »

Ces sacriléges répétés, qui affligeaient tant notre mère, fortifiaient sa piété et servaient de stimulant à son zèle. Dieu bénissait l'œuvre de réparation à laquelle elle s'était vouée. « De tous côtés on lui demandait quelques-unes de ses religieuses pour réformer d'anciens monastères ou pour en établir de nouveaux; elle aurait voulu répondre à l'empressement des évêques et des peuples, mais elle n'était pas encore en état de le faire. On avait reçu beaucoup de novices; il fallait du temps pour les amener à la perfection que demandait leur état, et la sage supérieure ne croyait pas devoir encore les exposer. Afin de les former à loisir, et de recevoir toutes les postulantes que la grâce amenait, on résolut de bâtir un nouveau corps-de-logis. Mme la duchesse douairière d'Orléans en posa la première pierre, vers la fin de l'année 1665. »

Ce fut pour notre mère une grande consolation : la Providence lui en réservait une plus sensible encore. Pour obtenir l'érection de l'Institut en congrégation, il fallait affilier à l'œuvre une troisième maison ; et notre mère n'en souhaitait point d'autre plus ardemment que celle de Rambervillers. C'était aux religieuses de ce monastère qu'elle devait son entrée chez les Bénédictines, et elle croyait ne pouvoir mieux leur témoigner sa reconnaissance qu'en les associant à sa pieuse entreprise. Les compagnes qu'elle avait fait venir de Lorraine, toujours attachées du fond de leur cœur à leur maison de profession, partageaient ces sentiments. La prieure était encore la mère Benoîte de la Passion ; mais, nous l'avons fait entendre, la communauté de Rambervillers, si parfaitement unie sous tous les autres rapports, se trouvait profondément divisée sur ce point. A la tête des opposantes, on remarquait la mère Scholastique Gérard. Douée d'un esprit vif et pénétrant, ayant pour les sciences un goût décidé, parlant des choses de Dieu avec l'exactitude d'un théologien et l'onction d'une sainte, cette religieuse jouissait d'une grande considération, non-seulement dans le monastère, mais encore dans tout le pays. Avant que la mère Mechtilde du Saint-Sacrement partît pour Paris, toutes deux s'aimaient de la plus tendre affection ; leurs familles étaient alliées, le frère de la mère Scholastique ayant épousé une nièce de notre vénérable mère. Mais depuis l'établissement de l'Institut, elle avait conçu pour notre digne mère une antipathie secrète qui, trop écoutée, avait peu à peu dégénéré en une aversion déclarée. Elle avait inspiré ses préventions à quelques-unes de ses sœurs, et se montrait fermement résolue à user de toute son influence pour empêcher l'agrégation. La mère Benoîte de la Passion, bien que favorable à l'Institut, comme l'attestent plusieurs de ses lettres à la mère Mechtilde du Saint-Sacrement, n'osait se prononcer. Comme elle ne trouvait pas ses religieuses suffisamment disposées, elle attendait que le Seigneur parlât Lui-même à leurs cœurs : sachant qu'il ne veut point de sacrifice forcé, ni qu'on traîne les victimes à son autel ; mais qu'elles s'y présentent comme il a fait Lui-même. Les choses en étaient là, et pouvaient longtemps encore demeurer dans cet état, quand Dieu manifesta sa volonté par un coup providentiel où il était impossible de méconnaître sa main.

Six mois environ après l'établissement de Toul, on trouva un jour, dans le chœur de l'église, la mère Scholastique Gérard sans connaissance, baignée dans son sang et le crâne fendu. Portée à l'infirmerie, elle y demeura quatre jours sans donner d'autre signe de vie qu'une faible palpitation de cœur. Le chirurgien, en voyant sa blessure, crut qu'elle avait été précipitée du haut en bas de l'église. Il déclara la plaie incurable.

Le quatrième jour, on n'attendait plus que son dernier soupir, lorsque tout à coup, se mettant sur son séant, elle s'écria d'une voix forte : « Qu'on aille chercher la mère prieure et qu'on m'apporte une corde et un flambeau ! » Les religieuses qui la gardaient prirent cet acte pour un dernier effort de la nature, et crurent voir dans ces paroles l'effet du délire. Elles la remirent dans son lit et s'efforcèrent de calmer son esprit ; mais elle fit de telles instances que la mère Benoîte de la Passion fut mandée. Cette sainte supérieure ordonna de la satisfaire. La mère Scholastique se mit aussitôt la corde au cou, prit la torche allumée qu'on lui présenta, et fit amende honorable d'une manière si vive, si animée, si touchante, et avec une telle abondance de larmes, que toute la communauté fondit en pleurs. Elle raconta alors à ses sœurs stupéfaites, la manière dont elle avait été terrassée. « Je passais, dit-elle, devant la porte du chœur ; il me vint à la pensée de faire une génuflexion pour adorer Jésus présent au Saint-Sacrement ; mais au même instant, le démon me mit dans l'esprit que ce serait là imiter les religieuses de l'Institut, de sorte que je branlai la tête de dépit et voulus passer outre. A l'instant même, une main invisible me saisit, m'enleva de terre et me renversa durement la tête contre le pavé. » Elle leur fit part ensuite des lumières qu'elle avait reçues sur le Saint-Sacrement, pendant les quatre jours que ses yeux étaient restés fermés aux créatures. Elle ajouta qu'on ferait des volumes avec ce qui lui avait été révélé touchant cet auguste Mystère, et qu'elle était assurée que

Notre-Seigneur serait beaucoup honoré par l'Institut. Dès ce jour, sa plaie fut pansée avec un tel succès qu'en très peu de temps elle fut guérie. Il lui resta cependant, tout le reste de sa vie, une ouverture au crâne; mais cette cicatrice ne l'empêchait point de vaquer à ses exercices et à ses affaires accoutumées, et pouvait être regardée comme un témoignage des merveilles que la divine miséricorde avait opérées en elle.

La communauté fut extrêmement touchée de cet événement; mais telle avait été l'opposition faite par quelques religieuses, que, poussant la prudence jusqu'à l'excès, la mère Benoîte de la Passion jugea bon d'attendre de nouvelles lumières. Elles ne tardèrent pas à lui être données. Le jour de l'Immaculée Conception (1665), en sortant du chœur après la grand'messe, elle parut tout à coup au milieu de la communauté, la corde au cou, le flambeau à la main, fit amende honorable à Jésus-Christ immolé sur nos autels, lui demanda pardon avec larmes d'être si peu entrée dans ses intérêts, et s'offrit à Lui pour devenir une victime sacrifiée à sa gloire. La Reine du ciel elle-même avait révélé à la vénérable supérieure, pendant qu'elle était en oraison, les complaisances que notre divin Sauveur prenait dans toutes les religieuses qui avaient embrassé l'Institut. Ses filles, étonnées et touchées, se jetèrent à genoux et mêlèrent leurs larmes aux larmes de leur mère. Dès ce moment, la résolution fut prise à l'unanimité, de ne pas perdre un seul instant et de faire toutes les démarches nécessaires pour opérer l'agrégation. Une requête fut rédigée par la mère Benoîte de la Passion, signée par toutes les religieuses, et immédiatement envoyée à la mère Mechtilde du Saint-Sacrement. La réponse ne se fit pas attendre :

« Mes très honorées mères et très chères sœurs, Jésus dans le Mystère de son amour infini soit l'unique objet de nos affections et la consommation de notre vie ! Qu'il soit à jamais béni et glorifié d'avoir, par un effet de sa grâce toute puissante, imprimé dans vos cœurs le zèle de sa gloire et l'amour de sa personne adorable dans le très-auguste Sacrement de l'autel ! C'est un coup de sa bénite main ; c'est un effet de sa pure bonté ; c'est l'ouvrage de sa dilection. Je suis, mes très chères mères, dans l'admiration et dans l'étonnement de ce que Dieu a opéré dans votre intérieur. Il n'y avait que Lui seul qui pût triompher des oppositions qui s'étaient formées chez vous ; et j'en ai d'autant plus de joie qu'il y a moins de la créature. Oh ! que l'amour divin a fait de grandes choses en ce Sacrement pour la sanctification des hommes ; mais que les impies ont de fureur pour l'anéantir ! Il me semble que toute la malice de l'enfer s'efforce à trouver des moyens pour le profaner : et si jamais on a dû établir des adoratrices perpétuelles dans l'Église de Dieu, c'est à présent où l'on voit tant de crimes et de sacriléges. Et je puis dire que de fouler aux pieds les saintes hosties n'est pas le plus grand excès de ceux que le démon anime de sa haine contre notre adorable Sauveur Jésus-Christ. Ce qui se commet ne se peut dire ; mais ce qui soulage un cœur touché des intérêts de son Seigneur, c'est de voir qu'il a soin de sa gloire en vous donnant, mes très chères mères, une sainte résolution de vous immoler à sa grandeur infinie pour lui faire réparation selon votre possible. Il est vrai qu'il en est Lui seul Réparateur; mais il veut bien que sa pauvre et chétive créature entre dans ses intérêts et qu'elle consomme son cœur et son être en hommage et en esprit de réparation. N'est-il pas juste que sans cesse il y ait des âmes appliquées à l'amour infini de Jésus en ce mystère; et qu'elles s'efforcent, par des amendes honorables, de lui rendre ce que les profanateurs lui ravissent?

« Je suis dans la volonté de vous aller rendre les témoignages de ma sincérité, et je ferai toutes mes diligences pour vous porter nos constitutions et nos bulles que j'attends de jour en jour. J'espère que Notre-Seigneur me fera la grâce de vous donner des marques de mon affection; et que, pour l'exécution, tout sera plus facile que vous ne croyez. »

Elle partit de Paris au commencement d'avril 1666. Elle passa par Toul où l'évêque, non-seulement confirma la permission qu'il lui avait donnée d'agréger cette maison à son Institut, mais l'étendit encore à toutes les communautés du diocèse qui voudraient en embrasser les exercices.

Mgr du Saussay tint à honneur de lui faire accepter son carrosse pour aller à Rambervillers. La joie avec laquelle elle fut reçue, répondit à l'empressement qui la faisait désirer. On ne songea qu'à consommer l'association; et, afin de s'y disposer plus parfaitement, la cérémonie fut différée jusqu'au 29 avril. « Chacune s'y prépare de son mieux, écrivait la vénérable mère ; il n'y a que moi qui suis toujours misérable et la plus opposée à la sainteté de Jésus. Quelle humiliation pour moi !... J'ai trouvé, ajoutait-elle, toutes nos mères et sœurs si soumises à tous les règlements et constitutions que nous professons, que je n'ai aucune peine à terminer... »

Le jeudi de l'octave de Pâques fut choisi pour la première exposition. Ce fut l'abbé d'Estival qui officia. Il bénit d'abord les petits *soleils* que devaient porter les religieuses, comme marque de leur association, et célébra ensuite le saint sacrifice. A la fin de la messe, douze petites filles, vêtues en anges, récitèrent devant le grand autel des vers composés à la gloire de l'auguste mystère de l'Eucharistie. Pendant tout le jour, l'église fut remplie de séculiers qui, la corde au cou et le flambeau à la main, faisaient la réparation, à la manière des religieuses. Après les vêpres, le célébrant chanta le salut qui termina cette belle journée ; et d'abondantes aumônes furent distribuées aux pauvres de Rambervillers qui avaient pris part à la fête.

Jamais la mère Mechtilde du Saint-Sacrement n'avait goûté de joie plus douce et plus forte. Aussi, pendant cette cérémonie, « on remarqua en elle une espèce de transport de dévotion et de bonheur qu'elle n'était pas maîtresse de dissimuler. » Ses vœux étaient comblés. Depuis l'établissement de l'Institut, elle n'avait rien eu tant à cœur que de le voir embrasser par cette communauté. C'était sa maison de profession, par conséquent sa maison véritable ; et elle s'en trouvait en quelque sorte séparée jusqu'à ce que le nouvel Institut y eût été accepté. S'y voyant enfin réunie par l'association qu'elle venait de contracter, elle s'y fût volontiers enfermée pour passer le reste de ses jours dans le silence et l'obscurité de la retraite; mais elle n'était pas destinée à un repos si consolant, et le Seigneur avait sur elle des desseins bien opposés. Elle devait continuer sa lutte contre l'enfer : le démon, se sentant combattu, semblait redoubler de rage ; et soulevait tous ses suppôts contre l'adorable Sacrement de nos autels. Une profanation avait précédé l'agrégation de Rambervillers à l'Institut : une profanation la suivit.

De retour à Paris, la mère Mechtilde du Saint-Sacrement écrit à la mère Benoîte de la Passion : — « Ma très révérende et très chère mère, Jésus humilié sous les espèces sacramentelles soit l'objet de notre amour et de nos continuelles adorations!... Les profanations continuent en différentes manières : dans l'octave du très-saint Sacrement, on a dérobé le saint ciboire aux Filles de l'*Ave Maria*, à Paris. Je n'oserais dire ce que je sais de détestable qui se pratique en quelques endroits, vous ne le pourriez entendre sans mourir..... Tous ces vols, tous ces sacriléges font craindre des châtiments de Dieu, dont le plus effroyable serait de perdre la foi. Voilà de quoi occuper le zèle d'une Fille du Saint-Sacrement qui fait pénitence pour les impies, et qui doit rendre à Jésus la gloire qu'ils lui dérobent à tout moment. Redoublons nos gémissements et nos sacrifices pour les pécheurs, mettons-nous entre Jésus et le péché, afin qu'il nous foudroie plutôt que de voir derechef percer le cœur adorable de notre Victime d'amour. »

Animée de ces sentiments, elle demandait à ses filles des pénitences extraordinaires proportionnées aux forces de chacune; elle conseillait des communions, prescrivait des amendes honorables et des processions. Ces innocentes victimes, le voile baissé en signe de deuil, la corde au cou, un cierge à la main, marchaient nu-pieds, arrosant de leurs larmes la terre criminelle, et lançant vers le ciel ces cris de douleur inspirés par l'Esprit-Saint pour réparer la gloire du Très-Haut, apaiser sa colère et forcer sa miséricorde à descendre sur l'homme coupable. « *Ecce sancta nostra...* Voici que le Saint des saints, la Victime sans tache, l'Agneau qui efface les péchés du monde, est devenu un objet de blasphème et de mépris. Celui qui fait notre gloire et notre beauté est livré à la profanation. Ah ! comment vivre encore ? ... Jusques à quand, Seigneur, souffrirez-vous les outrages et les insultes de vos ennemis ? Levez-vous, prenez en main votre cause et faites-vous justice... Mais non... Vous dont le propre est de faire miséricorde et de pardonner toujours, écoutez-nous et apaisez-vous... »

« — Que d'autres épouses privilégiées du Sauveur, disait notre vénérable mère à ses filles, mangent avec délices le Pain des anges et goûtent d'abondantes consolations aux pieds du Dieu d'amour : pour nous, victimes de Jésus immolé à l'autel, nous devons détremper notre pain de nos larmes. Substituées aux pécheurs, obligées de nous offrir et de mourir pour eux, il n'y a point de croix, de mépris, de sacrifice et de mort que le zèle de la gloire de Dieu ne doive nous faire embrasser avec joie pour expier les profanations et les crimes dont nous nous sommes faites la caution. » C'est de cet esprit de réparation et d'expiation que s'est répandue, sur l'Institut des Filles du Saint-Sacrement, cette ardeur pour la pénitence qui faisait dire à un saint prêtre du XVIIe siècle : « Si, dans l'Église, il y a peu d'ordres plus austères que celui-ci, il n'y en a point où l'on aime l'austérité avec plus de passion et où on la pratique avec plus de joie et moins d'ostentation. »

CHAPITRE XXVII

APPROBATION DE LA CONGRÉGATION DE L'ADORATION PERPÉTUELLE PAR LE CARDINAL DE VENDÔME.

29 Mai 1668

Les saints ont toujours professé le plus filial respect pour le Souverain Pontife, et toujours ils ont eu à cœur d'obtenir son approbation pour les œuvres qu'il a plu à Dieu de faire par leur entremise. Le monastère de la rue Cassette était à peine achevé que la mère Mechtilde du Saint-Sacrement exprima le vœu de voir l'Institut approuvé en cour de Rome. Le 27 juin 1659, elle demandait au frère Luc de Bray la marche à suivre pour obtenir du Saint-Siége cette autorisation si désirable qui donne aux ordres religieux l'unité et la stabilité nécessaires à leur développement. L'Institut, nous l'avons dit, devait compter au moins deux ou trois monastères et présenter des constitutions pour être approuvé comme congrégation. Le frère Luc conseillait de joindre à l'envoi des constitutions quelques lettres de recommandation. Anne d'Autriche, qui ne laissait échapper aucune occasion d'être agréable à notre vénérable mère, voulut faire elle-même les premières démarches. Aussitôt que les lettres patentes du roi de France et du duc de Lorraine eurent autorisé les fondations de Saint-Dié et de Rouen, la pieuse princesse écrivit au pape Alexandre VII et au cardinal Ginetti, préfet de la congrégation des Évêques et Réguliers.

Mgr Henri de Maupas, évêque du Puy, nommé à l'évêché d'Évreux, Mgr Charles de Bourlon, évêque de Soissons, Mgr de la Vieuville, évêque de Rennes, avaient joint des lettres de recommandation à celles de la reine-mère. Après avoir donné de grands éloges à la régularité et à la piété des Bénédictines du Saint-Sacrement, ils exprimaient le désir « de voir établir sous l'autorité du Saint-Siége une congrégation pour maintenir l'adoration perpétuelle dans tous les monastères de l'Institut, ou autres couvents du même ordre qui voudront s'y agréger. »

Mais un différend assez grave survint alors entre la cour de France et celle de Rome. A la suite de quelques coups de fusil échangés entre des soldats corses de la garde du pape et les valets du duc de Créqui, ambassadeur du roi très chrétien, Louis XIV, irrité, fit saisir Avignon et le Comtat-Venaissin. A Rome, cependant, on présenta des excuses à l'ambassadeur ; le cardinal Imperiali fut privé de ses titres de gouverneur de Rome et de légat de la Marche ; deux soldats corses, plus compromis que les autres, furent jugés et condamnés à être pendus : toutes ces réparations furent insuffisantes. Plus le Souverain Pontife usait de condescendance, plus le jeune roi se montrait superbe et intraitable. Il fit passer en Italie quinze mille fantassins, six mille chevaux, une formidable artillerie ; et le pape, sur les instances du Sacré-Collége, dut subir les conditions imposées par la cour de France et signer le trop célèbre traité de Pise (12 février 1664). Jamais conditions plus dures n'avaient été dictées au Père commun des fidèles, au vieillard qui tenait le premier rang comme souverain en Europe, malgré la faiblesse de ses armées. Il fallut céder devant la force, et le propre neveu du pape, le cardinal Chigi, vint en personne présenter des excuses à Louis XIV. La vertu du légat, sa dignité, sa prudence et son habileté dans les affaires, firent promptement oublier l'humiliant message dont il était chargé, et il prit plaisir à accorder les faveurs qu'on sollicitait de tous côtés. La mère Mechtilde du Saint-Sacrement crut le moment favorable ; et, le 28 juillet 1664, elle écrivit à la reine Anne d'Autriche la lettre suivante :

*De votre monastère du très-saint Sacrement
de Paris, ce 28 juillet 1664.*

« Madame,

« Pour éviter de me rendre importune à Votre Majesté par la longueur de mes lettres, j'ai prié le R. Père Paul de se transporter à Fontainebleau pour vous très humblement supplier, Madame, de vous souvenir que votre bonté m'a fait l'honneur de m'assurer qu'elle prendrait la peine d'écrire à notre Saint-Père pour obtenir l'érection d'une congrégation des monastères de notre Institut. Voici, Madame, l'occasion de Monsieur le Légat qui tiendra à faveur d'accorder à Votre Majesté la grâce qu'elle lui demandera pour nous, ou, pour mieux dire, pour la gloire du très-saint Sacrement de l'autel, par la confirmation de l'adoration perpétuelle de ce divin Mystère, que nous avons professée comme il est exprimé au mémoire ci-joint. Ce bon père l'expliquera à Votre Majesté, et l'assurera de notre part que l'on continue de prier Dieu pour la conservation du Roi et de toute la famille royale ; mais singulièrement pour la vôtre, Madame, qui est si nécessaire à l'Église pour y soutenir les intérêts de Jésus-Christ, qui est quasi abandonné de tout le monde. C'est pour sa gloire qu'il vous fait vivre, et pour la consolation de tout le royaume, et particulièrement de celle qui est avec très profonds respects, Madame,

« De Votre Majesté,

« La très indigne et la très fidèle servante,

« Sr M. du St-Sacrement, R. I. »

Le R. P. Paul, confesseur de notre mère, vint à Fontainebleau et pria la reine-mère de réitérer ses demandes, en insistant principalement sur le vœu d'adoration perpétuelle et l'exposition du Saint-Sacrement tous les jeudis.

L'exposition fréquente du Saint-Sacrement était sans précédents dans les églises de France : plusieurs conciles provinciaux et plusieurs synodes l'avaient même condamnée ; nous ne citerons que ceux de Rouen (1645), Meaux (1654), Langres (1656), Sens (1658), Chartres (1660), Orléans (1664). L'assemblée générale du clergé de France, en 1656, et le chapitre de Notre-Dame de Paris en 1664, avaient confirmé cette défense. « Il se trouvait même, au témoignage de M. de la Croix, prêtre du séminaire de Saint-Nicolas-du-Chardonnet, plusieurs églises cathédrales, et des premières de France, Lyon, Senlis, etc., où le Saint-Sacrement n'avait jamais été exposé, non pas même le jour de la Fête-Dieu. Et ce fut en l'an 1627, au mois d'octobre, que la première exposition du Saint-Sacrement se fit en la cathédrale de Paris, à une oraison des Quarante Heures. »

On le voit, il fallut que la vénérable fondatrice, par une initiative hardie, luttât contre les préjugés de son siècle, pour asseoir les fondements de l'institut du Saint-Sacrement.

Anne d'Autriche voulut bien condescendre à tous les désirs de notre mère ; et, sur ses instances, la mère Mechtilde fut assez heureuse pour obtenir, en partie, ce qu'elle sollicitait. Par un bref du 11 août 1664, le cardinal Chigi, après avoir rendu hommage à la dévotion des Filles du Saint-Sacrement envers la sainte Eucharistie, « en vertu de l'autorité apostolique dont il est suffisamment revêtu à cet effet, confirme et approuve l'Institut. Il permet l'office du Saint-Sacrement et l'exposition tous les jeudis ; il approuve en outre que les Filles du Saint-Sacrement ajoutent aux vœux qui sont prescrits par la règle de saint Benoît, le vœu de se tenir perpétuellement le jour et la nuit, à tour de rôle, en prières devant le Saint-Sacrement, avec l'intention de réparer, par ces continuelles adorations, les profanations commises contre l'adorable Mystère. » Pour le reste, il renvoie à la sacrée Congrégation.

Cependant le bref du cardinal Chigi ne donnait pas à l'Institut l'approbation canonique si désirée par la mère Mechtilde : aussi continua-t-elle ses instances auprès de la congrégation des Évêques et Réguliers, pendant qu'Anne d'Autriche renouvelait ses sollicitations auprès d'Alexandre VII. Mais la maladie dont souffrait depuis longtemps la reine-mère, fit tout à coup de rapides progrès. Atteinte d'un cancer trop longtemps négligé, elle se retira à l'abbaye du Val-de-Grâce qu'elle-même avait fondée avec une munificence royale ; et ne pensa plus qu'à se préparer à la mort et à sanctifier ses douleurs en les unissant à celles de son divin Rédempteur. L'archevêque d'Auch, fils de Mme de Rochefort, fut chargé de lui annoncer sa fin prochaine : — « Madame, lui dit-il avec une simplicité tout évangélique, on vous croit en danger. » Anne d'Autriche entendit ces paroles avec les sentiments les plus profondément chrétiens, avec une force et une tranquillité d'âme qui arrachèrent des larmes à Louis XIV. Elle demanda son confesseur, et dit au roi, à la reine, à Monsieur : « Retirez-vous, je n'ai plus besoin ni affaire de rien que de songer à Dieu. » Mgr d'Auch lui apporta ensuite la sainte communion; le roi et Monsieur tinrent la nappe. Louis XIV reconduisit à pied le Saint-Sacrement jusqu'à la paroisse, et Mgr d'Auch revint près de la reine qu'il ne quitta plus jusqu'à ce qu'elle eût rendu le dernier soupir (20 janvier 1666). « Jamais, écrit Mlle de Montpensier dans ses *Mémoires*, on n'entendit prélat si bien dire, ni parler de Dieu avec tant de zèle, de capacité et de piété. »

Pendant la maladie de la reine-mère, on exposa le Saint-Sacrement au monastère de la rue Cassette. Mme de Beauvais, première dame d'honneur et mère des sœurs Monique des Anges et de la Présentation, et Mme de Rochefort, mère de l'archevêque d'Auch, informaient presque à chaque heure la mère Mechtilde des progrès du mal. Après la mort de l'illustre princesse, un service très solennel fut célébré pour elle; et, dans son *Cérémonial*, la mère Magdeleine de la Résurrection en décrit tous les détails.

La mort, en enlevant Anne d'Autriche, priva l'Institut d'une bienfaitrice puissante et dévouée; mais Dieu qui ne laisse jamais périr les œuvres de ses saints, suscita de nouveaux protecteurs à la mère Mechtilde du Saint-Sacrement. Marie-Thérèse avait hérité de l'intérêt et de l'estime que la reine-mère portait aux Bénédictines de l'Adoration perpétuelle : elle voulut immédiatement leur en donner des marques, en faisant renouveler à Rome les poursuites commencées pour obtenir l'approbation de leur congrégation. La vertueuse reine écrivit elle-même au cardinal Farnèse et au duc de Chaulnes, ambassadeur de France à Rome.

La duchesse douairière d'Orléans qui portait le plus grand intérêt à l'Institut, et était intimement liée avec la mère Mechtilde qu'elle vénérait comme une sainte, fit appel à l'influence du duc de Florence et du prince de Toscane, son gendre; le succès allait couronner tant d'efforts réunis, lorsque le pape Alexandre VII mourut (22 mai 1667). La Providence, toujours favorable à nos mères, ménagea une circonstance imprévue : Louis XIV, désirant que les cérémonies du baptême du dauphin fussent célébrées avec la plus grande solennité, demanda au pape Clément IX de tenir sur les fonts l'aîné des enfants de France. Le Souverain Pontife accepta et se fit représenter par le cardinal de Vendôme, muni, à cette occasion, de pouvoirs plus étendus que ceux des précédents légats. Dès l'arrivée du cardinal, on s'adressa à lui de toutes parts pour le règlement des affaires les plus importantes. Encouragée par les conseils de ses amis, la mère Mechtilde du Saint-Sacrement lui présenta sa requête, à laquelle le cardinal de Vendôme répondit par la bulle suivante : « Louis de Vendôme, cardinal diacre du titre de Sainte-Marie *in Portico*, légat du Saint-Siége pour tout le royaume de France... L'infatigable sollicitude du Souverain Pontife à l'égard des religieuses qui se sont consacrées par vœu au céleste Époux, et qui, soumises à une perpétuelle clôture, cultivent les lys de la virginité dans le jardin fermé de l'Église, nous fait un devoir de travailler activement à leur propagation dans la mesure des pouvoirs qui nous ont été confiés par le Saint-Siége. Or, il nous a été exposé de la part de la supérieure et des religieuses Bénédictines du monastère de l'Adoration perpétuelle du Saint-Sacrement, du faubourg Saint-Germain-des-Prés, que la reine Anne d'Autriche, de pieuse mémoire, avait fondé leur Institut pour réparer, autant qu'il est possible à une créature humaine, les sacriléges, les impiétés et les profanations qui se commettent contre cet auguste Sacrement; que les religieuses de cet Institut se succèdent le jour et la nuit, à tour de rôle et à des heures déterminées, devant le très-saint Sacrement, et s'y offrent comme des victimes de propitiation pour expier ces sacriléges; qu'elles exposent chaque jeudi le Saint-Sacrement, qu'elles en récitent l'office le même jour selon le rite romain. La très auguste princesse Marguerite de Lorraine, veuve de Gaston d'Orléans, marchant sur les traces de la pieuse reine, a contribué puissamment au développement du monastère de l'Adoration perpétuelle par sa munificence et sa remarquable piété. Et Dieu qui donne l'accroissement aux œuvres pieuses, a tellement fécondé ce nouvel Institut que déjà deux monastères ont été érigés et que d'autres sont sur le point d'être agrégés et fondés; que plus de dix mille fidèles de l'un et l'autre sexe y sont affiliés par une adoption toute spirituelle... La prieure et les religieuses du faubourg Saint-Germain, après s'être préalablement entendues avec les prieures religieuses et des deux nouveaux monastères sur le mode de gouvernement du nouvel Institut, après avoir pris conseil d'hommes éminents par leur piété, leur savoir et leur expérience, ont proposé, sous le bon plaisir du Saint-Siége apostolique, d'ériger une congrégation perpétuelle et indissoluble. Les trois monastères déjà fondés, et ceux qui doivent être érigés ou agrégés dans la suite, seront soumis à une seule et même direction, à une seule et même autorité. La supérieure générale de la dite congrégation sera la supérieure du premier monastère susdit. La dite congrégation sera exempte de toute juridiction des ordinaires et gouvernée, au spirituel comme au temporel, par trois supérieurs majeurs nommés par le Souverain Pontife ou par ses nonces résidant en France, et par un visiteur désigné, sur la nomination des religieuses, par les supérieurs susdits…

« Mais, ainsi que l'ajoutait le même exposé, parce que la dite congrégation, ainsi que les statuts, règles, constitutions, ordonnances et règlements généraux et particuliers, doivent, pour être immuables et définitifs, obtenir la confirmation du Siége apostolique, la supérieure et les religieuses du faubourg Saint-Germain nous ont humblement supplié d'y pourvoir en leur nom et au nom des prieurés et religieuses des deux autres monastères. Et nous, agréant les prières qui nous sont faites, et en vertu de l'autorité et du pouvoir à nous donnés par Sa Sainteté, nous approuvons et confirmons la congrégation perpétuelle et indissoluble de l'Adoration perpétuelle du Saint-Sacrement sous la règle primitive de saint Benoît, et autorisons l'union des trois monastères déjà établis et de ceux qui seront dans la suite érigés ou agrégés à l'Institut. La supérieure générale sera la supérieure du premier monastère de Paris...

« Nous approuvons également les statuts, règles, constitutions, ordonnances et règlements déjà établis pour la conduite et l'administration de la dite congrégation, avec pouvoirs donnés aux supérieurs majeurs et au visiteur de les corriger, de les mettre en meilleure forme, d'en établir même d'autres s'ils le croient nécessaire ou utile. Donné à Paris, l'an de l'Incarnation du Seigneur mil six cent soixante-huit, le quatrième jour des calendes de juin. »

Dans ce bref du 29 mai 1668, la supériorité générale de la congrégation avait été attribuée au monastère de Paris, à l'insu et contre la volonté de la vénérable fondatrice, et contrairement aux conventions stipulées avec les monastères de Toul et de Rambervillers. Notre mère envoya alors à ces deux monastères, en son nom et au nom de ses filles, une déclaration, assurant que « leur intention n'avait jamais été d'attribuer au monastère de Paris la qualité de chef ni autre qui porte titre de supériorité, au préjudice des autres qui sont à présent et seront ci-après unis ou agrégés à la dite congrégation ».

Le 3 octobre 1668, la mère Mechtilde du Saint-Sacrement écrivit à Mgr du Saussay pour lui demander d'être l'un des trois supérieurs majeurs de la congrégation, et obtenir en même temps les autorisations nécessaires aux monastères de Toul et de Rambervillers.

Le 17 octobre 1668, Mgr du Saussay agréait toutes les propositions faites par la mère Mechtilde du Saint-Sacrement ; et le 10 janvier 1669, les religieuses de Toul acceptaient à l'unanimité et la congrégation et les statuts proposés pour son gouvernement.

La bulle d'érection était à peine obtenue et acceptée par l'évêque de Toul et par Henri de Bourbon, abbé de Saint-Germain, qu'il survint un incident capable d'en annuler l'effet. Plusieurs conflits de juridiction s'étaient élevés depuis longtemps entre l'archevêque de Paris et l'abbé de Saint-Germain. Or, à cette époque, il intervint une transaction par laquelle ce dernier abandonna la juridiction spirituelle du faubourg à l'archevêque. On pouvait craindre que ce prélat, devenu supérieur immédiat du monastère de la rue Cassette, ne voulût s'opposer à une bulle obtenue sans sa participation et qui lui ôtait toute juridiction sur un monastère nouvellement fondé. Mme la duchesse d'Orléans se chargea de faire toutes les démarches; et, sur sa demande, Mgr Hardouin de Péréfixe approuva la bulle d'érection donnée par le cardinal de Vendôme, et accepta d'être premier supérieur de la congrégation des Bénédictines de l'Adoration perpétuelle (1669).

Enfin, ne voulant rien négliger de ce qui pouvait assurer pour toujours la stabilité de la nouvelle congrégation, la mère Mechtilde demanda et obtint des lettres patentes du grand sceau, par lesquelles le roi ordonnait que la bulle du légat serait observée dans toute l'étendue du royaume, et plaçait l'Institut, comme fondation royale, sous son auguste protection (juillet 1670).

CHAPITRE XXVIII

LA MÈRE MECHTILDE DU SAINT-SACREMENT ET Mme LA DUCHESSE DOUAIRIÈRE D'ORLÉANS.

Nous avons dit ailleurs la manière toute providentielle dont la mère Mechtilde du Saint-Sacrement fit la connaissance de Mme la duchesse douairière d'Orléans, et nous avons signalé quelques-uns des importants services qu'elle rendit pour faire ériger l'Institut en congrégation. C'est en 1651 que Marguerite de Lorraine vit pour la première fois la vénérable mère : l'estime qu'elle conçut dès lors pour elle, alla bientôt jusqu'à la vénération ; et à la mort du duc, son époux, elle voulut se placer sous la direction de la pauvre *petite sœur lorraine*. La mère Mechtilde s'en excusa d'abord, et la renvoya agréablement à son confesseur, dom Ignace Philibert, prieur de Saint-Germain : « Vous avez, lui dit-elle, un bon père maître qui vous conduira incomparablement mieux dans les voies de la perfection qu'une mère maîtresse, et vous trouverez tout en lui. C'est beaucoup quand on peut dire : *Ego te absolvo...* La mère maîtresse ne le peut pas ; mais, ajoute-t-elle, puisque votre humilité le veut, elle prendra la liberté, de fois à autres, d'exciter votre âme pour la faire aller toujours plus ardemment vers son centre. »

Notre vénérable mère ne tarda pas cependant à être chargée de la direction de la duchesse ; elle s'affectionna profondément à cette âme et lui prodigua ses conseils avec un zèle plein de discrétion. Il serait difficile d'apporter, dans la conduite spirituelle d'une princesse, plus de prudence, de tact et de fermeté. Tenant compte de l'âge et de la dignité de sa royale novice, l'habile directrice la prend comme par la main, la fait entrer peu à peu dans la vie chrétienne; elle l'éclaire, l'encourage, la reprend, la soutient; et tout cela avec la tendresse d'une mère et le désintéressement d'une sainte.

Avec quelle délicatesse elle l'invite d'abord à se donner à Dieu! Elle connaît la susceptibilité des grands, et c'est en déplorant ses propres misères que notre mère fait comprendre à la princesse quelles sont les siennes; c'est en s'excitant elle-même à la vertu qu'elle la pousse à sortir des créatures pour aller à Dieu. « Je suis pressée de me rendre à Notre-Seigneur, écrit-elle, en la manière la plus parfaite qu'il veut de moi. Il me semble que nous n'avons quasi plus de temps, et qu'il ne faut plus retarder. Il est temps, Madame, l'âge avance, l'éternité approche. Si je suivais mes petits sentiments, je m'enfuirais dans les déserts pour n'être plus dans le monde; mais je ne prends pas garde que la principale affaire est de sortir de moi-même pour donner place à Jésus. »

Plus tard, elle reviendra sur cette pensée, mais en la développant et en entrant dans les détails : « J'ai une passion très grande de votre sanctification et je voudrais mourir pour votre salut. Je vous supplie, Madame, par les entrailles de la divine charité de Jésus-Christ, que vous pensiez sérieusement à vous séparer de tout ce qui peut faire obstacle à votre perfection ; allons à Dieu de la bonne sorte, avec confiance et amour ; prenez une ferme résolution de mettre ordre à tout ce qui peut gêner votre âme ; n'attendez point au moment où la puissance vous en sera ôtée ; ne remettons point à la mort le bien que nous avons à faire, et notamment ce qui pourrait inquiéter la paix de notre âme ; je suis pressée intérieurement de vous solliciter à faire ce que Dieu et votre conscience vous demandent, pour vous donner ce repos suave et tranquille que le Saint-Esprit produit dans un cœur bien épuré. Voyez ce que veut Notre-Seigneur ; écoutez la voix de son amour qui vous dit d'être toute à Lui ; faites une revue sur votre état temporel et sur vos dettes pour prendre les moyens d'y satisfaire ; voyez si vos aumônes sont faites selon l'ordre et la charité, avec la pureté d'intention qui les doit rendre dignes de Dieu ; si vous n'agissez point en quelques rencontres trop humainement, et si votre bon cœur ne s'épanche point trop par libéralités, où il ne faudrait pas tant ; si vous prenez garde que le vice soit retranché chez vous et que la paix règne parmi vos domestiques. Ne direz-vous pas, Madame, que je suis bien téméraire? Vous avez sujet de le dire et de le croire, si votre bonté ne se souvient plus qu'elle m'a chargée de son âme. Je vous assure que j'en suis souvent très occupée devant Notre-Seigneur, et que je cherche en sa lumière ce qui pourrait faire le moindre obstacle à votre bonheur éternel. J'ai le cœur tout plein de zèle, de tendresse et d'amour pour tout ce qui vous touche ; mais beaucoup plus pour les choses du ciel que pour celles de la terre, quoique je ne les oublie point en mes pauvres et indignes prières. Recevez, Madame, le don d'un cœur qui est à vos pieds, et qui ne vous parle qu'avec profond respect de ce qu'il est contraint intérieurement de vous dire. Si cela vous déplaît, je ne le ferai plus ; mais sachez que votre âme m'est plus précieuse que la mienne, il me semble qu'elle est à moi et que je la dois rendre à mon divin Maître. Pardon si en cela je vous manque de respect. »

Persuadée, avec raison, que la prière est la première condition de la vie spirituelle, qu'elle est l'une des principales forces de l'âme, la mère Mechtilde du Saint-Sacrement commence par demander à sa dirigée un quart d'heure d'oraison : « Nourrissez-vous de Jésus-Christ ; et, je vous en supplie, ne me refusez pas le quart d'heure que je vous demande pour son amour. Exposez-vous en sa présence, afin de recevoir en vous les impressions de sa grâce. Si vous voulez vous assujettir à cette petite pratique, je suis assurée que vous en recevrez de très grandes bénédictions ; et si vous y entrez comme il faut, vous vous jouerez du monde et de tout ce qu'il contient. »

La duchesse promit le quart d'heure ; et, à la satisfaction que notre vénérable mère lui en témoigna aussitôt, il est facile de voir l'importance qu'elle y attache. Attentive à prévoir ce qui pourrait le lui faire abandonner, elle l'avertit des ennuis, des dégoûts, des sécheresses qu'on y rencontre dans les commencements : « Il ne faut point se rebuter, lui dit-elle, si la facilité n'est pas si grande au début; la suite en adoucira la peine. Il ne faut le quitter pour quoi que ce soit, c'est pour Dieu et à Dieu qu'on le donne, c'est ce qui oblige d'y être fidèle. »

Elle y revient un peu plus tard : « Je ne sais si j'oserai vous demander des nouvelles du quart d'heure et s'il est encore en usage. Si vous souffrez mes importunités, je vous réveillerai quelquefois... » et elle n'a garde d'y manquer. Notre mère ne s'en tient pas là ; avec une tendresse toute maternelle et une grande perspicacité, elle lui indique le sujet de ses oraisons. Elle n'en pouvait trouver de plus adaptés aux goûts et aux besoins de la princesse, que les mystères de notre sainte religion. On le sait, ces divins mystères, l'Église les fait passer chaque année sous nos yeux dans la série admirable de ses fêtes; et jamais plus qu'au XVIIe siècle, on ne les célébra avec pompe et solennité. Aussi la mère Mechtilde du Saint-Sacrement s'en sert-elle pour instruire son illustre dirigée de ses obligations et la porter à la vertu. A la veille de chaque grande fête, quand la duchesse ne pouvait se rendre au Saint-Sacrement, une lettre partait de la cellule de la vénérable prieure pour le palais du Luxembourg, et venait aider la duchesse à entrer dans l'esprit de la fête. Assez souvent ce n'est qu'un mot rapide, mais profond, merveilleux d'à-propos, et capable de faire jaillir du cœur les plus nobles sentiments. « Auronsnous l'honneur d'être consolées par votre présence ? lui écrit-elle la veille de Noël ; je le désire pour m'assurer de votre santé et vous demander des nouvelles de ce Dieu enfant que nous pouvons nommer le Roi nouveau-né, dans un Louvre où tout l'ornement que l'on trouve est une extrême pauvreté, un berceau tapissé de foin, paré de toiles d'araignées, un délaissement universel de toutes les créatures. Jésus, Marie et Joseph sont seuls dans l'étable, dans l'oubli général de tout le monde après la visite des pasteurs. Et dans cette solitude admirable, que font-ils ? Jésus enfant, dans sa captivité et son silence, s'immole à son Père comme Victime, pour réparer sa gloire et réconcilier les hommes avec Lui. Marie, sa précieuse Mère, entre dans les dispositions de son cher Fils et se rend en même temps hostie avec Lui, par un amour et une transformation incompréhensibles. Joseph est adorant et contemplant dans un mystérieux silence ce que l'esprit humain ne peut comprendre. Trois choses sont communes entre Jésus, Marie et Joseph : le silence, l'oraison et le sacrifice. Ces trois choses nous sont nécessaires pour nous rendre conformes à leurs dispositions et pour que nous leur soyons agréables. Demandez-les pour moi comme je les demande pour vous, de tout mon cœur. »

« Nous avons pris, lui mande-t-elle au commencement du carême, trois dispositions ou états de Notre-Seigneur pour les honorer et nous y conformer durant la sainte quarantaine. Je crois que vous serez bien aise d'y avoir part et d'en faire quelques pratiques. La première disposition, c'est la solitude de Jésus dans le désert et dans le très-saint Sacrement de l'autel ; la seconde est la pénitence, et la troisième sa mort douloureuse. Mais, comme vous êtes toute pleine de ces bonnes pensées et toujours occupée saintement, c'est assez d'un petit mot pour vous donner matière à un entretien intérieur sur ce sujet. »

La fête de Pâques arrive ; notre mère reprend la plume : « Mon zèle est toujours grand pour votre sanctification, et je puis dire que je donnerais ma propre vie pour établir votre âme dans la sainteté que Dieu demande de vous, Madame, et qui n'est autre que l'effet du mystère de la Résurrection qui nous fait vivre de la vie nouvelle de Jésus-Christ. Oh ! Madame, que cette vie est divine ! Plût à Dieu que nous en fussions toutes animées ; notre cœur et notre esprit agiraient bien d'une autre façon. Jésus en serait le principe, et nous ne pourrions plus rien voir ni rien désirer hors de lui ; mais pour recevoir cette faveur, il faut être fidèles à l'opération du Saint-Esprit, il faut demeurer cachées en Jésus-Christ. Il dit : Celui qui demeure en moi et en qui je demeure porte beaucoup de fruits : voilà des paroles de vie. Demeurons donc en Jésus, et soyons-y si bien cachées qu'on ne nous trouve plus, afin que nous puissions dire avec vérité : *Non quæ super terram.* »

Les lettres de la vénérable prieure deviennent quelquefois de véritables instructions où le dogme se mêle à la morale et lui sert de base. Elle écrivait à la duchesse, la veille de la Sainte Trinité : « Il faut adorer ce mystère sans le comprendre, se soumettant avec une humilité profonde à la vérité éternelle de l'auguste et indivisible Trinité ; mais comme cette fête est mieux solennisée au ciel que sur la terre, nous appliquerons notre cœur et notre esprit pour la célébrer magnifiquement dans notre intérieur. C'est la fête de la dédicace du temple mystique : nous savons de foi que le cœur du chrétien est le temple du Dieu vivant; l'apôtre nous en assure, et l'Église nous apprend que ce temple intérieur est dévoué et consacré au baptême à la sainte Trinité, par Jésus-Christ. Les trois divines personnes, le Père, le Fils et le Saint-Esprit, sont continuellement résidantes dans ce temple et jamais elles n'en sortent, quoi qu'il puisse arriver, durant le cours de cette vie. Cette vérité étant de foi, il ne faut que se recueillir en soi-même pour adorer en nous l'auguste Trinité, lui présenter nos hommages et nos sacrifices, dont le plus excellent est de nous immoler incessamment à sa gloire par Jésus-Christ, par lequel nous sommes présentés à son Père.

« La première réflexion que nous devons faire est de voir la dignité de notre âme et comme elle appartient irrévocablement à la très-sainte Trinité.

« La seconde réflexion sera que, comme cette adorable Trinité est toujours en nous, nous devons toujours être en elle, et effectuer les paroles de Jésus à la Samaritaine, lorsqu'il lui dit que le temps est venu où le Père aura des adorateurs qui l'adoreront en esprit et en vérité; non plus en Jérusalem seulement, mais partout et surtout en nous-mêmes; en esprit, par la foi; et en vérité, du fond du cœur, par amour et par un profond et sincère anéantissement de nous-mêmes devant cette Majesté suprême.

« La troisième réflexion sera de demander à notre âme quels sont ses devoirs envers cette déité; si elle la croit en elle, si elle l'adore, si elle s'y réfère elle-même et toutes ses opérations; si elle se regarde et se voit actuellement dépendante du secours divin, source intarissable de grâce et de sainteté cachée en elle. Ensuite de ces petites considérations, vous connaîtrez si vous rendez à Dieu les hommages et les devoirs que vous lui devez dans son temple intérieur; si vous remarquez y avoir manqué, faites-en amende honorable à la très-sainte Trinité, et renouvelez les vœux et promesses du baptême, pour vous obliger à être plus fidèle à l'avenir. »

Nous voudrions pouvoir citer les admirables lettres de la mère Mechtilde sur l'Ascension, la Pentecôte, le Saint-Sacrement, et tant d'autres fêtes : les limites de ce chapitre ne nous le permettent pas. Nous ne pouvons cependant nous abstenir de reproduire ici une lettre qu'elle adressait à sa chère duchesse pour sa fête. La grâce et l'éclat, l'affection et la piété s'y réunissent pour en faire un bouquet d'où s'exhale le parfum d'une douceur ineffable et d'une délicieuse fraîcheur.

« Madame,

« Le jardin des Filles du Saint-Sacrement ne produit point de fleurs dignes de vous être présentées aujourd'hui. J'en aurais un fort grand déplaisir si je ne trouvais dans le parterre eucharistique un supplément admirable : c'est la fleur des champs et le lis des vallées, Jésus, le Verbe éternel, qui s'est fait lui-même le bouquet des âmes pures. C'est ce fleuron divin, Madame, que je vous présente et que toute la communauté a reçu pour vous ce matin, le suppliant d'opérer en votre intérieur toutes les vertus qui doivent rendre votre âme une marguerite agréable aux yeux de votre céleste Epoux, par la constance et la générosité dans les souffrances. Recevez donc, Madame, ce bouquet du paradis, ceux de la terre sont trop chétifs pour une âme qui ne peut se récréer que des beautés de ce Lis adorable, que vous aimez si tendrement et que vous contemplez si suavement sur nos autels. Je le prie ardemment de vous attirer avec sa force divine à l'odeur de ses sacrés et précieux parfums; que votre âme en soit tellement embaumée que tout ce qui est sur la terre lui soit à dégoût; et que, n'étant plus animée que de la vie de Jésus, elle soit un jour consumée des pures flammes de son saint amour. »

C'était beaucoup d'avoir obtenu le « quart d'heure »; cependant la méditation n'est qu'un premier pas pour arriver à une union plus étroite avec Jésus-Christ par la sainte communion. Sur ce point, Mme d'Orléans fut plus difficile, et notre mère usa d'une douce mais infatigable persistance pour obtenir d'elle la communion fréquente. Elle emploie la prière, invoque les plus pressantes raisons, fait appel aux sentiments de la duchesse pour vaincre sa résistance. Elle va même jusqu'à l'importunité; mais cette importunité est accompagnée d'une telle délicatesse qu'il est impossible de s'en blesser.

« Je n'aurai jamais, lui écrit-elle après d'inutiles

instances, je n'aurai jamais de consolation, quelque grâce que vous me fassiez en m'honorant de votre amitié, que je ne voie votre âme dans cette sainte pratique. Je vous le demande avec autant d'instance que le plus ambitieux du monde demanderait une haute fortune; et j'ose dire que je vous le demande de la part de mon Dieu. Jésus veut venir à vous, et cependant vous ne le recevez pas. Vous avez plusieurs petites faiblesses qui ne seront anéanties que par l'usage de ce Pain eucharistique. Pourquoi privez-vous votre âme d'un bien infini? Ecoutez la voix de cet adorable Sauveur qui crie au fond de votre cœur: *Aperi, aperi mihi, soror mea, sponsa...* Ouvrez-moi, ma sœur, ouvrez-moi, ma bien-aimée, ouvrez-moi votre cœur pour y prendre mon repos. Il veut s'unir à vous; ne refusez pas ce que les anges s'estiment infiniment indignes de recevoir. Certes, si vous n'écoutez cette divine voix, je m'en affligerai mille fois plus que si j'étais condamnée à la mort.

« Je vois, écrit-elle un peu plus tard, que les moments se passent, les semaines et les mois, et je ne sais par quelle tentation vous retardez votre bonheur éternel. Je vous supplie que cela ne soit plus, de crainte que quand vous le voudrez, vous ne le puissiez plus; et cependant vous privez votre âme d'une vie divine. Pardon, je vous dis ma coulpe de ma sévérité; mais je ne vous promets pas de me corriger. »

En effet, elle renouvelle bientôt ses instances, et elles deviennent de plus en plus pressantes.

« Permettez-moi de vous dire que vous demeurez

trop accablée, que vous écoutez trop le mal, que vous n'avez pas assez recours à Dieu. Vous savez qu'il n'y a que sa bonté pour vous protéger, et qu'il faut tout espérer de la très-sainte Mère de Notre-Seigneur qui peut obtenir tout ce qui est nécessaire. Vous ne prenez pas assez de force là où elle est. La communion fréquente vous est absolument nécessaire, et vous ne la faites pas assez souvent. Vous vous noyez et vous abîmez dans la réflexion; mais ce n'est pas là que vous trouverez la force et le remède. Il fait bon de recourir à Dieu en le recevant; il ne faut plus vous en dispenser. Où prendrez-vous des lumières que dans le divin Sacrement, et la grâce d'agir comme il faut que dans l'esprit de ce divin Jésus? Vous ne le pouvez qu'en communiant souvent. Votre cœur ne devrait aspirer qu'après ce Pain eucharistique. Vous expérimentez votre besoin, et je vous assure que Dieu veut cela de vous; et que, si vous êtes fidèle, vous recevrez des effets de grâce que l'on ne peut exprimer... »

La mère Mechtilde du Saint-Sacrement eut à remplir, près de Marguerite de Lorraine, un autre rôle que celui de directrice : elle fut sa consolation. Ce rôle, il est vrai, se confond avec le précédent; car les souffrances sont le pain quotidien de toute créature; et, lorsqu'on les accepte pour Dieu, elles sont un moyen puissant de salut. Mme d'Orléans fut longtemps, et surtout à la fin de sa vie, abreuvée d'humiliations, de déboires et de chagrins de toute sorte. C'était auprès de sa sainte amie qu'elle cherchait les consolations dont elle avait besoin. Jamais notre vénérable mère ne manqua à sa douleur; et de son cœur, comme d'une source inépuisable, jaillissaient les plus douces et les plus consolantes paroles.

Au commencement de janvier 1664, la duchesse d'Orléans perdit une de ses filles. Notre vénérée mère lui adressa ces mots pleins de force et d'espérance : «... Souvenez-vous que vous devez rendre à Dieu ce qui est à Dieu : rien n'est à vous que le néant et le péché; vous n'êtes point à vous-même, mais vous êtes toute à Jésus-Christ; il est donc très juste qu'il fasse tout ce qu'il lui plaira de vous, et qu'il vous conduise à l'éternité bienheureuse par des tribulations. Bientôt vous recevrez la récompense de tant d'amertumes dont votre vie est remplie; mais il faut prendre courage, tout passera et se réduira au néant. Ce n'est pas la peine de s'affliger des accidents de cette vie. La mort emporte tout et nous ensevelit nous-mêmes; ne pensons qu'à notre heureux retour vers Dieu qui est notre centre et dans lequel il n'y a nulle vicissitude, mais une durée de paix inaltérable. Achevez de couronner Jésus par votre patience et résignation, et il vous couronnera un jour dans sa gloire par son amour : ce doit être notre unique désir comme notre souverain bonheur. Je prie de tout mon cœur Notre-Seigneur que cela soit ainsi, vous étant toute, en Lui, avec très-profond respect... »

Dans la perte que la duchesse faisait de sa fille, c'était sa tendresse qui avait à souffrir : sa fierté reçut bientôt un coup non moins sensible, par les désordres de Charles IV de Lorraine, son frère, qui, sans égard pour l'attachement de ses sujets et pour sa propre dignité, semblait vouloir sacrifier à ses ignominieuses passions, la nationalité de sa patrie et la grandeur de sa maison.

« Vous ne doutez pas, lui écrit la mère Mechtilde, que je ne sois touchée au dernier point, bien que je ne croie pas votre maison anéantie ; mais, quoi qu'il en soit, *levate capita vestra*, élevez votre esprit, et voyez des yeux de la foi la conduite de l'adorable providence de Dieu. Laissons les causes secondes, pour nous lier à la première ; dites en vérité, et de tout le cœur uni à Dieu : Mon règne n'est pas de ce monde, il sera désormais dans le cœur de Jésus-Christ ; c'est là que vous devez établir votre royaume, en mettant votre couronne à ses pieds. Puisque vous avez remis vos États entre les mains de sa très-sainte Mère, vous lui en abandonnez totalement la conduite, pour n'y prendre plus de part qu'en l'esprit de son Fils. Et puisqu'il n'attend point le temps de la mort corporelle, où il dépouille nécessairement de tout, pour vous séparer de ce que la naissance avait mis en votre possession, entrez dans ses desseins par une intime union de votre volonté à la sienne ; dites-lui, d'un cœur plein d'amour et de confiance, que son bon plaisir vous suffit, que vous renoncez à tous les royaumes de la terre pour vous renfermer en esprit dans le cœur de Jésus, où vous vous ferez gloire de régner paisiblement par une soumission amoureuse à ses conduites. Il veut que sa grâce fasse en vous un usage tout divin de votre croix ; si vous ne pouvez remédier aux maux présents, tâchez de gagner pour le

Ciel des biens immenses que vous pouvez acquérir à tout moment. Plus vous êtes accablée, pour ne point dire terrassée, plus votre bon cœur doit se soutenir en foi, disant avec nos saints livres : J'espèrerais en Dieu quand même il m'abîmerait. Oh ! si par les indignités que vous recevez de vos ennemis, vous en tirez votre sainteté, n'est-ce pas un bien infini ? N'en perdez point l'occasion ; faites devant Dieu comme si tout était perdu pour vous, afin que vous lui puissiez dire désormais : Je me contente de vous seul ; mon règne est dans votre cœur, et le vôtre est dans le mien. Oui, si Jésus règne en vous, vous régnez en Lui : doux règne qui n'aura point de fin. C'est là qu'il faut s'établir solidement, et où les atteintes des hommes ne pourront plus ébranler votre constance. Mais quelle joie de régner de ce beau règne qui rend une âme immuable aux renversements ! Rien ne peut plus altérer sa paix ; les ordres du bon plaisir de Dieu font sa gloire ; et son amour, sa félicité éternelle.

« Tout ceci n'empêche pas que vous n'agissiez en ce qui vous sera possible, mais faites toutes choses avec cette union d'esprit et de cœur à Dieu ; ne vous laissez point submerger par la tristesse ; c'est dans cette rencontre que vous pouvez faire des merveilles pour votre éternité : *Dominus dedit, Dominus abstulit, sit nomen Domini benedictum*. Pour moi, je ne perds pas la foi, quoiqu'il semble que tout s'abîme ; et cependant je suis pénétrée de douleur, sachant que vous l'êtes, humainement parlant, très justement. Il faut redoubler les prières, nous le ferons de tout notre cœur. »

La direction de la mère Mechtilde du Saint-Sacrement, tout à la fois douce, forte et éclairée, ne tarda point à produire d'heureux fruits ; et la duchesse en témoigna sa reconnaissance à sa bien-aimée directrice qui lui en renvoya tout l'honneur avec une exquise délicatesse.

« Hélas ! si vous recevez quelques bons effets de notre entretien, c'est la récompense de votre humilité qui s'abaisse jusqu'à ce point de souffrir à ses pieds une pécheresse que la terre devrait abîmer. Ce ne sont point les choses que je dis qui vous fortifient ; mais la grâce de Celui qui est caché en vous. C'est l'unique tout de votre cœur qui vous soutient et qui vous anime de son esprit pour vous attirer tout à lui, par son opération divine, dans le secret de votre intérieur qui vous tient lieu de retraite et de solitude, en attendant que Dieu vous sépare entièrement des créatures. Il sait quels sont les sentiments les plus tendres de votre cœur, et que déjà par avance il a pris son vol dans les trous de la pierre qui sont les plaies adorables de l'humanité sainte de Jésus. Dans ces précieuses cavernes, vous gémissez incessamment après la jouissance de Celui qui a blessé votre cœur par les flèches de son divin amour qui l'empêche de se réjouir d'aucune chose sur la terre hors de cette délicieuse union. Goûtez et voyez combien le Seigneur est doux et suave... »

La suavité et la douceur du Seigneur attira enfin la duchesse à un tel point, que le désir lui vint de quitter le monde et de se retirer dans la solitude, afin de les goûter dans toute leur pureté. La mère Mechtilde du Saint-Sacrement, loin de la retenir, l'y excitait : « Je bénis Dieu de tout mon cœur, lui disait-elle, de la résolution qu'il vous fait prendre de rompre vos liens. Votre santé est si fluette qu'on ne s'en peut assurer humainement. Cherchez, Madame, votre repos et votre sanctification : cela vous est permis. Nous voyons dans les histoires que plusieurs grands monarques ont tout abandonné pour posséder la paix quelques années avant que de mourir. Nous connaissons même de grands prélats qui, par leur sacré ministère, semblaient être attachés inséparablement au gouvernement de l'Église, qui se sont d'eux-mêmes retirés. C'est à mon avis une grande grâce d'avoir un peu de temps pour penser sérieusement à Dieu et à soi-même. Il ne faut pas partir de ce monde sans l'aimer ; et, pour mieux réussir en cette divine science, il faut quitter autant qu'on le peut le tracas des créatures. Ce n'est pas que l'on ne puisse servir Dieu dans les maisons des grands ; mais comme Notre-Seigneur est peu connu dans ces lieux-là, il est rare d'y trouver des âmes bien pénétrées de son divin amour. Nous voyons même que celles qui en ont quelques touches n'y demeurent pas, sachant bien qu'elles ne s'y pourraient longtemps conserver. Fuyons le monde, fuyons les créatures, si nous voulons jouir pleinement de Dieu seul. On ne le peut posséder pleinement si l'on ne s'éloigne de son contraire et de ce qui nous le dérobe. »

Continuant à encourager la duchesse dans ses pieux désirs, notre mère lui écrivait encore : « Je fais prier Dieu pour la rupture de vos liens, afin que vous puissiez prendre votre vol vers la douce et aimable solitude où vous aspirez si souvent, et vous reposer dans le trou de la pierre, qui n'est autre que le Sacré Cœur de Jésus. C'est là, Madame, et non ailleurs, que vous jouirez d'un parfait repos, et que les flammes de son cœur adorable consumeront le vôtre. J'en souhaite avec ardeur le précieux moment, et de me voir à vos pieds pour être témoin de votre bonheur et avoir un peu de part aux miettes qui tomberont de la table où vous ferez ce festin délicieux. En attendant ce grand bien, souffrez que je sois toujours ce que votre bonté m'a permis, avec très profond respect. »

La duchesse estimait les Filles du Saint-Sacrement si heureuses, qu'elle aurait préféré la condition de sœur converse dans leur maison à toutes les grandeurs de la terre, et qu'elle l'eût embrassée, disait-elle, si sa santé le lui avait permis. Pour témoigner l'intérêt qu'elle portait à l'œuvre de l'Adoration perpétuelle, elle avait fait au monastère de Paris, en 1664, une donation de dix mille écus payables après sa mort et applicables à la fondation d'une maison de l'Institut à Nancy, lieu de sa naissance. Il existait dans cette ville une abbaye pour laquelle la duchesse avait la plus grande affection. Elle pensa qu'en procurant l'agrégation de cette abbaye à l'Institut, et en y appliquant les dix mille écus qu'elle avait donnés, elle ferait, d'un seul coup, deux œuvres excellentes. Elle s'en ouvrit à la mère Mechtilde du Saint-Sacrement. Mais avant d'aller plus loin, nous croyons utile d'exposer rapidement l'histoire du monastère de Notre-Dame de Consolation de Nancy, et de faire connaître en même temps l'origine de cette affection singulière que lui avait vouée la duchesse d'Orléans.

CHAPITRE XXIX

AGRÉGATION DU MONASTÈRE DE NOTRE-DAME DE CONSOLATION DE NANCY.

1667-1669

Parmi les abbayes qui, au XVIIe siècle, couvraient le sol de la Lorraine, il n'en était pas de plus célèbre que celle de Remiremont. Le bénéfice en était toujours rempli par des princesses. Le duc Henri en pourvut, en 1626, sa sœur Catherine qui reçut la bénédiction solennelle de l'évêque de Toul; et, à sa prise de possesion, elle fit les vœux de religion, suivant la règle de saint Benoît. Malheureusement ce monastère, comme tant d'autres, hélas! avait dégénéré de sa première ferveur. Les religieuses, toutes filles de grandes familles, avaient oublié, non-seulement la règle, mais jusqu'au nom même de leur sainte profession. Elles étaient devenues des chanoinesses dissipées, récitant encore, il est vrai, le bréviaire bénédictin; mais, à part cela, menant une vie toujours mondaine, souvent légère, et parfois scandaleuse.

Catherine de Lorraine, qui avait refusé à quinze

ans la main de l'empereur, tant sa vocation religieuse était décidée, n'avait point prononcé ses vœux pour les démentir par sa conduite. En parcourant l'histoire de son abbaye, elle comprit toute la sainteté et toute l'étendue des obligations qu'elle avait contractées. Lorsqu'elle se promenait dans le cloître, il lui semblait voir les cendres vénérables qui y reposaient se ranimer, et protester contre l'état présent de la communauté. Après avoir souvent pleuré sur ces ossements vénérés, demandé à Dieu, par l'intercession de saint Amé et de saint Romaric, fondateurs du monastère, l'énergie et le zèle des saintes qui l'avaient précédée, pour faire revivre leur esprit, elle se mit courageusement à l'œuvre. Nous n'avons point à raconter ici ses tentatives de réforme : il suffira de dire qu'elles échouèrent toutes contre l'indiscipline des chanoinesses et les réclamations des seigneurs, leurs parents.

Le duc de Lorraine aimait tendrement sa sœur. La voyant exposée à des mortifications sans nombre, il proposa de lui bâtir une autre abbaye, de la doter lui-même, et de la mettre sous la règle qu'elle choisirait. Catherine accepta ; et sur-le-champ les ordres nécessaires furent donnés pour transformer un palais qu'elle avait à Nancy, en un monastère, sous le vocable de Notre-Dame de Consolation.

Pendant qu'on y travaillait, la pieuse princesse alla faire son noviciat bénédictin au Val-de-Grâce, à Paris, sous la célèbre Marguerite d'Arbouse, abbesse et réformatrice de cette maison. La mort du duc Henri l'obligea de revenir à Nancy plus tôt qu'elle ne l'eût souhaité. Ce prince, avant le départ de sa sœur, lui avait fait expédier des lettres patentes pour l'érection de son abbaye, à laquelle il avait assigné deux mille francs barrois de rente annuelle, à prendre sur le domaine, pour commencer la fondation. Le duc Charles ratifia tout ce qu'avait fait Henri, son prédécesseur. Le pape, par ses bulles, donna la nouvelle abbaye à Catherine, tout en lui conservant celle de Remiremont; et lui laissa le droit d'hériter et de tester. Les affaires réglées, la princesse entra dans le nouveau monastère au mois de décembre 1624, avec trois religieuses qu'elle avait appelées de l'abbaye d'Avenel.

Son zèle ne put se contenter des réformes, même les plus rigides, qui avaient été faites jusqu'alors parmi les Bénédictines. Elle établit un règlement si austère qu'on ne mangeait qu'une fois par jour, et jamais de viande. Le vêtement consistait en une grosse tunique de laine, sans linge ni serge. On couchait sur une planche et dans un dortoir commun. Cette sévérité tenta les âmes généreuses; les sujets accoururent en foule, et la prospérité du monastère alla toujours croissant jusqu'en 1632.

A cette époque, Monsieur, frère de Louis XIII, s'étant brouillé avec le roi à l'instigation de Richelieu, fut chassé de la cour et vint à Nancy. Il ne manqua point de visiter l'abbesse de Remiremont, qui élevait près d'elle sa propre nièce, Marguerite de Lorraine, princesse d'une beauté accomplie, d'une grande vertu et d'un esprit supérieur. Le prince la vit et l'aima; il la demanda en mariage et l'obtint. La cérémonie se fit dans l'abbaye même. A peine le roi en fut-il instruit que, mécontent, il fit entrer ses troupes en Lorraine. La princesse Catherine se retira en Allemagne, chez la duchesse de Bavière, sa sœur, qui mourut peu de temps après. L'abbesse crut alors devoir faire une tentative pour se rapprocher de ses chères filles, avant de chercher un autre asile. Elle demanda au roi la neutralité pour Remiremont et ses dépendances, faveur qu'elle espérait peu obtenir, les troupes de France occupant toute la Lorraine. Le roi la lui accorda cependant, et lui permit de revenir; mais avec défense d'entrer dans Nancy, où elle était très aimée et où sa présence aurait pu occasionner une révolte. Elle séjourna à Remiremont jusqu'en 1644. Louis XIII étant mort (mai 1643), la régente consentit au mariage de Monsieur avec la princesse de Lorraine qui s'empressa d'appeler sa tante auprès d'elle. La vénérable abbesse s'y rendit, et demeura à Paris jusqu'à sa mort (1648). Le testament qu'elle fit, suivant la permission qu'elle en avait reçue du pape, fut tout entier en faveur de son abbaye de Nancy, qu'elle recommanda en mourant à sa nièce devenue la duchesse d'Orléans.

Les guerres de Lorraine et les absences forcées de l'abbesse avaient été très nuisibles à Notre-Dame de Consolation. Cette abbaye ne possédait d'autres revenus que les deux mille francs barrois que le duc Henri lui avait assignés; et depuis l'entrée des Français en Lorraine, en 1634, elle n'avait eu, pour subsister, que les libéralités de la princesse qui, pour subvenir aux plus pressants besoins, avait été obligée de vendre peu à peu ce qu'elle avait de plus précieux. Au spirituel, le désastre n'était pas moindre. La charité n'unissait plus les cœurs ; et ces austères religieuses passaient une partie de leur temps à se quereller. Cet état de choses ne fit que s'aggraver à la mort de Catherine de Lorraine ; et la duchesse d'Orléans voyait l'abbaye aller à sa ruine, quand il lui vint à l'esprit une pensée qui devait tout sauver, et ajouter encore à la première splendeur du monastère : elle l'offrit à la mère Mechtilde du Saint-Sacrement.

Notre mère montra d'abord peu d'empressement ; et Mme de Châteauvieux fit la plus vive opposition. Instruite du délabrement de Notre-Dame de Consolation, la comtesse craignait que la communauté de Paris, si chère à son cœur, ne s'engageât dans un labyrinthe d'affaires qui l'épuiseraient peu à peu ; et qu'au lieu d'acquérir à l'Institut l'abbaye de Nancy, cette abbaye n'entraînât l'Institut dans sa ruine.

La mère Mechtilde s'excusa modestement près de la duchesse d'Orléans. Celle-ci insista : la comtesse accentua son opposition ; et notre vénérable mère continua d'hésiter et de prier. Ne connaissant pas d'une manière assez positive la volonté de Notre-Seigneur, elle se tint dans son état ordinaire de dégagement et d'abandon, résolue à ne faire aucune démarche jusqu'à ce que les desseins de Dieu lui fussent plus clairement manifestés. Ce fut même en vain que les religieuses de Nancy lui adressèrent capitulairement une requête, pour la supplier d'agréger leur monastère à l'Institut (février 1667). La vénérable Institutrice répondit par des félicitations et des encouragements ; mais elle ne promit rien.

Il était cependant écrit dans les décrets éternels, que l'abbaye de Notre-Dame de Consolation serait consacrée à la gloire du très auguste Sacrement de nos autels. La fondatrice avait même voulu lui en donner le nom ; et si elle ne le fit pas, au moins elle n'omit rien pour que ce divin Mystère fût particulièrement honoré dans sa communauté. Elle avait obtenu du pape la permission d'avoir le Saint-Sacrement exposé tous les jeudis, d'en faire l'office solennel ; et chaque religieuse passait ce jour-là une heure en adoration. Un événement arrivé le 25 avril, sembla indiquer la volonté de Dieu. A la fin du premier coup des vêpres, la plus grosse cloche du monastère tomba subitement avec un fracas épouvantable : son poids énorme devait enfoncer et abattre tout ce qu'elle rencontrerait ; cependant elle ne brisa qu'une poutre, et s'arrêta sur un simple lambris. Les religieuses ne furent pas seules témoins de cette merveille ; toute la ville de Nancy accourut, et ce fut alors qu'on lut avec étonnement cette inscription gravée sur le bronze de la cloche : *Loué et adoré soit à jamais le très-saint Sacrement de l'autel. Pour la Consolation de Nancy.* La cloche, cette messagère de Dieu, n'était-elle pas descendue pour rappeler la destination du monastère et exprimer les désirs de Notre-Seigneur ? Plusieurs le pensèrent ; et il est permis de conjecturer que la mère Mechtilde fut de ce nombre. Mais la Providence ne s'en tint pas là.

La comtesse tomba malade; et il lui fut révélé, pendant sa maladie, que l'union à laquelle elle résistait si fortement, était pour la plus grande gloire de Dieu. A peine fut-elle guérie, qu'elle se montra aussi ardente et empressée pour l'agrégation de l'abbaye de Nancy à l'Institut, qu'elle y avait été opposée jusqu'alors. La mère Mechtilde du Saint-Sacrement, avec le consentement de la communauté, engagea enfin sa parole à la duchesse d'Orléans, et s'en remit à Dieu pour l'accomplissement de l'œuvre.

Il fallait d'abord supprimer le titre d'abbaye, l'Institut ne reconnaissant d'autre abbesse que la très-sainte Vierge ; et, par suite, obliger Mme de Livron, alors abbesse de ce monastère, à se démettre de sa charge. On s'adressa au duc Charles, qui voulut agir précipitamment; la mère Mechtilde s'y opposa. Elle affirma avec fermeté que jamais elle n'accepterait la maison, que l'abbesse n'eût donné une démission pleinement volontaire et ne fût parfaitement contente. L'occasion de les satisfaire l'une et l'autre ne tarda pas à se présenter. L'abbaye de Vergaville, une des plus belles et des plus riches de la Lorraine, avait pour abbesse une dame âgée et infirme : le duc nomma coadjutrice Mme de Livron, qui promit de donner sa démission aussitôt que ses bulles seraient arrivées.

La mère Mechtilde n'avait plus de prétexte pour remettre son voyage; elle partit le 16 décembre 1668, munie d'une procuration de sa maison, qui lui donnait plein pouvoir d'agir en son nom et de faire tout ce qu'elle jugerait à propos pour l'agrégation de Notre-

Dame de Consolation à l'Institut. La mère Anne du Saint-Sacrement et une séculière l'accompagnaient. La duchesse d'Orléans, dont elle alla prendre congé, voulut absolument lui donner son carrosse avec un écuyer, jusqu'au premier relais. Elle fut forcée de séjourner un mois à Toul, les chemins étant peu sûrs par suite des démêlés de Charles IV avec la France. Elle arriva à Nancy vers la mi-janvier, et son entrée dans cette ville fut un événement. Le duc Charles IV l'attendait avec impatience; grand nombre de seigneurs accoururent pour avoir l'honneur de la voir; lorsqu'elle descendit au palais, avec ses deux compagnes et les abbés de Saint-Mihiel et d'Estival, qui étaient allés à sa rencontre, les escaliers, les vestibules, les salles, tout était rempli par la foule. Le prince, voulant lui éviter le désagrément de paraître en public, lui dépêcha un de ses gardes qui la fit monter par un escalier dérobé. Introduite dans sa chambre, notre vénérable mère qui voyait en son souverain le représentant du Roi du ciel et de la terre, voulut se mettre à genoux; mais le duc l'en empêcha, et pendant près de deux heures il l'entretint avec une respectueuse familiarité. Il l'assura de sa protection, promit de lui en donner les témoignages les plus efficaces; et depuis ce jour, bien qu'il se trouvât au milieu de cruels embarras, il s'occupa de cette affaire avec tant de zèle et de suite, qu'on aurait pu croire qu'elle était la seule dont il dût prendre soin.

Du palais, la vénérable Institutrice se rendit au monastère de la Consolation. Les religieuses vinrent au-devant d'elle et lui présentèrent la crosse abbatiale ; elle la refusa, leur faisant comprendre que ce n'était pas ce qu'elle venait chercher dans cette maison.

La mère Mechtilde du Saint-Sacrement trouva des difficultés auxquelles elle ne s'attendait pas. Il s'agissait de discussions d'intérêt entre Mme de Livron et les religieuses. Elle crut devoir y rester étrangère, et après avoir passé six jours seulement à Nancy, elle se retira au monastère de Rambervillers jusqu'à ce que les contestations fussent terminées.

Elle n'y retrouva plus la mère Benoîte de la Passion ; Dieu l'avait appelée à Lui le 24 octobre précédent. Depuis l'agrégation du monastère de Rambervillers à l'Institut, cette généreuse épouse du Christ avait ardemment désiré d'être plus intimement unie à Jésus victime, c'est-à-dire à Jésus substitué aux pécheurs et portant par amour pour Dieu et pour ses frères les plus horribles tortures en son corps et en son âme. « Je satisferai ton amour par une abondance de douleurs », lui avait dit le divin Maître ; et toutes les maladies étaient venues fondre simultanément sur elle, et nul remède n'y pouvait apporter d'adoucissement. En même temps son âme était plongée dans de désolantes ténèbres ; « elle tombait dans des langueurs, dans des agonies et des frayeurs horribles, en sorte qu'elle en était presqu'au mourir ; son visage devenait pâle et défiguré ; elle était pesante comme une masse de plomb et froide comme du marbre. Quelquefois au milieu de cet état on lui voyait lever les yeux vers le ciel, et de mourants et anguissants qu'ils étaient, ils se rallumaient comme deux flambeaux et la faisaient paraître ardente comme un séraphin ; puis elle retombait dans ces accidents de crainte, de langueurs et d'agonies. » Plus elle souffrait, plus elle désirait souffrir, et voir la réalisation de cette parole prophétique : « Je t'arracherai de la terre pour t'élever et te clouer à la croix où tu ne goûteras ni ciel ni terre, rien que l'amertume de la croix. »

Après plusieurs années de ces souffrances acceptées avec une résignation héroïque et endurées avec une joie surnaturelle et toute céleste, elle rendit son âme à Dieu dans un calme, une douceur et une tranquillité qui ne sont pas de la terre. Pendant les trente-quatre années qui suivirent sa profession religieuse, elle avait étonné les anges et les hommes par son incomparable ferveur et l'ardeur toujours croissante de son amour : pour rendre un éclatant témoignage à l'amour de sa fervente épouse, Notre-Seigneur voulut que son cœur restât brûlant pendant les trente-quatre heures qui suivirent sa mort. Tout Rambervillers fut témoin de cette merveille : deux médecins la constatèrent authentiquement, et établirent qu'on ne pouvait attribuer à aucune cause naturelle cette chaleur intense et persévérante dans un corps usé par les austérités, desséché par les maladies, et exposé depuis quinze ou seize heures dans un endroit aussi humide que le chœur des religieuses. Plusieurs se rappelèrent alors le cantique qu'elle répétait quelquefois au plus fort de ses douleurs : « Par trop d'amour il faut mourir, pour revivre d'un élément qui n'est que pure flamme; » et en conclurent qu'elle était morte d'amour. Quoi qu'il en soit, Dieu qui l'avait favorisée du don des miracles pendant sa vie, le lui conserva après sa mort : diverses guérisons furent obtenues par son intercession, et aujourd'hui encore Rambervillers rend hommage à sa sainteté et à ses éminentes vertus.

Après avoir pleuré sa sainte mère, prié pour le repos de son âme et remercié Dieu des grâces qu'il accordait par elle, la mère Mechtilde du Saint-Sacrement proposa à l'acceptation de la communauté le bref du cardinal de Vendôme qui érigeait l'Institut en congrégation. Toutes les religieuses étant réunies au chœur, après l'action de grâces qui suivit la communion générale, on exposa le Saint-Sacrement et on fit la lecture de la bulle d'érection ; puis on chanta le *Veni Creator*, trois fois le verset *Monstra te esse matrem*, et on procéda par voie de scrutin secret à l'acceptation ou au refus de la congrégation. A la fin de la grand'messe eut lieu le dépouillement des votes : à Rambervillers, comme à Paris et à Toul, la congrégation fut acceptée à l'unanimité (1669).

La digne fondatrice agit ensuite auprès du légat, et en obtint une bulle qui abolissait le titre d'abbaye pour Notre-Dame de Consolation de Nancy, l'unissait aux maisons du Saint-Sacrement déjà existantes, et dispensait les religieuses de toute obligation différente des vœux essentiels et des constitutions particulières de l'Institut. En même temps ses amis traitèrent avec les créanciers de la maison, qui se prêtèrent de bonne grâce à un accommodement. Enfin les bulles de Mme de Livron étant arrivées, un conseiller d'État, député par le duc, la mit en possession de la coadjutorerie de Vergaville et reçut un acte par lequel elle déclarait ne plus rien prétendre à l'abbaye de Nancy. Deux jours après, une transaction qu'elle fit avec la communauté termina heureusement toutes les contestations.

La mère Mechtilde du Saint-Sacrement revint alors à Nancy et se rendit aussitôt au monastère pour en prendre possession. Elle y entra avec l'agrément des religieuses, et donna lecture de la bulle du légat qui permettait de s'en tenir uniquement aux observances de l'Institut et de supprimer le titre d'abbesse, ce qui fut signé dans les formes et autorisé par des lettres patentes. La vénérable mère se rendit ensuite au chœur, se plaça dans la chaire abbatiale, tenant une statue de la très-sainte Vierge ; toutes les religieuses vinrent reconnaître cette divine Mère comme abbesse et lui baiser les pieds et les mains. L'humble fondatrice jouissait des honneurs rendus à la glorieuse Mère et Maîtresse de l'Institut ; elle rapportait tout à sa gloire, s'estimant heureuse de lui servir de piédestal. Cette pieuse et touchante cérémonie se termina par le chant du *Te Deum* (8 avril 1669).

Le jeudi suivant, le Saint-Sacrement fut exposé pour la première fois. Écoutons la mère Mechtilde rendre compte elle-même de cette fête à la duchesse d'Orléans. Aucun récit ne peut égaler ces quelques lignes tout empreintes de piété, de reconnaissance et de foi. — « Enfin, Madame, Notre-Seigneur a exaucé les désirs de votre cœur sur la maison de la Consolation. Il a augmenté le nombre des victimes de son divin Sacrement, sans les priver de la grâce qu'elles ont d'être les filles de votre Altesse royale. Jeudi, le Fils de Dieu caché dans ce Mystère en prit possession par une exposition solennelle ; mais pas encore dans la magnificence que j'aurais souhaitée. La musique de son Altesse suppléa au défaut de nos voix. Le sérénissime prince eut la bonté d'y assister ; et ce fut avec tant de satisfaction, qu'il dit hautement n'en avoir point ressenti de plus tendre ni de plus cordiale depuis qu'il est rentré dans ses États : ce qui marque bien la piété de son cœur et l'amour qu'il porte à Jésus-Christ. Notre fête eût été accomplie si votre Altesse royale y eût été présente. Elle ne doute pas qu'elle fût ardemment désirée de toute la communauté, et particulièrement de sa très indigne servante. Notre-Seigneur n'a pas voulu que notre joie fût entière : il laisse toujours quelque petite douleur dans les consolations de cette vie, quoiqu'elles soient saintes dans leur sujet, pour montrer qu'il n'y a de félicité parfaite que dans le ciel. Quoiqu'il en soit, Madame, votre zèle a produit des victimes à Jésus-Christ et des réparations continuelles pour les outrages que nos péchés lui ont faits. Vous verrez par la suite le grand bien que vous avez fait, Madame, et la récompense en sera éternelle. Il était temps que votre Altesse royale apportât quelque remède aux souffrances de ces bonnes mères qui languissaient et soupiraient après le repos qu'elles témoignent posséder avec beaucoup de reconnaissance. Elles le doivent, Madame, à votre Altesse royale ; elles ne manqueront pas de lui en faire leurs très humbles remerciements. Mme la duchesse de Lorraine étant au salut, nous fit l'honneur de nous témoigner qu'elle avait une grande joie de notre établissement en cette ville et de la satisfaction que votre Altesse royale en recevait. Voilà en raccourci le détail de notre petite cérémonie qui sera bien plus éclatante lorsque la grande église sera en état d'être habitée. »

L'affaire de l'union entièrement consommée, la mère Mechtilde fit venir de Paris et de Toul huit religieuses afin de donner à celles qui composaient le monastère de la Consolation l'esprit de l'Institut. Durant les trois mois qu'elle y demeura, la vénérable prieure régla si bien toutes choses qu'il semblait que Nancy fût une ancienne fondation : la décence du service divin, la ferveur et l'exactitude avec lesquelles la règle était observée, firent bientôt l'admiration universelle ; et ce monastère devint en réalité *la Consolation de Nancy*. Mais ce qui mit le comble à la haute réputation dont jouissait déjà notre mère, ce fut la rapidité avec laquelle elle sut rétablir le crédit de la maison. « Dès qu'on la vit commencer par acquitter tout ce qui était dû aux ouvriers et aux marchands, entrer ensuite en paiement avec les anciens créanciers, suivant les arrangements que ses amis avaient pris avec eux, toute la ville et toute la province retentirent de ses éloges. » Ces éloges redoublèrent lorsque, malgré le soin qu'elle prenait de les cacher, on connut une partie des immenses aumônes qu'elle répandait autour d'elle. La bonne et dévouée comtesse de Châteauvieux fournissait à ses inépuisables libéralités.

Le duc de Lorraine se réjouissait de voir la célèbre abbaye se relever de ses ruines ; tout ce dont il était témoin rendait chaque jour plus grande sa vénération pour la vertueuse fondatrice. Il se plaisait à la visiter ; et sa confiance en elle devint si grande qu'il l'entretenait des affaires de l'État, lui demandait ses conseils et les recevait comme des oracles. Les princes et les princesses, une foule de seigneurs, des ecclésiastiques, des religieux et des religieuses venaient aussi consulter notre vénérable mère, et tous admiraient la sagesse de ses réponses. « Elle était, dit avec une pieuse emphase, mais avec vérité, un contemporain, ce que Débora était en Israël : toutes ses paroles étaient des oracles; on les recueillait comme des choses très précieuses. Quand elle parla de son retour, l'affliction fut générale depuis le souverain jusqu'au paysan ; et toute la ville lui donna des larmes ou des regrets. »

Une maladie de la duchesse de la Vieuville hâta son départ. Lorsqu'elle prit congé du duc, il s'efforça de la retenir par les plus vives instances ; il la fit asseoir à ses côtés, et quittant même son fauteuil, il la força respectueusement de s'y placer. Notre mère ne fut pas moins bien accueillie par le prince de Vaudemont et par d'autres princes et princesses. Pour comble d'honneur, le duc de Lorraine voulut absolument qu'un de ses équipages la conduisît à Paris, et que quatre de ses gardes l'accompagnassent jusqu'aux frontières. Elle partit le 7 juillet; son voyage fut un véritable triomphe. En passant à Commercy, elle visita le fameux cardinal de Retz qui la reçut avec une distinction et un respect tout particulier. M. Desarmoises, un ancien ami et bienfaiteur, disputa au cardinal l'honneur de lui donner l'hospitalité. Elle regagna Paris par Châlons, Reims, Liesse, où elle visita le sanctuaire consacré à Marie. Après avoir rendu compte de son voyage à la duchesse d'Orléans qui lui fit « mille amitiés et mille remerciements, » elle se dirigea vers son monastère où ses filles, heureuses de retrouver leur mère après une si longue absence, s'apprêtaient à célébrer son retour par une fête extraordinaire. Mais l'humble prieure trouva moyen de se soustraire à ces nouveaux honneurs, en rentrant le soir à une heure avancée, contre l'attente de sa communauté (18 juillet).

CHAPITRE XXX

LA SUPÉRIEURE ET LA MÈRE.

1665-1675

Le soin avec lequel la mère Mechtilde du Saint-Sacrement réglait toutes les pratiques extérieures du culte que l'on rend à Dieu, ne lui faisait point oublier le but élevé vers lequel doit tendre toute âme religieuse, la perfection et la sainteté. Fidèle au précepte de saint Benoît : « Que l'abbé instruise ses frères par ses discours et par ses exemples », elle multipliait les avis, les exhortations, les conférences. Il n'est pas une seule vérité de la vie chrétienne, une seule maxime de la vie parfaite qu'elle n'ait exposée à ses religieuses, et le passage suivant montre ce qu'elle était dans ses instructions de tous les jours. Elle parlait à ses filles des merveilleux effets de l'amour divin : peu à peu elle s'élève, un souffle puissant l'anime et la soutient, et dans les accents qu'elle fait entendre il y a quelque chose de cette grande voix qui étonnait alors par son éclat et sa magnificence, les esprits les plus cultivés du grand siècle. « Oh! que la force du pur amour est grande! il renverse tout, il détruit tout, il anéantit tout; cet amour a la puissance d'arracher les pécheurs de leur volupté, d'abaisser les trônes, et de réduire au rien ce qu'il y a de plus superbe et élevé sur la terre. O amour, que ta puissance est grande et que tu fais de merveilles dans les cœurs que tu domines! tu fais des solitaires, tu fais des martyrs, tu fais des pauvres, tu fais des anéantis. Quand tu règnes, tu fais toutes choses; tu ne laisses rien au lieu où tu fais ta résidence, tu triomphes de tout, et tu ne veux rien, du tout et en tout, que toi-même. O amour! puisque ton empire est si précieux, si glorieux et si puissant, dis-nous ce que tu es, où tu prends ton origine? — *Deus charitas...* Tu es donc Dieu! — Oui, je suis Dieu, dit le pur amour; c'est pourquoi partout je dois régner souverainement, tout est à moi et rien ne doit être en tout que moi. O amour pur et saint! je reconnais votre puissance, votre grandeur et votre suprême autorité; je vous crois Celui qui est. Régnez donc, élevez-vous sur tout ce qui n'est pas vous, et paraissez vous seul ; je mets ma liberté à vos pieds, vivez et régnez uniquement. O amour ! tirez-moi à la profonde solitude, au martyre, à la mort et au néant ; faites en moi un effort de votre divine puissance ; arrachez-moi de moi-même, et me transformez en vous pour me faire vivre uniquement de vous... »

Après avoir exposé dans des conférences communes les grandes voies de la vie religieuse, les motifs des vertus, les défauts dans lesquels peuvent tomber les âmes même les plus parfaites, mère tendre et dévouée, elle s'inclinait avec bonté vers ses filles, leur indiquait les moyens de sanctification qu'elle croyait le mieux convenir à chacune, leur signalait leurs défauts particuliers, était leur soutien visible dans leurs peines, leurs embarras, leurs doutes, leurs faiblesses et leurs chutes. Accessible à toutes, elle consolait et éclairait celle-ci, encourageait et fortifiait celle-là, et les faisait toutes marcher vigoureusement dans le chemin de la perfection. Toujours à la disposition de ses filles, toujours prête à les entendre et à les satisfaire, elle se communiquait également à toutes comme lui étant toutes également chères.

Prieure active et vigilante, elle agissait et faisait agir ; obligée à une nombreuse correspondance, elle trouvait du temps pour les personnes du dehors qui venaient la consulter : bonne et compatissante avec les pauvres, digne et réservée avec les grands, religieuse avec tous, tous pouvaient la prendre pour modèle.

Depuis que Dieu avait revêtu la vénérable Institutrice de cette part d'autorité qui fait la supérieure et la mère, sa vigilance s'étendait à tous ses monastères et sa tendresse embrassait chacune de ses filles. Nous en trouvons la preuve dans les lettres qu'elle écrivit à Toul, à Rambervillers à Nancy. On se souvient de la parole prophétique que, pendant son séjour à Toul, elle avait adressée à Mlle Charbonnier : « Voici la mienne. » Cette parole était restée comme un trait au cœur de cette généreuse fille ; et depuis lors, secrètement attirée à l'état de victime, elle passait ses jours et ses nuits aux pieds de Jésus-Hostie.

Son entrée au monastère ne fit qu'apposer le sceau de l'obéissance religieuse à ses saintes pratiques, car elle était déjà dans le monde Fille du Saint-Sacrement. La ferveur avec laquelle elle pratiqua les observances régulières, fit abréger pour elle le temps d'épreuve exigé avant la vêture. Nous l'avons dit, elle s'était attachée dès la première entrevue à la mère Mechtilde ; et, pour nous servir de la parole de cette bonne mère, elle demeura *sienne*. C'est sous sa direction qu'elle entra au couvent, et qu'elle fit de rapides progrès dans la vertu. Rien de plus doux et en même temps rien de plus fort que les lettres de la vénérée fondatrice. On y sent partout une tendresse unie à une foi, à une humilité et à une science des choses spirituelles, qui révèlent le cœur d'une mère, et la direction d'une sainte.

« Il est juste, lui écrit-elle à la veille de sa vêture, que j'entre avec vous dans le sacrifice, ma très chère enfant, puisque la Providence m'a donné pour vous des entrailles de mère et un cœur rempli d'une intime affection. Il est donc en quelque façon de mon devoir de vous immoler et de faire en esprit ce que fit la mère de Mélithon lorsqu'elle porta son cher enfant sur l'amphithéâtre pour y être brisé et coupé par morceaux pour l'amour de Jésus. J'entre de tout mon cœur dans les tendresses et dans le courage de cette sainte mère. Par cette même tendresse, je vous reçois non-seulement dans la maison du Saint-Sacrement, mais dans moi-même ; et, par ce même courage, je vous immole et vous sacrifie à mon adorable Sauveur Jésus-Christ... Ne se donne-t-il pas à nous en la sainte Eucharistie, et n'est-il pas bien juste que vous lui donniez amour pour amour, vie pour vie, et mort pour mort ?... »

Mlle Charbonnier reçut l'habit le 6 avril 1665, et prit le nom de sœur Marie de Saint-François de Paule. Notre mère s'empressa de prendre part à cette fête. « C'est à présent que vous pouvez dire : Je ne suis plus du monde, je n'ai plus rien au monde et je n'attends plus rien du monde ; désormais ma conversation sera avec les anges et avec les victimes de Jésus. Oh ! que vous serez heureuse, chère enfant, si vous vous séparez effectivement des créatures ! que vous serez heureuse si vous vivez de la vie de Jésus ! N'est-il pas juste que, comme il a quitté en quelque manière le sein de son Père, pour venir dans le mystère eucharistique pour l'amour de vous et pour demeurer avec vous par un amour infini, *usque ad consummationem sæculi*, de même vous quittiez le sein de votre mère, les tendresses de vos chers parents, pour vous retirer au pied des saints autels où Jésus-Christ fait sa résidence et y demeurer avec lui ? Oh ! que nos cœurs sont durs au regard de l'amour si tendre et si ardent de ce divin Sauveur pour nous! Considérez souvent, ma très chère fille, les bontés ineffables de cet aimable Époux qui se captive sous les espèces et se tient renfermé dans le tabernacle pour l'amour de vous. On s'estime heureux de demeurer chez les monarques de la terre : hélas! qu'est-ce que leur grandeur? sinon vanité et affliction d'esprit, comme nous l'apprenons de Salomon, le plus grand roi qui ait jamais été sur la terre. Mais quel bonheur de demeurer chez Dieu, d'être logé sous un même toit, de n'avoir qu'une même maison, pouvant dire que vous demeurez avec Dieu! N'est-ce pas un bonheur extrême? Je vous conjure de le bien estimer. David ne demandait point à Dieu de plus grande fortune, et il aimait mieux être le plus abject de tous les hommes dans la maison de Dieu que d'être le plus grand dans la demeure des pécheurs, qui est le monde. Aimez, chère enfant, l'honneur que Dieu vous fait; conservez-vous en sa grâce par une fidélité inviolable, sans gêne ni contrainte d'esprit; mais avec une sainte liberté de cœur. Ne cherchez que Dieu, ne désirez que Dieu, ne demandez que Dieu, ne regardez que Dieu, ne préférez rien à Dieu ; que votre cœur n'aime que lui, et tout le reste en lui et pour lui, et vous aurez une paix continuelle. Mais sachez, ma chère fille, que les sens ne nous font point trouver Dieu ni le posséder véritablement; mais bien la foi et la pureté du cœur. C'est pourquoi ne vous attristez point quand les douceurs et les lumières intérieures viennent à manquer; il faut aimer d'un amour plus fort ; une victime ne vit que pour être égorgée et immolée à son Dieu. Soyez indifférente à tous les états, mais ne sortez jamais de la confiance et de l'abandon de tout vous-même à Jésus. »

Ces paroles de notre mère étaient une prophétie : Dieu qui destinait la nouvelle novice à devenir l'une des plus solides colonnes et des plus pures gloires de l'Institut, se disposait à la jeter dans le creuset des plus amères tribulations. D'étranges ténèbres environnèrent bientôt son âme; des souffrances cruelles l'assaillirent; de vagues frayeurs l'agitèrent; elle tomba dans une mélancolie profonde et un profond dégoût de toutes choses. Ce tourment dura plusieurs mois. Pendant ce temps, elle ne cessait d'appeler sa mère au secours; et ses lettres, avec la grâce, venaient la fortifier dans les luttes terribles qu'elle avait à soutenir. Ces luttes, la sainte directrice les connaissait; elle y avait été engagée elle-même et elle en savait l'issue pour les âmes fidèles.

Telle avait été la vertu dont Mlle Charbonnier avait fait preuve pendant son noviciat, qu'on ne pouvait lui reprocher la moindre faute. Elle fut reçue à l'unanimité à la profession, et la Providence lui ménagea une faveur qui rendit la cérémonie doublement douce à son cœur. Après avoir incorporé le monastère de Rambervillers à l'Institut, la mère Mechtilde du Saint-Sacrement voulut passer quelques jours dans sa chère fondation de Toul, et recevoir elle-même les vœux de la sœur Marie de Saint-François de Paule et ceux de la sœur Anne du Saint-Sacrement (15 mai 1666).

La vénérable mère témoignait à toutes ses filles le

même intérêt, la même affection qu'à la sœur Saint-François de Paule : ses nombreuses lettres le prouvent. Elle écrivait aux novices, aux sœurs converses, aux religieuses de chœur, aux communautés, surtout quand les communautés et les religieuses étaient plus éprouvées ou avaient plus besoin d'être soutenues.

Nous ne citerons que sa lettre du 4 décembre 1669 aux religieuses de Nancy :

« Loué soit le très-saint Sacrement.

« Je suis ravie, mes révérendes et très chères mères, que l'amour du Fils de Dieu dans l'auguste Eucharistie s'allume si ardemment dans vos cœurs qu'il vous presse de vous y consacrer en qualité de ses victimes, pour lui rendre vos hommages jour et nuit et vivre de son esprit d'hostie et de sacrifice ; mais permettez-moi de vous supplier, mes très honorées mères et très chères sœurs, de bien peser le vœu que vous prétendez faire. Ce n'est pas assez de vous engager à l'adoration perpétuelle et de vous incorporer à une congrégation qui lui est consacrée, il en faut prendre l'esprit et travailler à la mort de vous-mêmes pour n'être plus animées que de la vie de Jésus ; il faut incessamment lui demander la grâce de vivre désormais uniquement de Lui et pour Lui, comme il vit de son Père et pour son Père ; vous devez prendre à tâche de mourir aux inclinations de la nature et des sens, et de n'agir plus selon votre humeur. Ce vœu de l'adoration perpétuelle doit être un renouvellement de toute votre vie et de toutes vos actions ; il renferme en soi celui de victime qui vous oblige à soutenir les intérêts de Jésus dans le Sacrement de son amour, jusqu'à l'effusion de votre sang et à la perte de votre vie; non pas comme le commun des chrétiens qui se contente de procurer quelque honneur à Notre-Seigneur par quelques actions extérieures. Il faut, mes très chères mères, que vous ayez un zèle ardent pour arracher de vos cœurs tout ce qui l'empêche d'y régner souverainement et d'y prendre ses complaisances. Ce n'est pas assez ; il faut porter son amour dans le cœur de ceux qui le profanent et contribuer à leur salut en réparant pour eux ; il faut même, par la fidélité à vos devoirs envers cet auguste Mystère, que vous tendiez à une si haute pureté de cœur que le Fils de Dieu trouve en vous un supplément de gloire et de plaisir pour celui que les profanateurs de son divin Sacrement lui dénient par leurs crimes ; il faut encore qu'il n'y ait pas en vous un respir qui ne soit consacré à son honneur. Jésus, par ce vœu, rentre dans tous ses droits en vous, et vous devez à chaque moment mourir pour Lui dans les occasions de sacrifices, afin d'être en état de mourir réellement pour sa gloire quand il lui plaira de vous appeler au combat pour soutenir ses intérêts. »

Ces saintes leçons produisaient toujours leur effet : la régularité, la ferveur, l'union du nouveau monastère furent une source d'édification pour toute la ville de Nancy qui regardait les Filles du Saint-Sacrement comme sa sauvegarde auprès de Dieu. Mais il fallait que ce monastère, comme tous ceux de l'Institut, portât le signe auguste de la croix, et la mère Mechtilde devait y rencontrer de nombreuses tribulations. Le duc de Lorraine, brouillé avec la France, fut bientôt obligé de sortir de ses États qui redevinrent le triste théâtre des désastres de la guerre. Ce fut un coup terrible pour la pieuse duchesse d'Orléans; elle survécut peu à ce douloureux événement, et mourut le 3 avril 1672. Les dix mille écus qu'elle avait légués à la maison de Nancy, les quinze cents livres de rente qu'elle lui avait assurées, ne furent pas payés; et la mère Mechtilde du Saint-Sacrement se trouva seule chargée d'une communauté nombreuse, dans un temps de guerre et de famine. Pour comble d'infortune, on menaçait de prendre l'église qui n'était point encore achevée, pour en faire un hôpital destiné aux soldats blessés et malades, dont le nombre était si grand qu'on ne savait plus où les mettre. L'unique moyen d'échapper à ce malheur était de terminer l'église; mais où trouver les fonds nécessaires pour l'achèvement d'une construction aussi considérable? Sa confiance en la Providence ne l'abandonna pas. Notre mère s'adressa au ciel et à la terre pour obtenir des secours; elle fut assez heureuse pour mener à bonne fin cette difficile entreprise, et Notre-Seigneur put prendre possession de sa nouvelle demeure le jour de la Fête-Dieu 1675 [1]. La bénédiction de cette église, l'une des plus belles de Nancy, se

---

[1] Mlle de Vienville : *Vie*, etc., liv. II, ch. xvii. — « Le soleil ou ostensoir, don de Mme l'abbesse de Remiremont, était estimé quarante mille écus; il pesait onze marcs d'or pur; les rayons et la couronne qui le surmontait étaient ornés de diamants d'un très grand prix. La niche figurait un manteau ducal en vermeil enrichi de pierreries; au-dessus se trouvait un phénix dont la poitrine était couverte de plusieurs gros rubis. » Anonyme, liv, III, ch. v.

fit avec un grand déploiement de pompe et de magnificence. La mère Saint-Joseph, de l'illustre famille de Montigny, religieuse d'une grande vertu qui gouverna le monastère pendant douze ans avec une haute sagesse, voulant faire assister notre vénérable mère à la cérémonie où elle n'avait pu se rendre, lui écrivit le 14 juin :

« Enfin, ma révérende et très chère mère, vous avez donné à Dieu un temple où je crois qu'il sera bien honoré. Il y fut porté processionnellement par M. notre supérieur mercredi, veille de la grande fête du Saint-Sacrement, à neuf heures du matin, avec bien de la solennité. MM. les gouverneurs et intendants et tous les principaux officiers y assistèrent, ainsi que tous les messieurs de la ville en corps, et tout ce qu'il y a de plus considérable dans Nancy. Il y avait plus de vingt enfants habillés en anges, avec des encensoirs, quantité d'ecclésiastiques revêtus de chapes et de dalmatiques. Toutes les personnes du quartier de notre grande église avaient paré les rues de tapisseries, de peintures, de feux de joie; le pavé était tout parsemé de fleurs; tous les ouvriers qui avaient travaillé à l'église s'étant munis d'armes, se rangèrent en haie pour laisser passer la procession, et dans le moment où le Saint-Sacrement entra dans l'église, ils firent une grande décharge. Notre organiste eut soin de la symphonie qui était aussi belle qu'on la peut avoir en ce lieu. On chanta ensuite la grand'messe : l'église et les huit chapelles qui sont autour étaient toutes remplies, aussi bien que la cour; il en fut de même aux vêpres et au salut. Le jour de la Fête-Dieu, MM. de la primatiale entrèrent dans notre église avec toute la procession générale, ce qu'ils n'ont jamais fait pour aucune église de Nancy : on joua de l'orgue jusqu'à ce que le Saint-Sacrement fût posé sur l'autel, ensuite nos plus belles voix entonnèrent *Ecce panis*, qui fut trouvé admirable ; après on donna la bénédiction. Notre église ne désemplit point toute la journée, depuis cinq heures du matin jusqu'à sept heures du soir. Tout le monde avoue que ce lieu inspire de la dévotion ; on est si charmé de la beauté de cette église qu'on vous loue et bénit hautement d'avoir mis la dernière perfection à une si belle œuvre. Je sais que vous n'avez eu en vue que la gloire de Dieu dans cette entreprise qui vous coûte beaucoup de plusieurs manières ; vous auriez eu de la joie de voir dans cette grande solennité vos désirs accomplis ; vous manquiez seule à notre consolation qui aurait été parfaite si nous avions pu vous posséder. Nous nous sommes unies à toutes vos intentions, demandant à Notre-Seigneur tout ce que nous avons cru être le plus à sa gloire dans cet adorable Mystère, et la perfection de notre Institut. Nous continuerons, et lui demanderons avec tant d'instances votre conservation que j'espère qu'il nous l'accordera. »

CHAPITRE XXXI

AMOUR DE LA MÈRE MECHTILDE POUR LA SOUFFRANCE ET POUR LA CROIX. — ÉPREUVES DIVERSES. — BULLE D'INNOCENT XI.

1670-1676

Fidèle aux leçons qu'elle donnait à ses filles et au vœu qu'elle s'était imposé, la mère Mechtilde du Saint-Sacrement ne se plaignit jamais des innombrables croix intérieures et extérieures dont il plut à Dieu de la charger ; elle en éprouvait au contraire une sorte de bonheur et laissait échapper malgré elle, des paroles qui trahissaient sa joie vive et intime. « Oh ! véritablement heureuse, s'écriait-elle, l'âme qui ne cherche qu'à contenter son Sauveur, en se livrant à la souffrance comme la proie de sa justice et comme la victime de son amour !... Je tremble quand je vois une âme qui ne souffre point ; il me semble qu'elle est comme ensevelie dans la nature... L'invention de la croix est une fête qui arrive tous les jours parce que sans cesse on trouve à souffrir ; mais il n'en est pas de même de son exaltation : rien de plus rare que de voir honorer et accepter la tribulation... Quel malheur, cependant, de regarder les opprobres et les mépris comme des objets d'horreur et de honte. Oh ! ceux qui sont éclairés de la lumière de Jésus-Christ, les voient au contraire comme des trésors célestes et ne trouvent sur la terre rien de plus digne de Dieu !... Que l'âme perd quand elle se trouve sans ces humiliations qui sont les plus précieux gages de l'amour divin !... Mais pour découvrir la grâce qui y est renfermée, il faut les envisager dans les vues de Dieu et les recevoir de sa divine main. Notre-Seigneur, étendu sur sa croix, a plus regardé la volonté de son Père que les bourreaux qui le crucifiaient... »

Elle disait au R. P. Guilloré, son directeur, « que le poids de la justice de Dieu la tenait terrassée et humiliée pour ses propres péchés et pour ceux du prochain, jusque sous les pieds des démons et de toutes les créatures qu'elle connaissait en la lumière divine être plus innocentes qu'elle ». Telle était l'impression qu'il plut à Dieu de lui donner sur ce qu'elle devait à sa justice en qualité de victime, que sa disposition la plus habituelle était de se tenir comme une criminelle devant son juge irrité de qui elle n'attend que sa condamnation. Cette justice adorable la réduisait dans un abaissement si profond qu'elle n'aurait pu subsister un moment, si elle n'eût reçu de la force des plaies sacrées de Notre-Seigneur où elle puisait incessamment sa vie et son soutien. Un jour où elle faisait la réparation, pénétrée d'une extrême douleur à la vue de ses péchés, il lui fut dit au fond de l'âme : « Tu as percé ton Dieu, tu l'as outragé, tu l'as couvert de plaies. Efforce-toi d'entrer dans ces mêmes plaies et tu y trouveras ton salut et ta guérison. » Ces paroles remplirent la vénérable mère de confiance et de consolation. Dès lors les plaies de Jésus devinrent son asile : celles que les clous firent sous les pieds du Sauveur étant les plus cachées, furent l'objet spécial de sa dévotion. Elle s'y tenait jour et nuit, « parce qu'elle y trouvait une plus grande humiliation jointe à une plus sévère immolation. » Une personne à qui elle conseillait cette dévotion, lui demanda s'il ne valait pas mieux s'enfermer dans la plaie du côté : « Oh ! s'écria-t-elle, cette plaie est une fournaise ardente qui consume et détruit tout. Il faut y aller quelquefois, mais il faut une âme bien pure pour y durer longtemps. Sous la plaie des pieds, l'humilité tempère ce grand brasier d'amour et on s'y tient plus aisément. »

C'est ainsi que notre mère participait éminemment à l'état de victime que Jésus-Christ a porté sur la croix et qu'il continue de porter au très-saint Sacrement de l'autel où il se fait non-seulement la caution des pécheurs, mais encore selon l'énergique expression de l'Apôtre, « malédiction, anathème, péché ». Cette disposition continuelle d'humilité et de mépris d'elle-même dans laquelle la vénérable Institutrice se conservait en la présence de Dieu, produisait en elle un fonds d'anéantissement qui permettait à Dieu d'exécuter librement ses divines opérations dans son âme et de la tenir intimement unie à Lui. Sa mortification universelle et l'assiduité de son oraison la maintenaient dans un abandon si entier à la volonté de Dieu et dans une conformité si parfaite à son bon plaisir, qu'on l'aurait crue exempte de toute passion, de tout empressement, de trouble et d'inquiétude. Le feu ayant pris dans une cellule, tout le couvent fut en alarme. La digne supérieure s'y rendit avec une petite cruche d'eau qu'elle trouva sous sa main, et la jeta avec tranquillité à l'endroit où la flamme était la plus ardente. Soit que Dieu bénît cette action, soit qu'on apportât quelque autre secours, le feu s'éteignit. Les religieuses demandèrent ensuite à notre mère si elle n'avait pas été émue au milieu de ce danger : « Non, dit-elle, Dieu a bâti la maison, il peut la détruire : il faut adorer et se soumettre. »

Les occasions ne lui manquèrent pas. Les sacrifices que Dieu exige d'une âme qu'il appelle à l'état de victime, ne regardent pas seulement l'immolation qu'elle doit lui faire d'elle-même ; mais encore celle de toutes les personnes qui lui sont le plus chères quand il juge à propos de l'en priver. Dans l'espace de quelques années, elle vit disparaître tous ses amis, tous ses appuis humains : Anne d'Autriche, à la protection de laquelle elle devait l'établissement de l'Institut ; dom Quinet, abbé de Barbery, qui l'avait aidée et soutenue par ses conseils et par son dévouement ; sa sœur et son beau-frère, le colonel l'Huillier, qu'elle aimait d'une tendresse pleine de reconnaissance pour les services qu'ils lui avaient rendus. Dieu lui ravit sa chère duchesse d'Orléans dont la mort la jeta dans un labyrinthe de peines et d'embarras ; il lui retira dom Ignace Philibert au moment où son concours semblait devenir plus nécessaire que jamais. Son cœur tendre et sensible ressentit toutes les douleurs de Mme de Châteauvieux lorsque Dieu lui enleva son vertueux époux et sa fille unique et uniquement aimée, la duchesse de la Vieuville, digne des complaisances de sa pieuse mère, bien moins à cause des charmes extérieurs que Dieu avait répandus sur toute sa personne, que pour les qualités dont il s'était plu à orner son esprit. « Elle était, disent d'anciens Mémoires, un des plus beaux ornements de la cour; elle ne céda jamais qu'à Dieu et à son devoir; et on peut dire, sans la flatter, qu'elle avait un cœur de lion qui ne connut ni la faiblesse ni l'inconstance. » La jeune duchesse voulut que son cœur reposât au monastère de la rue Cassette et fût placé aux pieds de la très-sainte Vierge, à côté de celui de son père, M. de Châteauvieux. La comtesse eut le courage de le recevoir elle-même à la grille, et de le porter au lieu qui lui était destiné.

Un jeudi matin, 8 mars 1674, la pieuse comtesse, après avoir entendu la sainte messe et communié avec la communauté, monta dans la chambre de la mère Mechtilde du Saint-Sacrement pour lui rendre compte de son intérieur, ce qu'elle faisait régulièrement tous les quinze jours entre les deux messes. « Ma mère, lui dit-elle en entrant, je me sens un extrême désir de mourir. » Notre digne mère qui, jusqu'alors, avait toujours remarqué en elle une frayeur extrême de la mort, en fut étonnée, et lui répondit « que ce désir, pour être louable, ne pouvait avoir que deux motifs : le premier, de jouir de Dieu; le second, de détruire en nous le règne du péché. » — « Oui, ma mère, reprit la comtesse, j'ai un grand désir de mourir et de mourir promptement; il me semble que c'est pour échapper aux imperfections et aux fautes dont on a peine à se défendre dans les longues maladies, et pour prévenir tant de retours de tendresse sur soi-même et sur autrui, qu'on évite rarement. » — « Vos désirs sont vraiment bons, répliqua notre vénérable mère; mais il faut les subordonner entièrement à la volonté de Dieu dont la providence a toujours été si attentive sur vous et la miséricorde surabondante en vous. Au reste, votre désir pourrait bien être accompli plus tôt que vous ne pensez : vivez de telle sorte que chacune de vos actions soit une préparation à ce grand passage du temps à l'éternité. » Elle parlait encore... la comtesse pousse un cri : « Vous vous trouvez mal », lui dit la mère Mechtilde. « Très mal, ma mère », répond la comtesse d'une voix ferme. « Où souffrez-vous ? » — « Partout », et elle tombe entre les bras de sa chère directrice qui lui crie : « *Jesus! Maria!* » — « *Jesus!* » répète la comtesse ; elle n'achève pas... elle était morte.

Mme de Châteauvieux avait donné généreusement à Dieu, Dieu lui rendit avec magnificence dans ses derniers moments. Il lui accorda la mort la plus pieuse, la plus douce et la plus consolante qu'elle ait pu désirer. Elle mourut lorsque Jésus était vivant en elle après une fervente communion. Les souffrances, l'agonie et ses terreurs, lui furent épargnées. Elle expira entre les bras de sa sainte amie, de sa mère spirituelle, sur ce cœur qui était le sanctuaire de Dieu, l'autel où Notre-Seigneur se consommait comme victime. O mort désirable et vraiment précieuse devant le Seigneur ! *Pretiosa in conspectu Domini mors sanctorum ejus.*

Toute consolante que fût cette mort, elle ne laissa

pas que d'être pour notre vénérable mère la matière du plus douloureux sacrifice qu'elle pût faire en ce monde. Dieu avait uni ces deux grandes âmes pour travailler de concert à son œuvre; et, tout en pleurant sa fille tendrement aimée et sa plus fidèle coopératrice, notre sainte mère déplorait la perte irréparable que faisait l'Institut. Cependant jamais son héroïque vertu et sa soumission à la volonté de Dieu ne parurent avec plus d'éclat. Elle ne se permit pas un seul mot de plainte, et sa douleur douce et patiente ne savait que dire et redire encore : « Dieu me l'avait donnée, Dieu me l'a ôtée... que son saint Nom soit béni ! »

Le premier dimanche de l'avent, 1er décembre 1675, la mère Mechtilde du Saint-Sacrement, s'étant éveillée après matines, sentit dans tous ses membres de si grandes douleurs et une telle faiblesse qu'elle se crut frappée à mort. Elle descendit néanmoins pour l'oraison, et communia avec la communauté; mais aussitôt après, elle fut prise d'un violent mal de cœur qui la força à sortir. Et cependant, la douleur physique la faisait moins souffrir que la crainte extrême qu'elle éprouvait de rejeter la sainte Hostie. « Seigneur, dit-elle, si ce malheur m'arrivait, jamais plus je n'oserais communier. » Dieu eut égard à sa grande foi et l'en préserva. Après l'action de grâces, une religieuse monta à la cellule de la digne supérieure; elle la trouva étendue sur le plancher, sans mouvement et presque sans vie. Aidée de cette religieuse, notre mère se releva et essaya encore de surmonter son mal pour se rendre à la grand'messe : ce fut en vain. L'après-midi, étant oppressée au point de ne pouvoir prononcer une parole, elle consentit à ce qu'on la transportât dans une chambre qui avait vue sur le chœur, et que ses filles lui avaient préparée afin qu'elle eût la consolation d'être toujours devant le Saint-Sacrement. La facilité avec laquelle elle y acquiesça, leur fit juger qu'elle se sentait atteinte gravement ; car dans ses autres maladies on ne pouvait même obtenir qu'elle s'alitât. Le médecin lui demanda ce qu'elle éprouvait, elle lui répondit simplement : « Je suis frappée jusqu'à la substance de mon être. » En effet, il déclara que notre vénérable mère avait une si forte fièvre et une si grande inflammation du poumon que, sans un miracle, on ne pouvait espérer de la conserver.

Il serait impossible d'exprimer la consternation de la communauté : la douleur était peinte sur tous les visages, et chacune, s'oubliant elle-même, passait les jours et les nuits à prier et à pleurer au pied du Saint-Sacrement pour la guérison de cette mère vénérée et si profondément aimée. Aux gémissements de la prière, aux saintes austérités de la pénitence, on joignait des vœux en l'honneur de toutes les Vierges miraculeuses. On s'adressa spécialement à notre bienheureuse mère sainte Scholastique. Il n'y avait pas dans la maison une chapelle ou un oratoire, pas une image de la sainte Vierge ou des saints, où l'on ne vît brûler des cierges et où l'on ne fît des prières particulières. Tout Paris parut prendre part à l'affliction de nos mères et l'on connut alors combien était estimée la digne fondatrice. Au sortir de ses visites, le médecin devait répondre à une foule de personnes de toutes conditions qui demandaient des nouvelles d'une santé si précieuse. On eût dit que le bonheur de tous était attaché à l'existence de notre mère.

Au milieu de l'inquiétude universelle, la mère Mechtilde du Saint-Sacrement était calme, tranquille, et entièrement soumise à Dieu. L'avenir de l'Institut semblait seul lui causer quelque préoccupation : beaucoup de choses auxquelles elle n'avait pu mettre ordre restaient à faire. Elle le représenta humblement à Notre-Seigneur qui lui dit intérieurement : « Tous les membres sont en paix. Ne te mets point en peine, j'aurai soin de tout. » Ces paroles la consolèrent : elle abandonna tout à la Providence et rien ne troubla plus sa paix. « Pendant les trois premiers jours de sa maladie, notre mère sentit un transport de son esprit en Dieu, en sorte que, selon le témoignage du P. Raguenot, elle entra dans un parfait délaissement d'elle-même : toute dévouée à la souveraineté et à la justice divines, elle n'avait pas le moindre retour sur son mal, ni aucune distraction qui la tirât de cet état où elle était comme perdue et anéantie. »

La mère Bernardine de la Conception, voyant le danger s'accroître, s'approcha d'elle et lui dit : « Ma mère, vous vous mourez et vous ne nous dites rien. » « Consolez-vous, lui répondit-elle, si Notre-Seigneur me retire de ce monde, ce sera pour le bien de l'Institut, car je n'ai fait que mettre empêchement aux grâces et aux bénédictions qu'il voulait y répandre, et à la sainteté qu'il désirait y établir. »

Elle se confessa, et pria le R. P. Raguenot de demander pardon en son nom à la communauté. Le lendemain, 4 décembre, M. l'abbé d'Estival lui apporta le saint Viatique, et comme il s'informait de son état : « Je suis très bien dans l'ordre de Dieu, répondit la vénérée malade, très mal selon l'humain. Je n'ai jamais été bonne à rien, on me croit tout autre que je suis. J'ai trompé le monde, étant la plus misérable et la plus criminelle des créatures ; j'ai toujours été opposée à Dieu, j'ai profané ses grâces et mis obstacle à son œuvre. Dites-le à mes filles afin qu'elles se consolent, s'il plaît à Notre-Seigneur de m'ôter à elles. » Toutes les religieuses fondaient en larmes. Après que notre vénérable mère eut prononcé ces paroles, elle communia dans les dispositions d'une victime, ayant la corde au cou et le cierge à la main. Son visage pâle et défait prit alors une expression tout angélique et devint si éclatant par l'amour dont son cœur brûlait pour son divin Époux, que les témoins en furent dans l'admiration. Après l'action de grâces, une de ses filles prit la liberté de lui demander si Notre-Seigneur ne lui avait rien fait connaître : « Oui, répondit-elle, jeudi, je serai mieux ; et dimanche, jour de l'Immaculée Conception, je serai hors de péril et je dirai au médecin qu'il en est venu un plus habile que lui pour me guérir. » Cette heureuse nouvelle répandit l'espérance dans la communauté. Néanmoins, pendant la nuit du mercredi au jeudi, la mère Mechtilde du Saint-Sacrement fut réduite à une telle extrémité qu'on s'attendait à chaque instant à la voir expirer. Pendant onze heures elle fut sans parole, sans mouvement et comme suspendue entre la vie et la mort ; mais Dieu opérait en elle et imprimait en son âme un sentiment profond, indéfinissable d'adoration, de crainte et d'anéantissement envers la divine justice. Notre vénérable mère se trouva en esprit dans une vaste plaine : autour du trône de Dieu, une multitude d'adorateurs absorbés dans un respect dont rien ne pouvait les distraire, immolaient sur des autels d'or leur être en sacrifice. Toutes ces victimes retournaient à Dieu par Jésus-Christ, seule Victime digne de la Majesté infinie. Au milieu de cette immense assemblée, la mère Mechtilde du Saint-Sacrement se vit aux pieds de l'Agneau « comme quelque chose qui n'était rien » : là, elle attendait son jugement dont la sentence fut rigoureuse, mais non pas éternelle. L'âme de notre mère, élevée en ce moment au-dessus de la région de ce monde, reçut l'ordre de reprendre son corps, ce qui lui semblait insupportable : elle le considérait avec horreur, quand soudain il lui parut comme un vêtement blanc sur lequel le nom de Dieu était écrit en caractères d'or, mais d'un or qui ne se voit point ici-bas. L'âme rentra donc dans sa prison mortelle, mais si séparée de tout le créé que, sans l'ordre divin et l'avantage qui lui fut donné de voir son Dieu partout où elle se voyait elle-même, elle eût succombé sous le poids de sa douleur.

Revenue à elle-même, la mère Mechtilde du Saint-Sacrement fit entendre des paroles entrecoupées : « Mes ennemis n'ont point paru, je n'en aurais pu supporter la vue sans mourir... J'avais bien des dettes, mais mon

Sauveur a tout payé... Hélas ! faut-il encore se trouver dans les mêmes effrois... O terrible jugement ! si tous les hommes le connaissaient, ils vivraient bien d'une autre manière !... » — Puis, élevant la voix, elle disait : « Mes sœurs, travaillez à établir le règne de Dieu en vous, tout le reste n'est qu'amusement. J'ai vu devant la Majesté divine que toute la terre n'est rien, ou plutôt qu'elle n'est digne que de sa colère : c'est à nous de l'apaiser par nos adorations et par nos pénitences. » Notre mère ajoutait que Dieu voulait l'appeler à Lui, mais qu'il l'avait rendue à leurs vœux, et qu'elles la verraient dans un creuset d'humiliations et de persécutions si terribles, qu'elles auraient peut-être regret de sa conservation. « Mes filles, Dieu a eu plus d'égard à vos désirs qu'aux miens ; mais il ne me renvoie parmi vous que pour souffrir et travailler de nouveau. »

Un mieux extraordinaire se manifesta aussitôt dans l'état de la sainte malade. Les médecins surpris d'un changement si inespéré, en attribuèrent toute la gloire à Dieu, et publièrent hautement que sa main toute puissante avait seule pu la tirer de l'extrémité où ils l'avaient laissée. En même temps la maison changea d'aspect, et à une amère tristesse succéda la joie la plus vive ; quantité de personnes de la ville s'y associèrent avec transport, et de toutes parts on rendit gloire à la puissance et à la bonté du Maître de la vie.

Le 8 décembre, selon sa prédiction, notre digne mère était hors de danger. Quelques jours après, elle écrivait à son directeur : « Je n'ai point vécu jusqu'ici, parce que je n'ai point souffert; mais je vais commencer à vivre, puisque je vais commencer à souffrir. » Plusieurs autres paroles échappées à notre mère prouvèrent que Dieu avait opéré dans son âme un renouvellement de ferveur, qu'il l'appelait à un degré plus sublime encore de vertu et de sainteté, et qu'il allait accorder à l'Institut des grâces plus précieuses et plus abondantes. La plus signalée, fut la confirmation du bref du cardinal de Vendôme.

Depuis plusieurs années la mère Mechtilde du Saint-Sacrement sollicitait cette faveur en cour de Rome, et la reine Marie-Thérèse joignait ses instances aux siennes. Le 21 mars 1676, fête de saint Benoît, la digne prieure dit gaiement le soir à la récréation : « Notre glorieux Père m'a fait bonne mine aujourd'hui; il a pris un soin tout particulier de l'Institut, et l'année ne se passera pas qu'il ne soit fait quelque chose à la gloire du très-saint Sacrement. » L'événement justifia ces paroles. Un des premiers actes d'Innocent XI fut de faire droit aux demandes de la vénérable fondatrice et aux sollicitations de la reine : par une bulle du 10 décembre 1676, il érigeait en congrégation les monastères de Paris, de Toul, de Rambervillers, de Nancy, et tous ceux qui pourraient être fondés à l'avenir.

Le Souverain Pontife loue d'abord le but spécial de l'Institut et déclare accorder avec bonheur des grâces, des faveurs et des priviléges aux religieuses qui se consacrent par un vœu particulier à l'adoration perpétuelle du très-saint Sacrement. Il rappelle ensuite les circonstances dans lesquelles a été fondé l'Institut, la protection dont il a été honoré par la reine Anne d'Autriche et la duchesse douairière d'Orléans, les brefs et les lettres patentes qu'il a obtenus des cardinaux Chigi et de Vendôme, la supplique que lui a présentée, à son avénement au trône pontifical, la pieuse reine Marie-Thérèse et ses bien-aimées filles en Jésus-Christ, la prieure et les religieuses du Saint-Sacrement. Désireux de multiplier et de remettre en son premier état l'ordre de saint Benoît, et n'ayant rien de plus à cœur que de faire rendre au très-saint Sacrement de l'autel la vénération et l'adoration qui lui sont dues, le Souverain Pontife acquiesce aux pieux désirs et souhaits de la reine Marie-Thérèse, et accorde toutes les grâces et tous les priviléges qu'on lui demande. Il exempte les monastères de Paris, de Toul, de Rambervillers, de Nancy et tous ceux qui pourront être fondés à l'avenir, de toute juridiction des ordinaires, et les place sous la protection immédiate et la garde inviolable du Saint-Siége ; il les soumet à la juridiction spirituelle de trois ecclésiastiques constitués en dignité, nommés et présentés par les dites religieuses, et confirmés par la congrégation des Évêques et Réguliers. Il nomme pour visiteur le R. P. Hannezon, abbé régulier de Saint-Mihiel, le charge de visiter, au moins une fois dans son triennal, tous et chacun des monastères de l'Institut, et de rendre compte de sa visite aux supérieurs majeurs. Il autorise les dits supérieurs à approuver toutes et chacune des constitutions déjà dressées, et notamment celles qui ont pour auteur sa chère fille en Jésus-Christ,

Mechtilde du Saint-Sacrement. Il autorise les mêmes supérieurs à recevoir les professions des religieuses, à confirmer l'élection de la supérieure et des prieures de tous les monastères, dont l'élection doit avoir lieu tous les trois ans. Il accorde à toutes et à chacune des religieuses, les mêmes exemptions, priviléges, franchises, grâces, indults, indulgences et faveurs, tant spirituelles que temporelles, qu'aux religieux et aux religieuses de l'ordre de saint Benoît de la congrégation du Mont-Cassin, et spécialement à la congrégation des Bénédictines du Calvaire. Il accorde enfin une indulgence plénière à toutes les religieuses et à tous les fidèles qui, au jour du Saint-Sacrement, visiteront une des églises de l'Institut et y prieront aux intentions du Souverain Pontife.

CHAPITRE XXXII

FONDATION DU MONASTÈRE DE ROUEN.

1676-1678

La pieuse comtesse était morte depuis deux ans, et la mère Mechtilde du Saint-Sacrement n'avait aucune connaissance de l'état de son âme en l'autre vie : elle s'en étonnait, et disait à Notre-Seigneur avec simplicité : « Encore, des autres qui meurent j'en sais quelque chose ; mais d'elle, point. » Il n'y avait pas trois jours que notre mère avait réitéré cette plainte amoureuse (janvier 1676), lorsqu'elle la vit dans un songe qu'elle raconta en ces termes : « J'ai vu ma comtesse. Elle m'a paru d'un visage assez tranquille, mais comme si elle n'était pas pleinement satisfaite. Cela m'a fait douter si elle jouissait de Dieu et m'a fait lui dire : Ma comtesse, souffrez-vous ? êtes-vous dans le repos ? Elle m'a répondu assez froidement : Je n'ai pas ordre de vous déclarer les secrets jugements de Dieu, mais je viens vous dire que vous vous hâtiez de faire ce que vous deviez avoir fait depuis treize ans. Hâtez-vous, mais hâtez-vous, m'a-t-elle répété deux ou trois fois ; et en même temps elle a disparu. »

« Cependant, dit un de ses historiens, comme elle n'entreprenait rien d'après ces sortes de visions de peur qu'il n'y eût illusion, elle attendit que Dieu lui manifestât sa volonté d'une façon plus sensible. » Quelques semaines plus tard, un ecclésiastique de Rouen, zélé pour l'Institut, écrivait à notre révérende mère que Mme Colbert, religieuse de l'ordre de saint Benoît, nommée au prieuré de Saint-Louis à Rouen, avait le dessein de transférer sa communauté dans un autre quartier de la ville ; que, pour la somme de dix mille écus, elle abandonnerait une maison qui conviendrait parfaitement à des adoratrices perpétuelles du très-saint Sacrement, et elle se chargerait d'obtenir toutes les permissions nécessaires pour le nouvel établissement.

La vénérable mère consulta plusieurs serviteurs de Dieu ; elle envoya une personne de confiance visiter le prieuré de Saint-Louis, et écrivit à quelques amis de Rouen pour demander leur avis. Ils répondirent unanimement qu'il fallait conclure l'affaire.

La mère Mechtilde du Saint-Sacrement partit de Paris le 16 mars 1677, le jour même où Dieu avait appelé à Lui, trois ans auparavant, la comtesse de Châteauvieux. La réputation de notre digne mère l'avait devancée à Rouen où elle était vénérée comme une sainte ; elle entra dans la ville au milieu des acclamations du peuple qui criait : « Voici les *bénites* du Seigneur, qu'elles soient les bienvenues ! » et la voix des pauvres « auxquels la vénérable Institutrice jetait à poignées les doubles et les sous, » dominant la voix de la foule, répétait : « Ah ! les *bénites* du Seigneur, qu'elles soient les bienvenues ! » Pendant toute la nuit, on joua des instruments de musique sous leurs fenêtres. Les personnes les plus distinguées de la ville tinrent à honneur de venir complimenter notre mère pour qui tous ces hommages étaient autant de croix ; elle répétait souvent aux deux religieuses qui l'avaient accompagnée : « Mes sœurs, c'est sous vos auspices qu'on me traite ainsi, car sans vous Dieu m'abîmerait. »

La maison de Saint-Louis était inhabitable. Ceux qui avaient conseillé à notre vénérable mère de l'acheter, s'excusèrent en disant que le grand désir d'établir l'Institut à Rouen, leur avait trop fait négliger le côté matériel et les intérêts temporels. La mère Mechtilde du Saint-Sacrement conserva son égalité d'âme ordinaire ; elle bénit et adora Dieu sans la permission duquel rien n'arrive, et se mit aussitôt en devoir de chercher une autre maison. Ce ne fut que quinze jours après, et la veille au soir de son départ pour Paris où sa présence était indispensable, que la Providence lui en fit trouver une dans la rue des Arcins, qu'elle loua pour la somme de sept cents livres. Elle partit de Rouen le 29 mars 1677, avec les deux religieuses qu'elle avait amenées ; et de retour à Paris, elle fit préparer tout ce qui était nécessaire pour le nouvel établissement. Le 10 août suivant, elle envoyait à Rouen les mères Anne du Saint-Sacrement, de l'Enfant-Jésus, Sainte-Mechtilde, et les sœurs Sainte-Anne et Saint-Joseph.

A leur arrivée, elles rencontrèrent des obstacles tout à fait inattendus. La mère Anne du Saint-Sacrement en informa la vénérable Institutrice qui lui répondit : « Il n'en faudrait guère davantage, ma très chère mère, pour tout renverser ; mais tout est à Dieu : c'est de Lui seul que vous devez tout espérer, prenez courage ; où toutes les créatures manquent, Dieu suffit. Il y a peu de vrais amis en ce monde, Notre-Seigneur le permet parce qu'il veut être l'unique. Dieu soit béni de ce que vous avez pris possession de votre petite maison le jour et peut-être à l'heure que je la présentais à la sainte Mère de Dieu pour la faire agréer à son divin Fils ; croyez qu'elle en fera son œuvre. Vous serez bien récompensée des peines que vous y prenez ; faites, au nom de Dieu, tout ce qui sera le mieux pour les accommodements de l'église, sans avoir égard à la dépense ; nous ne devons rien avoir plus à cœur que le temple et l'autel du Seigneur et les ornements de son trône eucharistique, c'est la principale affaire ; pourvu que ce qui regarde le Saint-Sacrement soit bien, le reste ira comme il pourra. Faites en sorte qu'il y ait une petite tribune où l'on puisse l'adorer et avoir la consolation de l'envisager, ce qui est le plus doux plaisir qu'on puisse posséder en terre. Je prie Notre-Seigneur de sanctifier et de soutenir, par la force de sa grâce, l'œuvre pour laquelle vous vous êtes si généreusement sacrifiée ; il ne faut pas s'attendre qu'elle ait d'abord un grand succès. Notre-Seigneur pourra bien nous laisser un peu goûter l'amertume de son calice. »

Lorsque la mère sous-prieure crut la maison suffisamment préparée, elle pria la vénérable fondatrice de venir mettre la dernière main à l'œuvre. La mère Mechtilde du Saint-Sacrement partit de Paris le 1er octobre 1677, laissant à ses filles ce touchant adieu : « Ce matin, à la sainte communion, je vous ai toutes mises dans le saint Cœur de la très aimable Mère de Dieu et sous sa protection ; je l'ai priée d'avoir soin de vous toutes. Elle m'a répondu que je ne m'en inquiète pas, qu'elle était plus votre mère que moi qui en suis indigne, qu'elle aurait soin de vous et de vos besoins. » Notre mère emmena les mères Hostie de Jésus, Sainte-Agnès, de la Nativité, Monique des Anges, et mit son voyage sous la protection des saints anges gardiens.

Les voyages qui sont trop souvent des causes de dissipation, portaient la mère Mechtilde à Dieu comme les occupations les plus saintes. En montant en voiture, nos mères se recommandèrent au très-saint Sacrement, aux sacrés Cœurs de Jésus et de Marie, à la très-sainte Vierge, et réclamèrent, en récitant le *De profundis*, l'intercession des âmes du purgatoire. De temps en temps pendant la route, notre mère regardait et baisait pieusement une image de la Mère de Dieu, qu'elle avait attachée à la portière. Les voyageuses arrivèrent le soir à Colombe et passèrent la nuit chez Mme de Bouillon. Le lendemain, elles s'arrêtèrent à Argenteuil pour faire leurs dévotions dans l'église des révérends pères Bénédictins où est conservée la sainte robe de Notre-Seigneur; elles eurent le bonheur d'y entendre la messe et d'y communier. Notre digne mère était heureuse de pouvoir vénérer ce précieux vêtement dont un Dieu avait voulu se couvrir, Lui qui, de toute éternité, disait-elle, est revêtu de gloire et de majesté, et que toutes ses divines perfections ornent de beauté et de splendeur. Toute pénétrée d'un sentiment de joie et de respect, elle ne trouvait rien d'assez riche pour enfermer cette sainte relique, et dit au R. P. prieur qui était venu la complimenter, combien elle souhaitait avoir le moyen de lui offrir une châsse d'or ou d'argent. Nos mères reprirent ensuite la route de Rouen.

L'oraison de la mère Mechtilde du Saint-Sacrement était presque continuelle; elle ne l'interrompait que pour exhorter ses compagnes à travailler à cette fondation avec un esprit de dégagement et de séparation, n'ayant en vue que la plus grande gloire de Dieu, son bon plaisir et son pur amour.

« Nous arrivâmes à Magny sur les neuf heures du matin, dit encore la mère Monique des Anges, et la première chose que fit notre digne mère en descendant de voiture, fut de s'informer où nous pourrions le lendemain, dimanche, entendre la sainte messe. Elle envoya même en plusieurs endroits à cet effet ; mais ayant appris qu'on ne pouvait en avoir d'aussi grand matin et qu'il faudrait nécessairement partir sans l'entendre, elle fut dans une si grande inquiétude que, dans la crainte que nous la perdissions, elle fit aussitôt partir un homme à cheval pour aller en retenir une à Ecouy. Dès deux heures du matin nous montâmes en carrosse afin d'y être rendues de meilleure heure. Après les prières accoutumées, notre digne mère nous parla de Dieu pendant environ une demi-heure et nous dit des choses admirables, étant embrasée comme un séraphin. Elle resta ensuite dans un profond silence, les yeux fermés, et elle était belle comme un ange. Nous prenions plaisir à la regarder et à l'observer ; elle demeura ainsi, toujours en oraison, nous disant seulement de temps à autre : « Mes sœurs, demandez bien à Notre-Seigneur qu'il nous fasse la grâce d'entendre la sainte messe et de communier, il nous y faut bien préparer. » Puis, élevant amoureusement ses yeux au ciel, et comme toute ravie d'admiration de la bonté et de l'amour de Jésus-Christ en se donnant à nous, elle disait : « Quoi ! recevoir mon Dieu, cela se peut-il comprendre ! Ah ! prions-le bien qu'il nous y prépare lui-même. »

« Nous arrivâmes à Ecouy pour dix heures, ce qui nous réjouit beaucoup. Nous allâmes entendre la sainte messe à l'église des chanoines, où l'on nous avait retenu une messe ; mais Dieu nous fit la grâce d'en avoir deux. Notre digne mère était en si grande joie et si perdue en oraison qu'elle ne pouvait sortir de l'église, de sorte que nous qui étions dans une telle faiblesse que nous avions peine à nous soutenir, nous fûmes obligées de la prier de se rendre à l'hôtellerie pour y dîner et s'y reposer, car il était midi. Elle se rendit aussitôt à notre désir, nous assurant qu'elle n'était nullement fatiguée du chemin, et qu'elle n'éprouvait aucun besoin de manger. A la voir si abîmée en Dieu, on jugeait bien qu'elle venait de se nourrir de cette chair vivifiante qui sustente l'âme et le corps ; elle en était toute fortifiée et si remplie qu'elle nous répétait souvent dans la journée : « Mes sœurs, n'admirez-vous point la bonté de Notre-Seigneur, et ne le remerciez-vous point de la grâce qu'il nous a faite d'entendre non-seulement une messe, mais deux... Quelle miséricorde ! Nous ne saurions lui en rendre assez d'actions de grâces. » Ces paroles étaient prononcées d'une manière si touchante qu'il était aisé de voir que son cœur était pénétré des sentiments de gratitude que sa bouche exprimait. »

Toute récréation n'était cependant pas interdite, et la mère Monique des Anges, par sa charmante naïveté, égayait souvent ses sœurs : « Comme j'étais en religion depuis l'âge d'un an, c'était le premier voyage de ma vie ; et n'ayant jamais rien vu, comme l'on dit, que par le trou d'une bouteille, j'étais étonnée de tout ce que j'apercevais sur le chemin. Mais je le fus bien plus dans la campagne en voyant les vignes. Ah ! m'écriai-je tout naïvement, que de jardiniers il faut pour arroser tout cela, et combien ils ont à faire ! Notre mère et nos autres mères se mirent à rire de tout leur cœur de ma simplicité ; mais je leur en donnai un bien plus grand sujet lorsque notre digne mère nous faisant descendre de carrosse pour nous promener afin de nous délasser un peu, nous entrâmes dans un pré où un berger faisait paître une chèvre de couleur rousse, approchant de la couleur isabelle. Une de mes sœurs, se doutant bien que je n'en avais jamais vu, me dit de loin et tout en riant : Ma sœur des Anges, connaissez-vous bien cette bête? Je lui répondis, croyant dire merveille : Mais voyez donc, comme si je ne savais pas que c'est une petite vache. Ce qui les fit éclater de rire, jusqu'au berger qui avait entendu la demande et la réponse. Je vous demande aussi si ce n'était pas bien risible, et si vous n'en ferez pas autant en lisant le récit que je vous en rapporte. »

Le 3 octobre, à neuf heures du soir, la mère Mechtilde arriva à Rouen. Elle alla immédiatement adorer le très-saint Sacrement et rendre ses hommages à la très-sainte Vierge, remettant de toute l'affection de son cœur la maison entre ses bénites mains afin qu'elle en prît soin. Notre digne mère fut très satisfaite de la manière dont la mère sous-prieure avait fait disposer le monastère, elle la remercia avec effusion et lui dit qu'elle avait mis toutes choses en si bon état qu'elle n'aurait plus rien à faire. Néanmoins elle passa encore tout le mois d'octobre à compléter les arrangements nécessaires. « Mes pauvres enfants, disait-elle avec une sollicitude toute maternelle, je ne veux point qu'elles souffrent ; faisons notre possible pour qu'elles soient bien. »

Quelque soin que prît notre digne mère de bien loger ses chères filles, la beauté de la maison de Dieu l'occupait bien plus encore : elle n'épargna rien pour que tout y fût digne de la majesté du Dieu qui devait l'habiter. Transportée d'admiration, elle s'écriait : « Quelle bonté inconcevable de Notre-Seigneur de venir demeurer avec nous ! Qu'on apporte tout ce qu'il y a de plus beau et de plus magnifique. Quand les rois font leur entrée dans leur ville ou leur royaume, on déploie tant de magnificence : un Dieu vient se loger chez de pauvres créatures et l'on n'y pense pas !... »

Aux exercices de Marthe, la mère Mechtilde du Saint-Sacrement joignait le doux repos de Marie ; elle s'occupait activement des choses extérieures, des affaires même les plus distrayantes, et elle restait intimement unie à Dieu qui lui faisait faire toutes choses, sans se distraire de sa sainte présence, dans un amour si profond et si suave qu'elle était comme transformée et perdue en Lui. « Dieu, écrivait-elle à un de ses directeurs, lui paraissait avoir choisi sa demeure au plus intime d'elle-même, dans un endroit qu'elle appelait la région substantielle de l'âme. » Après avoir communié, cette union devenait plus intime et plus étroite encore ; son âme, absorbée en Dieu, était comme incapable de faire autre chose que de jouir de Celui qu'elle possédait et dont elle était possédée. Elle expérimentait même souvent une présence sensible de Notre-Seigneur : ce bon Maître semblait unir son divin Cœur au cœur de sa fidèle épouse, et l'admettait à ces délicieuses familiarités dont les âmes saintes peuvent seules dire les célestes douceurs et les chastes suavités. Il soulevait alors pour elle le voile mystérieux de la foi ; de là ces méprises qui confondaient notre très humble mère et jetaient ses filles dans une pieuse admiration. La veille de la première exposition, elle voulut parer elle-même l'autel où le Saint-Sacrement devait reposer. Dans un saint transport, elle s'approcha de la sacristine et lui dit : « Ma sœur, l'église est remplie d'anges; où allons-nous les mettre ? » — La mère sacristine crut qu'elle en avait fait sculpter pour orner l'autel. « Comment, ma sœur ! reprit notre mère, je vous parle des anges du ciel ; ils y sont en plus grand nombre que les atomes. Ce matin en entrant au chœur, comme j'adorais Dieu, il me dit : Tu cherches le paradis ; il est ici, puisque j'y suis avec tous mes anges et tous mes saints qui m'y adorent. Ces paroles m'ont tellement pénétrée que je ne savais plus dans quelle posture me mettre, je suis demeurée abîmée dans un profond respect. » La sacristine qui voyait notre digne mère se mettre à genoux de temps en temps avec beaucoup de révérence et de recueillement, lui dit tout bas : « Ma mère, y sont-ils encore? » — « Oui, ma sœur, je vous le répète; ils y sont en plus grand nombre que les atomes. Ah ! si nous avions de la foi, nous serions ici abîmées de respect en présence de la grandeur et de la majesté de Dieu. »

Le cœur de la mère Mechtilde du Saint-Sacrement étant tout plein de Dieu, elle en parlait avec une facilité merveilleuse. « Notre-Seigneur, dit une de ses filles, lui donnait une telle abondance de belles pensées et de bons sentiments qu'elle ne pouvait les retenir; il fallait qu'ils s'épanchassent au dehors et qu'elle nous en fît part. Semblable à ces fontaines qui ne peuvent contenir la grande quantité d'eau qu'elles renferment et se déchargent dans une multitude de petits canaux, ainsi notre digne mère nous communiquait une partie de ses lumières et des faveurs que Notre-Seigneur lui accordait, car elle voyait bien qu'elle en avait trop pour elle seule et que d'ailleurs c'était aussi pour nous qu'elle les recevait. »

Plus la mère Mectilde était unie à Dieu, plus sa conformité à la divine volonté était parfaite. La mère Hostie de Jésus voyant notre sainte mère travailler de toutes ses forces à l'arrangement de la maison, lui dit que s'il plaisait à Dieu de la renverser et de l'anéantir, elle en serait sans doute fort touchée. — « Non, lui répondit notre mère ; c'est Dieu qui l'a voulue et qui la veut ; s'il ne la voulait plus, j'en serais également contente. Il l'a faite, il la détruira quand il lui plaira, il en est le Maître; je ne crois pas, avec la grâce de Notre-Seigneur, que j'en serais touchée, et en la quittant même, je n'en serais pas émue. » — « Mais, ma mère, vous paraissez avoir tant d'ardeur à la faire réussir. » — « Oui, ma sœur, reprit-elle, il est vrai que je m'y donne pour y travailler autant que Dieu le demande de moi ; mais quand je n'y serai plus, je n'y penserai plus ; et que j'aille en fonder une autre, vous me verrez agir de la même manière. »

Notre vénérable mère se sentait consumée d'un zèle ardent pour l'honneur et la gloire de Dieu : de là cette soif dévorante de lui gagner des âmes. Dans ses ferventes oraisons, elle embrassait le monde entier ; mais parce que rien ne plaît tant à Notre-Seigneur que de se rendre saintement utile aux âmes qui nous entourent, elle travaillait surtout au bien spirituel de ses filles et priait sans cesse pour leur avancement dans la perfection. Un soir, notre mère se croyant seule au chœur, suppliait avec gémissements et avec larmes la très-sainte Vierge de donner aux religieuses de cette maison le véritable esprit de l'Institut, afin qu'elles fussent des objets de complaisance pour son divin Fils, et qu'il fût glorifié en elles par leur anéantissement et leur profonde petitesse. Une bonne sœur converse, témoin secret de la fervente prière de notre digne mère, s'écria en sortant de l'église : « Il ne tiendra pas à notre mère que nous ne soyons saintes, car elle le demande bien instamment à la sainte Vierge. » A la prière, la vénérable mère joignait l'exemple. « Jamais, dit la mère Monique des Anges, nous n'avions eu le bonheur de la posséder ainsi ; car quoique nous fussions toutes du premier monastère de Paris, ses grandes occupations l'empêchaient de nous donner la satisfaction d'être avec elle aussi souvent que nous le désirions. L'on ne peut s'imaginer avec quelle bonté, quel amour, quelle charité et cordialité elle agissait avec nous ; c'était vraiment une aimable mère au milieu de ses bonnes filles. »

L'âme qui aime Dieu aime tout ce que Dieu aime : la vénérable mère aimait les âmes et les portait à Dieu ; elle aimait les saints et se plaisait à converser avec eux. Le jour de saint Luc (18 octobre), la mère Mechtilde du Saint-Sacrement dit en souriant à ses filles :

« Depuis quelque temps j'aime bien les saints. (Jamais, remarque la mère Monique des Anges, elle ne les avait haïs, car on aime ordinairement ses semblables.) Aussi étais-je persuadée qu'ils obtiendraient quelques grâces pour cette maison, et je ne me suis pas trompée, puisque nous aurons le très-saint Sacrement le jour de leur fête ; ils nous l'apporteront et l'adoreront avec nous. » En effet, grâce au zèle de la digne Institutrice, tout fut prêt pour commencer l'adoration perpétuelle le jour de la Toussaint. Mais la première exposition n'eut lieu que le jeudi suivant, 4 novembre. Pour lui donner la plus grande solennité possible, la mère Mechtilde l'avait fait afficher dans les rues et publier au prône dans toutes les paroisses de la ville. Dès le matin, une foule pieuse et recueillie remplissait l'église. M. Mallet, grand vicaire de l'archevêque de Rouen, officiait : au moment où il exposa le Saint-Sacrement, la musique de la ville fit entendre une harmonieuse symphonie. La grand'messe fut chantée par les religieuses d'une manière si angélique que les assistants en étaient émus et ravis. M. Nivers, organiste du roi, et M*me* Nivers, venus tout exprès de Paris sur la demande de la vénérable fondatrice, « firent des merveilles, disent les *Mémoires*, l'un par son orgue, l'autre par sa voix. » Cette cérémonie fut suivie des prières des Quarante-Heures ; le Saint-Sacrement resta exposé pendant trois jours, et il y eut sermon par les plus célèbres prédicateurs. L'enthousiasme religieux fut tel que l'église ne désemplit pas durant les trois semaines qui suivirent cette magnifique solennité.

Il est impossible d'exprimer la joie de la vénérable mère en cette circonstance. Le soir, les religieuses étant réunies lui dirent qu'elles croyaient bien que Notre-Seigneur n'avait pas laissé passer cette belle fête sans la combler de nouvelles faveurs. « J'ai voulu seulement offrir l'œuvre à Notre-Seigneur, répondit-elle avec une simplicité et une candeur admirables; mais j'ai trouvé tout fait par les mains de la très-sainte Vierge, de sorte que je n'ai eu qu'à adhérer à tout ce que la très-sainte Mère de Dieu faisait. Je voulais aussi chercher quelques saints pour protecteurs de la maison et les prier de nous aider; mais la sainte Vierge me dit encore que ceci était également fait, et que les saints s'étaient chargés de tout. Voyant cela je suis demeurée dans mon néant, contente de ma pauvreté : il me suffit que mon Dieu soit mon tout. Mon unique occupation fut de méditer ces paroles de saint François : Mon Dieu et mon tout... » En cette même fête, notre digne mère eut la consolation d'offrir à Notre-Seigneur la première postulante. Quelques jours après, elle consacra le monastère à l'Immaculée Conception; et, le 8 décembre, elle fit reconnaître la très-sainte Vierge pour unique Abbesse et Supérieure perpétuelle.

Aussitôt après la solennité de la première exposition, la mère Anne du Saint-Sacrement était retournée à Paris pour remplacer la vénérable fondatrice dont la présence était encore nécessaire à Rouen. Elle y fit un séjour de quatre mois, et partit le 8 février 1678, pour s'occuper d'une autre fondation.

CHAPITRE XXXIII

FONDATION DU SECOND MONASTÈRE DE PARIS. — AGRÉGATION DU MONASTÈRE DE NOTRE-DAME DE BON-SECOURS DE CAEN.

1684

Lorsque la mère Mechtilde du Saint-Sacrement quitta Toul, le 6 février 1665, elle y laissa huit religieuses du chœur, une sœur converse et trois novices. A leur tête, était la mère Bernardine de la Conception qui excellait en toutes les vertus et porta jusqu'à la mort la ferveur et la régularité de son noviciat.

Le 24 mars 1665, une postulante, Mlle Charbonnier, vint s'adjoindre à cette petite communauté. Le 30 du même mois, la mère Sainte-Marie arrivait de Saint-Dié, amenant avec elle la plus jeune nièce de notre vénérable mère, la petite Catherine de Vienville, âgée de sept ans : elle fut la première élève du pensionnat de Toul et compta bientôt de nombreuses compagnes. La mère Scholastique de la Croix leur fut donnée pour maîtresse. On leur enseignait tout ce qui était nécessaire à leur âge et à leur sexe, et on leur inspirait surtout la piété et l'amour envers le très-saint Sacrement. Afin de bannir la vanité trop ordinaire aux jeunes filles, elles portaient uniformément une robe noire, un voile et une guimpe de toile blanche.

Après l'agrégation du monastère de Rambervillers (1666), la mère Mechtilde voulut passer quelques jours dans sa chère maison de Toul. En partant (30 mai), la vénérable fondatrice emmena avec elle la mère Bernardine de la Conception qui, avec le consentement de la communauté, avait été remplacée dans la charge de prieure par la mère Magdeleine de la Résurrection, autrement dite Anne de Sainte-Magdeleine.

C'était une des professes de Rambervillers qui avaient commencé l'adoration perpétuelle avec notre mère ; depuis onze ans elle était maîtresse des novices au monastère de la rue Cassette, et c'est à elle que revient la gloire d'avoir formé les premières religieuses de l'Institut. D'un caractère énergique et franc, d'une vertu austère mais aimable, joignant à beaucoup d'esprit un jugement très sain, vigilante, active, pleine de cœur et d'entrain, la mère Anne de Sainte-Magdeleine avait tout ce qu'il faut pour conduire des jeunes religieuses ; « et, pour les former, disent les *Annales du Monastère de Toul*, elle n'avait qu'à puiser dans sa propre source, étant elle-même religieuse très parfaite. » Sous sa direction, le monastère de Toul prit de rapides accroissements. Les postulantes arrivèrent en grand nombre ; la seule ville de Châlons en Champagne, en envoya six en un an ; la mère Anne de Sainte-Magdeleine se vit même dans la nécessité d'en refuser, n'ayant pas de local suffisant pour les recevoir. La mère Mechtilde du Saint-Sacrement, entrevoyant la possibilité de fonder quelques nouvelles maisons, lui écrivit de ne pas refuser tant de sujets parce que Dieu en avait besoin pour son œuvre, et qu'elle regardait la maison de Toul comme la pépinière qui devait lui donner les plantes les mieux cultivées. Mais les mêmes difficultés qui avaient entravé la fondation du monastère, s'opposèrent à son agrandissement, et il fallut toute l'habileté et toute l'énergie de la mère Anne de Sainte-Magdeleine pour en triompher.

La mère Mechtilde du Saint-Sacrement, vivement sollicitée de fonder un monastère à Dreux, demanda à la prieure de Toul de lui envoyer des religieuses. A peine étaient-elles arrivées, que la digne fondatrice reçut l'avis qu'on imposerait, comme condition du nouvel établissement, l'obligation de recevoir deux filles de la ville gratuitement et à perpétuité. Cette charge lui parut si onéreuse qu'elle rompit immédiatement l'affaire. La mère Mechtilde s'apprêtait àr envoyer les religieuses lorraines à Toul, lorsque de graves événements l'en empêchèrent.

Une ligue formidable s'était formée contre la France : pendant que le prince d'Orange menaçait le Nord, les Espagnols le Midi, l'Empire avait rassemblé aux frontières de l'Est des forces imposantes : soixante-dix mille Allemands étaient dans l'Alsace et menaçaient d'écraser l'armée française. De grands mouvements de troupes s'exécutaient de tous côtés ; les chemins étaient peu sûrs, et la vénérable Institutrice crut prudent de garder la petite colonie de Toul.

Sur ces entrefaites, l'archevêque de Paris, Mgr de Harlay, vint faire une visite à la mère Mechtilde du Saint-Sacrement. L'entretien roula sur l'Institut, sur ses progrès et la bénédiction dont il était visiblement favorisé de Dieu. On en vint à parler de l'établissement de Dreux et des religieuses qu'on avait fait venir tout exprès pour le commencer. Le prélat fut d'avis qu'il ne fallait pas les laisser retourner. « Louez-leur une maison, dit-il, où elles puissent vivre selon leurs règles et constitutions ; qu'elles y gardent la clôture autant qu'elles le pourront et qu'elles prennent des pensionnaires ; je les protégerai et leur permettrai d'avoir le Saint-Sacrement. »

Ces paroles étaient de nature à encourager la mère Mechtilde. Elle consulta les plus anciennes de son monastère, et toutes furent d'avis qu'il fallait répondre aux avances de l'archevêque. On loua donc une maison rue Monsieur ; mais comme le nombre des religieuses lorraines n'était pas suffisant pour s'acquitter des exercices réguliers et soutenir l'adoration perpétuelle le jour et la nuit, la mère Mechtilde du Saint-Sacrement s'adressa de nouveau à la mère Anne de Sainte-Magdeleine.

Les mères Marie de Jésus, Marguerite de Saint-Bernard, Anne de Saint-Joachim, Marie de Sainte-Magdeleine, et la sœur Marie de la Mère de Dieu, converse, furent désignées pour aller rejoindre leurs sœurs à Paris. Elles partirent le 29 novembre 1674. Si la vénérable Institutrice avait pu suivre son inclination, elle se serait volontiers mise à la tête de ces jeunes religieuses qu'elle considérait avec raison comme ses enfants. Ne le pouvant pas, elle mit à sa place une autre elle-même, la révérende mère Bernardine de la Conception, qu'elle avait ramenée à Paris en 1666. « Elle se sacrifie pour vous, et moi avec elle, écrivait notre mère à ses chères filles; faites votre possible pour lui procurer tout le contentement que vous pourrez. » Dieu avait donné à la mère Bernardine de la Conception un jugement solide, un esprit vif et agissant, une prudence éclairée dans les conseils, une force invincible dans les épreuves, un sage discernement dans la conduite des âmes, une droiture de cœur admirable dans les affaires, mais surtout un zèle ardent pour l'adoration du Saint-Sacrement et pour l'augmentation de sa gloire. Sa profonde humilité, sa délicate charité, son exacte régularité, son amour pour l'office divin et son assiduité à l'oraison, malgré ses continuelles infirmités, l'avaient rendue un parfait modèle des vertus religieuses. Elle était entourée de respect, d'estime, d'affection, et la mère Mechtilde elle-même la regardait comme sa mère en religion depuis qu'elle lui avait donné l'habit de saint Benoît.

La sainte fondatrice avait pour le nouvel établissement une tendresse semblable à celle qu'ont les grands parents pour leurs petits-enfants. Aux jours de fête, elle envoyait des religieuses de la rue Cassette à ses chères filles de la rue Monsieur, pour leur prêter leur concours et les aider à chanter. Ses lettres fréquentes les soutenaient dans leurs épreuves, et quelquefois elle-même allait les encourager et les consoler. Cette petite communauté devint bientôt l'édification de tout le quartier, et s'attira, par la ferveur de ses membres, l'admiration et la vénération des grands et des petits. Elle fut cependant sur le point d'être anéantie, mais le danger qu'elle courut fut le point de départ de son accroissement et de sa stabilité.

Vers l'an 1680, le roi mécontent de la multitude d'hospices que renfermait Paris, ordonna à l'archevêque de les fermer tous. Mgr de Harlay se présente devant sa Majesté et lui dit : « Sire, vos ordres sont exécutés ; il n'y a plus d'hospice dans Paris que celui des Filles du Saint-Sacrement : je n'ai pu me résoudre à le détruire, et il serait à souhaiter qu'il y en eût beaucoup de ce genre dans le royaume. » Le prélat s'attendait à des observations ; mais à son grand étonnement, le roi lui répondit qu'il avait secondé ses vues en conservant cet hospice, que la vertu de celles qui y demeuraient lui était connue. « Néanmoins, continua-t-il, pour éviter les plaintes et la jalousie, je désire que celui-ci s'établisse d'une manière plus stable, partout où il voudra dans la ville. Qu'on me demande à cet effet des lettres patentes, je me ferai un vrai plaisir de les accorder. » Les lettres patentes furent effectivement expédiées sans aucune difficulté, mais il s'en rencontra beaucoup dans le choix d'un lieu propre à faire cet établissement. En attendant qu'on pût en trouver un convenable, les religieuses furent obligées de s'établir dans une nouvelle maison qu'on loua rue Saint-Marc, près de la porte Richelieu.

Notre vénérable mère qui ne cessait point ses recherches, apprit un jour que le cardinal duc de Bouillon mettait en vente l'hôtel de Turenne, rue Neuve-Saint-Louis au Marais. Elle y alla aussitôt, accompagnée de Mme l'abbesse de Beaumont avec qui elle était liée d'une étroite amitié. En entrant dans la salle où, avant la conversion de Turenne, on avait tenu le prêche, elle se sentit fortement inspirée d'en faire une église. Dans le transport qui la saisit, elle s'écria : « Je m'arrêterai en ce lieu et n'en désisterai point. » Mais le démon ne pouvait, sans dépit, voir se changer en un trône eucharistique l'autel où avait si souvent siégé l'hérésie. Il suscita maintes difficultés que le doigt de Dieu seul put renverser. Enfin, en 1684, après bien des traverses, le marché fut conclu. La maison achetée, on disposa les lieux réguliers : la salle du prêche devint le chœur des religieuses, et à l'endroit où s'élevait jadis la chaire du ministre protestant, on plaça la statue de la très-sainte Vierge. Lorsque la petite colonie s'y fut transportée, le Saint-Sacrement fut exposé dans une chapelle que le cardinal de Bouillon avait fait construire, et qui servit d'église jusqu'à ce qu'il fût possible d'en construire une autre.

La mère Bernardine de la Conception, âgée de soixante-dix-sept ans et accablée d'infirmités, remit sa charge de prieure entre les mains de la vénérable Institutrice. La mère Saint-François de Paule fut élue à l'unanimité pour la remplacer (1685). Tout la désignait pour cet emploi : depuis son arrivée à Paris, elle remplissait à la fois les offices de cellérière, de dépositaire, de maîtresse des novices et de sous-prieure. Elle devint la règle vivante de ses filles, et sa vie religieuse semblait être une reproduction de celle de la mère Mechtilde du Saint-Sacrement qu'elle avait prise pour modèle.

C'est le propre des œuvres de Dieu d'attirer à elles les esprits les plus éminents : l'histoire des ordres monastiques prouve qu'ils se recrutent toujours parmi les âmes d'élite où la vertu la plus pure s'unit à la science la plus profonde. C'est en vertu de cette mystérieuse attraction que la digne fondatrice acquit à son Institut naissant une illustre religieuse bénédictine de l'abbaye royale de la Sainte-Trinité de Caen, Mme de Blémnr, et le prieuré de Notre-Dame de Bon-Secours dont jadis elle avait eu la direction. Cette maison devait, par sa ferveur, sa régularité et son bon esprit, devenir un des plus beaux fleurons de la couronne de notre vénérable mère.

On se rappelle les instances faites par les religieuses de Notre-Dame de Bon-Secours pour la conserver après ses trois années de supériorité, leur douleur et leurs larmes à son départ, et la violence que cette tendre mère avait dû se faire à elle-même pour quitter des filles bien-aimées. La distance n'avait pu rompre leur attachement réciproque ; et des lettres fréquentes, en apportant des consolations aux religieuses, leur avaient continué les bienfaits de la direction suave et forte qu'elles avaient reçue. Plusieurs des religieuses conçurent la pensée de s'agréger à l'Institut. A leur tête étaient la mère Saint-Benoît et la mère Catherine de Jésus, fille du seigneur de la Bernardière. Reçue comme postulante à Pont-l'Évêque, à l'âge de quatorze ans, elle avait fait profession deux ans plus tard, le 11 juin 1642. La solidité de sa vertu compensa ce qui manquait à son âge.

La mère Saint-Benoît était la plus ancienne professe du monastère de Caen. Appelée de Dieu à la religion dès l'âge de six ans, elle avait fait ses vœux à Pont-l'Évêque, le 29 juillet 1641 ; et Mme de Mouy l'avait choisie pour devenir la pierre fondamentale de sa maison. La mère Saint-Benoît avait dignement répondu à la confiance de la marquise : moins ardente que la mère Catherine de Jésus, elle était plus prudente, et non moins énergique. Ces deux religieuses se complétaient mutuellement, et étaient merveilleusement propres à travailler de concert pour atteindre le même but.

Au mois d'octobre 1675, la mère Mechtilde du Saint-Sacrement reçut une lettre de la mère Catherine de Jésus ; elle lui apprenait qu'elle venait d'être élue prieure et réclamait le secours de ses prières et de ses conseils. A cette lettre en succédèrent beaucoup d'autres plus explicites et plus intimes encore. Notre vénérable mère écrivait à une religieuse du monastère de Bon-Secours, le 26 juillet 1680 : « Croyez-moi, mon enfant, si le temps était d'une aussi longue étendue que mon affection, il ne se passerait aucune poste sans que je vous écrive, selon la cordialité de mon cœur. Je reçois toujours vos chères lettres avec une nouvelle joie, bien loin de les laisser, comme vous le pensez, sans en faire seulement la lecture : je vous aime trop tendrement pour vous traiter de la sorte. Croyez une bonne fois que je suis toute à vous et pour toujours. Non, jamais je ne serai inconstante dans mon affection pour vous en Notre-Seigneur, quoi qu'il puisse arriver. La raison est que mon amour pour vous n'a point pris naissance dans les créatures ni dans les choses humaines; et comme c'est Dieu qui me l'a inspiré pour vos âmes, c'est en Lui qu'il sera immortel, d'autant que vos âmes le sont et qu'elles relèvent de la grandeur de Dieu. Je vous aime non-seulement comme ses épouses, mais comme ses membres, et comme des émanations de sa souveraineté et de son amour. Dieu m'ayant donnée à vous pour vous servir, et vous ayant données à nous, pour être par nous rendues à Lui, je vous y ai portées, et dans mon cœur je vous y porte; il sait comment, je ne puis vous l'exprimer, mes termes n'en sont pas capables. Ce ne sera jamais dans des vues humaines que je continuerai à vous aimer; c'est pourquoi croyez que je serai inviolable : Notre-Seigneur le veut ainsi. Il me semblait n'être plus capable d'aimer avec tant de tendresse; mais le bon Dieu applique les âmes comme il lui plaît. »

Les lettres de notre digne mère produisirent leur effet, non moins que les insinuations douces et modérées de la mère Saint-Benoît et les paroles entraînantes de la mère Catherine de Jésus. Peu à peu s'accrut le nombre des religieuses qui désiraient l'Institut; et bientôt toutes. d'un commun accord, demandèrent l'agrégation. La révérende mère prieure, voyant son cher troupeau réuni dans un même désir, jugea que le moment était venu d'adresser au prélat une requête que toute la communauté signa. L'évêque s'empressa de donner une réponse favorable.

Le 28 mai 1684, la mère Sainte-Magdeleine, de la première maison de Paris, et la mère Sainte-Agnès, du monastère de Rouen, arrivèrent à Caen ; et le 1er juin commença l'épreuve de l'Adoration perpétuelle. « A partir de ce moment, dit une des religieuses, chacune de nous goûta avec plaisir, par sa propre expérience, que ce n'est pas sans raison que notre divin Sauveur a dit que *son joug est doux et son fardeau léger*, puisque l'on s'imaginait trouver de la peine en cette sainte pratique, et nous n'y trouvâmes que de la joie et du soulagement. » Ces paroles révèlent avec quelle générosité la communauté de Notre-Dame de Bon-Secours entra dans son noviciat.

La mère Mechtilde, accablée de nombreuses affaires, s'occupait de cette maison avec un intérêt tout particulier. « Pauvre petite mère, écrivait-elle le 5 juillet 1684, à la mère Sainte-Magdeleine, j'apprends que vous faites des merveilles. Courage ! continuez pour la gloire du très-saint Sacrement. Je vous prie de bien insinuer l'esprit de l'Institut dont les pratiques se trouvent dans les constitutions. Il est important de les faire bien comprendre, tant pour le culte du très-saint Sacrement, que pour la charité entre les religieuses. Quand l'union est sincère dans les cœurs, par la charité de Jésus-Christ, tout va en bénédiction... Il faut avoir un grand soin des malades, les assister dans leurs besoins corporels et les consoler dans leurs souffrances... Ayez soin de votre santé et prenez quelque repos. Courage ! vous vous consommez pour Celui qui se consomme tous les jours pour vous sur l'autel. Toute notre communauté vous salue cordialement. »

L'année d'épreuve s'écoula rapidement. La vénérable

Institutrice se faisait une fête d'aller recevoir les vœux de ses chères filles qu'elle se plaisait à appeler ses filles aînées; mais au moment de partir elle tomba malade. Malgré l'ardeur de leurs désirs, les religieuses voulurent différer dans l'espoir qu'une prompte guérison permettrait à leur mère de se rendre à Caen; mais la maladie continuant, il fallut faire le sacrifice de sa présence; il fut grand : et ce fut le premier qu'elles offrirent à Jésus dans leur état de victime.

Le quatrième dimanche de septembre, jour où cette année-là l'Église célébrait la fête de saint Jérôme, dans la petite chapelle du monastère merveilleusement décorée, devant une assistance nombreuse, la communauté prononça les vœux de l'Institut. Mgr de Nesmond officia. Après l'action de grâces, il apporta le Saint-Sacrement sur la grille, et fit une instruction. On vit alors combien était ardent l'amour de cet illustre et pieux prélat pour l'auguste Sacrement de nos autels : les sentiments que, par prudence, il avait longtemps comprimés, éclatèrent ; et ses paroles étaient autant de flammes ardentes qui pénétrèrent et embrasèrent tout l'auditoire. Les religieuses, recueillies comme des anges, brûlantes comme des séraphins, s'avancèrent l'une après l'autre, la prieure en tête, et vinrent s'offrir à Jésus-Hostie, comme adoratrices perpétuelles et réparatrices de sa gloire, en qualité de victimes. On observa les prescriptions du cérémonial de l'Institut, tant pour présenter les cédules de profession au Saint-Sacrement, que pour l'imposition du petit ostensoir qui fut donné par le prélat. Le *Te Deum* termina cette cérémonie.

Le jour même, toutes les religieuses de Caen signèrent l'acte suivant : « Nous, Prieure et Religieuses du monastère du Saint-Sacrement, ci-devant nommé Notre-Dame de Bon-Secours, établi dans la ville de Caen, déclarons et certifions à qui il appartiendra, qu'aujourd'hui, en la présence du très-saint Sacrement, nous avons toutes embrassé et professé l'Institut de l'Adoration perpétuelle, et nous sommes engagées par vœu exprès à la conserver et pratiquer dans une fidélité irrévocable, ainsi que nous en avons fait promesse à Dieu, entre les mains de Monseigneur l'Illustrissime et Révérendissime messire François de Nesmond, évêque de Bayeux, notre très digne supérieur, et comme il est expliqué dans les constitutions du dit Institut. En foi de quoi nous avons toutes signé le présent acte, le jour même de notre renouvellement de profession au dit Institut. Le trentième du mois de septembre, de l'année mil six cent quatre-vingt-cinq, et avons en icelui, posé le grand sceau de notre monastère. » Suivent les signatures de vingt-deux religieuses du chœur et de six converses.

C'était leur engagement irrévocable. La mère Mechtilde du Saint-Sacrement, encore malade, s'empressa de les féliciter par une lettre où se peignent tout à la fois et sa grande tendresse pour ses filles, et son ardent amour pour la sainte Eucharistie.

6 octobre 1685.

« Mes révérendes mères, mes très chères filles et très chères sœurs, je ressens tant de joie du bonheur que vous possédez présentement, d'être, par une grâce singulière, les victimes de Notre-Seigneur Jésus-Christ au très-saint Sacrement, et de l'intime union que nous aurons désormais avec vous, que je ne puis différer plus longtemps de vous le témoigner. J'ai lu avec plaisir, en bénissant Dieu de tout mon cœur, le récit de la solennité avec laquelle vous avez fait les vœux de notre Institut. Je ne doute pas que ce Dieu saint, renfermé dans notre auguste Mystère, ne vous comble de toutes sortes de bénédictions. Toute notre communauté vous en marque sa joie; je vous assure que la mienne la surpasse, et j'ai bien des sujets, entre Dieu et moi, de m'en réjouir, parce que Notre-Seigneur s'est rendu ce que les ennemis de notre Institut lui ont voulu ravir; il saura bien en tirer sa gloire. J'espère, mes très chères mères, que ce sera par votre sanctification et par la bonne odeur de Jésus-Christ que vous répandrez dans le public. Il faut désormais, mes très chères enfants, vous regarder comme des victimes qui sont obligées de vivre uniquement pour Jésus-Christ, n'ayant plus d'autre désir que de vous consumer pour sa gloire, vous étant immolées d'une manière si particulière à cet adorable Sacrement. Vous verrez, si vous êtes fidèles, la consolation que vous en recevrez. J'ose bien vous en assurer; et que, par la sainte profession que vous avez ainsi renouvelée, vous êtes toutes devenues plus intimement les filles de l'auguste Mère de Dieu. J'ose encore vous assurer que c'est d'elle que vous devez croire tenir cette grâce, elle vous l'a obtenue de son divin Fils. Je ne sais si vous avez l'acte qui vous la fera désormais regarder comme votre unique supérieure perpétuelle : ce titre lui appartient absolument; il est bien juste de la considérer de la sorte, et d'avoir recours à elle en cette qualité dans tous vos besoins. Renouvelez-lui votre amour, votre confiance et votre respect; et si vous avez quelques peines ou tentations sur vos nouveaux engagements, ayez recours à sa maternelle bonté, vous verrez comme elle vous soulagera. J'ai été fort mortifiée de n'avoir pu assister à votre sainte cérémonie; elle n'en a pas été moins auguste. Vous avez des obligations infinies à Mgr de Bayeux pour toutes les bontés dont il vous a honorées dans cette rencontre; je vous prie de faire parvenir la lettre ci-jointe que je prends la liberté de lui écrire pour lui rendre mes actions de grâces. Il ne me reste plus qu'à vous désirer une sainte persévérance et à vous demander un peu de part à vos saintes prières comme étant celle qui est toute à vous, dans une très sincère et cordiale affection, pour le temps et l'éternité, mes très chères, très honorées mères et chères enfants. Votre fidèle servante en Jésus et sa très sainte Mère. »

Cette grâce de la persévérance fut accordée à la communauté de Caen; et cette maison fut, au milieu des grandes peines qui accablèrent la vieillesse de la vénérable fondatrice, l'une de ses plus puissantes et de ses plus douces consolations. Nous en trouvons la preuve dans une lettre qu'elle écrivait à Mme l'abbesse de Beaumont, en 1688. « Vous me parlez de Caen : je vous dirai ingénument que c'est la maison la plus régulière de notre Institut; elle est d'une parfaite observance. »

CHAPITRE XXXIV

FONDATION DU MONASTÈRE DE VARSOVIE.

1688

A l'Orient se trouvait jadis enclavé entre la Russie et l'Allemagne, le noble royaume de Pologne. En 1683, le très martial et très vaillant prince Jean III, Sobieski, en était le roi respecté et aimé. Lorsque les hordes farouches de l'Islam, se jetant sur l'Occident, vinrent menacer les murs de Vienne, elles rencontrèrent Sobieski à la tête de ses guerriers. La reine de Pologne, Marie-Casimire, n'ayant pu, à l'exemple de son royal époux, s'armer de la lance et de l'épée, se retira dans la solitude ; et là, s'adonnant à la pratique des bonnes œuvres, de la prière et de la mortification, elle s'efforça d'attirer sur l'armée polonaise les bénédictions du ciel. Inspirée par sa foi et son zèle, elle promit à Dieu la fondation d'un monastère de religieuses qui, par de perpétuelles adorations, lui témoigneraient sa reconnaissance pour la protection qu'elle en attendait. On connaît l'issue du combat, et la gloire qui en revint à Sobieski. « Un Polonais de moins, a-t-on dit avec vérité, et Vienne succombait, le Vatican était menacé, et Louis XIV était obligé de recommencer sur les bords du Rhin ce que Charles-Martel avait fait autrefois sur les bords de la Loire. »

La reine songea aussitôt à s'acquitter de son vœu. Française d'origine, elle connaissait l'institut de l'Adoration perpétuelle, et elle le trouvait plus propre qu'aucun autre ordre à remplir le but qu'elle se proposait. Sa sœur, Mme la marquise de Béthune, et Mgr l'évêque de Beauvais furent chargés d'entrer en pourparlers avec la mère Mechtilde du Saint-Sacrement. Malheureusement les affaires de l'Église et de l'État obligèrent ce prélat à faire plusieurs voyages à Rome ; et par suite de ces complications d'intérêts divers, l'affaire traîna en longueur jusqu'en 1687.

Le 22 août de cette même année, après une touchante cérémonie d'adieux au monastère de la rue Cassette, douze religieuses partaient pour Rouen où elles devaient s'embarquer. Arrivées dans cette ville, elles y trouvèrent une lettre de leur vénérée mère. « Je viens encore vous embrasser, mes chères enfants, leur disait-elle ; je n'aurai ni repos ni joie que je ne sache le succès de votre voyage. Je prie Dieu de vous soutenir et de vous animer de son esprit ; qu'il vous maintienne dans une sainte paix et union, cela sera si vous êtes humbles et fidèles. Tenez-vous en Dieu, attendez tout de sa bonté infinie ; marchez sous les ailes de sa divine protection ; celle de sa sainte Mère ne vous manquera pas. Souvenez-vous que vous laissez mon cœur affligé de votre absence, et que la tendresse que j'éprouve pour vous est la tendresse de la plus tendre des mères.. Je vous ai reçues en Dieu, je vous remets en Dieu, il est juste qu'il use de vous à sa sainte volonté. Je vous regarde comme des missionnaires du très-saint Sacrement, comme la couronne et la gloire de l'Institut, si vous vous comportez comme l'Esprit-Saint vous le demande. Allez, mes chères enfants, allez, chères victimes, allez, les choisies du ciel, porter la gloire et l'amour du très-saint Sacrement dans tout le royaume de Pologne. Faites à cet adorable Mystère de grandes conquêtes, animez les cœurs, ravissez les esprits, et que tout le monde se ressente des grâces dont Notre-Seigneur a dessein de vous remplir si vous êtes fidèles à les recevoir. Oubliez tout pour l'amour de Celui qui, s'oubliant Lui-même, est venu demeurer avec vous, vous nourrir de sa propre substance. Vivez donc de Lui et pour Lui... »

Elles partirent le 2 septembre pour Honfleur, après avoir communié. On aura une idée de ce qu'étaient alors les voyages par eau, lorsqu'on saura qu'elles firent, en courant mille dangers, quatorze lieues en quinze jours. Le mercredi, 17 septembre, elles étaient à leur port d'embarquement. Tout près de là se trouvait une chapelle dédiée à Notre-Dame de Grâce. Dominant la mer, ce sanctuaire dont les fondements étaient battus par les vagues, semblait n'être fait que pour recevoir les vœux et les actions de grâces des navigateurs. Les voyageuses y montèrent afin de mettre leur traversée sous la protection de Marie ; et après avoir reçu la sainte communion, elles se confièrent aux flots...

Cependant la mère Mechtilde du Saint-Sacrement priait et faisait prier toutes ses communautés pour ses chères filles, et elle attendait avec anxiété des nouvelles de leur voyage. Après plusieurs jours, bien longs pour sa sollicitude, une lettre arriva ; elle dut réjouir et affliger tout à la fois son tendre cœur de mère.

« Étant la mieux de toutes, lui écrivait la mère Saint-Ambroise, je prends la liberté de vous instruire des souffrances de vos chères voyageuses. Elles eurent tant de joie à la vue de leur vaisseau, à Honfleur, que la ferveur les y fit entrer sans avoir la pensée de faire changer l'eau qu'on avait prise à Rouen, et qui s'est trouvée si mauvaise que tout le monde mourait de soif, surtout les plus malades, dont la chère mère de la Présentation est la première. Dès le soir de notre arrivée qui fut le 17 septembre, elle eut des vomissements étranges qui la prenaient à chaque heure : la poitrine, la tête, les côtes, lui arrachaient des plaintes qui me pénétraient de douleur. »

Ces plaintes retentirent bientôt de tous côtés, et la narratrice décrit l'attitude variée de chacune de ses sœurs en proie aux mêmes tortures. — « C'est ici la vraie image du purgatoire, tous les sens y sont cruellement affligés. On voit l'image de la mort peinte sur les visages, l'horreur d'un cachot plein d'une confusion de monde ; les oreilles entendent toutes sortes de plaintes sans qu'on puisse soulager personne, le goût souffre cruellement, l'on ne respire que de l'eau et elle sent mauvais, l'odorat est infecté par la fumée, l'odeur des viandes et des fruits cause des nausées continuelles, la cabine du vaisseau, la mer, nos lits même sentent le caveau, le cœur est comme noyé et n'est soulagé que quand il a tout rejeté, l'incertitude où l'on est de savoir quelle en sera la fin afflige l'esprit.

Celles qui ont le plus désiré partir souffrent le plus, et gardent un profond silence. La sœur Saint-Ovide à laquelle on a arraché trois dents, dit que c'étaient des roses en comparaison de ce qu'elle souffre. Voilà, ma chère mère, l'état de vos chères victimes. Je vous écris assise par terre, ne pouvant me tenir debout l'espace d'un *Ave Maria*. Je n'ai été qu'un jour sans dire notre office ; je tâche de me *ravoir* pour soulager les autres. La mère Sainte-Mechtilde se soutient mieux que personne ; c'est comme un miracle si les mères de Sainte-Gertrude et de la Présentation n'en meurent ; et la sœur Saint-Ovide !... »

Les choses n'allèrent pas si mal. Ni la sœur Saint-Ovide, ni aucune des autres mères ne mourut ; et toutes arrivèrent saines et sauves en rade de Dantzick, le samedi 4 octobre, vers six heures du matin. Elles débarquèrent le soir, et furent l'objet de l'intérêt le plus vif et le plus empressé de la part de l'évêque, des communautés religieuses, et des dames envoyées par la reine.

Dix jours après la petite colonie se dirigeait vers Varsovie. A son arrivée, le roi et la reine étaient absents, mais des ordres avaient été donnés ; Mme Katowsca vint au-devant de nos mères et les conduisit au château où elles s'établirent, en attendant que leur monastère fût en état d'être habité. La première impression ne fut pas favorable : les regrets de ce qu'elles venaient de quitter, joints aux incertitudes de l'avenir et aux anxiétés du présent, jetèrent plusieurs religieuses dans le découragement. Elles s'empressèrent d'épancher leur cœur dans celui de leur chère mère, et celle-ci se hâta de les consoler et de les fortifier par une lettre sortie tout entière du plus intime de son cœur.

Paris, 23 novembre 1687.

« J'apprends avec douleur les peines que vous avez souffertes et que vous souffrez encore, mes très chères mères et mes chères enfants; je n'en suis pas surprise, les œuvres de Dieu ne s'enfantent que par la croix. Je vous conjure de relever votre courage, c'est dans cette rencontre que vous pouvez donner à Notre-Seigneur des marques de votre amour. Vous êtes allées chercher sa gloire, votre zèle vous portait à embrasser ce qui était le plus difficile, les souffrances de la mer ne vous ont pas rebutées. Ne vous effrayez pas de ne trouver d'abord que les quatre murailles, la suite vous semblera meilleure; et après tout, si la reine vous manquait, Dieu ne vous manquera pas. Notre-Seigneur m'a dit que votre établissement sera à sa gloire et qu'il le bénira; vos souffrances serviront de préparation à son œuvre. Adorez ses desseins et son entrée en ce monde dans une étable sans secours humains; honorez ses états pauvres et abjects. Il est vrai que vous êtes dans un pays étranger; mais vous êtes dans ses bras et dans le sein de Dieu même, toujours avec Lui et soutenues de ses grâces.

« La reine donnera des ordres pour vos besoins, elle ne vous a pas appelées pour vous laisser périr. J'espère que Notre-Seigneur et sa très-sainte Mère vous donneront des forces pour achever ce que votre zèle pour notre adorable Mystère vous a fait commencer. Souvenez-vous que vous êtes les hérauts du très-saint Sacrement, et qu'il vous a choisies pour porter son amour dans les cœurs. Je voudrais être avec vous pour partager vos angoisses et les tirer toutes dans mon cœur si cela était possible. Croyez-moi toute à vous, l'éloignement ne change pas mon cœur, vous le trouverez toujours à vous en Jésus et sa très-sainte Mère.

« Sr M. DU SAINT-SACREMENT. »

La veille de Noël, trois dames qui avaient entre elles une certaine ressemblance, se présentèrent chez nos mères vers neuf heures du soir. L'une d'elles, plus simplement mise que les deux autres, mais d'une taille plus majestueuse, se tenait derrière. La mère de la Présentation qui l'aperçut d'abord, s'écria : « Voilà la reine ! » A ce cri, toutes les religieuses furent en un instant à ses pieds, car c'était vraiment elle, et les dames qui l'accompagnaient étaient ses sœurs. « Mes chères mères, dit la reine, il n'a pas été en mon pouvoir de me priver de la consolation de vous voir aujourd'hui ; je n'aurais pu reposer tranquillement, et je n'ai pu gagner sur moi d'attendre à demain à me donner cette joie. » Ayant demandé quelle était la prieure, elle l'embrassa, et voulut voir les cellules qu'elle trouva fort propres et très à son gré : « Ah ! mon Dieu, s'écria-t-elle, si j'y demeurais toute ma vie !... »

Elle revint les jours suivants, et combla nos sœurs de ses bontés. « Je suis votre mère, se plaisait-elle à leur dire, je vous aime avec la plus grande tendresse ; ayez confiance, vous aurez ici toute satisfaction. »

Le dernier jour de l'an, elle descendit au château, mais cette fois le roi l'accompagnait. Jean III venait de rentrer à Varsovie. L'évêque et ses ecclésiastiques avaient apporté le Saint-Sacrement à la chapelle pour donner la bénédiction à leurs Majestés; car c'était la sainte coutume de ces princes très chrétiens de commencer et de finir tous leurs voyages par la visite au Saint-Sacrement et l'invocation de la sainte Mère de Dieu et des saints, par l'entremise de plusieurs prêtres qui faisaient des prières et des bénédictions sur la tête des voyageurs. Le roi étant entré dans la chapelle, on y fit un salut solennel. A la fin, nos mères chantèrent le *Te Deum* et le *Domine salvum fac regem*. Après le salut, la reine les fit descendre de leur tribune pour les présenter au roi qui les accueillit avec une grande bonté. « Nous eûmes l'honneur de lui baiser la main, écrit l'une d'elles à la vénérable mère Mechtilde; il loua beaucoup le chant, et nous promit sa protection. La reine lui fit le récit de tous nos exercices, austérités, etc.; il trouva que notre Institut avait de très solides pratiques de dévotion. Le roi nous dit qu'il espérait que nous attirerions la bénédiction du ciel sur le royaume et sur lui. Ayant appris que nous allions commencer notre adoration perpétuelle et passer la nuit devant le très-saint Sacrement que nous n'avions pas encore pu avoir, il n'y voulut point consentir, et dit que le Saint-Sacrement n'était pas venu pour nous, qu'il voulait que l'on se reposât encore, et ordonna qu'on le reportât à l'église de Saint-Jean, ce que l'on fit en procession. »

Le lendemain, 1ᵉʳ janvier 1688, nos mères renouvelèrent leurs vœux en présence de l'évêque, du roi et de la reine; et l'adoration perpétuelle commença.

La reine fit de grands présents à nos mères pour la décoration de l'église et pour la sacristie. Elle leur donna, entre autres, le manteau royal qu'elle portait à la cérémonie de son couronnement et qui était couvert de dentelles en or et en argent; une belle draperie de velours cramoisi garni de galons d'or, plusieurs riches étoffes pour des ornements, et un ciboire en or enrichi de filigranes en argent et incrusté de rubis. La généreuse princesse pourvut aussi aux besoins des religieuses. Ne voulant pas les laisser plus longtemps dans le château où elles étaient logées provisoirement, elle donna des ordres pour qu'on disposât promptement la maison qui leur était destinée ; et nos mères purent en prendre possession le 27 juin. Le Saint-Sacrement y fut porté avec une solennité dont la lettre de la mère Saint-Ambroise à la vénérable fondatrice nous fait connaître jusqu'aux moindres détails.

« Il y avait deux jours que trois de nos mères couchaient dans cette maison pour terminer les préparatifs. Le dimanche où devait se faire la cérémonie, nous nous rassemblâmes toutes au chœur, et nous y trouvâmes la reine qui nous avait précédées. Par malheur la pluie fut presque continuelle depuis le vendredi jusqu'au dimanche, ce qui nous fit craindre que l'on ne pût faire la procession. Cependant le roi ayant ordonné que tout fût comme à la Fête-Dieu, on fit partout de grandes décorations : on tapissa toutes les rues, et l'on fit en d'autres endroits des palissades d'arbres, si belles et si touffues, que l'on eût pris Varsovie pour le plus beau jardin du monde. Les arbres étaient plantés par allées, en sorte qu'aux endroits où les rues se trouvaient un peu plus larges, il y avait deux allées admirables. La pluie ne laissa pas de continuer toujours, ce qui nous affligea beaucoup. Nous promîmes des messes aux âmes du purgatoire ; mais tout cela ne fit rien. Le roi dit qu'il fallait différer jusqu'à midi, assurant que le temps se mettrait au beau, et qu'au lieu de chanter la messe dans la nouvelle église, il valait mieux la chanter dans le château, ce qui ne put s'exécuter parce que les chantres avaient déjà envoyé tous leurs livres à l'orgue du monastère. Monseigneur l'évêque de Livonie dit une messe basse où l'on chanta quelques motets. A la fin de la messe, la reine nous manda de nous rendre en diligence à la chapelle parce que la pluie avait cessé tout à coup. Nous lui obéîmes à l'instant, et Mgr le Nonce ayant pris le très-saint Sacrement, nous donna la bénédiction et marcha sous un dais fort beau dont la reine nous a fait présent. On distribua plus de mille cierges : premièrement au roi et à la reine, à la princesse, aux petits princes et à tous les autres, ensuite à la noblesse, puis à tout le peuple qui s'y trouva en grand nombre. La procession s'organisa ainsi : le roi prit la mère Marie de Jésus qui tenait encore la place de supérieure ; la reine prit la mère de Sainte-Gertrude ; Mme la princesse, la mère de la Présentation, à présent notre révérende mère prieure ; Mgr le prince Alexandre, second fils du roi, me tenait par la main; Mgr le prince Constantin, troisième fils du roi, tenait la mère de Sainte-Magdeleine; Mgr de Maligny, frère de la reine, avec ma sœur de Saint-Benoît; ma sœur Suzanne et les novices avaient chacune un prince palatin et une princesse palatine; les petites pensionnaires qui étaient au nombre de cinq, avaient chacune une fille d'honneur. Tous marchaient dans un ordre admirable. On passa toutes les grandes galeries du Louvre jusqu'à l'église de Saint-Jean, en chantant le *Pange lingua* autour de la dite église. La procession continua dans le même appareil, et le très-saint Sacrement fut porté en triomphe au bruit du canon et de toutes les autres armes à feu que l'on ne cessa de tirer pendant tout le parcours, et au son des trompettes, des tambours, des violons, des hautbois et autres instruments de musique qui accompagnèrent toujours la procession, suivie de notre grande reine, des princes, des princesses et de toute la cour, par un chemin détestable, malgré toutes les précautions que l'on avait prises en faisant balayer les rues, mettre des planches, jeter une espèce de pont sur les ruisseaux, et joncher le sol de toutes sortes d'herbes aromatiques pour remplir les trous; tout cela n'empêcha pas que nous ne fussions crottées jusqu'aux oreilles, et la reine plus que personne, il fallut la changer de tout, mais elle ne laissa pas de suivre toujours son Dieu avec une ferveur et une piété sans exemple. J'oubliais de vous dire que le peuple était sous les armes et que tous les gardes et compagnies de sa Majesté précédaient la procession : ils étaient des milliers en nombre, et ne servaient pas peu à l'augmentation de la magnificence. On porta le très-saint Sacrement à l'église. Le roi, la reine, et nous autres, nous nous rendîmes avec toute la cour dans notre chœur où un autre évêque, dont le nom m'est inconnu, fit un sermon dont nous ne profitâmes point, ayant prêché en Polonais; ensuite Mgr le Nonce donna la bénédiction du très-saint Sacrement. A la fin de la cérémonie, on chanta le *Te Deum*, et Mgr le Nonce, revêtu des ornements pontificaux, nous envoya dire de nous tenir à la porte, voulant lui-même nous mettre en clôture, en cérémonie. Le roi et la reine nous y conduisirent dans le même ordre qu'ils nous avaient menées à la procession et nous ramenèrent de même. On chanta *Ecce quam bonum et quam jucundum*, pendant lequel nous allâmes l'une après l'autre nous mettre à genoux devant ce digne prélat qui nous bénit toutes. Ce qui nous étonna, c'est qu'à la fin il chanta l'oraison *Respice quæsumus* que l'on récite à la fin des Heures de la semaine sainte.

« La cérémonie se termina par un magnifique banquet que le roi et la reine donnèrent aux seigneurs et dames de la cour ; tout cela se fit avec une pompe digne de la Majesté royale et une profusion épouvantable, le festin revenant à six mille écus de France. On avait fait une cuisine exprès au milieu de notre jardin, et l'on ne trouva pas dans la maison un lieu suffisant pour contenir tout le monde. On dressa quatre tables en différentes chambres capables de contenir chacune soixante personnes. La reine était assise sous un dais, la mère Marie de Jésus à son côté, une princesse après;

nous suivions selon nos rangs, et il se trouvait toujours une religieuse entre deux dames; la reine nous traita en cela avec tout l'honneur qu'elle pouvait, ne faisant pas de distinction entre nous et les personnes de la première qualité. Le roi, que je devais nommer le premier, avait sa table en un autre endroit où il traitait tous les princes de la couronne. Mme la princesse, sa fille, avait la sienne dans une autre chambre où elle était aussi sous un dais, avec les dames du second rang, et les petites pensionnaires mangèrent avec elle. Mgr le marquis de Béthune était avec les autres grands seigneurs moins considérables que ceux qui étaient à la table du roi. On servit à la table de la reine chair et poisson, avec des profusions inouïes; mais je ne trouvai rien de si plaisant que lorsqu'il fut question de manger : nous n'avions ni couteaux, ni cuillères, ni fourchettes, et l'on nous demanda si nous n'avions pas apporté les nôtres, car c'est la mode aux grands banquets en Pologne d'apporter tout cela, parce que l'on vole tout. On attacha même une grande nappe autour de celle qui était sur la table, pour servir de serviettes de peur qu'on ne les dérobât. Les dames nous firent la charité de nous prêter leurs couverts, l'une après l'autre ; nous nous servîmes aussi de leurs couteaux, cuillères et fourchettes. Enfin, c'est la mode du pays ; tout le reste ne laissa pas que d'être dans un très bon ordre. Le roi et tous les seigneurs burent à notre santé ; la reine y but elle-même debout, et fit boire ensuite toutes les dames. On ne peut rien ajouter à la bonté et à l'honneur qu'elle nous témoigna ce jour-là. Je ne doute point que cela ne soit dans la gazette, car on y met de bien moindres choses. A la fin du repas qui dura plus de cinq heures d'horloge, la reine dit qu'on nous laissât tout le dessert qui restait sur la table; il était merveilleux en beauté et prodigieux en abondance. Le roi nous témoigna de son côté mille bontés, et tout se termina avec la joie et l'admiration de tout le monde, ne s'étant jamais rien vu de pareil. »

Le 2 juillet, Mgr l'évêque de Posnanie, accompagné de Mgr de Livonie, son grand vicaire, présida l'élection canonique d'une prieure : la mère de la Présentation fut nommée à l'unanimité.

Née le 19 février 1652, elle avait pour père M. de Beauvais, seigneur de Gentilly, et sa mère était première dame d'honneur d'Anne d'Autriche dont elle avait toute la confiance. Jusqu'à l'âge de quatre ans, elle fut élevée par Mme la marquise de Richelieu, sa sœur aînée, et entra ensuite comme pensionnaire à l'Abbaye-aux-Bois où deux autres de ses sœurs étaient religieuses. Dieu l'avait douée d'un excellent naturel et d'un esprit vif et solide; ses maîtresses n'eurent jamais à la reprendre deux fois pour la même chose. A sept ans et demi, elle écrivait si bien et montrait tant de sagesse et de discrétion dans sa conduite, que Mme de Chaulnes, coadjutrice de l'abbaye, la prenait quelquefois pour sa secrétaire. Vers ce temps elle perdit Mme la marquise de Richelieu ; son bon cœur fut très sensible à cette perte, mais la foi comme la raison avait prévenu en elle les années : elle comprit la vanité des grandeurs humaines et l'aveuglement des dames de la cour qui donnaient comme motif de consolation à l'illustre malade, l'honneur qu'elle avait de mourir dans le palais de nos rois. Cette circonstance contribua beaucoup à la désabuser du monde et à l'affermir dans la pensée de se consacrer à Dieu.

Après la mort de la reine-mère, Mme de Beauvais se retira de la cour et fit revenir sa fille près d'elle. Attirée par son grand amour pour la sainte Eucharistie, la jeune et noble Radegonde allait souvent au monastère de la rue Cassette, et elle en sollicita bientôt l'entrée. La mère Mechtilde du Saint-Sacrement, assurée de la solidité de sa vocation, la reçut la veille de l'Assomption 1667. Dès son entrée au noviciat, à l'âge de quinze ans et demi, Mlle de Beauvais s'adonna généreusement aux pratiques les plus humiliantes; selon la maxime de saint Jérôme, elle faisait les choses les plus communes d'une façon non commune; elle ne trouvait rien de petit dans la sainte religion : « Tout est grand, disait-elle, au service du plus grand des maîtres. » Elle prit l'habit le jour de la Présentation de la sainte Vierge dont elle porta le nom. Un voyage que la digne fondatrice dut faire à Nancy, retarda la profession de la fervente novice jusqu'au 6 août 1669; ce retard lui procura la consolation de faire ses vœux avec la mère Monique des Anges, sa plus jeune sœur. Des charges importantes furent aussitôt confiées à la mère de la Présentation dont la prudence et la régularité étaient bien connues dans la communauté : on admira sa douceur et sa fermeté dans l'emploi de maîtresse du pensionnat, sa piété et son zèle dans celui de sacristine, sa charité et son dévouement dans les fonctions d'infirmière, sa sagesse et son discernement dans la conduite des novices.

Lorsque Jean Sobieski résolut de fonder en Pologne une maison de l'Adoration perpétuelle du très-saint Sacrement, en actions de grâces de la victoire de Vienne, la mère de la Présentation voulut se consacrer à cet établissement lointain, et supplia notre vénérable mère de l'y envoyer. Cette résolution alarma toute la famille de Beauvais ; Mgr l'archevêque de Paris refusa les lettres d'obédience, et des obstacles en apparence insurmontables se dressèrent devant la généreuse mère. Elle consulta alors un directeur éclairé qui l'encouragea dans son pieux dessein, et l'assura même que quand elle mourrait en mettant le pied dans le vaisseau, Dieu lui tiendrait compte de son intention et récompenserait une entreprise où elle n'avait en vue que sa seule gloire. Forte de cette décision, la mère de la Présentation triompha de tous les obstacles, et elle fut une des douze religieuses qui partirent pour Varsovie. Aussitôt après son élection, son premier acte comme prieure fut de faire reconnaître la très-sainte Vierge pour unique Abbesse et Supérieure perpétuelle du monastère, et d'obtenir du roi et de la reine l'engagement écrit de n'en jamais nommer d'autre. Dieu avait besoin de la fermeté, de la prudence, de l'énergie de cette digne Fille du Saint-Sacrement pour établir sur des bases inébranlables une œuvre qui s'est glorieusement perpétuée jusqu'à nos jours. La mère de la Présentation se vit bientôt en face de graves difficultés : la maison n'avait ni fonds ni revenus, les dons de la reine étaient tout à fait insuffisants, tant pour l'entretien de la communauté que pour le paiement des ouvriers. Prosternée devant Dieu, la pieuse mère s'offrait à Lui pour être la victime d'une œuvre qui semblait aller à sa ruine; le Seigneur écouta ses prières, la reine augmenta ses dons et la maison commença à prospérer. De nombreuses postulantes se présentèrent, et pendant son triennal la mère de la Présentation eut la consolation de recevoir les vœux de douze excellents sujets qu'elle forma et rendit capables de servir utilement la religion.

Dès que la clôture fut établie, la mère de la Présentation la maintint avec une fermeté digne de tout éloge. Le père de la reine de Pologne vint un jour au monastère et demanda qu'on lui en ouvrît les portes; la digne supérieure lui en refusa l'entrée exclusivement réservée au roi et à la reine. Marie-Casimire admira cet acte de fermeté religieuse.

Au bout de trois ans, cette vertueuse mère dut retourner à Paris. Son départ fit répandre beaucoup de larmes et donna lieu à de grands sacrifices; Jean Sobieski lui-même eut bien de la peine à signer le passeport : « J'aurais voulu, dit-il, ne pas savoir écrire. » Louis XIV, ayant appris le retour de la mère de Beauvais, voulut la voir; il la fit venir au château de Versailles et ordonna qu'on fît jouer les grandes eaux en son honneur. Le duc d'Orléans, frère du roi, voulut aussi la recevoir dans son château; lui-même la conduisit à Saint-Cloud et la ramena à Paris. Le roi et le duc d'Orléans la pressèrent vivement d'accepter une riche abbaye; mais l'humble religieuse refusa leur offre avec cette noble fermeté que ni les grands ni les grandeurs ne pouvaient ébranler.

Son retour au monastère de la rue Cassette, dont un jour elle devait être prieure, causa une joie sensible à la mère Mechtilde du Saint-Sacrement et à toute la communauté. Elle se remit avec bonheur sous le joug béni de la sainte obéissance, et notre vénérable mère eut la consolation de retrouver dans sa chère fille le même esprit de prière et de solitude, la même régularité, en un mot toute la simplicité et la ferveur de son noviciat. Plus que jamais elle s'éloignait des visites et des parloirs, pour mener une vie tout intérieure et cachée en Dieu avec Jésus-Christ. Vraie Fille du Saint-Sacrement, son cœur était tout à la fois l'autel et la victime sans cesse immolée, sans cesse renaissante pour de nouveaux holocaustes qui montaient en odeur de suavité jusqu'au trône de l'Éternel.

CHAPITRE XXXV

FONDATION DES MONASTÈRES DE CHATILLON ET DE DREUX. — DERNIÈRES ANNÉES DE LA MÈRE MECHTILDE.

1688-1698

Les soins assidus que la vénérable Institutrice prodiguait à ses religieuses, les préoccupations et les affaires que lui occasionnait la fondation de ses monastères, rien ne pouvait lui faire perdre de vue un seul instant sa propre sanctification. Arrivée à l'âge de soixante-treize ans, elle y travaillait encore sans relâche, car l'amour ne dit jamais c'est assez. Jésus n'est satisfait que lorsqu'il s'est donné Lui-même. Quelque parfaite qu'ait été la donation de la mère Mechtilde du Saint-Sacrement, cette généreuse victime croyait en avoir fait trop peu. Le jour des Rois 1688, il lui sembla entendre le divin Sauveur lui reprocher de n'être pas encore assez abandonnée. « Seigneur, répondit-elle aussitôt, n'êtes-vous pas le Maître souverain ? Je veux vos volontés et je m'y abandonne. » Sous l'impulsion d'un mouvement intérieur plus pressant que jamais, elle fit d'elle-même à Notre-Seigneur un nouvel abandon, mais si absolu et si illimité que la nature en frémit. Il lui vint en même temps dans l'esprit qu'elle deviendrait infirme et dans une dépendance absolue des autres, ce qu'elle avait toujours beaucoup redouté. Le lendemain, après la messe conventuelle, elle parla à ses filles avec une tendresse qui les toucha profondément, et remonta dans sa cellule. En y entrant, elle tomba frappée d'apoplexie. Les douleurs qui la saisirent étaient si vives qu'il semblait que ses os se disloquaient et que ses nerfs se rompaient : « Seigneur, s'écria-t-elle, est-ce ici la vie ou la mort ? » — « Abandonne-toi », lui fut-il répondu intérieurement. Elle le fit sans retour. On se hâta de lui administrer les derniers sacrements, et à la dernière onction elle perdit la parole. Elle demeura plusieurs heures sans mouvement et comme sans vie ; un calme, une paix céleste s'imprimèrent sur ses traits mourants, un sourire angélique entr'ouvrit ses lèvres à demi-glacées, et son front, couvert d'une sueur froide, reflétait comme un rayon de la béatitude du ciel. Pendant ces heures qui semblaient une agonie, son âme ravie en Dieu jouissait d'un ineffable repos. Cependant les médecins doutaient qu'elle existât encore; et ses filles éplorées faisaient monter vers le ciel les accents de leur douleur et de leurs plus ardentes supplications, lorsqu'elle donna enfin quelques signes de vie. Dieu, satisfait de l'abandon qu'elle lui avait fait d'elle-même, lui rendit peu à peu la santé, et lui accorda la consolation de lui ériger un nouvel autel sur les ruines de l'infidélité.

La princesse de Meckelbourg, de l'illustre famille de Montmorency, avait épousé en premières noces M. de Coligny. Pour réparer le mal qu'avaient fait à Châtillon-sur-Loing les ancêtres de son époux, elle songea à réaliser le dessein qu'elle avait conçu plusieurs années auparavant, d'y établir une maison de l'Adoration perpétuelle du très-saint Sacrement. Dès qu'elle eut obtenu l'agrément du roi et reçu les lettres patentes, elle en fit part à la mère Mechtilde avec qui elle entretenait depuis longtemps de pieuses relations. Notre vénérable mère partit de Paris avec quelques religieuses, vers la mi-septembre 1688 ; de concert avec Mme de Meckelbourg, elle choisit pour le nouvel établissement un collége fondé jadis par la famille de Coligny, pour l'instruction de la jeunesse calviniste. Le 21 octobre suivant, tout le clergé des lieux où la princesse avait des propriétés et une multitude de peuple se trouvaient réunis pour assister à la bénédiction du monastère et à la première exposition du Saint-Sacrement. Cette double cérémonie se fit avec une solennité et une pompe extraordinaires. La princesse y donna la plus grande édification ; elle passa presque toute la journée en adoration devant le Saint-Sacrement, la corde au cou comme une victime réparatrice. A côté d'elle, la vénérable mère, rayonnante de bonheur, absorbée dans la contemplation de son Dieu voilé sous les espèces eucharistiques, ravissait les assistants par son attitude plus angélique qu'humaine, et gagnait déjà des âmes à l'unique objet de son amour : plusieurs hérétiques furent si vivement touchés qu'ils reçurent une grâce de conversion. A la fin d'octobre, notre digne mère revint à Paris où la croix l'attendait : cette fondation devait être, comme les précédentes, l'occasion de nouvelles persécutions qui ne finirent qu'avec la vie de la vénérable Institutrice.

Malgré les efforts acharnés du démon, la réputation de sainteté de la mère Mechtilde du Saint-Sacrement s'étendait au loin et la gloire de son Institut rayonnait jusqu'au delà des mers. La reine d'Angleterre, Marie d'Este, fille d'Alphonse IV duc de Modène et épouse de Jacques II, princesse célèbre par ses vertus non moins que par ses infortunes, vint visiter la digne fondatrice et chercher près d'elle les consolations que le monde lui refusait. Elle puisa tant de secours et de force dans ses entretiens, qu'elle sollicita comme une grâce d'être associée à l'Institut et d'entrer avec son royal époux et l'héritier présomptif, le prince de Galles, en participation des bonnes œuvres, des adorations et des réparations qui s'y pratiquaient (1689).

Les filles de la mère Mechtilde du Saint-Sacrement étaient ravies de l'estime et de la vénération dont jouissait leur mère. Une d'elles lui dit un jour : « Je ne crois pas, ma mère, qu'il y ait au monde une personne plus honorée et plus estimée que vous. » L'humble supérieure la regarda avec un sérieux mêlé tout à la fois de sévérité et de douceur, et révéla sans y songer les sentiments de son âme : « *Exinanite, exinanite, usque ad fundamentum in ea*, dit-elle ; autant vous voyez aujourd'hui votre mère exaltée, autant vous la verrez humiliée, méprisée et abaissée. » — « Cela est impossible, reprit la mère Hostie de Jésus ; à Dieu ne plaise que je voie jamais une telle chose ! » Le sourire et le regard affirmatif de la mère Mechtilde ne lui permirent pas de douter qu'elle n'en eût intérieurement une connaissance et une certitude parfaites.

Au commencement de sa vie religieuse chez les Annonciades, la vénérable mère avait eu un songe mystérieux dans lequel Notre-Seigneur lui avait fait connaître tout ce qu'elle devait souffrir à sa suite, et les épreuves qu'elle aurait à supporter pendant les dernières années de sa vie.

« Il me sembla, dit-t-elle, que j'étais dans une foire où il y avait un grand nombre de boutiques remplies de tout ce que l'on peut s'imaginer de plus beau et de plus précieux ; j'en avais une encore plus magnifique

que les autres. Comme j'étais occupée à regarder toutes mes richesses, j'entendis un grand bruit et chacun courait, disant : Voici le Seigneur ! Je sentis aussitôt une si grande ardeur de le voir, que je fis mon possible pour découvrir où il était ; l'ayant vu s'arrêter à toutes les boutiques, je pensais en moi-même qu'il viendrait aussi à la mienne, et je me tins à l'entrée pour le recevoir, ne pouvant me résoudre à la quitter pour aller plus loin au-devant de Lui. Enfin Notre-Seigneur arriva au milieu d'une grande foule de peuple. Il était vêtu d'une longue robe blanche avec une ceinture d'or ; ses cheveux, tirant sur le blond, flottaient sur ses épaules ; son visage était ovale et parfaitement beau ; et ses yeux étaient si charmants qu'ils enlevaient les cœurs. Il ne fit que passer devant moi ; mais en passant il me jeta un regard si pénétrant que j'en fus toute transportée et vivement pressée d'abandonner ma boutique pour le suivre, ce que je fis au même instant. Je pris néanmoins dans ma robe ce qu'il y avait de plus précieux et de plus facile à emporter, et je le suivis dans la foule qui était si prodigieuse que je ne pouvais presque l'apercevoir. Je ne me sentis pas seulement pressée de le suivre, mais encore obligée de marcher sur les vestiges de ses pieds ; il fallait une grande attention pour les reconnaître parmi ceux de ce peuple, ce qui fut cause que je négligeai tout le reste et que je perdis insensiblement tout ce que je portais. La foule s'étant peu à peu dissipée, je me trouvai hors de la ville, seule avec Notre-Seigneur que je tâchais de suivre le plus près qu'il m'était possible ; quand je tombais je me relevais en grande hâte afin de ne pas perdre ses vestiges. Il me mena par des chemins très difficiles, fort étroits, tout pierreux, et pleins d'épines qui emportèrent mes souliers, mes habits et ma coiffure, et ensanglantèrent mes pieds, mes mains et mes bras. Je me trouvai alors revêtue d'une robe blanche et d'une ceinture d'or comme Notre-Seigneur, dans un beau chemin où je le suivais toujours de près sans pourtant qu'il me regardât. Je pensais en moi-même : au moins, s'il me regardait, je serais contente… et je me disais pour me consoler : il sait bien que je l'aime; sentant une certaine correspondance de son cœur au mien qui établissait une intime communication de l'un à l'autre, et les unissait de telle sorte que les deux n'en faisaient qu'un. Après avoir marché longtemps à la suite de Notre-Seigneur, je me trouvai dans une grande prairie tout émaillée de fleurs, où l'herbe paraissait d'or, et où de gros moutons, la tête levée, ne se repaissaient que de la rosée du ciel ; car quoiqu'ils fussent jusqu'au cou dans ces excellents pâturages, ils n'en mangeaient point. Il me fut montré que ces moutons figuraient les âmes contemplatives qui ne se repaissent que de Dieu et ne se rassasient que de sa divine plénitude. J'en remarquai un très maigre qui s'écartait du troupeau ; il s'en éloigna tant qu'il finit par le quitter tout à fait. J'aurais bien voulu jouir du bonheur des âmes qui m'étaient ainsi représentées ; mais il ne me fut permis que de les regarder, et je passai outre en suivant toujours mon divin guide. Il me conduisit ensuite dans une grande plaine à l'extrémité de laquelle était un palais magnifique ; mais la porte en était si basse et si étroite qu'à peine la voyait-on, aussi je crus que jamais je n'y pourrais passer. J'en fus extrêmement affligée ; alors Notre-Seigneur qui n'avait pas fait semblant de me voir depuis ce regard qu'il m'avait jeté en passant devant ma boutique, se retourna vers moi et me regarda. Je compris en même temps que, pour entrer dans ce palais, il fallait que je fusse entièrement anéantie. Notre-Seigneur y entra, et moi avec Lui ; mais je fis tant d'efforts pour passer après Lui, que non seulement ma tunique fut emportée, mais j'y laissai encore ma peau... Alors je me perdis en Lui, mais si perdue que je ne me retrouvai plus. »

Jésus-Christ, dans l'Eucharistie, est tout à la fois glorieux et humilié, adorateur et victime. Comme au Thabor, il est le Fils bien-aimé de Dieu, l'objet de toutes ses complaisances. Comme au Calvaire, il est chargé des crimes du genre humain, il porte tout le poids de la justice divine et tous les effets de sa colère.

A l'exemple de Notre-Seigneur, la mère Mechtilde était adoratrice et victime. Comme adoratrice, objet des complaisances de Dieu, elle le regarde, contemple ses divines perfections, reçoit ce regard divin qui, semblable à une flèche d'amour pénètre et embrase son âme ; elle parle à son Dieu et son Dieu lui parle ; et son cœur, comme celui de l'épouse des Cantiques, se liquéfie à la voix de son Bien-Aimé ; elle s'unit à son Dieu, et Notre-Seigneur lui communique une vie toute pure, surnaturelle, divine, qui n'est autre que Lui-même : « Je suis la vie, » dit-il ; et l'apôtre saint Paul veut que l'âme s'en couvre comme d'un vêtement : « Revêtez-vous de Notre-Seigneur Jésus-Christ. » Comme Notre-Seigneur, la mère Mechtilde gravit péniblement le sentier étroit et pierreux du Calvaire à la suite de son divin modèle ; elle est dépouillée, déchirée, ensanglantée par les épines ; et elle consomme son sacrifice dans la nudité de la croix.

Les dix dernières années de la vie de la mère Mechtilde du Saint-Sacrement furent un martyre continuel : comme la grande Victime du Calvaire, elle devait épuiser le calice de la souffrance, et dire, avant de rendre le dernier soupir, le *Consummatum est* de son Époux crucifié. Par une disposition particulière de la Providence, tout ce qu'elle entreprit pendant ces années d'épreuves devint pour elle croix et douleur. Plus que jamais l'injustice et la malice des hommes la poursuivirent par d'indignes calomnies ; on déchira sa réputation, on blâma sa conduite, et son extrême bonté fut désapprouvée par ceux-là même qui en avaient ressenti davantage les effets. La haine des démons s'acharna contre elle avec tant de fureur qu'elle se crut réprouvée et perdue sans ressource ; et pour que rien ne manquât à la plénitude du sacrifice, Dieu Lui-même la frappa où la créature ne pouvait l'atteindre ; et, la traitant comme il avait traité son Fils unique, il l'attacha à la plus douloureuse des croix : il remplit son esprit de ténèbres, de sécheresses et de désolation ; il lui fit souffrir une agonie et une mort terribles à la nature, et lui fit porter le poids d'un délaissement plus terrible encore. Au milieu de cet océan d'amertume et d'angoisse, accablée sous le poids de l'âge et des infirmités, la mère Mechtilde du Saint-Sacrement conservait sa paix inaltérable et son angélique douceur ; elle souriait à tout, et rien ne surpassait l'égalité de son âme que l'héroïsme de son courage. Loin de se plaindre, plus la nature souffrait plus son cœur se dilatait et s'épanchait en saints désirs de souffrir ; elle louait et bénissait Dieu avec d'autant plus d'ardeur que sa main divine s'appesantissait plus rigoureusement sur elle. Une seule chose la touchait sensiblement, c'était de voir souffrir ses chères filles à son occasion, et quelquefois elle leur disait dans un sentiment d'humilité qui leur arrachait des larmes : « Je suis le Jonas ; il faut me jeter dans la mer et la tempête s'apaisera. »

Dieu cependant ne tint pas toujours rigueur à sa fidèle épouse : il lui réservait encore une grande consolation, et voulait qu'avant sa mort elle lui consacrât un dernier sanctuaire. Les religieuses bénédictines, dites du Saint-Esprit, du monastère d'Ivry, s'étaient à la sollicitation de la duchesse de Vendôme, établies au bourg d'Anet. Elles étaient dès lors en relation avec la vénérable mère qui plus d'une fois les avait secourues dans leurs besoins. L'extrême pauvreté à laquelle elles se trouvaient réduites par la mort de plusieurs personnes qui les avaient aidées, fit craindre que leur maison ne pût subsister, et l'évêque de Chartres songeait à en faire un hôpital. Dans cette extrémité elles s'adressèrent à notre mère qu'elles regardaient comme une ancienne amie, et lui exprimèrent le désir d'embrasser l'Institut. Ce fut alors que la mère Mechtilde du Saint-Sacrement demanda à la mère Anne de Sainte-Magdeleine, prieure de Toul, de leur envoyer quelques religieuses pour commencer l'Adoration perpétuelle ; mais l'évêque de Chartres s'opposa à ce qu'on les reçût. La communauté n'eut plus alors d'autre ressource que de quitter Anet, et d'après le conseil d'amis dévoués, elle résolut d'aller s'établir à Dreux.

Le duc de Vendôme qui en était seigneur, écrivit au corps-de-ville de vouloir bien autoriser cette translation. Aussitôt les officiers de ville partirent pour assurer le prince de leur soumission, et les religieuses de leur bonne volonté ; mais de retour à Dreux, ils virent des difficultés, suscitèrent des obstacles sans nombre, et proposèrent des conditions très onéreuses dans le but de faire échouer l'entreprise. La vénérable Institutrice voulut qu'on acceptât toutes ces conditions sans se rebuter de rien. Il n'est pas possible d'exprimer les peines, les humiliations qu'éprouvèrent pendant près de cinq ans les religieuses qui fondèrent cet établissement : cette fois encore le succès devait être la récompense de leurs efforts persévérants et de tant de souffrances si généreusement supportées. La communauté put enfin acheter une maison en 1695, et la première exposition du Saint-Sacrement eut lieu le 23 février 1696. Mais les lettres patentes ne purent être obtenues qu'en 1701, et elles furent homologuées en 1704.

On sait combien la situation était tendue entre la

cour de Rome et les évêques de France, surtout depuis l'assemblée de 1682. La mère Mechtilde du Saint-Sacrement se vit dans l'impossibilité de conserver les priviléges qu'elle avait obtenus en 1676 pour l'œuvre si importante de la congrégation. Pleine de respect pour l'autorité du Siége apostolique, elle exposa humblement au Souverain Pontife la position difficile dans laquelle elle se trouvait. Pour y mettre un terme, Innocent XII, tenant compte de la difficulté des temps, replaça sous la juridiction épiscopale les monastères déjà érigés et ceux qui le seraient à l'avenir (3 juillet 1696).

CHAPITRE XXXVI

DERNIÈRE MALADIE ET MORT DE LA MÈRE MECHTILDE DU SAINT-SACREMENT.

1698

Lorsque la mère Mechtilde du Saint-Sacrement était encore enfant, elle eut une vision : il lui sembla qu'on lui avait donné sept *soleils* dans chacun desquels était la sainte Hostie ; toute ravie de posséder ce trésor, objet de ses plus tendres adorations, elle s'écria : « Hé ! venez voir le Saint-Sacrement que j'ai. » Ce ne fut qu'après la fondation de l'Institut qu'elle comprit que ces sept *soleils* représentaient les sept maisons qu'elle devait établir ; et elle annonça à diverses reprises que lorsqu'elle aurait fondé la septième, elle disparaîtrait. Cette prédiction allait se réaliser. En 1698, les deux monastères de Paris, ceux de Toul, de Rouen, de Varsovie, de Châtillon et de Dreux étaient fondés. (Les maisons de Nancy, de Rambervillers et de Caen n'avaient été qu'agrégées.)

Dieu voulut couronner toutes les grâces extraordinaires dont il avait favorisé la mère Mechtilde, en lui faisant connaître le moment de sa mort. Quelques mois avant qu'elle arrivât, ses épreuves les plus crucifiantes cessèrent, et il ne lui resta que la vue de son néant. Six semaines environ avant de quitter ses chères filles, elle commença à les préparer à la séparation. Le 26 février, fête de l'illustre vierge bénédictine sainte Mechtilde, notre digne mère s'entretenait avec elles de la gloire dont jouissait au ciel sa sainte patronne ; une de ses filles fit allusion à la gloire dont elle-même jouirait un jour, et saisissant sa main maternelle, y appliqua respectueusement ses lèvres. L'humilité de notre mère s'en alarma : « Baisez, ma sœur, reprit-elle avec une sévère ironie, baisez cette pourriture qui sera bientôt la pâture des vers... Vous voudriez bien voir votre mère élevée, exaltée, faire des prodiges et des miracles, mais il n'en sera rien. » Pendant plus d'une heure, elle leur parla avec tant de mépris d'elle-même et un si profond sentiment de son abjection, que ses filles ne pouvaient retenir des larmes d'admiration et d'attendrissement. — « Pourquoi, ma mère, nous dites-vous des choses si affligeantes ? lui demanda peu après une des religieuses. La vénérable mère lui répondit: « Je me sens pressée intérieurement de vous disposer à faire ce sacrifice, afin que, quand le moment en sera venu, vous vous soumettiez à l'ordre de Dieu ; et qu'au lieu de perdre le temps à vous attrister et à répandre d'inutiles larmes, vous vous adressiez à la sainte Mère de Dieu, votre unique supérieure, pour recevoir de ses mains celle qu'elle choisira pour présider en son nom. »

Loin de consoler ses religieuses, les paroles de la mère Mechtilde du Saint-Sacrement ne firent qu'exciter leurs inquiétudes et accroître leur douleur ; elles redoublèrent de prières pour la conservation de leur sainte et bien-aimée mère. Les âmes du purgatoire dont elle ne cessait d'alléger les souffrances, joignaient leurs instances à celles de ses filles pour la retenir ici-bas. Peu de temps avant sa mort, elle dit à la mère sous-prieure : « J'ai vu cette nuit une multitude innombrable d'âmes du purgatoire qui criaient après moi, me tendant leurs bras et leurs mains, en me disant avec les dernières instances : Secourez-nous, tirez-nous d'ici avant que vous ne sortiez de ce monde. »

Cette fois, les supplications et les instances de la terre et du purgatoire ne furent point écoutées : le ciel la réclamait. La très-sainte Vierge lui dit un jour en l'assurant de sa protection : « Vous pouvez venir si vous voulez. » Notre digne mère ne choisit ni la vie ni la mort, elle se contenta de répondre : « Ce sera quand Dieu voudra. » — « J'ai peut-être perdu là un bon coup, » dit-elle en souriant à la mère sous-prieure à qui elle faisait cette confidence.

La faiblesse qui allait toujours croissant depuis le commencement de l'année 1698, ne diminuait point le courage de la mère Mechtilde du Saint-Sacrement ; il surpassait de beaucoup ses forces, et elle assista encore à tous les offices de la semaine sainte et des fêtes de Pâques.

Dans le jardin, il y avait une chapelle de la sainte Vierge à laquelle la vénérable fondatrice avait une grande dévotion ; elle voulut y aller une fois encore, et le mardi de Pâques elle resta longtemps prosternée aux pieds de la statue de Marie. Ses filles qui la trouvaient bien faible allèrent la chercher ; mais elles la virent tellement absorbée dans sa prière qu'elles n'osèrent l'interrompre. Enfin au bout d'une heure, elles la prièrent de revenir. — « Je ne puis, répondit la vénérable mère, parce qu'il faut que je remette l'Institut et toute la communauté entre les mains de la sainte Mère de Dieu. » De retour à la communauté, elle parla de nouveau et avec plus de précision encore de sa fin prochaine. Une religieuse lui dit : « Ma mère, vous nous aviez donné autrefois quelque espérance que Notre-Seigneur ne vous retirerait point de ce monde que vous n'eussiez terminé toutes vos affaires. » Elle lui répondit : « Il n'y a plus rien à espérer de ce côté-là ; je dois mourir dans l'amertume et dans l'anéantissement : tel est l'ordre de Dieu sur moi, je l'adore et m'y soumets. Mais ne doutez nullement qu'il ne soutienne son œuvre ; reposez-vous entièrement sur lui. »

Une personne avec laquelle elle était saintement liée

vint le même jour pour la voir. Elle envoya à sa place une de ses religieuses au parloir : « Dites à cette personne que je ne suis plus de ce monde ; je lui fais mes adieux, et me recommande à ses prières. »

Le lendemain mercredi, elle alla visiter une vertueuse dame, pensionnaire dans la maison. « Je me sens attirée et pressée d'aller à Dieu, lui dit-elle en la quittant ; la seule douleur de mes pauvres filles m'arrête, mais il faut qu'elles s'y préparent, et dans peu... »

La nuit suivante, la digne mère se leva encore pour faire ses trois heures d'oraison et réciter l'office divin. Le jeudi matin elle fut prise d'une forte fièvre accompagnée de vomissements ; il n'en fallait pas tant pour lui ôter le peu de forces qui lui restait. Vers onze heures, pendant la grand'messe qu'elle pouvait entendre de sa cellule, elle voulut se mettre à genoux pour adorer Notre-Seigneur Jésus-Christ à l'élévation de la sainte Hostie, mais elle tomba en défaillance et on jugea qu'il était temps de lui administrer les derniers sacrements. « Ce fut là, dit la mère Anne du Saint-Sacrement, que nous vîmes et que nous ressentîmes des choses que nous ne saurions exprimer. Sur le visage de notre vénérée mère, tout exténué qu'il était, se peignaient une dévotion extraordinaire, une douceur charmante et une paix profonde, caractères des âmes saintes. Elle fit de nouveaux efforts quand elle vit paraître son adorable Sauveur qui lui faisait l'honneur de venir à elle pour l'accompagner et la fortifier dans le grand voyage de l'éternité ; elle voulut se jeter à genoux pour lui rendre ses devoirs ; mais son confesseur le lui ayant défendu, elle resta assise sur sa paillase, les mains jointes, les yeux attachés sur ce divin objet de son amour... Avant de recevoir la sainte Hostie, elle demanda humblement pardon à toute la communauté des fautes qu'elle avait commises, de la peine qu'elle avait faite à ses filles et de la mauvaise édification qu'elle leur avait donnée. Vous pouvez juger comment nous reçûmes ces derniers témoignages de son humilité et de sa tendresse pour nous, et avec quel respect nous admirâmes cette délicatesse de conscience qui la faisait s'accuser de fautes que personne n'avait vues et de mauvais exemples dont aucune de nous ne s'était jamais aperçue. Ses paroles étaient autant de traits qui nous perçaient le cœur à toutes, et qui nous communiquaient les sentiments de vertu dont son âme était pénétrée. Elle consacra les derniers restes d'une voix mourante à dire elle-même, en présence de son Dieu, le *Confiteor,* avec un air de pénitence et de componction qui aurait inspiré aux cœurs les plus insensibles et les plus endurcis le regret de leurs péchés. Enfin elle reçut ce gage précieux de l'amour de Jésus-Christ pour les hommes, avec une reconnaissance et un amour qui sont au-dessus de toutes nos expressions. »

Cependant la maladie n'alla pas si vite qu'on l'avait craint ; les remèdes semblèrent rendre quelque force à la vénérable mère, mais ce ne fut que pour augmenter ses douleurs. Quelque violentes qu'elles fussent, elles ne l'empêchèrent pas d'être fidèle jusqu'au dernier moment à la pratique qu'elle s'était imposée de ne jamais se plaindre. Le samedi, les médecins la trouvèrent beaucoup plus mal et désespérèrent de pouvoir prolonger sa vie. Une dame bienfaitrice vint la voir et lui dit : « Eh quoi ! ma mère, vous nous délaissez... » — « Ah ! madame, lui répondit-elle, je m'en vais à mon Dieu, je m'en vais à mon Père ! » Elle désira parler au R. P. Paulin, ex-provincial des Pénitents de Nazareth et confesseur du monastère ; elle se confessa une dernière fois à ce vénérable religieux ; entre minuit et une heure il lui apporta la sainte communion, qu'elle fit en réparation des négligences commises contre cet adorable Mystère. Toutes les religieuses assistaient à cette touchante cérémonie et admiraient les sentiments de foi et d'amour que la grâce produisait en leur mère. Sur les six heures du matin, le R. P. Paulin lui demanda à quoi elle pensait : « J'adore et me soumets, » répondit-elle. Il lui ordonna de bénir sa communauté, lui dit que toutes ses filles lui demandaient pardon et se recommandaient à elle lorsque Dieu lui aurait fait miséricorde. Notre digne mère articula encore distinctement ces dernières paroles : « Toutes les religieuses de ce monastère me sont présentes ; dites-leur, mon père, qu'elles se jettent à corps perdu entre les bras de la sainte Vierge. » Et la voix lui manquant avec les forces, elle entra dans une douce agonie pendant laquelle elle ne fit que baiser son crucifix, le serrer sur son cœur, et jeter des regards amoureux sur une image de la sainte Vierge qui était au pied de son lit. Ses yeux s'arrêtaient quelquefois sur ses chères filles désolées qui l'entouraient, puis elle les élevait vers le ciel comme pour offrir à Dieu la peine de ses enfants, et demander les grâces dont elles avaient besoin pour faire leur sacrifice le plus parfaitement possible. Enfin vers deux heures de l'après-midi, le dimanche de Quasimodo, 6 avril 1698, notre vénérable mère rendit son âme à Dieu avec tant de paix et de douceur qu'on ne put saisir son dernier soupir; on ne cessa les prières des agonisants que lorsque son corps commença à perdre sa chaleur naturelle. Elle était âgée de quatre-vingt-trois ans, trois mois et six jours. Ses membres ne perdirent rien de leur souplesse, et son visage conserva sa couleur naturelle; elle semblait dormir d'un paisible sommeil.

Victime d'agréable odeur, elle se consuma comme le sacré thymiame de l'amour, et son parfum s'exhala suavement au pied du trône de l'Agneau pour honorer le Dieu trois fois saint devant lequel les séraphins, en s'anéantissant, brûlent sans cesse de sa divine flamme.

Fidèle à la recommandation de leur sainte mère, la communauté alla se jeter aux pieds de la très-sainte Vierge pour lui demander secours et consolation dans une si grande détresse et une si profonde douleur. La vénérable mère avait défendu qu'on ouvrît son corps et qu'on la changeât de vêtements; on exécuta ses dernières volontés, malgré les instantes prières de la seconde maison de Paris qui demandait son cœur. Il y a lieu de croire que, par cette précaution, elle a voulu cacher l'excès de ses austérités. Pendant tout le temps qu'elle fut exposée au chœur, il y eut une grande affluence de monde dans l'église ; il fallut ouvrir la grille pour satisfaire au désir qu'on avait de la voir et pour contenter la dévotion du peuple qui, à haute voix, la proclamait sainte et invoquait son intercession. Tous voulaient faire toucher des chapelets ou d'autres objets de piété au corps de la défunte, tant était grande la vénération qu'inspirait sa vertu ; on parlait de plusieurs faveurs et grâces extraordinaires dues à ses mérites et à ses prières ; sa louange était dans toutes les bouches et le regret dans tous les cœurs.

Les révérends pères Bénédictins de Saint-Germain-des-Prés chantèrent le premier service sur le corps de la défunte et en firent ensuite l'inhumation. Le second fut célébré par les révérends pères Cordeliers qui tinrent à honneur de rendre ce tribut à celle qui, en quittant leur ordre, n'avait rien perdu de l'estime qu'elle s'y était acquise. Le troisième fut chanté par les religieux réformés de l'ordre des Prémontrés, comme associés d'une manière particulière à la dévotion au Saint-Sacrement, sous le titre duquel a été mise leur réforme. Le trentième jour, les religieuses célébrèrent un service solennel. Trois jours après, elles élurent pour prieure la mère Anne du Saint-Sacrement qui, en succédant à la mère Mechtilde, hérita de ses vertus. Compagne de sa vie intime, confidente de ses secrets, elle traça de sa sainte mère ce portrait simple et fidèle :

« Le nombre de ses années n'avait pas tellement défiguré son visage qu'on n'y découvrît encore beaucoup de cet air de grandeur et de beauté qu'elle avait reçu de la nature. Dieu, en la formant, avait pris plaisir à lui donner tous les avantages extérieurs qui pouvaient lui attirer la considération et le respect de tout le monde : des manières nobles et modestes, un abord doux et attirant, une vivacité sage, un son de voix agréable, une conversation aisée ; enfin elle nous paraissait, à nous, toute charmante ; tout en elle allait au cœur, tout inspirait la piété, tout portait à Dieu.

« Elle avait l'esprit encore mieux fait que le corps : une grande pénétration, une parfaite droiture, un beau naturel, un bon cœur ; toujours prête à obliger, toujours sensible aux maux du prochain, toujours reconnaissante des moindres services, toujours disposée à en rendre de considérables ; généreuse pour entreprendre les choses les plus difficiles, constante pour les soutenir et les poursuivre, désintéressée pour ne s'y point chercher elle-même ; égale dans tous les événements, élevée au-dessus de toutes les passions, et propre à recevoir toutes les impressions de la grâce.

« Un si riche fonds ne lui avait pas été donné pour elle seule ; elle était née pour les autres, et son principal talent était de gagner à Jésus-Christ toutes les âmes qui l'approchaient, sans jamais souffrir qu'aucune s'attachât à sa personne ; tout aimable qu'elle était par ses grâces naturelles et surnaturelles, elle ne voulait être aimée que par rapport à Dieu seul. Il n'est point de bonté qu'elle ne témoignât à ses chères filles, prévenant tous leurs besoins, soulageant tous leurs maux, supportant toutes leurs faiblesses, les recevant toujours avec joie, les écoutant avec patience, leur répondant avec douceur, en quelque temps qu'on la vînt trouver le jour ou la nuit ; elle n'a jamais rebuté une seule d'entre nous, ravie de nous procurer à toutes quelque repos aux dépens du sien. Jamais nous n'avons remarqué dans ses paroles ou dans son air ni dégoût, ni ennui, ni sécheresse ; jamais d'aigreur dans ses réprimandes, jamais d'amertume dans son zèle, jamais de promptitude ni de reproche dans ses avis. Aussi allions-nous à elle avec la même confiance et la même ouverture de cœur que les enfants vont aux mères les plus tendres ; et nous ne sortions jamais d'auprès d'elle qu'elle n'eût consolé les unes, éclairé les autres, encouragé celle-ci, adouci celle-là, se proportionnant à la portée et à la disposition de chacune, communiquant à toutes un nouveau désir de vivre entre elles dans une parfaite charité et de ne rien refuser à Dieu de ce qu'il faudrait faire ou souffrir pour son amour.

« Dieu a fait en elle des prodiges de grâce qui seraient d'une grande instruction pour les fidèles, et il les a même quelquefois accompagnés d'événements merveilleux dans l'ordre de la nature, qui donneraient avec raison une haute idée de sa personne. Vous savez, mes chères mères, qu'il n'appartient qu'à la sainte Église de juger définitivement en ce monde du mérite et de la gloire de ses enfants. A Dieu ne plaise que nous prononcions avant elle en faveur de notre excellente Institutrice ! Il suffit pour notre consolation de présumer, sur le fondement de sa sainte vie, qu'elle est du nombre de ces âmes prédestinées qui, après avoir édifié ici-bas l'Église, tiendront durant toute l'éternité les premières places dans le ciel. »

APPENDICE

LES FILLES DE LA MÈRE MECHTILDE DU SAINT-SACREMENT A ROME. — APPROBATION DES CONSTITUTIONS.

Trois ans s'étaient écoulés depuis la mort de la vénérable fondatrice. Le 16 avril 1701, une lettre de Rome arriva au monastère de la rue Saint-Louis : elle dut grandement surprendre les religieuses et non moins les réjouir. Elle était adressée par la veuve infortunée de Jean Sobieski, la reine Marie-Casimire, à la mère Marie de Jésus qui avait été prieure à Varsovie... « Je voudrais bien, ma chère *mie*, vous faire venir ici pour établir l'Adoration perpétuelle, toutefois je ne pourrais vous fonder, n'ayant pas trop moi-même ; mais si un commencement vous accommodait, je pourrais vous loger avec moi. Dites-moi votre sentiment ; je ne doute point que dans la suite je n'obtienne du pape votre fondation, et que plusieurs personnes attirées par l'adoration perpétuelle ne vous aident. Quel plaisir pour moi, ma chère mère, si je puis encore vous embrasser une fois en ma vie ! »

Une seconde lettre de Rome arriva le 17 mai suivant. La reine écrivait à la mère Marie de Jésus : « Ma chère *mie*, le pape auquel j'ai fait confidence de ma pensée, m'a semblé en avoir de la joie et désirer cette œuvre ; mais je lui ai dit que mes affaires ne me permettaient pas d'entreprendre cette fondation, et qu'il devrait trouver les moyens de la faire. Il me parut témoigner de l'empressement de la voir réussir. Répondez-moi, et soyez persuadée que je me ferai un plaisir de vous embrasser. Si Dieu me fait la grâce d'introduire ici votre Institut, je me glisserai dans le nombre des adoratrices, afin, ma chère mère, que vous me conduisiez dans le ciel... »

Une proposition aussi honorable pour l'Institut, ne pouvait manquer d'être bien accueillie par les pieuses filles de la mère Mechtilde du Saint-Sacrement. Elles n'avaient rien de plus à cœur que l'approbation de leurs Constitutions : une fondation à Rome devait faciliter singulièrement cette approbation, à laquelle la vénérable mère Institutrice avait intéressé la reine Marie-Casimire lorsqu'elle était encore en Pologne, la priant d'interposer son crédit près du pape pour la réussite de cette affaire. La reine en avait chargé le cardinal de Janson, alors à Rome, et lui avait envoyé un exemplaire des Constitutions.

Le 6 septembre 1702, six religieuses quittaient le monastère de la rue Saint-Louis : les mères Marie de Jésus, de la Conception, de l'Assomption et Scholastique de Jésus ; les sœurs Saint-Joseph et Sainte-Marthe, converses. Elles arrivèrent à Avignon le 16 septembre. Le vice-légat du pape envoya son aumônier à leur rencontre, avec deux superbes carrosses pour les amener dans son palais où il leur offrait l'hospitalité. Elles ne l'acceptèrent pas, et logèrent chez les dames Bénédictines de Saint-Laurent, où Mgr le vice-légat les honora le lendemain de sa visite.

Elles s'embarquèrent à Marseille et arrivèrent le 2 octobre au port de Livourne. Le consul les accueillit avec une magnificence toute royale, et leur dit qu'il avait des ordres pour les conduire jusqu'à Civita-Vecchia. Elles firent la traversée sur les galères du pape, et furent reçues au bruit du canon, des trompettes, et autres instruments de musique. A la demande de la reine, le gouverneur avait fait mettre toute la garnison sur pied ; elle formait la haie avec les habitants de la ville sur le passage des religieuses. A deux lieues de Rome, trois des plus belles calèches de la reine, attelées chacune de six magnifiques chevaux, les attendaient avec Mgr de Livonie qui devait prendre la place de M. l'abbé Bachelier, doyen de Reims, et de M. Masson, docteur de Sorbonne, désignés l'un par le pape, l'autre par l'archevêque de Paris, pour accompagner nos mères.

Le lendemain de leur arrivée à Rome (7 octobre), le pape Clément XI envoya le cardinal vicaire pour les féliciter ; son premier camérier d'honneur leur apporta de riches présents, et ordonna de la part de sa Sainteté qu'on leur fît visiter les églises en les faisant jouir de tous les priviléges accordés aux princes et aux princesses du sang royal.

Le Souverain Pontife voulut que nos religieuses lui fussent présentées au couvent de Sainte-Cécile le jour même de la fête de cette illustre sainte ; il leur promit de les protéger de tout son pouvoir, et souscrivit à leur désir d'entrer en clôture et d'avoir la première exposition du Saint-Sacrement le jour de l'Immaculée Conception. La reine avait fait disposer des lieux réguliers dans le palais de dom Livio qu'elle habitait.

Aux fêtes de Noël 1702, sa Majesté présenta les Constitutions à sa Sainteté, avec la bulle d'Innocent XI qui avait approuvé l'Institut, l'amende honorable qui se dit tous les jours après la messe de communauté, et un portrait de la révérende mère Mechtilde du Saint-Sacrement que le Saint-Père fit mettre dans son cabinet. Il chargea les cardinaux Sacripante et Gabrieli d'examiner les Constitutions.

La veille de la Fête-Dieu 1703, le Souverain Pontife alla en personne visiter le monastère. Après avoir prié quelque temps devant le Saint-Sacrement, il admit les religieuses au baisement des pieds, et voulut voir leurs cellules qu'il bénit. Il visita même la cuisine et goûta la collation qu'il trouva préparée. L'octave du Saint-Sacrement fut célébrée avec une grande pompe au palais de dom Livio transformé en monastère; la reine fit faire des arcs-de-triomphe, une illumination splendide, et la dépense du luminaire et des décorations s'éleva à mille écus.

Les Constitutions présentées par la reine au Souverain Pontife étaient en français et n'étaient pas signées : il fallut recourir aux maisons de Paris. Le cardinal de Noailles, ayant appris que l'on travaillait à obtenir l'approbation, souleva beaucoup d'obstacles et défendit même aux prieures de la rue Saint-Louis et de la rue Cassette de s'occuper de cette affaire. Cependant on réclamait les Constitutions à Rome avec des instances réitérées, et la mère Catherine de Jésus, nièce de la vénérable mère Institutrice, dut les envoyer en secret. Deux religieux d'un grand mérite, de l'ordre de saint Benoît, dom Guillaume de la Par, procureur général de la congrégation de saint Maur, et dom Claude de Vie, son compagnon, furent chargés de les traduire en latin. Ils les présentèrent à la congrégation des Évêques et Réguliers, avec les bulles d'Innocent XI et d'Innocent XII. Le cardinal Gabrieli fut nommé rapporteur, et le 15 juin 1704 la Sacrée Congrégation rendit le décret d'approbation tant désiré. Dom Guillaume de la Par transcrivit les Constitutions en y insérant les notes et les modifications faites par les cardinaux. Il ne manquait plus que la confirmation du Souverain Pontife ; il l'accorda le samedi 1er août 1705. Le même jour, Mgr Olivieri, secrétaire des Brefs, apporta à la reine les Constitutions approuvées en forme spécifique ; elles étaient sur parchemin, et le Saint-Père donnait le bref gratuitement : c'était un présent de dix mille livres que Clément XI faisait à l'Institut.

TABLE DES MATIÈRES

	Pages.
Préface.	v
Chapitre Ier. — Naissance de la mère Mechtilde du Saint-Sacrement. Son enfance. (1614-1624.).	1
Chapitre II. — Sa première communion. Son adolescence. Sa vocation. (1624-1631.).	10
Chapitre III. — Prise d'habit de Mlle de Bar. Noviciat. Profession. (1631-1633.)	17
Chapitre IV. — La mère de Saint-Jean professe. Elle est nommée supérieure à dix-neuf ans. (1633-1635.).	33
Chapitre V. — Les Suédois en Lorraine. De Bruyères à Commercy. (1635-1636.)	40
Chapitre VI. — Séjour à Commercy. La peste et la famine. (1636-1637.)	51
Chapitre VII. — La mère de Saint-Jean à Saint-Dié et à Rambervillers. (1637-1639.)	59
Chapitre VIII. — Noviciat et profession de la sœur Mechtilde. (1639-1640.).	71
Chapitre IX. — La mère Mechtilde à Saint-Mihiel. (1640-1641.).	81
Chapitre X. — Pèlerinage à Benoîte-Vaux. La mère Mechtilde du Saint-Sacrement à Montmartre. (1641-1642.).	91
Chapitre XI. — La mère Mechtilde du Saint-Sacrement en Normandie. (1642-1643.)	101
Chapitre XII. — La mère Mechtilde du Saint-Sacrement à Saint-Maur-des-Fossés. (1643-1647.)	109
Chapitre XIII. — La mère Mechtilde supérieure du monastère de Notre-Dame de Bon-Secours à Caen. (1647-1650.).	121
Chapitre XIV. — La mère Mechtilde du Saint-Sacrement prieure à Rambervillers. (1650-1651.).	129
Chapitre XV. — Vocation de la mère Mechtilde à l'état d'adoratrice, de réparatrice et de victime.	140
Chapitre XVI. — La mère Mechtilde du Saint-Sacrement à Paris. Son extrême pauvreté. Elle est secourue par Mme de Châteauvieux. (Mars-Novembre 1651.).	152
Chapitre XVII. — Les éminentes qualités de la mère Mechtilde la font rechercher comme supérieure. Son désir d'établir l'Adoration perpétuelle. (Novembre 1651 - Mai 1652.)	164

TABLE DES MATIÈRES

	Pages.
Chapitre XVIII. — Contrat de fondation du premier monastère de l'Institut. Vœu de M. Picoté. (Mai 1652 - Janvier 1653.)	178
Chapitre XIX. — Les exigences de dom Roussel. Première exposition du Saint-Sacrement, 25 mars 1653. (Janvier-Mai 1653.)	191
Chapitre XX. — Lettres patentes autorisant la fondation de l'Institut. Pose solennelle de la croix. Élection de la sainte Vierge comme abbesse de l'Institut. (Mai 1653 - Août 1654.)	202
Chapitre XXI. — But spécial de l'Institut. Pratiques de dévotion envers le Saint-Sacrement et la sainte Vierge.	213
Chapitre XXII. — Premières persécutions. (1654-1657.)	227
Chapitre XXIII. — Construction du monastère de la rue Cassette. Bref d'Alexandre VII. (1657-1661.)	238
Chapitre XXIV. — Commencements de la congrégation. (1661-1663.)	246
Chapitre XXV. — Fondation du monastère de Toul. (1663-1665.)	258
Chapitre XXVI. — Agrégation du monastère de Rambervillers à l'Institut. (1665-1666.)	272
Chapitre XXVII. — Approbation de la congrégation de l'Adoration perpétuelle par le cardinal de Vendôme. (29 mai 1668.)	285
Chapitre XXVIII. — La mère Mechtilde du Saint-Sacrement et Mme la duchesse douairière d'Orléans.	297
Chapitre XXIX. — Agrégation du monastère de Notre-Dame de Consolation de Nancy. (1667-1669.)	315
Chapitre XXX. — La supérieure et la mère. (1665-1675.)	330
Chapitre XXXI. — Amour de la mère Mechtilde pour la souffrance et pour la croix. Épreuves diverses. Bulle d'Innocent XI. (1670-1676.)	342
Chapitre XXXII. — Fondation du monastère de Rouen. (1676-1678.)	356
Chapitre XXXIII. — Fondation du second monastère de Paris. Agrégation du monastère de Notre-Dame de Bon-Secours de Caen. (1684.)	371
Chapitre XXXIV. — Fondation du monastère de Varsovie. (1688.)	386
Chapitre XXXV. — Fondation des monastères de Châtillon et de Dreux. Dernières années de la mère Mechtilde. (1688-1698.)	403
Chapitre XXXVI. — Dernière maladie et mort de la mère Mechtilde du Saint-Sacrement. (1698.)	414
Appendice. — Les Filles de la mère Mechtilde du Saint-Sacrement à Rome. Approbation des Constitutions.	425

Arras, imp. du Pas-de-Calais. — P.-M. Laroche, directeur.